Soziale Schichtung und Lebenschancen

Soziale Schichtung und Lebenschancen

in Deutschland

Herausgegeben von Rainer Geißler

2., völlig neu bearbeitete und
aktualisierte Auflage

Ferdinand Enke Verlag Stuttgart 1994

Professor Dr. Rainer Geißler
Universität Gesamthochschule Siegen
Fachbereich 1 – Soziologie
Adolf-Reichwein-Straße 2
D-57068 Siegen

1. Auflage 1987

Die Deutsche Bibliothek – CIP-Einheitsaufnahme

Soziale Schichtung und Lebenschancen in Deutschland / hrsg.
von Rainer Geißler. – 2., völlig neubearb. und aktualisierte
Aufl. – Stuttgart : Enke, 1994
 1. Aufl. u. d. T.: Soziale Schichtung und Lebenschancen in der
 Bundesrepublik Deutschland
 ISBN 3-432-95982-6
NE: Geißler, Rainer [Hrsg.]

Das Werk, einschließlich aller seiner Teile, ist urheberrechtlich geschützt.
Jede Verwertung ist ohne Zustimmung des Verlages außerhalb der engen
Grenzen des Urheberrechtsgesetzes unzulässig und strafbar. Das gilt insbesondere für Vervielfältigungen, Übersetzungen, Mikroverfilmungen und die
Einspeicherung und Verarbeitung in elektronischen Systemen.

© 1987, 1994 Ferdinand Enke Verlag, D-70443 Stuttgart – P.O. Box 300366
 Printed in Germany
Satz und Druck: Druckerei Maisch + Queck, D-70839 Gerlingen
Filmsatz: 9/10 Times, System Textline   5 4 3 2 1

Vorwort zur zweiten Auflage

Der Anregung des Verlages, eine völlig überarbeitete und aktualisierte Neuauflage zu erstellen, bin ich gern gefolgt, weil dieses Buch in der gegenwärtigen Diskussion um die Sozialstruktur der modernen Gesellschaft eine wichtige Position vertritt. Seit seinem ersten Erscheinen im Jahr 1987 haben sich die Erkenntnisinteressen der westdeutschen Sozialstrukturanalyse noch stärker als in den Jahren davor in eine bestimmte Richtung verlagert; auf der Suche nach neuen Wegen richtet sich die Aufmerksamkeit immer stärker auf drei Problemfelder: auf die sog. neuen Ungleichheiten nach Geschlecht, Nationalität, Alter, Generation oder auch Region, auf den Pluralismus der Lebensformen und Lebensstile und auf die vielfältigen Bewegungen der Individuen im sozialen Positionsgefüge. Bei dieser Verschiebung des Schwerpunktes droht die Gefahr, daß fortbestehende vertikale Strukturen, die bei den traditionellen Ansätzen der Schicht- und Klassenanalyse im Mittelpunkt stehen, vernachlässigt oder sogar übersehen werden. Selbst die Vorstellung von einer bereits erfolgten oder kurz bevorstehenden Auflösung der Schichten und Klassen breitet sich aus.

Gegen diese Gefahr einer neuen Einseitigkeit bei der Betrachtung der modernen Sozialstruktur ist das Buch gerichtet. Die Beiträge machen auf empirischer Grundlage deutlich, daß „alte" Ungleichheiten, die hier mit dem Begriff der sozialen Schichtung erfaßt werden, weiterhin ein wichtiger Bestandteil der deutschen Gegenwartsgesellschaft sind. Sie zeigen, daß nicht nur neue Ungleichheiten, Pluralisierung und Individualisierung oder entstrukturierende Dynamik zu den wesentlichen Elementen der modernen deutschen Sozialstruktur gehören, sondern auch weiterhin und zentral schichttypische Unterschiede in den Lebenschancen. Soziale Schichten haben sich im Zuge der Modernisierung verändert, aber sie haben sich keinesfalls aufgelöst.

Eine gründliche Überarbeitung der Beiträge war aus mehreren Gründen geboten.

Es galt zunächst, der neuen Situation nach der deutschen Vereinigung Rechnung zu tragen und auch die Verhältnisse in den neuen Bundesländern zu berücksichtigen. Die Mängel in der Datenlage über Ostdeutschland haben allerdings zur Folge, daß der Schwerpunkt der Darstellung weiterhin auf den westdeutschen Strukturen liegen muß; vertikale soziale Ungleichheiten gehörten zu den Tabuzonen der DDR-Soziologie, und Studien über die neuen Länder liegen nur vergleichsweise selten vor.

Des weiteren war es erforderlich, den Fortgang der Diskussion in der Sozialstrukturanalyse zu beachten und auch die empirische Basis der Aussagen zu aktualisieren. Bei der Suche nach neuen empirischen Studien wurde offensichtlich, daß sich die Forschung in den achtziger und neunziger Jahren bei einigen Problemen von der Schichtthematik abgewendet hat; nicht alle Aussagen lassen sich daher mit neuen Daten belegen.

Bei *Stefan Hradil, Ingbert Weber* und *Irene Woll-Schumacher* möchte ich mich ganz herzlich dafür bedanken, daß sie ohne Zögern bereit waren, ihre Beiträge zu überarbeiten. Ein ebenso herzlicher Dank geht an *Christa Still;* sie hat mit der üblichen freundlichen Geduld und Sorgfalt die von mir verfaßten Teile geschrieben.

Siegen, im Frühjahr 1994 *Rainer Geißler*

Inhalt

Rainer Geißler
Vorwort zur zweiten Auflage V

Rainer Geißler
Einführung 1
1 Zum Anliegen des Buches 1
2 Zum Konzept der Lebenschancen 3

Rainer Geißler
Die pluralisierte Schichtstruktur der modernen Gesellschaft: zur aktuellen Bedeutung des Schichtbegriffs 6
1 Varianten des Schichtbegriffs und ihre Anwendung in der deutschen Soziologie 7
2 Schichten im Abseits der neueren Sozialstrukturanalyse: von der Schichtanalyse über die Ungleichheitsforschung zur Vielfaltsforschung 12
3 Grenzen und Probleme der Studie 17
4 Fünf Grundannahmen der Studie 19
    4.1   Gruppierung der Bevölkerung nach Schichten mit typischen Lebenschancen 19
    4.2   Die These von der Dominanz der vertikalen Dimension 21
    4.3   Eher Schichten als Klassen: „Entökonomisierung" des Schichtgefüges 23
    4.4   Von der Oberflächenschichtung zur Tiefenschichtung . 24
    4.5   Verschwommene Grenzen und fließende Übergänge . 26
5 Ein vorweggenommenes Ergebnis: neue Grundschicht und Beamte 27
6 Bilanz: eine dynamische pluralisierte Schichtstruktur – aber keine Auflösung der Schichten 29

Stefan Hradil
Soziale Schichtung und Arbeitssituation 37
1 Einleitung 37
2 Sicherheit des Arbeitsplatzes 41
3 Arbeitszeit 45
4 Arbeitsbelastungen 51
5 Arbeitszufriedenheit 58
6 Fazit 62

Rainer Geißler
Politische Ungleichheit: Soziale Schichtung und Teilnahme an Herrschaft 74
1 Teilnahme: Demokratisches Prinzip und Merkmal von Mündigkeit 74
2 Das Teilnahmedefizit der Unterschichten 75
   2.1 Teilnahme an Wahlen: Annäherung an politische Gleichheit 76
   2.2 Verschiedene Formen der konventionellen Teilnahme: Defizit der Unterschichten 77
   2.3 Parteien: weiterhin bürgerlich 80
   2.4 Verbände: Pluralismus 84
   2.5 Bürgerinitiativen und neue soziale Bewegungen: Dominanz der jüngeren, gebildeten Mittelschicht 85
   2.6 Unkonventionelle Teilnahme: Proteste der jüngeren neuen Mittelschicht 89
   2.7 Teilnahme in den Entscheidungszentren: zunehmende soziale Selektivität 92
3 Ursachen der politischen Ungleichheit 98
   3.1 Zur Politikferne der Unterschicht 99
   3.2 Zur Unterschichtenferne der Politik 100
4 Zusammenfassung 101

Rainer Geißler
Soziale Schichtung und Bildungschancen 111
1 Schulbildung und Lebenschancen 111
   1.1 Schulbildung und Sozialstatus 112
   1.2 Das erste Paradox der Bildungsexpansion: Entwertung und Aufwertung der Bildungsabschlüsse 115
2 Entwicklung und Struktur der schichtspezifischen Bildungschancen 116
   2.1 Das zweite Paradox der Bildungsexpansion: mehr Bildungschancen, aber nicht mehr Chancengleichheit 116
   2.2 Eine Momentaufnahme der Chancenstruktur 125
   2.3 Entwicklung in der DDR und in den neuen Ländern: soziale Schließung und hohe soziale Selektivität 128
3 Ursachen der ungleichen Bildungschancen 131
   3.1 Schichtspezifische Einflüsse durch die Familie 134
   3.1.1 Schichtspezifische Sozialisation in der Familie 136
   3.1.2 Orientierungen und Verhaltensweisen der Eltern gegenüber dem Bildungsbereich 141

3.2   Schichtspezifische Auslese im Bildungssystem 144
4 Zusammenfassung: Ein Hindernislauf für schlecht
Trainierte 148

Rainer Geißler
Soziale Schichtung und Kriminalität 160
1 Die Schichtung in der Kriminalstatistik: Höhere Raten
   der Unterschicht 160
2 Die klassische Deutung: schichtspezifisches kriminelles
   Verhalten 163
3 Die moderne Deutung: schichtspezifische Kriminalisierung . 169
4 Die Schichten im Dunkelfeld: keine Gleichverteilung der
   Kriminalität 183
5 Fazit 187

Ingbert Weber
Soziale Schichtung und Gesundheit 195
1 Fragestellung 195
2 Gesundheit als Ergebnis sozialer Prozesse 195
3 Ergebnisse empirischer Studien 199
   3.1   Schichtspezifische Sterberisiken 199
   3.1.1 Lebenserwartung 199
   3.1.2 Gesamtsterblichkeit 200
   3.1.3 Kindersterblichkeit 201
   3.2   Schichtspezifische Variation des Krankenstandes 203
   3.2.1 Subjektive gesundheitliche Beeinträchtigung 203
   3.2.2 Krankheitsbedingte Arbeitsunfähigkeit 204
   3.3   Schichtspezifische Verteilung psychischer
         Krankheiten 206
   3.3.1 Psychiatrische Morbidität insgesamt 206
   3.3.2 Neurotische und psychosomatische Störungen 206
   3.3.3 Psychosen 208
   3.3.4 Suchtkrankheiten 209
   3.4   Schichtspezifische Verteilung körperlicher
         Krankheiten 209
   3.5   Schichtspezifische Inanspruchnahme medizinischer
         Versorgungsangebote 212
   3.5.1 Vorsorgeleistungen 213
   3.5.2 Ambulante Behandlung 214
4 Zusammenfassung und Wertung der Ergebnisse 215

Irene Woll-Schumacher
Soziale Schichtung im Alter 220
1 Beeinflußt das Alter den Sozialstatus? 221
2 Beeinflußt die soziale Schichtzugehörigkeit das Alter? 224
3 Kumulative Auswirkungen sozialer Ungleichheit im Alter .. 248

Sachregister 257

Mitarbeiterverzeichnis

Geißler, Rainer, Prof. Dr.
Universität – Gesamthochschule Siegen
Fachbereich 1 / Soziologie
Adolf-Reichwein-Straße 2, 57068 Siegen

Hradil, Stefan, Prof. Dr.
Johannes-Gutenberg-Universität Mainz
Fachbereich 12 / Institut für Soziologie
Kleinmann-Weg 2, 55099 Mainz

Weber, Ingbert, Dr.
Zentralinstitut für die kassenärztliche Versorgung in der BRD
Herbert-Lewin-Straße 5, 50931 Köln

Woll-Schumacher, Irene, Prof. Dr.
Universität – Gesamthochschule Siegen
Fachbereich 1 / Soziologie
Adolf-Reichwein-Straße 2, 57068 Siegen

Einführung

Rainer Geißler

1 Zum Anliegen des Buches

Die Annehmlichkeiten, die eine Gesellschaft zu bieten hat, und die Lasten, die sie aufbürdet, sind nicht gleichmäßig über die Bevölkerung verteilt. Die Lebensbedingungen und die damit zusammenhängenden Lebenschancen der Menschen sind verschieden.

Jeder weiß aus seinen Erfahrungen, daß bestimmte Menschen in vorteilhaften Umständen leben, andere dagegen in nachteiligen: Es gibt Einflußreiche und Ohnmächtige, Hochqualifizierte und Analphabeten, Reiche und Arme, lebenslang Abgesicherte und Gefährdete, Honoratioren und Verachtete.

Im Alltag schlagen sich diese Ausgangsbedingungen in sehr verschiedenen Lebenschancen und Lebensweisen nieder: Die einen fahren im Frühjahr auf die Kanarischen Inseln, im Sommer nach Sylt und im Winter nach St. Moritz. Andere können sich jahrelang keine Urlaubsreise leisten. Manche Erwerbstätige tun in ihrem Beruf das, was ihnen sowieso Spaß macht, und werden dafür auch noch gut bezahlt. Andere müssen gegen geringes Entgelt zermürbende Schmutzarbeit leisten. Viele leben in Verhältnissen, die sie kaum je in Gefahr bringen, offen mit dem Gesetz in Konflikt zu geraten. Andere verbringen einen großen Teil ihres Lebens als Häftlinge hinter Gittern, usw.

Für Sozialwissenschaftler sind vor allem diejenigen Unterschiede der Lebenschancen von Interesse, die mit dem Aufbau unserer Gesellschaft zusammenhängen und dadurch systematisch und verhältnismäßig dauerhaft verteilt sind. Sie gestatten es, *Gruppen* von Menschen zu unterscheiden, denen die Gesellschaft bessere bzw. schlechtere Chancen bietet. In diesem Buch geht es um die Lebenschancen ganz bestimmter Gruppen, nämlich jener, die in der Soziologie traditionellerweise als *„Schichten"* oder *„Klassen"* bezeichnet werden.

Die Konzentration auf schichtspezifische Lebenschancen hat zwei Gründe: Zum einen liegt schon eine ganze Reihe von Darstellungen vor, die auf die *Lebensbedingungen* sozialer Schichten eingehen, auf die Verteilung knapper Güter und Ressourcen wie Einkommen, Vermögen, Bildung, Prestige oder Macht, auf die Ursachen dieser Lebenslagen, und z. T. auch auf das Verhalten und Bewußtsein, das in den einzelnen Schichten vorherrscht. Was in all diesen Darstellungen aber fehlt, sind konkrete Hinweise darauf, *wie sich ungleiche Lebensbedingungen auf die alltäglichen Lebenschancen auswirken.*[1] Was soziale Schichtung für den einzelnen wirklich bedeutet, bleibt im Dunkeln. Dies liegt nicht etwa daran, daß es zur schichtspezifischen Verteilung der Lebenschancen keine wissenschaftlich gesicherten Aussagen gäbe. Im Gegenteil: Sozialisationsforschung, Bildungssoziologie, Kultursoziologie, Arbeitssoziologie, politische Soziologie, Rechtssoziologie, Kriminalsoziologie, Medizinsoziologie, Alterssoziologie oder Gemeindesoziologie haben eine Fülle von Materialien zu schichtspezifischen Ungleichheiten der Lebenschancen erhoben. Es ist daher das Hauptziel des vorliegenden Bandes, diese in den verschiedenen soziologischen Spezialdisziplinen verstreuten Befunde zusammenzutragen und damit eine Ergänzung und Verdeutlichung herkömmlicher Überblicke zum Thema soziale Schichtung zu liefern.

Dieses Vorhaben entstand aber nicht nur wegen der genannten Lücken in der vorliegenden Literatur, es lag auch aus einem zweiten Grund nahe: Die neueren Tendenzen der Erforschung sozialer Ungleichheit sind immer mehr daraufhin ausgerichtet, auch den konkreten Lebensverhältnissen und nicht nur der mehr oder minder abstrakten Verteilung von Ressourcen, Risiken etc. nachzugehen. Was in Begriffen und Analysen der sozialen Schichtung meist implizit bleibt, geht in neuere Definitionen sozialer Ungleichheit schon von vornherein explizit ein: die Verknüpfung von Lebensbedingungen mit konkreten Lebenschancen. So bestimmt z. B. *Hradil* soziale Ungleichheit als „die mehr oder minder vorteilhaften Lebens- und Handlungschancen, die Menschen durch gesellschaftlich hervorgebrachte Lebensbedingungen dauerhaft vorgegeben sind" (*Hradil* 1983a, 101).[2]

Solche Ungleichheiten der Lebenschancen verschiedener sozialer Schichten werden in diesem Buch im Hinblick auf sechs zentrale Bereiche menschlicher Existenz beschrieben: Chancen im Arbeitsleben, bei der Teilnahme an Herrschaft, im Bildungssystem, im Bereich der staatlichen Kontroll- und Strafinstanzen, im Hinblick auf Gesundheit und in der Altersphase.

Durch die Zuspitzung der Analyse auf die Problematik der Lebenschancen erhält der Aspekt der *sozialen Gerechtigkeit bzw. Ungerechtigkeit* ein besonderes Gewicht. Ungleiche Lebenschancen und ihre strukturellen Ursachen werden in der Regel – anders als z. B. ungleiche Lebensstile – zumindest teilweise als sozial ungerecht angesehen.

Das Buch wendet sich in erster Linie an Studenten der Sozialwissenschaften, aber auch an Wissenschaftler und Studierende anderer Disziplinen, an Lehrer und Praktiker, die einen gleichermaßen umfassenden wie knappen Überblick über die Lebensverhältnisse sozialer Schichten in der Bundesrepublik benötigen. Wir haben uns bemüht, die Darstellung gedanklich und sprachlich so zu gestalten, daß sie auch der Nichtfachmann ohne allzugroße Schwierigkeiten versteht – obwohl es im deutschen Wissenschaftsleben eher üblich ist, eine einfache Darstellung als Makel und nicht als Verdienst anzusehen. Aber: es ist einfach, einfache Dinge schwierig darzustellen, und es ist schwierig, schwierige Dinge einfach darzustellen. Der Leser mag selbst entscheiden, ob es uns dabei gelungen ist, die Wanderung auf dem schmalen Grat zwischen Unverständlichkeit und unzulässiger Vereinfachung zu überstehen, ohne nach der einen oder anderen Seite hin abzustürzen.

2 Zum Konzept der Lebenschancen

In sozialwissenschaftlichen Wörterbüchern stößt man auf Begriffe wie Lebensstandard oder Lebensstil, neuerdings auch auf Lebensqualität; nach einem Stichwort „Lebenschancen" fahndet man jedoch vergebens. Die Soziologie hat es zwar häufig mit Lebenschancen zu tun, sie benutzt ab und zu diesen Terminus,[3] aber in das Arsenal ihrer allgemein anerkannten Begriffe hat sie ihn bisher noch nicht aufgenommen. Daran hat auch das Buch von *Ralf Dahrendorf* (1979) mit dem Titel „Lebenschancen" nichts ändern können, obwohl es laut Klappentext ein Versuch war, „den Begriff der Lebenschancen als Schlüsselbegriff zum Verständnis sozialer Prozesse zu etablieren".

Wegen seiner lockeren Verwendung in den Sozialwissenschaften bleibt das Konzept der Lebenschancen inhaltlich diffus. Nur selten stößt man auf Versuche, seine Bedeutung genauer festzulegen. So definiert der britische Soziologe *Giddens* in seinem Buch über „Die Klassenstruktur fortgeschrittener Gesellschaften" (1979) Lebenschancen als „Chancen eines Individuums, an den gesellschaftlich produzierten, ökonomischen und kulturellen ‚Gütern' in irgendeiner gegebenen Gesellschaft teilzuhaben" (S. 159).

Ausführlich hat sich *Ralf Dahrendorf* mit dem Konzept der Lebenschancen auseinandergesetzt. Er befrachtet den Begriff mit hohen Ansprüchen. Lebenschancen sind für ihn eine „materiale Kategorie", die dazu dienen soll, „die legitimen Ziele sozialen und politischen Handelns klar zu bestimmen" (S. 69). Der Zweck von Gesellschaft, der Sinn der gesellschaftlichen Entwicklung erfülle sich in der Ausweitung von Lebenschancen. Die abstrakte Kurzformel, auf die *Dahrendorf* seinen Schlüsselbegriff der Gesellschaftsanalyse bringt, lautet: „Lebenschancen sind von sozialen Strukturen bereitgestellte Möglichkeiten individueller Entfaltung" (S. 92).

Aus den beiden angeführten Definitionen wird deutlich, daß in der Literatur trotz unterschiedlicher Akzentuierungen eine gewisse Einigkeit über das Konzept besteht. Lebenschancen ist zunächst ein *werthaltiger* Begriff: man verbindet mit ihm etwas Wünschbares, Erstrebenswertes, Angenehmes. Versucht man, den gemeinsamen Nenner seiner verschiedenen Varianten inhaltlich etwas zu präzisieren, so kann man formulieren: *Lebenschancen sind Chancen auf die Verwirklichung von Lebenszielen, die in einer Gesellschaft im allgemeinen als erstrebenswert angesehen werden.*

An diesem Verständnis von Lebenschancen orientieren sich auch die Beiträge des vorliegenden Bandes. Die darin untersuchten Erscheinungen – vereinfachend und schlagwortartig ausgedrückt: die Chancen auf einen sicheren und vorteilhaften Arbeitsplatz, auf die Teilnahme an Herrschaft, auf eine gute Ausbildung, auf die Freiheit von Strafverfolgung, auf Gesundheit und auf Wohlbefinden im Alter – lassen sich als Möglichkeiten begreifen, allgemein hochbewertete Lebensziele zu verwirklichen. Sie machen gleichzeitig deutlich, daß Lebenschancen in einer modernen, differenzierten Gesellschaft in recht vielfältigen Ausprägungen vorkommen.

Der verwandte Begriff der „Lebensqualität" – darunter versteht man meist „gute Lebensbedingungen, die mit einem positiven subjektiven Wohlbefinden zusammengehen" (*Glatzer/Zapf* 1984, 23) – wurde im Rahmen der sog. Sozial-Indikatoren-Bewegung in ausgefeilte Dimensionen untergliedert und in empirische Indikatoren umgesetzt. Entsprechende Konkretisierungen des Lebenschancenkonzepts liegen jedoch bisher nicht vor. Die folgenden Kapitel stellen daher einen ersten Versuch dar, einige wichtige (aber sicher nicht alle) Dimensionen der Lebenschancen empirisch nachzuzeichnen.

Anmerkungen

[1] Vgl. *Bolte* u. a. 1975, *Zingg/Zipp* 1979, *Wallner/Funke-Schmitt-Rink* 1980, *Hradil* 1981, *Hartfiel* 1981. Eine gewisse Ausnahme bilden die beiden Bücher von *Herz* (1983) und *Bolte/Hradil* (1984).
[2] Vgl. auch *Wallner* u. a. 1980, 15 und *Kreckel* 1992, 17.

[3] Einige Beispiele aus der Ungleichheitsforschung, wo der Begriff „Lebenschancen" oder „Chancen" im Sinne von Lebenschancen benutzt wird: *Weber* 1976, 531; *Geiger* 1962, 186; *Giddens* 1979, 159; *Wallner* u. a. 1980, 15; *Kreckel* 1982, 618; *Hradil* 1983, 101; *Herz* 1983, 11, 68f., 124; *Bahrdt* 1985, 132f.; *Hradil* 1987, 141; *Geißler* 1990, 88; *Mayer/Blossfeld* 1990, 301; *Kreckel* 1992, 17; *Müller* 1993, 368ff.; *Geißler* 1994.
Die genaueren Literaturangaben befinden sich im Literaturverzeichnis des nächsten Kapitels.

Die pluralisierte Schichtstruktur der modernen Gesellschaft: zur aktuellen Bedeutung des Schichtbegriffs

Rainer Geißler

Im Gegensatz zum Begriff der Lebenschancen gehört das Konzept der sozialen Schichtung seit einem halben Jahrhundert zu den Schlüsselbegriffen der Soziologie. Seit *Theodor Geiger* in den dreißiger Jahren seine Schichtungsanalysen zur deutschen Gesellschaft und seine Überlegungen zum Schichtbegriff vorlegte, hat sich Schicht neben Klasse als Grundbegriff der Analyse sozialer Ungleichheit etabliert. Dies gilt nicht nur für die westliche Soziologie, sondern auch für die marxistische Sozialstrukturanalyse in den realsozialistischen Gesellschaften (vgl. z. B. *Grundmann* u. a. 1976, 53).

Dennoch: wer im Jahre 1987 in Deutschland ein Buch zum Thema „Soziale Schichtung" publiziert und 1994 aktualisiert, fühlt sich herausgefordert, sich für dieses Unterfangen zu rechtfertigen. Denn liest man neuere westdeutsche Publikationen zum Problem der sozialen Ungleichheit, so könnte man den Eindruck gewinnen, der Schichtbegriff gehöre zu denjenigen Konzepten der Soziologie, die schon seit geraumer Zeit auf den Müllhaufen unbrauchbarer Denkmodelle gehören. Am pointiertesten wird die These von der *Entschichtung* der modernen Gesellschaft, die *Helmut Schelsky* (1979) bereits in den fünfziger Jahren mit einigen anderen Akzenten verbreitet hatte, von *Ulrich Beck* (1986, 126f.) vertreten:

„Wir leben trotz fortbestehender und neu entstehender Ungleichheiten heute in der Bundesrepublik in Verhältnissen jenseits der Klassengesellschaft, in denen das Bild der Klassengesellschaft nur noch mangels einer besseren Alternative am Leben erhalten wird... In der Konsequenz werden subkulturelle Klassenidentitäten und -bindungen ausgedünnt oder aufgelöst. Gleichzeitig wird ein Prozeß der Individualisierung und Diversifizierung von Lebenslagen und Lebensstilen in Gang gesetzt, der das Hierarchiemodell sozialer Klassen und Schichten unterläuft und in seinem Wirklichkeitsgehalt in Frage stellt."

Es scheint, als gleiche der Begriff der sozialen Schicht einem ausgedienten Dampfer, der im Sturm der westdeutschen Expertendiskussion in Seenot geraten ist und dessen endgültiger Untergang kurz bevorsteht. Es ist daher unumgänglich, in einem einleitenden Kapitel auf die wissenschaftliche Auseinandersetzung um das Konzept der sozialen Schichtung einzugehen, um zu verdeutlichen, was die folgende Zusammenstellung von Ergebnissen zur sozialen Ungleichheit in der Bundesrepublik will, aber auch gleichzeitig zu zeigen, was sie weder will noch kann.

Im übrigen habe ich den Eindruck, daß die radikale Kritik an den Schicht- und Klassenkonzepten und die weitgehende Abwendung der Sozialstrukturanalyse von den Fragestellungen der traditionellen Ungleichheitsforschung (vgl. S. 12ff.) eine westdeutsche Besonderheit ist. Es gibt zwar auch in anderen Ländern Einzelstimmen mit ähnlichen Auffassungen (z. B. *Mendras* 1992 in Frankreich), aber insgesamt ist die Sozialstrukturforschung in Europa und Nordamerika mit Aussagen über die angebliche allmähliche Auflösung der Klassen und Schichten und mit entsprechenden kritischen Urteilen über die Brauchbarkeit herkömmlicher Ansätze und Begriffe zurückhaltender.

1 Varianten des Schichtbegriffs und ihre Anwendung in der deutschen Soziologie

Der Begriff der sozialen Schicht gehört zu den wohl schillerndsten Grundbegriffen der Soziologie. Er wird nicht nur in der Schichtungssoziologie im engeren Sinne benutzt, sondern auch in nahezu allen soziologischen Spezialdisziplinen. Zudem hat er auch in die Nachbarwissenschaften Eingang gefunden und ist zugleich Bestandteil des alltäglichen Denkens und Sprechens über Gesellschaft. So nimmt es nicht Wunder, daß er in zahlreichen mehr oder weniger weit auseinanderliegenden Varianten auftaucht.

Sieht man einmal von den Schichtungsanalysen über Gemeinden ab, so ist Schicht in der Regel ein Begriff der Makrosoziologie. Gesamtgesellschaften werden als geschichtete Gesellschaften betrachtet. Der gemeinsame Nenner aller Schichtkonzepte besteht in dem Bemühen, die Gesamtbevölkerung einer Gesellschaft in verschiedene Gruppierungen –„die Schichten" – zu untergliedern, die sich im Hinblick auf ihre Lebenslagen und die damit zusammenhängenden Chancen (auf Einkommen, auf Bildung, auf Einfluß, auf Prestige u. a.) unterscheiden. Schichtmodelle versuchen, Ordnung und Übersicht in das Chaos sozialer Ungleichheit zu bringen. Dabei schwingt meist – aber nicht immer – der Gedanke einer vertikalen

Ordnung mit; nach dieser Vorstellung liegen Schichten – so wie es die aus der Geologie übernommene Metapher besagt – übereinander; sie unterscheiden sich nicht nur der Art, sondern auch dem Rang nach; es handelt sich auch um Unterschiede des Mehr oder Weniger, des Höher oder Tiefer, des Besser oder Schlechter.

Die verschiedenen Schichtbegriffe und Schichtmodelle variieren u. a. danach, welche und wieviele Merkmale und Schichtgrenzen sie zur Untergliederung einer Gesellschaft heranziehen. Die Spannbreite reicht von sehr einfachen bis zu sehr komplexen Konzepten und Modellen. Einfache Modelle bewegen sich in der Nähe statistischer Klassifikation. Sie unterscheiden „Schichten" nach wenigen äußerlichen Merkmalen und ziehen relativ willkürlich nominelle Grenzen. Sie untergliedern die Bevölkerung nach dem Ausbildungsabschluß in „Bildungsschichten", nach dem Einkommen in „Einkommensschichten", nach dem Berufsprestige in „Berufsschichten" oder nach einer Kombination verschiedener Kriterien in „sozioökonomische Schichten". Dabei wird unterstellt, daß Bildung, Einkommen oder Berufsposition wichtige Ressourcen für Lebenschancen darstellen und daß Personen, die sich im Hinblick auf die Schichtkriterien ähneln, in ähnlichen Verhältnissen mit ähnlichen Chancen leben. Komplexere Modelle versuchen, die Bevölkerung nach solchen Kriterien oder Kombinationen von Kriterien zu gliedern, die sich auf ihre Einstellungen und ihr Verhalten auswirken, und kommen dadurch den wirklichen Chancenstrukturen schon näher. Schichten unterscheiden sich danach nicht nur im Hinblick auf Unterschiede in der sozioökonomischen Situation, sondern auch durch unterschiedliche „schichtspezifische" Einstellungs- und Verhaltensmuster, die von den unterschiedlichen Lebensverhältnissen herrühren (vgl. *Bolte* u. a. 1975, 15; *Hradil* 1981, 13). Komplexe Modelle berücksichtigen mehr und auch „subjektive" Merkmale; ihre Schichtgrenzen sind komplizierter festzulegen, aber dafür realitätsnäher: tatsächliche Unterschiede in den Lebenschancen werden von ihnen angemessener erfaßt.

Beispielhaft sei hier die komplexe Vorstellung von sozialer Schichtung an der *Schichtungstheorie von Theodor Geiger* dargestellt. *Geiger* hat um 1930 als erster deutscher Soziologe den Versuch unternommen, die deutsche Gesellschaft auf der Basis repräsentativer statistischer Daten in Schichten zu untergliedern. In den folgenden beiden Jahrzehnten hat er dann sein Schichtkonzept – in ständiger Auseinandersetzung mit der Klassentheorie von *Marx* und mit der sozialstrukturellen Entwicklung – weiter verfeinert und zu einem Ausmaß an Komplexität bei gleichzeitiger Klarheit geführt, das später kaum wieder erreicht wurde. Er markiert m. E. einen Höhepunkt in der Geschichte der deutschen Schichtungssoziologie, hinter den spätere Konzepte und Theorien z. T. wieder zurückfallen. Da er als Klassiker der Sozialstrukturanalyse vergleichsweise wenig Aufmerksamkeit erhält – im Gegensatz etwa zu *Marx*, *Weber* und amerikanischen Schichtungssoziologen – werde ich sein Konzept kurz skizzieren.[1]

Vier Grundzüge von *Geigers* Vorstellung sozialer Schichtung verdienen Beachtung:

1. *Geigers* Konzept der Schicht erhebt denselben Anspruch auf Allgemeingültigkeit wie der *Marxsche* Klassenbegriff. „Schicht" ist bei *Theodor Geiger* ein *allgemeiner Oberbegriff* zur Analyse der sozialen Ungleichheit, „Klasse" dagegen begreift *Geiger* – so wie auch „Stand" oder „Kaste" – als Instrument zur Analyse historisch besonderer Schichtstrukturen. Klassen, Stände oder Kasten sind historische Sonderausprägungen der Schichten. Mit seinem allgemeinen Schichtkonzept unterscheidet sich Geiger vom „historischen" Schichtbegriff, der Schichtung lediglich als eine besondere Form sozialer Ungleichheit in hochentwickelten Industriegesellschaften auffaßt (z. B. *Schäfers* 1990, 184).

2. *Geiger* zergliedert Schichtung analytisch in drei Aspekte: Soziallagen (bisweilen von ihm auch „Statuslagen" genannt), Schichtdeterminanten und Schichtmentalitäten. Schichten umfassen Personen mit ähnlicher *Soziallage*, d. h. die Angehörigen einer Schicht ähneln sich im Hinblick auf „Lebensstandard, Chancen und Risiken, Glücksmöglichkeiten, aber auch Privilegien und Diskriminationen, Rang und öffentliches Ansehen" (*Geiger* 1962, 186). Die Soziallage wird wesentlich beeinflußt durch die *Schichtdeterminanten* wie z. B. durch das Verhältnis zu den Produktionsmitteln oder durch die Berufsposition oder durch den Ausbildungsabschluß. Welche Determinanten ausschlaggebend sind für die Soziallage, kann von Gesellschaft zu Gesellschaft variieren und sich auch im Verlauf des sozioökonomischen Wandels verändern. *Geigers* Schichtkonzept ist also in doppeltem Sinne „historisch": es berücksichtigt die Unterschiede zwischen verschiedenen Gesellschaften sowie die gesellschaftlichen Veränderungen. Ähnliche Lebensumstände und Lebenslagen führen schließlich dazu, daß sich bei den Schichtangehörigen typische (nicht gleiche!) *Schichtmentalitäten* entwickeln. Der Schichtungssoziologe fragt danach, „ob und inwieweit Personen in gewissen sozial bedingten Daseinsumständen typischerweise geneigt sind, gewissen Haltungen, Meinungen, soziale Willensrichtungen an den Tag zu legen"

(*Geiger* 1962, 191). Die Berücksichtigung der Schichtmentalitäten hat im übrigen zur Folge, daß *Geiger* z. T. aus dem vertikalen Denkschema der übereinander gelagerten Schichten ausbricht. Schichten können durchaus auch nebeneinander liegen. Konsequenterweise hat z. B. auch *Dahrendorf,* dessen „Haus-Modell" in Anlehnung an *Geiger* konstruiert ist, die Dienstklasse neben den alten Mittelstand und den falschen Mittelstand neben die Arbeiterschicht plaziert (*Dahrendorf* 1965, 105).

3. Die Schichtstruktur entwickelter Industriegesellschaften sieht *Geiger mehrdimensional.* Er geht davon aus, „daß die Gesellschaft ... auf mehrere Weisen und in verschiedenen Richtungen geschichtet ist, so daß die Schichtgrenzen sich kreuzen" (*Geiger* 1949, 44). Auch hier entfernt sich *Geiger* von der einfachen geologischen Metapher und greift auf Denkmodelle der räumlichen Geometrie zurück. Die Schichtstruktur wird verglichen mit einem Raum, in dem sich mehrere Schichtdeterminanten als Achsen verschiedener Schichtungen kreuzen.

4. Damit bei aller Komplexität und Mehrdimensionalität der Blick für das Wesentliche nicht verlorengeht, entwickelt *Geiger* das Konzept der *dominanten Schichtung:* „Fast jede Gesellschaft ist in mehrfachen Richtungen geschichtet. Von diesen Schichtungen sind einige von untergeordneter Bedeutung (s u b o r d i n i e r t e Schichtungen), andere aber entscheidend für die Sozialstruktur (d o m i n a n t e Schichtung). Ich rechne nun allerdings vom Marxismus abweichend damit, daß im Geschichtsverlauf der Schwerpunkt sich von einer Schichtungsebene nach einer anderen hin verschiebt, so daß eine bisher subordinierte Schichtung dominant, die bislang dominante aber subordiniert wird, und daß dabei die dominante nicht notwendig immer in den wirtschaftlichen Zuständen wurzeln müsse." (*Geiger* 1949, 45).

Der Begriff der sozialen Schicht tritt seit den dreißiger Jahren in *Konkurrenz zum Klassenbegriff Marx*'scher Herkunft. Im Konzept der sozialen Schicht wird *Max Webers* Einsicht, daß die Struktur der sozialen Ungleichheit komplexer ist, als es die *Marx*'sche Analyse unterstellt, sozusagen „auf den Begriff gebracht". *Geigers* Schichtbegriff hat gegenüber dem *Marx*'schen Klassenbegriff eine Reihe von Vorzügen: Er löst die Analyse sozialer Ungleichheit von der dogmatischen Fixierung auf das Produktionsverhältnis, auf den Widerspruch von Arbeit und Kapital als ausschließlichen Ursprung aller wesentlichen Ungleichheiten. Er gibt den Blick frei für soziale und politisch relevante Gruppierungen, die sich neben den *Marx*'schen Hauptklassen von Arbeitern und Kapitalisten entwickeln und auch für Differenzierungen innerhalb dieser Klassen. Er öffnet die Analyse für „nichtökonomische" Ursachen sozialer Ungleichheit, die mit der Verfügungsgewalt über Produktionsmittel nichts oder nur wenig zu tun haben.

Der Schichtbegriff dominiert die Sozialstrukturanalyse in der Bundesrepublik in den fünfziger Jahren und in der ersten Hälfte der sechziger Jahre. Allerdings knüpft die deutsche Soziologie dabei nicht an die durch *Geiger* verkörperte Tradition an, sondern sie steht unter dem *Einfluß der US-amerikanischen Schichtungsforschung*. Sie verwendet einfachere und auch einseitigere Schichtbegriffe, bei denen – im Anschluß an die Gemeindestudien von *W. Lloyd Warner* und seinen Mitarbeitern (1941 ff.) – das Sozialprestige im Zentrum steht. Die deutsche Bevölkerung wird nach ihrem sozialen Ansehen gegliedert; untersucht werden prestigeorientierte Verhaltensweisen und Interaktionsmuster wie Heiratskreise, Freundschaften, Bekanntschaften oder Umgangsformen sowie Faktoren, von denen das Sozialprestige abhängt.[2] Auch in neueren Studien wird dieser eng gefaßte Schichtbegriff noch verwendet. So definiert z. B. *Haller* (1983, 100) die Angehörigen einer sozialen Schicht als Personen, „die von den übrigen Mitgliedern einer Gesellschaft im Hinblick auf ihr soziales Ansehen als ebenbürtig eingestuft werden".

Prestigeorientierte Schichtungsanalysen bieten in der zweiten Hälfte der sechziger Jahre relativ gute Angriffsflächen für die *neomarxistische Kritik*, die ihnen Willkür bei der Einteilung, Oberflächlichkeit ohne Blick für Wesentliches, Theorielosigkeit und Irrelevanz vorwirft. Die Auseinandersetzung zwischen Schichtungs- und Klassentheoretikern im Zuge aufkommender Gesellschaftskritik macht die Einseitigkeit der Prestigemodelle deutlich und schärft den Blick für Unterschiede in zwei Kernbereichen der sozialen Ungleichheit – im ökonomisch-finanziellen Bereich und im Bildungsbereich. Die Aufmerksamkeit verlagert sich von Prestigeunterschieden zu Unterschieden in Vermögen, Einkommen und Bildung. Das Schichtungskonzept übersteht jedoch die Kontroverse in gewissem Sinne besser als die neomarxistische Klassentheorie.

Was *Hradil* vor einem Jahrzehnt mit Recht hervorhebt, gilt in etwas abgeschwächter Form auch heute noch: Die Schichtungssoziologie erfreut sich „in Einführungen, Lexika, Lehrbüchern, Prüfungsordnungen und in schichtungsfremden Forschungsbereichen (als Lieferant sozialstruktureller Erklärungsvariablen) einer ungebrochenen Beliebtheit" (*Hradil* 1983a, 110). So stellen z. B. die beiden französischen Soziologen *Raymond Boudon* und *François Bourricaud* (1992) in ihrem kürzlich ins Deutsche übersetzten Handbuch unter dem Stichwort „Soziale Schichtung" fest: „In jeder komplexen Gesellschaft kann man Schichten oder Klassen im Hinblick auf bestimmte Kriterien ähnlicher Individuen unterscheiden" (S. 488).

2 Schichten im Abseits der neueren Sozialstrukturanalyse: von der Schichtanalyse über die Ungleichheitsforschung zur Vielfaltsforschung

Die anhaltende Popularität des Schichtbegriffs ist jedoch nur die eine Seite der Medaille. Denn die Kehrseite der Entwicklung ist eine Stagnation der eigentlichen Schichtungsforschung in den 70er und noch mehr in den 80er Jahren sowie eine anhaltende heftige Kritik am Schichtbegriff durch viele Ungleichheitsforscher. In die Schußlinie geriet dabei nicht nur die Schichtanalyse, sondern im gleichen Atemzug auch die Klassenanalyse, so daß eine zunächst fast paradox anmutende Situation entstanden ist: Die Kontrahenten der 60er Jahre sitzen unversehens in demselben Boot und sehen sich als Anhänger vertikaler Ungleichheitsmodelle denselben Vorwürfen ausgesetzt. Es wird nicht mehr darum gestritten, ob die Bundesrepublik eine „Klassenstruktur" oder eine „Schichtstruktur" aufweist, sondern – viel radikaler – darum, *ob sich Klassen und Schichten im Zuge des sozialstrukturellen Wandels allmählich auflösen oder gar schon aufgelöst haben. Die Diskussion in der westdeutschen Sozialstrukturforschung kreist im letzten Jahrzehnt um die Frage, ob Schicht und Klasse noch sinnvolle Instrumente zur Analyse einer fortgeschrittenen Sozialstruktur sind.*

Die *Haupteinwände* gegen das Schichtkonzept – ich benutze hier und im folgenden „Schicht" in Anlehnung an *Theodor Geiger* als allgemeinen Oberbegriff, der „Klasse" als besonderen Typus von Schicht mit einschließt – wurden bereits anfang der 80er Jahre formuliert. Sie tauchen auch in Publikationen der 90er Jahre immer wieder auf[3] und lassen sich zu sieben Punkten zusammenfassen:

1. Der Schichtbegriff sei zu *eng*. Er umfasse nur traditionelle „vertikale" Dimensionen der sozialen Ungleichheit und vernachlässige „neue Ungleichheiten", die durch den Wandel der Sozialstruktur und/oder durch die Verlagerung des Problembewußtseins zunehmend an Bedeutung gewinnen. Unter den „neuen Ungleichheiten" wird vielerlei verstanden: a) bisher vernachlässigte Aspekte von Le-

benschancen wie ungleiche Teilhabe an der Wohlfahrt, ungleicher Zugang zu öffentlichen Gütern, ungleiche Verteilung sozialer Lasten und Risiken oder ungleiche Arbeitsbedingungen und Arbeitsplatzrisiken; b) bisher vernachlässigte strukturelle Zuweisungskriterien, nach denen Lebenschancen systematisch unterschiedlich verteilt werden wie Unterschiede nach Geschlecht, Region, Alter, Generation oder Familienverhältnissen; c) aber auch besonders benachteiligte Problemgruppen wie Arme, Obdachlose, Ausländer oder körperlich Behinderte.[4]

2. Der Schichtbegriff sei zu *grob*. Formen der Differenzierung wie Milieuunterschiede oder die Kombination von bestimmten Kriterien zu spezifischen Problemlagen würden ebensowenig erfaßt wie die zunehmende Vielfalt, Pluralisierung, Individualisierung der Lebensbedingungen und Lebensstile.[5] So sei es vorgekommen, „daß sich Büroangestellte, Flickschuster, Industriefacharbeiter, Schausteller und kleine Landwirte gemeinsam in der Kategorie ‚untere Mittelschicht' wiederfanden, ein in nahezu jeder Hinsicht sozial inhomogenes Sammelsurium" (*Kreckel* 1983, 139).

3. Der Schichtbegriff sei zu *abstrakt*. Er sei zu weit entfernt von der alltäglichen Lebenswelt des einzelnen Gesellschaftsmitglieds. Schichten seien künstliche Konstruktionen der Wissenschaft, existierten jedoch nicht real in der Erfahrungswelt der Individuen. Im Bewußtsein, im Gemeinschaftsgefühl, gemeinsamen Interessen, in den konkreten Interaktionen, Kommunikationen und Sozialbeziehungen ließen sich Schichten nicht ausmachen.[6]

4. Der Schichtbegriff sei zu *statisch*. Die Bewegungen von Individuen innerhalb einer Sozialstruktur sowie den Wandel der Sozialstruktur selbst erfasse er nur unzureichend (*Hradil* 1987, 94; *Berger* 1990, 322).

5. Der Schichtbegriff sei *ethnozentrisch*. Er beschränke sich auf die Analyse nationalstaatlich verfaßter Gesellschaften und übersehe die Ungleichheiten und Abhängigkeiten zwischen Gesellschaften sowie deren Zusammenhänge mit dem System sozialer Ungleichheit innerhalb einer Gesellschaft (*Kreckel* 1983a, 4f. und 1992, 36f.).

6. Wegen seiner Enge, Grobheit, Abstraktheit, Starrheit und ethnozentrischen Beschränkung sei sein *theoretischer Erklärungswert* gering.

7. Der Schichtbegriff sei schließlich *irrelevant*. Die eigentlich brisanten und erklärungsbedürftigen Aspekte sozialer Ungleichheit wür-

den von ihm nicht erfaßt. Die soziologische Ungleichheitsforschung sehe sich „mehr und mehr in die Schmollecke der gesellschaftlichen Irrelevanz gedrängt" (*Beck* 1983; *Kreckel* 1983b, 139).

Hinter der neuen Kritikwelle am Schichtbegriff und den Plädoyers zur Verwendung anderer Konzepte und Modelle steckt das Bemühen der Analytiker, auf Veränderungen der Sozialstruktur und der damit zusammenhängenden Verschiebungen im gesellschaftlichen Problembewußtsein angemessen zu reagieren. Wichtige Tendenzen des sozialen Wandels, die in diesem Zusammenhang eine Rolle spielen, sind die Bildungsexpansion und die Höherqualifizierung der Bevölkerung, die Wohlstandsexplosion und der Ausbau des Sozial- und Wohlfahrtsstaates sowie der relative Bedeutungsverlust der Sphäre bezahlter Erwerbsarbeit zugunsten des Freizeit- und Konsumsektors. Diese Entwicklungen erweitern die Spielräume menschlichen Verhaltens, sie lockern die materiellen, zeitlichen und räumlichen Bindungen der Menschen ebenso wie ihre Bindungen an Normen und Traditionen. *Ulrich Beck* (1983, 1986) hat diesen Wandel in seiner These vom „*Individualisierungsschub*" auf den Begriff gebracht. Auf der gesellschaftlichen und politischen Ebene werden die Individualisierungsprozesse von einer *zunehmenden Vielfalt* – man spricht von Differenzierung, Pluralisierung oder Diversifizierung – der Lebensbedingungen, Soziallagen, Milieus, Lebensstile und politischen Konfliktlinien begleitet.

Mit der „Entdeckung" der „neuen Ungleichheiten" und der neuen Entwicklungstendenzen geraten die einst dominierenden Schichtkonzepte nach und nach ins Abseits der Sozialstrukturforschung. Die Entwicklung vollzieht sich in zwei Phasen, die sich – etwas pointiert – folgendermaßen charakterisieren lassen: Einer *Erweiterung* der Forschungsperspektive von den *vertikalen* auf die *sozialen Ungleichheiten* folgt eine *Verengung* der Perspektive von der *sozialen Ungleichheit* auf die *soziale Vielfalt*. Die anfängliche Horizonterweiterung der Sozialstrukturanalyse ist u. a. daran abzulesen, daß der Schichtbegriff seit 1975 aus den Titeln wichtiger Bücher verschwindet und durch das Konzept der „sozialen Ungleichheit" ersetzt wird.[7] Die Schichtungsforschung hat sich zur Ungleichheitsforschung ausgedehnt, die neben den traditionellen vertikalen Ungleichheiten auch „neue" Ungleichheiten und Differenzierungen beachtet. Die Faszination durch das Neue entfaltet dann jedoch eine derartige Dynamik, daß dabei die Gefahr entsteht, weiterhin bestehende vertikale Ungleichheiten in ihrer Bedeutung zu unterschätzen oder gar ganz aus dem Blick zu verlieren. Programmatische Titel und Untertitel wie

„Jenseits von Klasse und Schicht" (*Beck* 1986, Kap. III) oder „Von Klassen und Schichten zu Lagen und Milieus" (*Hradil* 1987) oder Strukturkonzepte wie „pluraldifferenzierte Wohlstandsgesellschaft" (*Bolte* 1990, 44) weisen auf einen radikalen Perspektivenwechsel – und nicht nur auf eine Perspektivenerweiterung – hin. So taucht der Begriff „soziale Ungleichheit" nur noch selten (z. B. bei *Kreckel* 1992) in Buchtiteln auf, statt dessen dominiert das Interesse an sozialen Milieus, Subkulturen und Lebensstilen sowie an entstrukturierenden dynamischen Prozessen.[8] Ein bezeichnendes Symptom dieser Tendenz sind die beiden Sonderhefte der „Sozialen Welt", die den Stand der westdeutschen Sozialstrukturanalyse bilanzieren: 1983 trug der Sammelband den Titel „Soziale Ungleichheiten" (*Kreckel* 1983), die 1990 erschienene Bilanz dagegen heißt „Lebenslagen, Lebensläufe, Lebensstile" (*Berger/Hradil* 1990). Die Veränderungen im Titel spiegeln dabei die Verschiebungen in den Inhalten der Beiträge durchaus richtig wider.

Ungleichheitsforscher haben – so wie es der Begriff Ungleichheit vor dem Hintergrund der Gleichheitsidee zum Ausdruck bringt – meist auch ein gesellschaftskritisches Anliegen; soziale Ungleichheit wird, zumindest teilweise, auch als *soziale Ungerechtigkeit* angesehen, als „ärgerliche soziale Tatsache". Die traditionelle Ungleichheitsforschung hat insbesondere problematische soziale Ungleichheiten im Visier; sie weist auf soziale Mißstände hin. Hinter ihrem Erkenntnisinteresse steckt eine wertbesetzte Grundhaltung gegenüber ihrem Forschungsgegenstand: es gibt ein Zuviel an sozialer Ungleichheit, das verringert werden sollte. Die neueren Ansätze der Sozialstrukturanalyse werden dagegen von anderen erkenntnisleitenden Interessen beherrscht: Statt sich über Ungleichheiten zu „ärgern", erfreuen sie sich zunehmend an der bunten und dynamischen Vielfalt der Lebensbedingungen und Lebensformen. Aus ihren Konzepten – Differenzierung, Pluralisierung, Diversifizierung, Individualisierung, Dynamik – ist der gesellschaftskritische Gehalt entwichen. *Kritische Ungleichheitsforschung* verwandelt sich unter der Hand in eine gesellschaftspolitisch mehr oder weniger *unverbindliche Vielfaltsforschung* und koppelt sich von der Tradition einer Soziologie, die sich als „Krisenwissenschaft" versteht, ab. Häufig ist man darum bemüht, die Vielzahl verhaltensbestimmender Faktoren möglichst vollumfänglich ausfindig zu machen und Unterschiede im menschlichen Verhalten so weit wie möglich „theoretisch zu erklären", wie es z. B. die von ganz anderen Erkenntnisinteressen geleitete Konsum-, Freizeit- oder Wahlforschung beabsichtigt. Dabei wird den Anhängern des traditionellen Ansatzes bisweilen fälschlicherweise unterstellt, sie hätten Gleiches im Sinn und wollten Verhaltensunterschiede ausschließlich und damit unzulässig verkürzt auf „objektive" Merkmale der Schicht- oder Klassenzugehörigkeit zurückführen. Nicht alle Sozialstrukturforscher sind dem neuen Trend gefolgt,[9] aber *Peter A. Berger* und *Stefan Hradil* (1990a, 5) liegen durchaus richtig mit ihrer resümierenden Feststellung, daß die „herkömmlichen Ungleichheitstheorien immer mehr in die *Defensive* geraten sind".

Mit diesen kritischen Anmerkungen möchte ich nicht bestreiten, daß es notwendig war und ist, die Sozialstrukturanalyse aus ihrer Fixierung auf Schichten und vertikale Ungleichheiten herauszuführen und neuen sozialen Entwicklungen zu öffnen. Die aus der Kritik an den Schichtkonzepten entwickelten neuen Ansätze waren notwendige Neuerungen, die relevante und interessante Einblicke in die Sozialstruktur der modernen Gesellschaft lieferten und liefern. Gefahr droht allerdings dann, wenn die *Perspektivenerweiterung* zu einem *Perspektivenwechsel* wird, der gleichbedeutend ist mit einer *erneuten Verengung der Perspektive;* wenn durch die Fixierung auf die dynamische soziale Vielfalt von Milieus und Lebensstilen der Blick für wichtige weiterhin existierende soziale Ungleichheiten getrübt wird; wenn fortbestehende vertikale Ungleichheiten und Schichten „wegdifferenziert, wegpluralisiert, wegindividualisiert und wegdynamisiert" werden. Es ist wichtig, daß in der Euphorie über wichtige Neuentdeckungen das Kind nicht mit dem Bade ausgeschüttet wird und *daß der Blindheit der alten Forschung für neue Entwicklungen keine Blindheit der neuen Forschung für fortbestehende alte Strukturen folgt.*

Dieses Buch soll einen Beitrag dazu leisten, den skizzierten Gefahren und neuen Einseitigkeiten zu entgehen. Die empirischen Daten zu den schichttypischen Lebenschancen belegen, daß die Entschichtungsthese die Tendenz zur Lockerung des Schichtgefüges stark überzeichnet und daß Unterschiede in den Lebenschancen in der Bundesrepublik weiterhin in erheblichem Maß mit den traditionellen vertikalen Zuweisungskriterien Beruf und Bildung zusammenhängen. Trotz der Tendenzen zur Individualisierung, Pluralisierung und Diversifizierung bestehen schichttypische Lebenslagen, Subkulturen und Lebenschancen fort. Die genannten Tendenzen der Modernisierung vollziehen sich nicht „individuell oder plural beliebig", sondern die Handlungsmöglichkeiten der Menschen in der modernen Gesellschaft, ihre Optionen im Hinblick auf Lebensformen, Lebensstile und Lebenschancen sind durch die weiterhin bestehende vertikale Verteilung der Ressourcen und Lebensbedingungen begrenzt. Individuelle und plurale Vielfalt sowie soziale Mobilität stoßen an Grenzen, die durch vertikale Strukturen gesetzt sind. Oder anders ausgedrück: Welche Lebensform, welchen Lebensstil, welche inhaltliche Ausgestaltung der „Individualität", welche Bewegung im sozialen Positionsgefüge ein einzelner Mensch „wählen" kann, hängt in der modernen Gesellschaft auch in hohem Maß mit den traditionellen Schichtkriterien zusammen. Unterschiede in Beruf und Bildung legen die Handlungsmöglichkeiten nicht fest, aber sie setzen bei der Auswahl der Optionen Grenzen, die für Arbeiterinnen und Arbeiter anders gezogen sind als für Akademikerinnen und Akademiker. Die skizzierten Tendenzen verändern die Schichtstruktur, sie verleihen ihr andere Konturen, aber sie bringen sie nicht zum Verschwinden. Individualisierungs-, Pluralisierungs- und Dynamikkonzepte, die diese vertikalen Begrenzungen nicht beachten, *verkommen zu Ideologien;* sie können die Komplexität der modernen Sozialstruktur nicht mehr angemessen erhellen, sondern verschleiern wesentliche Elemente. Denn nicht die Auflösung der Schichten begleitet den Modernisierungsprozeß, sondern die Herausbildung einer *dynamischen, stärker pluralisierten Schichtstruktur* (vgl. auch *Vester* u. a. 1993, 17ff., 32 sowie *Geißler* 1992, 198ff. und 1993, 19).

Obsolet ist der Schichtungsansatz also keineswegs, insbesondere dann nicht, wenn er sich eines komplexen Schichtkonzeptes in Anlehnung an *Theodor Geiger* bedient, das weder so eng, noch so grob, noch so abstrakt, noch so statisch, noch so theoretisch gehaltlos und auch nicht irrelevant ist, wie es die Kritiker des traditionellen Ansatzes unterstellen. Aber der Schichtbegriff bringt bei seiner Anwendung durchaus auch einige Probleme mit sich. Darauf werde ich im folgenden Kapitel eingehen.

3 Grenzen und Probleme der Studie

Wer den Schichtbegriff benutzt, muß sich seine Unzulänglichkeiten bewußt machen und versuchen, mit ihnen zu leben. Machen wir daher deutlich, wo die Grenzen und Probleme unserer Analyse liegen.

1. Die Darstellung ungleicher Lebenschancen konzentriert sich auf die traditionelle *„vertikale" Dimension*[10] *der sozialen Ungleichheit.* Es werden lediglich Unterschiede behandelt, die mit den üblichen Indikatoren dieser Dimension zusammenhängen – mit der Berufsposition und ihren Implikationen, mit dem Qualifikationsniveau oder mit entsprechenden multifaktorellen Indices. Wir klammern also andere Facetten der sozialen Ungleichheit – Unterschiede nach Ge-

schlecht, nach Region, nach Alter, nach Generation oder die spezifischen Benachteiligungen von Problemgruppen wie von Obdachlosen, Behinderten, Ausländern, Dauererwerbslosen – weitgehend aus. Oder – um es im Denkmodell von *Geiger* zu formulieren: Es wird meist nur eine Struktur aus dem vieldimensionalen Raum der sozialen Ungleichheit aufgehellt. Wie stark auch andere Dimensionen der sozialen Ungleichheit am Rande berücksichtigt werden, variiert von Kapitel zu Kapitel. Einige Beiträge – so z. B. die von *Stefan Hradil* oder von *Irene Woll-Schumacher* – verweisen auch auf systematische Unterschiede in den Lebenschancen, die „quer" zu den Gruppierungen nach den traditionellen Schichtmerkmalen liegen; andere Beiträge konzentrieren sich fast ausschließlich auf die „vertikale" Dimension und blenden Unterschiede anderer Art aus der Betrachtung weitgehend aus.

2. Aus der relativ starken Beschränkung auf lediglich eine Dimension der sozialen Ungleichheit, auf Unterschiede im Bereich von Beruf und Qualifikation, ergibt sich eine zweite Begrenzung: Es ist nicht das Anliegen der Analyse, so etwas wie eine „Theorie der Lebenschancen" zu entwickeln, etwa in Analogie zu einer Theorie der Sozialisation oder einer Theorie der Kriminalität. Es wird nicht versucht, das Ursachengeflecht von Unterschieden in den Lebenschancen vollumfänglich bloßzulegen. Wir beschränken uns auf die Darstellung von schichtspezifischen Differenzierungen in dem genannten Sinne und von einigen Mechanismen, die schichtspezifisch unterschiedliche Lebenschancen in den verschiedenen Sektoren des Lebens verursachen.

3. Zu den ungelösten Dauerproblemen der empirischen Schichtungssoziologie gehört die Schwierigkeit, Schichten gegeneinander abzugrenzen, die Anzahl der Schichten und den Verlauf der Schichtungslinien zu bestimmen. Bereits bei einer empirischen Einzelstudie ist es problematisch, theoretisch relevante Soziallagen zu ermitteln, d. h. die Gesamtbevölkerung nach den Schichtdeterminanten so zu gliedern, daß Gruppierungen mit typisch unterschiedlichen Einstellungen, Verhaltensweisen, Interaktionsmustern, Sozialbeziehungen, Interessen oder Lebenschancen entstehen. Bei einer Literaturstudie wie der vorliegenden verschärft sich diese Problematik noch erheblich. Hier wird der Versuch unternommen, eine Übersicht zum Zusammenhang von Schichtung und Lebenschancen aus einer Fülle von Einzeluntersuchungen zu erstellen, die nur sehr bedingt miteinander vergleichbar sind. Sie unterscheiden sich nach Fragestellung, theoretischem Bezugsrahmen, verwendeten Begriffen, Operationali-

sierungen und Auswertungsverfahren. Teilweise handelt es sich bei den „Schichten" um Bildungsgruppen, teils um Berufsgruppen, teils um Statusgruppen, die mit einem kombinierten Index gemessen wurden. Häufig sind die Berufsgruppen nach dem bekannten und beliebten Modell von *Moore* und *Kleining* (1968) erhoben und in eine Rangordnung gebracht worden, bisweilen auch nach anderen Verfahren. Manche Studien unterscheiden nur zwei Schichten, andere drei, manche vier oder mehr, und manche verzichten ganz auf eine Einteilung in Schichten und berechnen lediglich Korrelationskoeffizienten zwischen Schichtindikatoren und anderen Variablen. Dem auf Genauigkeit bedachten Sozialwissenschaftler sträuben sich bei dem Versuch, aus diesem heterogenen Material eine Synopse zu erstellen, die Haare. Da jedoch wissenschaftlicher Fortschritt nicht nur in immer neuen Erhebungen mit immer neuen Begriffen und immer neuen Methoden liegt, sondern auch in der Zusammenstellung dessen, was man bereits weiß, muß man sich auf derartige Versuche einlassen. Die unvermeidliche Folge davon sind begriffliche und quantitative Unschärfen. Die Präzision bei der Darstellung in den folgenden Kapiteln ist daher sehr unterschiedlich. Ergebnisse aus einigen zentralen Untersuchungen werden relativ genau mit methodischen Hinweisen wiedergegeben. Bei zusammenfassenden Übersichten läßt es sich jedoch nicht verhindern, sehr vage Formulierungen wie z. B. „obere Schichten", „mittlere Schichten" oder „untere Schichten" zu verwenden.

Im folgenden Unterkapitel wird gezeigt, daß es trotz dieser Einschränkungen und Probleme sinnvoll ist, weiterhin mit dem Schichtbegriff zu arbeiten und ihn zur Grundlage einer Zusammenstellung von Daten zur Ungleichheit der Lebenschancen zu machen.

4 Fünf Grundannahmen der Studie

4.1 Gruppierung der Bevölkerung nach Schichten mit typischen Lebenschancen

In den folgenden Kapiteln läßt sich zeigen, daß die Lebenschancen in zentralen Bereichen des Daseins – im Arbeitsleben, bei der Teilnahme an Herrschaft, im Bildungssektor, bei der Strafverfolgung sowie im Hinblick auf Gesundheit und Alter – in erheblichem Umfang von der Berufsposition und vom Bildungsniveau abhängig sind. Es handelt sich bei der Datenzusammenstellung in diesem Buch um eine Auswahl von besonders wichtigen Lebensbereichen mit deutlichen vertikalen Differenzierungen. Auch bei anderen Facetten des sozialen Lebens, auf die in diesem Buch nicht näher eingegangen wird, ist es offensichtlich, daß die vertikalen Strukturen entlang den traditionellen Schichtkriterien weiter existieren – z. B. beim Umgang mit dem Medienangebot (*Hurrelmann* 1989), bei einigen Freizeitstilen (*Lüdtke* 1992), bei individuellen Lebensläufen und Lebensformen (*Strohmeier* 1993), im Hinblick auf besonders belastende, sog. „lebensverändernde" Ereignisse (*Geyer* 1992), bei manchen politisch-ideologischen Einstellungen (*Holtmann* 1992), bei Mentalitäten oder beim Habitus im allgemeinen (*Vester* u. a. 1993).

Die empirischen Daten der folgenden Kapitel belegen, daß es weiterhin sinnvoll ist, bei einer Darstellung der ungleichen Verteilung der Lebenschancen die Bevölkerung nach Beruf und Bildung in eine überschaubare Zahl von Schichten zu untergliedern, also in Gruppen, deren Lebenschancen sich *typischerweise* unterscheiden. Schichtangehörige ähneln sich im Hinblick auf ihre sozioökonomische Lage, im Hinblick auf ihre damit zusammenhängenden typischen Einstellungs- und Verhaltensmuster (Sozialisationseffekt der sozio-ökonomischen Lage), aber auch im Hinblick auf typische Reaktionen, die ihre Soziallage bzw. ihre Verhaltensweisen bei Personen und gesellschaftlichen Institutionen auslösen, mit denen sie in Kontakt kommen. LehrerInnen, PolizistInnen, StaatsanwältInnen, RichterInnen – um nur einige Beispiele vorwegzunehmen, die in den folgenden Kapiteln ausführlicher dargestellt werden – reagieren schichtspezifisch. Die erste Grundannahme der Studie lautet also: In der Bundesrepublik gibt es *typische Unterschiede in den Lebenschancen nach Berufs- und Bildungsschichten, wobei sich schichtspezifische Lebenschancen häufig aus dem Zusammenspiel von typischen Soziallagen mit typischen Einstellungs- und Verhaltensmustern der Schichtangehörigen sowie typischen gesellschaftlichen Reaktionen auf die Schichtangehörigen ergeben.*

Der verwendete Begriff „*typisch*" soll verdeutlichen, daß die Schichtangehörigkeit die Lebenschancen nicht „festlegt", „determiniert", sondern lediglich zusammen mit anderen Faktoren beeinflußt. Schichtanalysen können nur Zusammenhänge von einer gewissen Wahrscheinlichkeit, aber keine deterministischen Zusammenhänge aufdecken. Für das Arbeiterkind ist die typische Bildungschance der Besuch einer Hauptschule, für das Akademikerkind der Besuch eines Gymnasiums. Der Ausdruck „typisch" deutet jedoch gleichzeitig darauf hin, daß durchaus ein kleiner Teil der Arbeiterkinder die Realschule oder das Gymnasium besucht und ein kleiner Teil der Akademikerkinder die Realschule bzw. die Hauptschule.

4.2 Die These von der Dominanz der vertikalen Dimension

Ich gehe des weiteren davon aus, daß die „vertikale Dimension" der sozialen Ungleichheit, die mit dem traditionellen Schichtbegriff erfaßt wird, im vieldimensionalen Raum sozialer Ungleichheit in der Bundesrepublik weiterhin vorherrschend ist. Die zweite Grundannahme des Buches ist also die These von der *Dominanz der vertikalen Dimension* sozialer Ungleichheit. Ich nehme an – ohne es im einzelnen nachweisen zu können –, daß die vertikale Dimension der sozialen Ungleichheit stärker strukturprägend ist als andere Dimensionen wie z. B. Geschlecht, Alter, Generation, Region, Nationalität oder auch die neue West-Ost-Dimension (vgl. dazu *Geißler* 1994). Gewiß, auch Männer und Frauen, Jüngere und Ältere, Großstädter und Landbewohner, Ostdeutsche und Westdeutsche haben in vielen Bereichen bessere bzw. schlechtere Lebenschancen. So wurde z. B. vielfach dokumentiert, daß Frauen im Durchschnitt mit unsichereren und ungünstigeren Arbeitsplätzen vorlieb nehmen müssen als Männer, daß sie nur mit Mühe in der Politik Fuß fassen können, daß sie die Hauptlast der Arbeit in der Familie tragen und daß sich die Benachteiligung auch auf ihre soziale Situation im Alter auswirkt (vgl. *Geißler* 1991a). In anderen Sektoren dagegen zeigt sich, daß die Vor- und Nachteile zwischen den Geschlechtern in etwa ausbalanciert sind, daß Frauen eher im Vorteil sind, oder daß die Benachteiligung der Frauen wenigstens teilweise rückläufig ist. So sind die gesundheitlichen Risiken in einigen Bereichen für Männer, in anderen für Frauen größer (vgl. *Gerhardt* 1985, 2ff.), und der Strafverfolgung sind Männer in stärkerem Maße ausgesetzt als Frauen (vgl. *Geißler/Marißen* 1988). Im Bildungsbereich hat sich in den letzten Jahrzehnten gezeigt, daß sich geschlechtsspezifische Unterschiede eher durch Reformen mildern lassen als schichtspezifische. Gerade die Bemühungen um die Beseitigung der ungleichen Bildungschancen haben deutlich gemacht, daß „vertikale" Schichtungsunterschiede widerstandsfähiger sind als geschlechtsspezifische oder regionale Unterschiede. Ungleichheiten schichtspezifischer Art sind offenbar umfassender und dauerhafter als Ungleichheiten in anderen Dimensionen. Sie tauchen in vielen Lebensbereichen auf und sind relativ fest verankert, in ihren zentralen Ursachen meritokratisch legitimiert und z. T. auch bedingt und damit vergleichsweise resistent gegen Versuche, sie zu beseitigen.

Weitere Hinweise auf die Dominanz der vertikalen Dimension gibt die *Wahrnehmung wichtiger Konfliktlinien* durch die Bevölkerung. Die Hälfte der Westdeutschen und zwei Drittel der Ostdeutschen erkennen 1993 sehr starke oder starke Interessengegensätze zwischen Arbeitgebern und Arbeitnehmern, entsprechende Gegensätze zwischen Arm und Reich sehen 36% der Westdeutschen und 58% der Ostdeutschen. Sehr starke oder starke Konflikte zwischen jung und alt existieren nur für jeweils 20% der Bevölkerung und entsprechende Konflikte zwischen Frauen und Männern nur für 14% der Westdeutschen und 10% der Ostdeutschen (*Landua/Habich* u. a. 1993, 86). Die Einschätzung, daß der „Geschlechterkampf" ein wesentliches Element der modernen deutschen Sozialstruktur sei, wird also nur von einer kleinen Minderheit der Bevölkerung geteilt; der traditionelle vertikale Interessengegensatz wird dagegen weiterhin von vielen Menschen als wichtige Konfliktlinie wahrgenommen; ähnlich intensiv wie der vertikale Konflikt werden auch die Spannungen zwischen Deutschen und Ausländern und der neue Ost-West-Gegensatz (dazu *Geißler* 1994) eingeschätzt.

Die These von der Dominanz der vertikalen Dimension der sozialen Ungleichheit übersieht nicht, daß die Lebenschancen in der Bundesrepublik nach verschiedenen Kriterien systematisch ungleich verteilt sind. Sie enthält lediglich die Annahme, daß die traditionellen Schichtdeterminanten wie Berufsposition und Bildungsniveau weiterhin die wichtigsten Kriterien sind, nach denen sich unterschiedliche Lebenschancen in der Gesamtbevölkerung gruppieren lassen (vgl. *Geißler* 1990, 91f.).

Ich habe mich bei der Verwendung des Begriffs „vertikal" Traditionen des Sprachgebrauchs in der Ungleichheitsforschung angeschlossen, die berufs- oder bildungsspezifische Ungleichheiten als „vertikal" bezeichnen, geschlechtsspezifische, regionale, altersspezifische u. a. Ungleichheiten dagegen als „horizontal" oder „quer liegend". Vermutlich rührt die Unterscheidung von „vertikalen" und „horizontalen" Dimensionen der sozialen Ungleichheit daher, daß soziale Unterschiede, die mit Beruf oder Qualifikation zusammenhängen, deutlicher mit der Vorstellung eines „Oben" und „Unten" in der Gesellschaft, also mit einer vertikalen sozialen Ordnung, assoziiert werden als Unterschiede nach Geschlecht, Alter, Region oder Generation. Die These von der Dominanz der vertikalen Dimension unterstreicht, daß dieser Sprachgebrauch durchaus sinnvoll ist. Eine Gesellschaft wie die Bundesrepublik Deutschland läßt sich nach Beruf und Qualifikation deutlicher vertikal im Hinblick auf bessere und schlechtere Lebenschancen gliedern als nach anderen Determinanten. Die Ressourcen für Lebenschancen sind stärker nach Beruf und Bildung gruppiert als nach anderen strukturellen Kriterien. Es sei nochmals darauf verwiesen, daß auch die „horizontalen" Determinanten „vertikale" Wirkungen haben, und daß Lebenschancen auch nach anderen Zuweisungsmerkmalen als Beruf und Qualifikation ungleich verteilt sind.

4.3 Eher Schichten als Klassen: „Entökonomisierung" des Schichtgefüges

Die dritte Grundannahme der Studie lautet: *Der Begriff der sozialen Schicht ist für die Analyse ungleicher Lebenschancen in der Bundesrepublik besser geeignet als der Begriff der Klasse;* er ist nicht so stark auf die Stellung des Menschen im Wirtschaftsprozeß fixiert, deren Bedeutung für die Lebenschancen eher zurückgeht.

Obwohl der Klassenbegriff ähnliche Probleme mit sich bringt wie der Schichtbegriff – er ist vieldeutig, Klassen sind in der Lebenswelt kaum auszumachen, es gibt fast so viele verschiedene Klassengliederungen einer Gesellschaft wie Autoren – ist er der Kritik der Ungleichheitsforscher in geringerem Maße ausgesetzt als der Schichtbegriff. Dennoch wurde er mit Bedacht nicht als Grundkategorie für diese Studie gewählt. Klasse verweist auf die ökonomischen Ursachen ungleicher Lebenschancen. Das gilt sowohl für Klassenanalysen in der Tradition von *Karl Marx* als auch für solche, die sich eher auf *Max Weber* stützen. So definiert *Weber* (1976, 531): „Wir wollen da von einer ‚Klasse' reden, wo 1. einer Mehrzahl von Menschen eine spezifische ursächliche Komponente ihrer Lebenschancen gemeinsam ist, soweit 2. diese Komponente lediglich durch ökonomische Güterbesitz- und Erwerbsinteressen... dargestellt wird...". Auch in neueren Varianten des Klassenbegriffs werden die Lebenschancen einer Klasse von ihrer Position und Funktion im Wirtschaftsprozeß begleitet.[11]

Der hier verwendete Schichtbegriff bindet jedoch die Lebenschancen nicht einseitig an die ökonomische Klassenlage. Neben der Berufsposition, einem traditionellen Indikator der Klassenanalyse, wird auch das Ausbildungsniveau als wichtige Schichtdeterminante angesehen. Wenn ich vorhin von der „vertikalen Dimension" der sozialen Ungleichheit sprach, die der Schichtbegriff erfaßt, so ist diese Ausdrucksweise ungenau. In der Vertikalen überlagern sich mindestens zwei Dimensionen – Berufsposition einerseits, Bildungsniveau andererseits. Die Schichtdeterminante Beruf weist auf die „Klassenlage" im Sinne *Max Webers* hin, auf Ressourcen für Lebenschancen, die sich aus der täglichen Erwerbsarbeit im Wirtschaftsprozeß herleiten; das Bildungsniveau dagegen bezieht sich auf Ressourcen, die von der Persönlichkeit des einzelnen abhängen, auf individuelle Fähigkeiten des Menschen, mit seiner Soziallage umzugehen. Beide Dimensionen sind miteinander verknüpft. So sind das Bildungsniveau und bestimmte Persönlichkeitsmerkmale Voraussetzung für die Ausübung bestimmter Berufe; andererseits beeinflussen die Erwerbstätigkeit und die damit verbundene Soziallage auch die Persönlichkeitsentwicklung. Dennoch decken sich beide Dimensionen nicht genau.

Langfristig dürfte die Berufsdimension an strukturprägender Kraft einbüßen und die Bildungsdimension an Bedeutung gewinnen. Diese Vermutung stützt sich auf zwei Beobachtungen. Zum einen verliert der Bereich der Berufsarbeit im Leben der Menschen quantitativ und qualitativ an Gewicht. Durch Arbeitszeitverkürzungen und durch die Verlängerung der Ausbildungs- und Altersphasen wird ein immer kleinerer Anteil der Lebenszeit im Beruf verbracht. Die Prägekraft der Arbeitswelt für die Soziallage und die damit zusammenhängenden Mentalitäten, Lebensstile und Lebenschancen geht auf lange Sicht allmählich zurück. Menschliche Aktivitäten, Interessen und Orientierungen richten sich stärker auf Daseinsbereiche vor, neben und nach der Erwerbsarbeit, auf Ausbildung, Freizeit und Alter. Diese Bereiche bieten größere Möglichkeiten der individuellen Lebensgestaltung, so daß Persönlichkeitsmerkmale, die wiederum stark mit der Bildungskarriere zusammenhängen, an Bedeutung für Einstellungen, Verhalten und gesellschaftliche Reaktionen zunehmen dürften. Da die Soziallagen und Lebenschancen über den Beruf mit dem ökonomischen System verknüpft sind, kann man diese Umschichtungstendenz als „Entökonomisierung" des Schichtgefüges bezeichnen. Ähnliche Entwicklungen wurden von den DDR-Soziologen auch in der ostdeutschen Sozialstruktur erkannt (*Lötsch/Lötsch* 1985, 71).

4.4 Von der Oberflächenschichtung zur Tiefenschichtung

Die komplexe industrielle Dienstleistungsgesellschaft macht es dem nach Schichten suchenden Systematiker relativ schwer. In Kastengesellschaften oder ständischen Gesellschaften sind Abstufungen der Soziallagen, der Verhaltens- und Reaktionsmuster direkt wahrnehmbar. Kaste und Stand sind „empirische Begriffe"; die von ihnen bezeichneten Phänomene sind unmittelbar zu beobachten, oder – um es in der Sprache der Phänomenologie zu formulieren – die kastenmäßige oder ständische Gliederung der Gesellschaft spiegelt sich in der Lebenswelt der Menschen, in ihren alltäglichen Erfahrungen und Verhaltensweisen direkt wider. Die Schichtstruktur ist an der *Oberfläche* des sozialen Alltags *konkret augenfällig*.

Anders stellt sich die moderne Gesellschaft dem Beobachter dar: Schichtstrukturen sind heute nur noch in hierarchischen (Groß-)Organisationen deutlich wahrnehmbar – sehr auffällig im Militär, aber auch in Wirtschaftsunternehmen, Behörden oder Universitäten. Auf gesamtgesellschaftlicher Ebene sind Abstufungen dieser Art nur noch in Extrembereichen sozialer Ungleichheit konkret augenfällig – bei den besonders Privilegierten wie bei den Eliten oder der „Prominenz" sowie bei den besonders Benachteiligten wie bei den Armen, Obdachlosen oder Ausländern. Zwischen den Extremen verschwimmen die klaren Linien der Gruppierungen. Bereits vor einem halben Jahrhundert stellte *Theodor Geiger* fest, daß man als Schichtungssoziologe „das Handgelenk lockerer halten muß" als der Statistiker: „Das Leben zieht keine klaren Grenzen, sondern verspielt sich in tausend Zwischenformen" (*Geiger* 1972, 82). Die Schichtunterschiede sind jedoch nur teilweise von der konkret sichtbaren, teils nivellierten, teils pluralisierten Oberfläche des sozialen Lebens verschwunden, in der Tiefenstruktur einer Gesellschaft leben sie weiter. Es bedarf der theoretisch-empirischen Arbeit des Sozialstrukturforschers, um sie deutlich sichtbar zu machen. Der Schichtbegriff entfernt sich bei der Analyse moderner Gesellschaften daher vom Typus eines „empirischen Begriffs" und nähert sich stärker dem Typus des „theoretischen" bzw. „hypothetischen Konstrukts". Dieses bezieht sich auf Phänomene, „die als existent bezeichnet werden, obwohl sie als solche vorläufig nicht vollständig beobachtbar sind" (*Hänni* 1987, 946).

Nun haben die Nivellierungs- und Differenzierungsprozesse die Schichtstrukturen nicht so weit zugeschüttet, daß sie überhaupt nicht mehr direkt wahrnehmbar wären. Auch der genauere Beobachter des lebensweltlichen Alltags kann hinter den Einebnungen und Mischungen die Differenzierungen entdecken. Wer vom Villenvorort Blankenese über die Hamburger Elbchaussee in die Arbeiterviertel von Altona wandert, wird deutliche Unterschiede im Wohnmilieu, in den Automarken, in der Kleidung, im Verhalten und in der Sprache entdecken; und wenn er sich mit den Bewohnern der verschiedenen Gegenden unterhält, wird er feststellen, daß diejenigen, die in den Boutiquen am Jungfernstieg einkaufen und die neben dem Sommerurlaub in Kampen einen zweiten Winterurlaub in St. Moritz verbringen oder die ihre Kinder fast ausschließlich auf Gymnasien schicken, nicht in den Arbeitervierteln von Altona wohnen.

4.5 Verschwommene Grenzen und fließende Übergänge

Schichten in der modernen differenzierten Gesellschaft weisen keine klaren Grenzen auf, sie gehen vielmehr ineinander über. Wer mit dem Schichtbegriff arbeitet, muß sich von der Vorstellung lösen, es handle sich bei den Schichtausprägungen um „scharf gegeneinander abgesetzte Gruppierungen von Menschen in jeweils eindeutig besserer oder schlechterer Lebenslage" (so die Definition bei *Bolte/Hradil* 1984, 348). Der metaphorische Bedeutungsgehalt von Schicht – der Vergleich von sozialen Schichten und Erdschichten – verführt zwar dazu, an klar gezogene Schichtgrenzen zu denken. Bei der Analyse differenzierter Sozialstrukturen muß der Schichtungssoziologe jedoch in verschiedenen Punkten aus der geologischen Metaphorik ausbrechen (vgl. *Geißler* 1990, 87f.). Kasten und Stände sind durch relativ deutliche, teilweise sogar per Gesetz festgelegte Grenzlinien markiert; die zunehmende Differenzierung, Pluralisierung und auch Individualisierung in den Strukturen sozialer Ungleichheit dagegen läßt die Konturen solcher Grenzen immer stärker verschwimmen und schafft fließende Übergänge. Die Struktur typischer Soziallagen, mit denen typische Subkulturen zusammenhängen, wird immer häufiger von untypischen Lagen und untypischen Einstellungs- und Verhaltensmuster durchkreuzt, so daß die Grenzlinien immer undeutlicher werden.

Das Kennzeichen der verschwommenen Grenzen und fließenden Übergänge ist im übrigen nicht eine Eigenart des Schichtbegriffs, sondern auch der anderen Konzepte, die dazu dienen sollen, Menschen der modernen Gesellschaft nach ungleichen Lebenslagen zu gruppieren. Männer und Frauen z. B. lassen sich nur biologisch deutlich voneinander abgrenzen, als soziologische Begriffe sind sie mit ähnlichen Unschärfen behaftet wie die Schichten. Im Hinblick auf Lebensbedingungen, Einstellungen, Verhaltensweisen oder gesellschaftliche Reaktionen sind die Übergänge zwischen Männern und Frauen – von wenigen biologisch festgelegten Ausnahmen abgesehen – ebenso fließend wie die zwischen Schichten. Dennoch gibt es typische soziale Ungleichheiten zwischen den Geschlechtern, so wie es typische soziale Ungleichheiten zwischen den Schichten gibt.

5 Ein vorweggenommenes Ergebnis: neue Grundschicht und Beamte

Ich möchte nicht den Versuch unternehmen, das vielgestaltige Material der Fülle von empirischen Untersuchungen, die in den folgenden Kapiteln verarbeitet werden, zu einem Schichtmodell zu verdichten.[12] Es sei lediglich auf zwei Gruppierungen verwiesen, die in bisherigen Modellen häufig nicht als eigenständige Schicht ausgewiesen sind, deren benachteiligte bzw. privilegierte Lage jedoch fast durchgängig in allen untersuchten Lebenssektoren empirisch nachweisbar ist.

Begriffe wie „Unterschicht", „Grundschicht", „Arbeiterklasse" oder „Arbeiterschicht" erfassen die Differenzierungen nach Lebenschancen nur unzureichend. Im unteren Bereich hat sich eine Schicht der Un- und Angelernten herausgebildet, die von der Erweiterung der Lebenschancen in der Bundesrepublik kaum profitieren konnte und gegenüber den Facharbeitern einen deutlichen Chancenrückstand aufweist. Ihr schrumpfender Umfang erhöht die Gefahr sozialer Ausgrenzung (vgl. *Geißler* 1992, 146f.). Auch Konzepte wie das „Lumpenproletariat" von *Karl Marx*, gängige Ausdrücke wie „sozial Verachtete" oder „soziale Randgruppen" oder der amerikanische Begriff der „underclass" für Arme, Slumbewohner, Dauerarbeitslose oder Heruntergekommene wecken falsche Assoziationen und charakterisieren – wenn überhaupt – nur bestimmte Teile dieser Gruppe. Die *„neue Grundschicht"* der Un- und Angelernten, wie ich sie nennen möchte, lebt nicht durchgängig „am Rande der Gesellschaft", unterhalb der Armutsgrenze, ohne Arbeit oder „sozial verachtet", sie ist auch nicht dem Prozeß der „passiven Verfaulung" (*Marx/Engels* 1977, 427) ausgesetzt, aber sie ist in vielen Lebenssektoren deutlich benachteiligt.

Die Angehörigen der neuen Grundschicht sind am stärksten von Arbeitslosigkeit bedroht und am Arbeitsplatz besonderen Belastungen, Gefahren und starren Arbeitszeiten ausgesetzt. Sie sind nicht in der Lage, politische Teilnahmerechte wahrzunehmen, die über die Minimalformen wie Wahlbeteiligung und Mitgliedschaft in einer Gewerkschaft hinausgehen. Vom Aufstieg in Führungspositionen sind sie ausgeschlossen. Von der Erweiterung der Bildungschancen haben sie kaum profitiert. Ihre Distanz zu den höheren Bildungseinrichtungen, wo ihre Kinder auf größere Vorurteile stoßen als andere, ist nach wie vor besonders ausgeprägt. Daher setzen sich ihre Benachteiligungen von Generation zu Generation fort, so daß sich Mentalitätsunterschiede, Reaktionsunterschiede der sozialen Umwelt und somit Schichtdifferenzierungen verfestigen können. Dem Zugriff der Strafverfolgungsbehörden dagegen sind die Angehörigen der neuen Grundschicht am stärksten ausgesetzt, und in Gerichtsprozessen sind sie am wenigsten in der Lage, ihre Ansprüche und Interessen zur Geltung zu bringen. Die Nachteile der Soziallage schlagen sich auch auf den Gesundheitszustand nieder: Angehörige der neuen Grundschicht sind besonders anfällig gegenüber physischen und psychischen Erkrankungen, die Kindersterblichkeit, aber auch die Sterblichkeit von Erwachsenen liegt bei ihnen besonders hoch. Schließlich taucht die Benachteiligung der neuen Grundschicht auch bei der Betrachtung der Altersphase wieder auf: ihre Rentenversorgung ist besonders schlecht.

Die neue Grundschicht ist keine Besonderheit der Bundesrepublik bzw. einer kapitalistischen Schichtstruktur. Es ist interessant, daß auch die Soziologen der DDR die Un- und Angelernten als eine benachteiligte Gruppe in ihrer Gesellschaft ausfindig gemacht hatten, die den Sozialpolitikern und den Theoretikern des entwickelten Sozialismus Kopfzerbrechen bereiteten. So schrieb *Manfred Lötsch,* zuständig für Sozialstrukturanalyse in der Akademie für Gesellschaftswissenschaften beim Zentralkomitee der SED (1985, 36): „Auf dem anderen Ende der Skala weist die Kategorie der Angelernten (sehr viel weniger als die der Ungelernten) ein deutliches Beharrungsvermögen auf; ... Zugleich weist Arbeit mit niedrigen Qualifikationsanforderungen eine hochgradige strukturelle Konsistenz auf, einen hohen Grad der Bündelung: mit tendenziell schwerer körperlicher Arbeit einschließlich eines höheren Anteils physisch schädigender oder zumindest problematischer Arbeit; mit tendenziell ungünstigeren Arbeitsbedingungen in ihrer Gesamtheit; mit einem niederigen Niveau der allgemeinen Bildung; mit weitaus geringerer gesellschaftlicher Aktivität; oft außerhalb der Arbeit mit weniger günstigen Wohnbedingungen etc. Hier haben wir es mithin mit wesentlichen Niveauunterschieden, damit sozialen Unterschieden zu tun, die durchaus die Qualität sozialer Ungleichheit annehmen können. Dieser Typ von Unterschieden ist auf absehbare Zeit unvermeidbar, weil sich seine materiellen Ursachen nicht einfach ‚abschaffen', sondern nur mit der Technikentwicklung allmählich überwinden lassen."

In Ostdeutschland gehört die neue Grundschicht zu den relativen Verlierern der Vereinigung. Von den Schwierigkeiten, die mit den sozialen Umbrüchen verbunden sind – z. B. Arbeitslosigkeit, soziale Unsicherheiten, Orientierungsprobleme – sind Un- und Angelernte häufiger betroffen als andere Gruppen (vgl. *Geißler* 1993, 22).

Der kurze Verweis auf die neue Grundschicht in der DDR soll andeuten, wo die wesentlichen Ursachen für die Existenz dieser Schicht *nicht* zu suchen sind. Sie liegen nicht in den Besonderheiten der kapitalistischen Produktionsweise, sondern in zwei anderen Bereichen: im bisherigen Unvermögen der höchtechnisierten Industriegesellschaft, einen gewissen Bestand an Arbeitsplätzen mit niedrigen Qualifikationsanforderungen zu beseitigen, aber gleichzeitig auch in dem bisherigen Unvermögen der modernen Sozialisations- und Bildungssysteme, allen Menschen Qualifikationn zu vermitteln, die sie befähigen, „gelernte" berufliche Tätigkeiten zu verrichten, und die auch psychische Ressourcen für die bessere Wahrnehmung anderer Lebenschancen sind.

Nicht ganz so durchgängig wie die Nachteile der neuen Grundschicht sind die Vorzüge der Soziallage der *Beamten*. Beamte werden in der Regel nicht als besondere Schicht angesehen, sondern – wie im Fünf-Schichten-Modell *Theodor Geigers* – zum „neuen Mittelstand" gezählt. *Geiger* überlegte seinerzeit, ob er die Beamten aufgrund ihrer sozialen Sonderstellung „als Block für sich" behandeln sollte, entschied sich dann jedoch wegen der „Tendenz zur Einebnung des Beamtentums" (1972, 99) dagegen. Die Beamten konnten sich jedoch bis heute einige besondere Chancen bewahren. Rechtlich abgesichert und allgemein geläufig sind ihre absolute Arbeitsplatzgarantie sowie Pensionsansprüche, die deutlich über den Ansprüchen der Rentenempfänger liegen. Auffällig ist ihre Motivation, alle Möglichkeiten der Teilnahme an Herrschaft vergleichsweise intensiv zu nutzen; dies gilt sowohl für die traditionellen als auch für neuere, unkonventionelle Formen der politischen Beteiligung. Auch die Fähigkeit, von den Bildungsangeboten für ihre Kinder Gebrauch zu machen, ist bei den Beamten besonders ausgeprägt; von der Bildungsexpansion haben sie am meisten profitiert. Die Daten zu Krankheit und Gesundheit sind weniger aussagekräftig; aber auch hier gibt es Hinweise darauf, daß Beamte vergleichsweise wenig von Krankheit bedroht sind.[13]

6 Bilanz: eine dynamische pluralisierte Schichtstruktur – aber keine Auflösung der Schichten

In dieser Bilanz sollen nochmals einige wichtige Gesichtspunkte der vorangehenden Überlegungen zusammengefaßt werden.

Die traditionellen Ansätze der Schicht- und Klassenanalyse sind in der westdeutschen Sozialstrukturforschung im letzten Jahrzehnt immer mehr ins Abseits geraten. Ins Zentrum des Erkenntnisinteresses rückten zunächst die sog. horizontalen Ungleichheiten nach Geschlecht, Region u. ä. und später zunehmend die Prozesse der Pluralisierung, Diversifizierung, Individualisierung und entstrukturierenden Dynamik. Eine sozialkritische Analyse vertikal ungleich verteilter Ressourcen, Lebensbedingungen und Lebenschancen wird immer stärker durch eine unkritische, z. T. eher kultursoziologisch orientierte Bestandsaufnahme der bunten Vielfalt von Lebensformen und Lebensstilen verdrängt. Aus der Erforschung vertikaler Ungleichheiten ist über das Zwischenstadium der Erforschung horizontaler Ungleichheiten immer mehr die Erforschung sozialer Vielfalt geworden. Zur Erweiterung des Paradigmas der traditionellen Ungleichheitsanalyse haben sich inzwischen Tendenzen zu einem radikalen Paradigmenwechsel gesellt, der die Schichtstrukturen vernachlässigt oder sogar ganz aus dem Auge verliert. *Kritische Ungleichheitsforschung verwandelt sich in unverbindliche Vielfaltsforschung.*

Ausgangspunkt der skizzierten Entwicklung war eine massive Kritik an den Schicht- und Klassenkonzepten; ihnen wurde vorgeworfen, sie seien zur Analyse der sozialen Ungleichheit in einer modernen, sich immer weiter differenzierenden Wohlstandsgesellschaft unbrauchbar geworden. Diese Kritik verband und verbindet sich häufig mit der Überzeugung, Klassen und Schichten lösten sich im Gefolge der Modernisierung, mit der Nivellierungen, Pluralisierung, Diversifizierung, Individualisierung und entstrukturierende Dynamik verbunden sind, allmählich auf. Die Vorstellungen einer Gesellschaft jenseits von Schicht und Klasse können Züge einer Ideologie annehmen, die vertikale Ungleichheitsstrukturen verschleiert.

Gegen den „main stream" in der westdeutschen Sozialstrukturanalyse, der in anderen Ländern nach meinem Eindruck nicht in dieser massiven Form auftritt, lassen sich zwei wichtige Einwände vorbringen.

1. Die Kritik an den traditionellen Ansätzen trifft auf viele Varianten der Schichtungs- und Klassentheorie zu; als generelle Verurteilung *aller* Schichttheoretiker ist sie jedoch zu pauschal. So wird der Zugriff *Theodor Geigers* auf die moderne Sozialstruktur und die von ihm entwickelte Schichtungstheorie der differenzierten Ungleichheitsstruktur in hohem Maße gerecht. An *Geigers* Fragestellungen und Begriffen kann sich die Sozialstrukturanalyse der modernen Gesellschaft auch heute noch mit Gewinn orientieren.

2. In den Kapiteln dieses Buches wird in vielen Einzelheiten empirisch belegt, daß die Lebenschancen der Menschen in sechs wichtigen Bereichen ihrer sozialen Existenz – bei der Arbeit, bei der Teil-

nahme an Herrschaft, bei der Verwirklichung des Rechts auf Bildung, bei Verstößen gegen Rechtsnormen und ihren Bestrafungen, bei Krankheit und Gesundheit sowie beim Leben im Alter – weiterhin in starkem Maße von Unterschieden in den Berufspositionen und Bildungsniveaus abhängig sind. In der modernen Gesellschaft leben also Schichten in dem Sinne, daß sich die Lebenschancen der Menschen *typischerweise* nach Berufs- und Bildungsstatus unterscheiden fort. *Schichten sind nicht nur weiterhin ein wichtiges Element der Sozialstruktur, sondern* es gibt darüber hinaus auch eine Reihe *von Hinweisen darauf, daß die vertikale Dimension im differenzierten Ungleichheitsgefüge der modernen Gesellschaft dominiert;* schichttypische Unterschiede beeinflussen – aufs Ganze der Gesellschaft gesehen – die Lebenschancen der Menschen stärker als Unterschiede nach Geschlecht, Alter, Generation, Region, Nationalität oder als der neue, aber auf lange Sicht vorübergehende West-Ost-Gegensatz.

Der Schichtungsanalytiker muß dabei beachten, daß die Schichten der industriellen Dienstleistungsgesellschaft andere Strukturmerkmale aufweisen als Stände oder als die Klassen des Industriekapitalismus im Westeuropa der Jahrhundertwende. In der modernen Schichtstruktur gewinnen Bildungsunterschiede als verhaltensmitbestimmende Faktoren – als „Schichtdeterminanten" im Sinne *Geigers* – an Gewicht; „Grenzen" zwischen den Schichten verschwimmen zu fließenden Übergängen; Nivellierungen im Zuge der Wohlfahrtsentwicklung, Pluralisierungs- und Individualisierungsprozesse führen dazu, daß schichttypische Unterschiede an der lebensweltlichen Oberfläche immer schwerer wahrnehmbar werden. Schichtungstheoretisch gesteuerte empirische Analysen belegen jedoch, daß die moderne Vielfalt der Lebensformen und Lebenschancen durch vertikale Strukturen begrenzt wird. Es ist also eher irreführend, wenn man die Modernisierungsprozesse mit einer sich abzeichnenden Auflösung der Schichten in Zusammenhang bringt. Der ablaufende soziale Wandel scheint mir mit der folgenden Vorstellung angemessener erfaßt zu werden: *Die Schichtstruktur verändert sich, aber sie löst sich keinesfalls auf; die moderne Gesellschaft hat sich nicht von den Klassen und Schichten verabschiedet, sondern eine dynamische, pluralisierte Schichtstruktur herausgebildet.*

Anmerkungen

[1] Eine ausführlichere Darstellung der Sozialstrukturanalyse und Schichtungssoziologie *Geigers* findet sich bei *Geißler* 1985 und *Geißler* 1991.
[2] *Mayntz* 1958; *Janowitz* 1958; *Scheuch/Daheim* 1961; *Bolte* 1963; *Kleining/Moore* 1968.
[3] z. B. bei *Berger/Hradil* 1990, *Hradil* 1992, *Berger/Sopp* 1992, *Kreckel* 1992.
[4] *Kreckel* 1983a, 13 und 1992, 18, 34f.; *Hradil* 1983a, 101, 108 und 1987, 40; *Berger/Hradil* 1990a, 6f.
[5] *Hradil* 1983a, 107f.; *Beck* 1986, 116ff.; *Hradil* 1987, 89ff.
[6] *Kreckel* 1983a, 5; *Beck* 1986, 121, 156ff.; *Hradil* 1987, 91ff.; *Bolte* 1990, 41ff.
[7] *Bolte* u. a. 1975; *Hörning* 1976; *Zingg/Zipp* 1979; *Kreckel* 1983; gegen diesen Trend *Herz* 1983.
[8] Zu Milieus und Subkulturen vgl. die Arbeiten von *Hradil* (z. B. 1987, 1992), *Schulze* (1990, 1993), *Nowak/Becker* 1985 und *Sinus* 1992; zur Lebensstilanalyse vgl. die Studien von *Lüdtke* (z. B. 1989, 1992), *Hörning/Michailow* 1990 und *Müller* (1989, 1993); zur gesellschaftlichen Dynamik vgl. die Arbeiten von *Berger* (z. B. 1986 und *Berger/Sopp* 1992).
[9] Folgende Studien sind eher verschiedenen, z. T. „modernisierten" Varianten des traditionellen Ansatzes verpflichtet: *Erbslöh* u. a. 1990; *Franz* u. a. 1986; *Geißler* 1987, 1990, 1992; *Haller* 1986, *Holtmann* 1990, 1992; *Mayer* 1989; *Mayer/Blossfeld* 1990; *Müller* 1986; *Noll/Habich* 1990; *Strasser* 1987; *Thien/Wienhold* 1986; *Vester* u. a. 1993.
[10] Der Begriff der „Dimension" wird in der Ungleichheitsforschung unterschiedlich verwendet. Für *Bolte* und *Hradil* z. B. sind Ungleichheiten des Konsumsstandards, der Gesundheitsversorgung, der Arbeitsbedingungen u. ä. „Dimensionen der sozialen Ungleichheit" (*Bolte/Hradil* 1984, 28). Ich benutze das Konzept der Dimension dagegen in Anlehnung an *Theodor Geiger* zur Bezeichnung von verschiedenen Sektoren der sozialen Ungleichheit, die mit unterschiedlichen strukturellen Zuweisungskriterien (Determinanten) wie Beruf, Qualifikation, Geschlecht, Generation, Region oder Alter zusammenhängen.
[11] Vgl. z. B. *Giddens* 1979, 132; *Haller* 1983, 143ff.; *Bolte/Hradil* 1984, 43f.; *Bahrdt* 1985, 43f.
[12] Zwei neue Versuche der Modellkonstruktuion bei *Noll/Habich* 1990, 161ff. und *Geißler* 1992, 74ff.
[13] Ein kurzer Abriß zu Soziallage, Mentalität und Lebenschancen bei *Geißler* 1992, 129–135.

Literatur

Bahrdt, H. P.: Schlüsselbegriffe der Soziologie. München 1985².
Beck, U.: Jenseits von Klasse und Stand? In: *Kreckel, R.* (Hrsg.): Soziale Ungleichheiten. Göttingen 1983, S. 35-74.
Derselbe: Risikogesellschaft. Frankfurt a. M. 1986.
Berger, P. A.: Entstrukturierte Klassengesellschaft? Opladen 1986.
Derselbe: Ungleichheitsphasen. In: *Berger, P. A., S. Hradil* (Hrsg.): Lebenslagen – Lebensläufe – Lebensstile. Göttingen 1990, S. 319-343.
Berger, P. A., Hradil, S. (Hrsg.): Lebenslagen – Lebensläufe – Lebensstile. Göttingen 1990.
Dieselben: Die Modernisierung sozialer Ungleichheit – und die neuen Konturen ihrer Erforschung. In: *Diess.* (Hrsg.): Lebenslagen – Lebensläufe – Lebensstile. Göttingen 1990a, S. 3-26.
Berger, P. A., Sopp, P.: Stabilität und Fluktuationen – theoretische und empirische Analysen. In: *Glatzer, W.* (Hrsg.): Entwicklungstendenzen der Sozialstruktur. Frankfurt / New York 1992, S. 60-104.
Bolte, K. M.: Typen sozialer Schichtung in der Bundesrepublik Deutschland. In: Hamburger Jahrbuch für Wirtschafts- und Gesellschaftspolitik 8 (1963), S. 150-168.
Derselbe: Anmerkungen zu Aspekten und Problemen der Erforschung sozialer Ungleichheit. In: *Kreckel, R.* (Hrsg.): Soziale Ungleichheiten. Göttingen 1983, S. 391-408.
Derselbe: Soziale Ungleichheit in der Bundesrepublik Deutschland im historischen Vergleich. In: *Berger, P. A., Hradil, S.* (Hrsg.): Lebenslagen – Lebensläufe – Lebensstile. Göttingen 1990, S. 27-50.
Bolte, K. M., Hradil, S.: Soziale Ungleichheit in der Bundesrepublik Deutschland. Opladen 1984⁵.
Bolte, K. M., Kappe, D., Neidhardt, F.: Soziale Ungleichheit. Opladen 1975.
Boudon, R., Bourricaud, F.: Soziologische Stichworte. Opladen 1992.
Dahrendorf, R.: Gesellschaft und Demokratie in Deutschland. München 1965.
Derselbe: Lebenschancen. Anläufe zur sozialen und politischen Theorie. Frankfurt am Main 1979.
Erbslöh, B., Hagelstange, T., Holtmann, D., Singelmann, J., Strasser, H.: Ende der Klassengesellschaft? Regensburg 1990.
Franz, H.-W., Kruse, W., Rolff, H.-G. (Hrsg.): Neue alte Ungleichheiten. Opladen 1986.
Geiger, T.: Die Klassengesellschaft im Schmelztiegel. Köln / Hagen 1949.
Derselbe: Die soziale Schichtung des deutschen Volkes. Darmstadt 1972² (zuerst 1932).
Derselbe: Schichtung. In: *Geiger, T.:* Arbeiten zur Soziologie, hrsg. von P. Trappe. Neuwied / Berlin 1962, S. 186-205.
Geißler, R.: Die Schichtungssoziologie von *Theodor Geiger.* In: Kölner Zeitschrift für Soziologie und Sozialpsychologie 37 (1985), S. 387-410.

Derselbe (Hrsg.): Soziale Schichtung und Lebenschancen in der Bundesrepublik Deutschland. Stuttgart 1987.
Derselbe: Schichten in der postindustriellen Gesellschaft. In: *Berger, P. A., Hradil, S.* (Hrsg.): Lebenslagen – Lebensläufe – Lebensstile. Göttingen 1990, S. 81–102.
Derselbe: Die Bedeutung Theodor Geigers für die Sozialstrukturanalyse der modernen Gesellschaft. Vortrag auf dem Symposion anläßlich des 100. Geburtstages von Theodor Geiger im November 1991 an der TU Braunschweig. Erscheint im Tagungsband (Herausgeber *Siegfried Bachmann*, Verlag Duncker & Humblot, 1994).
Derselbe: Soziale Ungleichheit zwischen Frauen und Männern im geteilten und vereinten Deutschland. In: Aus Politik und Zeitgeschichte B 14–15 (1991a), S. 13–24.
Derselbe: Die Sozialstruktur Deutschlands. Ein Studienbuch zur Entwicklung im geteilten und vereinten Deutschland. Opladen 1992.
Derselbe: Kein Abgesang auf Schicht und Klasse. In: Das Parlament vom 13. 8. 1993, S. 19.
Derselbe: Neue Strukturen der sozialen Ungleichheit im vereinten Deutschland. In: *Hettlage, R., Lenz, K.* (Hrsg.): Deutschland nach der Wende. Eine Fünf-Jahres-Bilanz. München 1994.
Geißler, R., Marißen, N.: Junge Männer und Frauen vor Gericht. Geschlechtsspezifische Kriminalität und Kriminalisierung. In: Kölner Zeitschrift für Soziologie und Sozialpsychologie 40 (1988), S. 505–526.
Gerhardt, U.: Ungleichheit, Streß und Stigma. Theoretische Überprüfung empirischer Befunde. Vortrag auf der Arbeitstagung der Sektion „Soziologische Theorien" der DGS, Bremen, 9.–10. Oktober 1985.
Geyer, S.: Lebensverändernde Ereignisse, soziale Ungleichheit und Belastungen. In: *Zinnecker, J.* (Red.): Jugend '92. Bd. 2. Opladen 1992, S. 221–238.
Giddens, A.: Die Klassenstruktur fortgeschrittener Gesellschaften. Frankfurt am Main 1979.
Glatzer, W., Zapf, W. (Hrsg.): Lebensqualität in der Bundesrepublik. Frankfurt/Main 1984.
Grundmann, S., Lötsch, M., Weidig, R.: Zur Entwicklung der Arbeiterklasse und ihrer Struktur. Berlin (DDR) 1976.
Hänni, R.: „Hypothetisches Konstrukt". In: *Arnold, W.* u. a. (Hrsg.): Lexikon der Psychologie. Bd. 2. Freiburg 1987, S. 946.
Haller, M.: Theorie der Klassenbildung und sozialen Schichtung. Frankfurt / New York 1983.
Derselbe: Sozialstruktur und Schichtungshierarchie im Wohlfahrtsstaat. In: Zeitschrift für Soziologie 15 (1986), S. 167–187.
Hartfiel, G.: Soziale Schichtung. München 1981[2].
Herz, T. A.: Klassen, Schichten, Mobilität. Stuttgart 1983.
Hörning, K. H. (Hrsg.): Soziale Ungleichheit, Strukturen und Prozesse sozialer Schichtung. Darmstadt / Neuwied 1976.
Hörning, K. H., Michailow, M.: Lebensstil als Vergesellschaftungsform. In: Berger, P. A., Hradil, S. (Hrsg.): Lebenslagen – Lebensläufe – Lebensstile. Göttingen 1990, S. 501–522.

Holtmann, D.: Die Erklärungskraft verschiedener Berufsstruktur- und Klassenmodelle für die Bundesrepublik Deutschland. In: Zeitschrift für Soziologie 19 (1990), S. 26–45.
Derselbe: Ausdifferenzierung von Handlungsressourcen im internationalen Vergleich. In: *Glatzer, W.* (Hrsg.): Entwicklungstendenzen der Sozialstruktur. Frankfurt / New York 1992, 217–241.
Hradil, S.: Soziale Schichtung in der Bundesrepublik. München 1981³.
Derselbe: Die Ungleichheit der „Sozialen Lage". In: *Kreckel, R.* (Hrsg.): Soziale Ungleichheiten. Göttingen 1983(a), S.101–118.
Derselbe: Sozialstrukturanalyse in einer fortgeschrittenen Gesellschaft. Opladen 1987.
Derselbe: Soziale Milieus und ihre empirische Untersuchung. In: *Glatzer, W.* (Hrsg.): Entwicklungstendenzen der Sozialstruktur. Frankfurt / New York 1992, S. 6–35.
Hurrelmann, B.: Fernsehen in der Familie. Weinheim / München 1989.
Janowitz, M.: Soziale Schichtung und Mobilität in Westdeutschland. In: Kölner Zeitschrift für Soziologie und Sozialpsychologie 10 (1958), S. 1–38.
Kleining, G., Moore, H.: Soziale Selbsteinstufung (SSE). In: Kölner Zeitschrift für Soziologie und Sozialpsychologie 20 (1968), S. 502–552.
Kreckel, R.: Class, Status and Power? Grundlagen für eine politische Soziologie der sozialen Ungleichheit. In: Kölner Zeitschrift für Soziologie und Sozialpsychologie 34 (1982), S. 614–648.
Derselbe: (Hrsg.): Soziale Ungleichheiten. Göttingen 1983.
Derselbe: Theorien sozialer Ungleichheit im Übergang. In: *Kreckel, R.* (Hrsg.): Soziale Ungleichheiten. Göttingen 1983(a), S. 3–12.
Derselbe: Soziale Ungleichheit und Arbeitsmarktsegmentierung. In: *Derselbe* (Hrsg.): Soziale Ungleichheiten. Göttingen 1983(b), S. 137–162.
Derselbe: Politische Soziologie der sozialen Ungleichheit. Frankfurt / New York 1992.
Landua, D., Habich, R., Noll, H.-H., Zapf, W., Spellerberg, A.: „... im Westen noch beständig, im Osten etwas freundlicher". Lebensbedingungen und subjektives Wohlbefinden drei Jahre nach der Wiedervereinigung. Berlin 1993 (WZP Paper P 93–108).
Lötsch, I., Lötsch, M.: Arbeiterklasse und intensiv-erweiterte Reproduktion. Protokolle und Informationen des Wissenschaftlichen Rats für Sozialpolitik und Demografie 4/85. Berlin (DDR) 1985.
Lötsch, M.: Arbeiterklasse und Intelligenz in der Dialektik von wissenschaftlich-technischem, ökonomischem und sozialem Fortschritt. In: Deutsche Zeitschrift für Philosophie 33 (1985), S. 31–41.
Lüdtke, H.: Expressive Ungleichheit. Zur Soziologie der Lebensstile. Opladen 1989.
Derselbe: Der Wandel von Lebensstilen. In: *Glatzer, W.* (Hrsg.): Entwicklungstendenzen der Sozialstruktur. Frankfurt / New York 1992, S. 36–59.
Marx, K., Engels, F.: Manifest der Kommunistischen Partei. In: *Karl Marx – Friedrich Engels.* Ausgewählte Werke in sechs Bänden. Bd. 1. Berlin (DDR) 1977, S. 383–451.

Mayer, K. U.: Empirische Sozialstrukturanalyse und Theorien der gesellschaftlichen Entwicklung. In: Soziale Welt 40 (1989), S. 297–308.
Mayer, K. U., Blossfeld, H.-P.: Die gesellschaftliche Konstruktion sozialer Ungleichheit im Lebenslauf. In: *Berger, P. A., Hradil, S.* (Hrsg.): Lebenslagen – Lebensläufe – Lebensstile. Göttingen 1990, S. 297–318.
Mayntz, R.: Soziale Schichtung und sozialer Wandel in einer Industriegemeinde. Stuttgart 1958.
Mendras, H.: Haupttendenzen der Transformation der französischen Gesellschaft. In: *Glatzer, W.* (Hrsg.): Entwicklungstendenzen der Sozialstruktur. Frankfurt / New York 1992, S. 174–182.
Müller, H.-P.: Lebensstile. Ein Paradigma der Differenzierungs- und Ungleichheitsforschung? In: Kölner Zeitschrift für Soziologie und Sozialpsychologie 41 (1989), S. 53–71.
Derselbe: Sozialstruktur und Lebensstile. Frankfurt am Main 1993.
Müller, W.: Soziale Mobilität. In: *Kaase, M.* (Hrsg.): Politische Wissenschaft und politische Ordnung. Opladen 1986, S. 339–354.
Noll, H.-H., Habich, R.: Individuelle Wohlfahrt: Vertikale Ungleichheit oder horizontale Disparitäten? In: *Berger, P. A., Hradil, S.* (Hrsg.): Lebenslagen – Lebensläufe – Lebensstile. Göttingen 1990, S. 153–188.
Nowak, H., Becker, U.: „Es kommt der neue Konsument". Werte im Wandel. In: Form Nr. 111 (1985), S. 13–17.
Schäfers, B.: Gesellschaftlicher Wandel in Deutschland. 5. überarb. und erw. Auflage, Stuttgart 1990.
Schelsky, H.: Auf der Suche nach Wirklichkeit. München 1979.
Scheuch, E. K., Daheim, H.: Sozialprestige und soziale Schichtung. In: *Glass, D. V., König, R.* (Hrsg.): Soziale Schichtung und soziale Mobilität. Köln und Opladen 1961, S. 65–103.
Schulze, G.: Die Transformation sozialer Milieus in der Bundesrepublik Deutschland. In: *Berger, P. A., Hradil, S.* (Hrsg.): Lebenslagen – Lebensläufe – Lebensstile. Göttingen 1990, S. 409–432.
Derselbe: Die Erlebnisgesellschaft. Kultursoziologie der Gegenwart. Frankfurt a. M. 1993.
Sinus: Lebensweltforschung und Soziale Milieus in West- und Ostdeutschland. Heidelberg 1992.
Strasser, H.: Diesseits von Stand und Klasse. In: *Giesen, B., Haferkamp, H.* (Hrsg.): Soziologie der sozialen Ungleichheit. Opladen 1987, S. 50–92.
Strohmeier, K. P.: Pluralisierung und Polarisierung der Lebensformen in Deutschland. In: Aus Politik und Zeitgeschichte B 17 (1993), S. 11–22.
Thien, H. G., Wienhold, H. (Hrsg.): Herrschaft, Krise, Überleben. Gesellschaft der BRD in den 80er Jahren. Münster 1986.
Vester, M., Oertzen, P. v., Geiling, H., Hermann, T., Müller, D.: Soziale Milieus im gesellschaftlichen Strukturwandel. Köln 1993.
Wallner, E. M., Funke-Schmitt-Rink, M.: Soziale Schichtung und soziale Mobilität. Heidelberg 1980.
Warner, W. L. u. a.: Yankee City Serie, Bd. 1–5. New Haven 1941ff.
Weber, M.: Wirtschaft und Gesellschaft. 5. rev. Aufl., Tübingen 1976.
Zingg, W., Zipp, G.: Basale Soziologie: Soziale Ungleichheit. Opladen 1979.

Soziale Schichtung und Arbeitssituation

Stefan Hradil

1 Einleitung

Im folgenden soll dargestellt werden, inwieweit die Situation der einzelnen Bevölkerungsschichten am Arbeitsplatz vorteilhaft oder nachteilig ist. Die Bedeutung ungleicher Arbeitssituationen geht schon daraus hervor, daß praktisch die Hälfte der deutschen Bevölkerung (1990: 49,6%) erwerbstätig ist oder eine Erwerbstätigkeit sucht. Untersuchungen haben seit langem deutlich gemacht, in wie hohem Maße Denken und Handeln, Gesundheit und Zufriedenheit der Menschen durch ihre Arbeitssituation geprägt sind.

Die Themenstellung „Soziale Schichtung und Arbeitssituation" wirft einige Fragen auf, ohne deren Klärung der folgende Text kaum verständlich werden kann.

Erstens fragt sich, ob es überhaupt einen Unterschied zwischen „sozialer Schichtung" und ungleichen Arbeitsbedingungen gibt. Sind z. B. wiederholungsreiche und stark reglementierte Arbeitstätigkeiten nicht schon begrifflich ein Bestandteil der Lebensbedingungen der unteren sozialen Schichten? So wird es etwa bei der Erforschung schichtspezifischer Sozialisation oft unterstellt (*Kohn* 1981). Ist daher die gesamte Themenstellung nicht tautologisch und somit sinnlos?

Um diese Gefahr zu vermeiden, wird im vorliegenden Kapitel unter „Schichtung" nur ein bestimmter Ausschnitt aus dem Gesamtbereich sozialer Ungleichheit in Industriegesellschaften verstanden: nämlich folgenreiche, mehr oder minder vorteilhafte Lebensbedingungen, die Voraussetzungen oder Konsequenzen der Berufsposition darstellen. Im wesentlichen geht es bei „sozialer Schichtung" um ungleiche Bildungsabschlüsse, Einkommensstufen und Vermögensbestände sowie Machtpositionen. Diese Dimensionen sozialer Ungleichheit laufen – sieht man einmal von mancherlei Mittelstandslagen ab – über weite Strecken parallel. Sie schlagen sich somit für viele Menschen in statuskonsistenten Lagen nieder. Im Hinblick auf Bildung, Geld, Prestige und Macht lassen sich große Teile der Bevölkerung also in ein Schema des Oben und Unten einordnen. Darin kann man – mit mehr oder weniger Willkür – soziale Schichten unterscheiden (vgl. *Hradil* 1983a; 1985; 1987). Nach diesem begrenzten

Verständnis von sozialer Schichtung gibt es also durchaus Dimensionen sozialer Ungleichheit, die nicht in den Bereich sozialer Schichtung fallen. So z. B. vorteilhafte oder nachteilige Arbeitsbedingungen. Das hier behandelte Thema ist also nicht tautologisch.

Zweitens fragt sich, auch wenn eben begrifflich zwischen Schichtung und Arbeitsbedingungen unterschieden wurde, ob das Thema dieses Beitrags ausschließlich darauf hinauslaufen kann, „schichtspezifische" Ungleichheiten der Arbeitssituation zu untersuchen? Wohl kaum. Denn das würde von vornherein unterstellen, daß die unteren Schichten die schlechteren und die oberen Schichten die besseren Arbeitsbedingungen haben. Dies aber läßt sich keinesfalls einfach voraussetzen. Große Teile der öffentlichen Meinung wie auch die neueren „funktionalistischen" Schichtungstheoretiker, aber auch schon *Adam Smith* 1776 in seinem „Prinzip vom Ausgleich der Nettoerträge" gehen nämlich vom Gegenteil aus. Und sie können ihre Auffassung mit Beispielen durchaus belegen. Sie meinen, daß großzügige Entlohnung, hohes Ansehen, große Entscheidungsbefugnis, also die Zugehörigkeit zu oberen Positionen im Schichtungsgefüge, erkauft werden müssen durch hohe Arbeitslast, lange Arbeitszeit, schwierige Aufgabenstellung, belastende Verantwortung, hohe Gesundheitsrisiken („Managerkrankheit") etc. – und nicht etwa mit vorteilhaften Arbeitsbedingungen zusätzlich belohnt werden.

Um diese Meinungen ernst zu nehmen, geht es im folgenden nicht nur um „schichtspezifische" Arbeitsbedingungen. Vielmehr soll gerade der Zusammenhang zwischen Schichtung und Arbeitsbedingungen untersucht werden. Die gestellten Fragen lauten also: Wie gehen die Vor- und Nachteile sozialer Schichtung mit den Vor- und Nachteilen der Arbeitssituation einher? Wird z. B. ein Niedriglohnempfänger mit bequemer Arbeit versöhnt, oder muß er gerade mit den schlechtesten Arbeiten vorliebnehmen? Und wenn sich herausstellen sollte, daß der Zusammenhang zwischen sozialer Schichtung und Ungleichheiten der Arbeitssituation an bestimmten Stellen eher lose ist, wenn Arbeitsbedingungen also nicht nur im Zusammenhang mit der Schichtzugehörigkeit stehen, dann ist zu fragen: Wodurch sonst wird die Chance geprägt, in vergleichsweise (un)günstige Arbeitssituationen zu gelangen? Welche Bevölkerungsgruppen finden sich gehäuft in welchen Arbeitssituationen?

Daß es belastende und bequeme, sichere und unsichere, abstumpfende und anregende Arbeiten gibt, ist ganz bestimmt keine Neuigkeit. Ungleiche Arbeitsbedingungen existieren seit Jahrhunderten. Dennoch ist dies Problematik in neuerer Zeit immer mehr in den Vordergrund des Bewußtseins gerückt. Zunächst brachte die Industrialisierung, in Deutschland etwa seit Mitte des 19. Jahrhunderts, zahlreiche neue Arbeitsformen mit sich, darunter viele mit extremer Belastung, Gesundheitsgefährdung und Monotonie (Gießer, Bergleute, Textilarbeiter etc.). Außerdem nahm die zeitliche Beanspruchung und die Unfallgefahr für viele Arbeitenden stark zu. Diese Veränderungen waren den Betroffenen auch deutlich bewußt. Unter anderem deshalb, weil sie offenkundig von Menschen in Gang gesetzt worden waren und so klarmachten, daß ungleiche Arbeitsbedingungen kein Schicksal sind. Von Anfang an war es denn auch ein wichtiges Ziel der Arbeiterbewegung und der staatlichen Arbeitschutzpolitik, gegen besonders verschleißende Arbeitsbelastungen und übermäßige Risiken anzugehen.

Obwohl diese Bemühungen viele Erfolge hatten, ist seit den 70er Jahren dieses Jahrhunderts die Bedeutung ungleicher Arbeitsbedingungen nochmals stark gewachsen.

Erstens hat das gewachsene Verlangen nach sozialstaatlichen Leistungen und Regelungen (z. B. im Bereich der Umwelt und der sozialen Sicherheit) sowie der Ausbau sozialstaatlicher Instanzen zu geschärfter Aufmerksamkeit besonders auf die Arbeitssituationen geführt, die als „inhuman" gelten. Es wird heute mehr und mehr als Aufgabe staatlicher Maßnahmen angesehen, solche Arbeitsplätze zu beseitigen. Aufwendige Programme zur „Humanisierung des Arbeitslebens" zielten auf deren Erforschung und Beseitigung (vgl. *Bolte/Hradil* 1988, 235).

Zweitens haben Tendenzen zum „Wertewandel" die Möglichkeiten der Kommunikation und „Selbstverwirklichung" auch im Bereich der Arbeit in den Vordergrund der Aufmerksamkeit gerückt. Diese „subjektiv" erfahrenen Arbeitsbedingungen sind den Menschen heute genau so viel, manchmal mehr „wert" wie die „objektiv" geforderte Pflicht und Leistung. Infolgedessen gerieten neben den äußeren Rahmenbedingungen und Belohnungen der Arbeit, wie Bezahlung, Sicherheit und beruflicher Stellung, zunehmend auch arbeitsimmanente Inhalte und Bedingungen in den Gesichtskreis: Es wurde den Beschäftigten in den letzten Jahren immer wichtiger, ob ihnen die Tätigkeit vielseitig und sinnvoll erscheint, wie sie den Kontakt zu Kollegen bewerten, ob die Arbeitszeit für sie günstig und flexibel ist, usw. Die Arbeitenden sind immer weniger bereit, sich der Erwerbstätigkeit anzupassen. Sie suchen die Arbeit (so zu gestalten), daß ihre persönlichen Ansprüche erfüllt werden. Dadurch ergab sich insgesamt eine deutliche Ausweitung der als vorteilhaft bzw. nachteilig angesehenen Aspekte in der Arbeitssituation. Daran hat auch die Massenarbeitslosigkeit seit Mitte der 70er Jahre nichts geändert. Die An-

Sprüche an die Arbeit nahmen auch angesichts der Verknappung von Arbeit nicht ab. Der „Wertewandel" hat somit auch nicht, wie gelegentlich vermutet, dazu geführt, daß sich die Interessen der Menschen von der Arbeit ganz abgewandt hätten. Arbeit ist auch heute „noch ein ganz zentraler Wert und für den einzelnen Grundlage seiner Identität, seines Status und Lebenssinns" (Noll 1984, 97).

Drittens führten die technologischen Umwälzungen des letzten Jahrzehnts, in erster Linie der Vormarsch der Mikroelektronik in den Güterfertigungen und Dienstleistungen, auch auf dem Sektor ungleicher Arbeitsbedingungen zu erheblichen Verschiebungen. Einerseits nahmen körperliche Beanspruchungen, Unfallgefahren und körperlich schädigende Einflüsse schneller ab als je zuvor. Sie bleiben aber weiterhin für große Gruppen von Arbeitenden wichtig. Andererseits nahmen geistige und seelische Beanspruchungen auf breiter Front zu. Hier haben sich (an Bildschirmarbeitsplätzen, Automatenüberwachungen, in Form von Kontrollen durch Personalinformationssysteme etc.) ganz neue Arten von Vor- und Nachteilen verbreitet.

Der vorliegenden Darstellung liegt demnach die Einsicht zugrunde, daß sich Ungleichheiten der Arbeitssituation immer mehr ausdifferenzieren und von den Betroffenen auch immer mehr beachtet werden. Deshalb wird eine ganze Reihe sehr unterschiedlicher Aspekte berücksichtigt werden.

In den folgenden Abschnitten soll ein Überblick über die heute maßgebenden Ungleichheiten der Arbeitssituation gegeben werden. Dabei geht es vor allem um folgende Aspekte:

– *Sicherheit des Arbeitsplatzes:* Welche Risiken der Arbeitslosigkeit, welche Chancen der Wieder- und Weiterbeschäftigung haben die sozialen Schichten und Gruppen in der Bundesrepublik?
– *Arbeitszeit:* Wie günstig gelegen, wie umfangreich, wie flexibel etc. ist ihre Arbeitszeit?
– *Arbeitsbelastungen:* Wieviele und welche Personengruppen sind z. B. Lärm, Gasen, Extremtemperaturen ausgesetzt? Wer arbeitet körperlich schwer, mit schwerem Werkzeug, in extremer Körperhaltung? Wer ist ständiger Kontrolle, besonders viel Zeitdruck (z. B. durch Akkordarbeit) oder belastenden sozialen Erwartungen (z. B. starkem Erfolgsdruck oder dem „Zwang zur Freundlichkeit") ausgesetzt? Inwiefern unterscheiden sich Arbeitsinhalte hinsichtlich ihrer intellektuellen Anforderungen, der sachlichen und räumlichen Gestaltungsmöglichkeiten, der Abwechslung und der Komplexität von Tätigkeiten, der Chance, einen Sinn in der eige-

nen Arbeit zu finden und ihren Gesamtzusammenhang zu überschauen usw.?
- *Arbeitszufriedenheit:* Neben den „objektiven" Arbeitsbedingungen prägen auch deren „subjektive" Einschätzungen das Wohl und Wehe der Arbeitenden. Dies in so hohem Maße, daß die Arbeitszufriedenheit zu den wichtigsten Bestimmungsgründen der Lebenserwartung zählt.

Leitlinie der gesamten Darstellung wird, wie gesagt, die Frage nach dem Verhälntis von sozialer Schichtung und Arbeitsituation sein: Sind die unteren Schichten auch im Hinblick auf ihre Arbeitsbedingungen benachteiligt, oder werden sie im Gegenteil für ihre relativ geringe Entlohnung, ihr mäßiges Ansehen usw. durch wenig beanspruchende Arbeitsbedingungen entschädigt?

2 Sicherheit des Arbeitsplatzes

Von den mehr als 63 Mio. Menschen, die im Jahre 1990 in den alten Bundesländern lebten, bezog fast die Hälfte (27,1 Mio.) ihren Lebensunterhalt durch eigene Erwerbstätigkeit. Ein weiteres Drittel (21,3 Mio.) lebte im wesentlichen von der Unterstützung durch Angehörige. Auch die meisten dieser Menschen lebten von Erwerbstätigkeit, die nämlich andere ausübten (*Stat. Bundesamt* 1992, S. 93). Erwerbstätigkeit stellt also in materieller und meist auch in immaterieller Hinsicht die Existenzgrundlage von etwa drei Vierteln der deutschen Bevölkerung dar. Daher bedeutet Arbeitslosigkeit trotz sozialer Absicherung für den größten Teil der Bevölkerung ein fundamentales Risiko. Folglich ist es im Hinblick auf Ungleichheiten der Arbeitsituation zunächst einmal wichtig zu wissen, wie sicher Arbeitende überhaupt mit dem Erhalt ihres Arbeitsplatzes rechnen können.

Bis zur Mitte der 70er Jahre herrschte in Westdeutschland im wesentlichen Vollbeschäftigung. Die Sicherheit des Arbeitsplatzes stellte bis dahin für die meisten Menschen kein Problem dar. Somit gab es auch keine ins Gewicht fallenden Ungleichheiten auf diesem Gebiet. Das ist heute bekanntlich völlig anders. Vom Jahre 1974 bis zum Jahre 1985 ist die Arbeitslosenquote in der Bundesrepublik von 2,6% auf 9,2% gestiegen. Und im September 1993 waren immer noch 7,4% der Erwerbspersonen Westdeutschlands und 15,2% der Erwerbspersonen Ostdeutschlands als Arbeitslose registriert. Im Laufe der 80er Jahre war ein etwa ebenso großer Anteil der Beschäftigten der Meinung, es sei sicher oder wahrscheinlich, daß sie im Laufe der nächsten beiden Jahre ihren Arbeitsplatz verlieren (*Schramm* 1992, 60). Diese Daten zeigen: Heute wird die Arbeitssituation der Menschen ganz wesentlich durch das Maß der Sicherheit ihres Arbeitsplatzes geprägt und dieser Tatsache ist man sich auch deutlich bewußt.

Was die Ungleichheiten der Arbeitsplatzsicherheit besonders prekär macht, ist der Umstand, daß sich Arbeitslosigkeit in hohem Maße auf einen „harten Kern" langfristig oder immer wieder Arbeitsloser konzentriert. Mehr als ein Viertel (26,6%) aller Arbeitslosen Westdeutschlands suchte im Jahre 1992 schon länger als ein Jahr nach Arbeit (*ANBA* 1993, 911). Und in immer mehr Fällen wird Arbeitslosigkeit nicht durch eine stabile Wiedereingliederung ins Erwerbsleben, sondern durch unstete Beschäftigungsverhältnisse beendet, die in neue Arbeitslosigkeit münden (*Büchtemann/Infratest* 1983).

Die Frage liegt nahe, welche Bevölkerungsgruppen hiervon betroffen sind. Die größte Rolle spielt dabei ein Merkmal sozialer Schichtung, die schulische und berufliche *Bildung*. Die folgende Abbildung macht deutlich, wie groß das Arbeitsplatzrisiko un- und gering qualifizierter Personen ist. Sie stellen damals wie heute das Gros des „harten Kerns" der Arbeitslosigkeit. Dem widerspricht nicht, daß auch Erwerbspersonen mit abgeschlossener Berufsausbildung bis hin zu Akademikern von Arbeitslosigkeit betroffen werden. 1990 waren 7,0% aller unselbständigen Erwerbspersonen, aber immerhin auch 4,7% der akademisch vorgebildeten ohne Anstellung. Dennoch bietet eine hohe Qualifikation auch heute noch den besten Schutz vor Arbeitslosigkeit. Qualifizierte verfügen „zumeist über ein breiteres berufliches Einsatzspektrum und zwar sowohl in horizontaler als auch in vertikaler Richtung" (*Schmidt* 1984, 63).

Auch die berufliche Stellung steht in engem Zusammenhang mit Arbeitsplatzrisiken: Arbeiter verlieren sehr viel öfter ihre Anstellung als Angestellte und Beamte. Un- und angelernte Arbeiter haben ein fast drei mal höheres Arbeitslosigkeitsrisiko als der Durchschnitt. Sie bleiben auch wesentlicher länger arbeitslos als andere Berufsgruppen (*Cramer/Karr* 1992). Zum Teil ist diese Verknüpfung eine Folge der oben erwähnten Qualifikationsunterschiede: Viele Arbeiter geraten in Arbeitslosigkeit wegen zu geringer Qualifikation für moderne Produktionsabläufe. Anderntteils ergeben sich diese Ungleichheiten aufgrund ökonomischer Sektorverschiebungen: Der Dienstleistungsbereich nimmt immer größeren Raum ein, während der Bereich der Produktion und der Grundstofferzeugung (Landwirt-

Abb. 1 Qualifikationsspezifische Arbeitslosenquoten 1975–1990
– Westdeutschland –

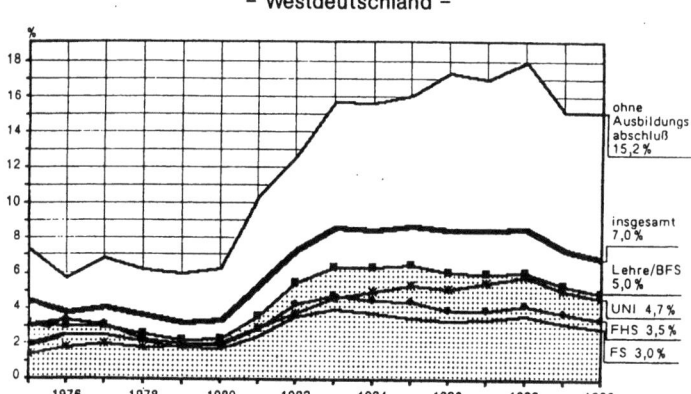

Legende: BFS = Abschluß einer Berufsfachschule; UNI = Abschluß einer Universität/Wiss. Hochschule; FHS = Fachhochschulabschluß; FS = Abschluß einer Fach-/Meister-/oder Technikerschule.
1) Arbeitslose in % der abhängigen Erwerbspersonen (ohne Auszubildende und Soldaten).
Quelle: *M. Tessaring* (MittAB 2/88) und aktualisierte Berechnungen.

Quelle: IAB-Kurzbericht 1991, Beiträge zur Arbeitsmarkt- und Berufsforschung 42.13

schaft, Fischerei, Bergbau) ständig an Gewicht verliert; damit sinkt der Bedarf an Arbeitern, der an Angestellten und Beamten wächst.

Die technologische Entwicklung der letzten Jahre führte aber dazu, daß auch innerhalb der Arbeiter- und Angestelltenschaft, d. h. zwischen einzelnen Branchen, Berufen oder Berufsgruppen, ganz erhebliche Ungleichheiten der Arbeitsplatzsicherheit bestehen. Diese und weitere Faktoren haben nicht viel mit dem Schichtungsgefüge zu tun. Sie weisen darauf hin, daß sich das Arbeitsplatzrisiko des einzelnen keinesfalls zureichend von seiner Schichtzugehörigkeit her erklären läßt. Als Problem*branchen* bezüglich hoher Arbeitslosigkeit gelten u. a. die Montanindustrie, die Bekleidungs- und Lederindustrie, der Bereich Kunststoffe und Gummiwaren, der Handel und das Bauhauptgewerbe (*Brasche* u. a. 1984, 178f.).

Als *Berufe* mit sehr hohem Beschäftigungsrisiko schälten sich u. a. landwirtschaftliche Berufe, Künstler, Publizisten, Hilfsarbeiter, Montierer und andere Metallberufe, Ordnungs- und Sicherheitsberufe, Textil- und Bekleidungsberufe, Lederherstellungs- und -verarbeitungsberufe, Sozialabeiter- und Erziehcrberufe, Berufe in der Warenproduktion und im Versand heraus (*Vogler-Ludwig* 1990, 16).

Darüber hinaus wirken sich auch a) das Geschlecht, b) das Alter, c) die Nationalität und d) der Wohnort auf die Beschäftigungschancen aus.

(a) Obwohl sie überwiegend in den wachsenden Dienstleistungssektor streben, drängten seit den 70er Jahren so viele Frauen in die Erwerbstätigkeit, daß sie seither ein überproportionales Arbeitslosigkeitsrisiko tragen. Im Jahre 1991 waren in Westdeutschland 6,2% aller männlichen Erwerbspersonen, aber 7,2% aller weiblichen ohne Stelle. In Ostdeutschland, wo zur selben Zeit 9,4% aller männlichen abhängigen Erwerbspersonen arbeitslos gemeldet waren, suchten gar 18,1% aller weiblichen Arbeitnehmer eine Arbeitsstelle.

(b) Mit wachsendem Alter nimmt das Risiko, arbeitslos zu werden, immer mehr ab. Dafür sorgen nicht zuletzt Kündigungsschutzbestimmungen. Einmal arbeitslos geworden, bleiben ältere Arbeitnehmer aber sehr lange ohne Stelle. Dadurch ergeben sich deutlich überdurchschnittliche Arbeitslosenquoten von Älteren. Im Jahre 1990 waren 13,8% der 55- bis unter 60jährigen, aber nur 7,0% aller Erwerbspersonen in Westdeutschland als arbeitslos gemeldet. Langzeitarbeitslosigkeit konzentriert sich unter den Älteren.

(c) Im Jahre 1992 war nicht einmal jeder 14. (6,6%) einheimische Arbeitnehmer in Westdeutschland arbeitslos. Aber jeder 8. ausländischer Arbeitnehmer (12,2%) war ohne Beschäftigung.

(d) Arbeitslosigkeit ist auch eine Frage des Wohnorts. Hierbei wurde in den letzten Jahren in Deutschland das überkommene Süd-Nord-Gefälle durch die West-Ost-Ungleichheit überlagert: Die Arbeitsamtbezirke mit den im Jahre 1992 höchsten Arbeitslosenquoten finden sich fast alle in den neuen Bundesländern: Altenburg/Th. (20,1%), Neubrandenburg, Annaberg, Halberstadt, Neuruppin, Eberswalde, Sangerhausen, Gotha, Nordhausen, Stralsund, Zwickau, Oschatz, Stendal, Rostock (15,9%). Die Arbeitsamtbezirke mit (1991) besonders geringer Arbeitslosigkeit sind auffällig häufig in Baden-Württemberg gelegen: Rottweil (3,4%), München, Ansbach, Offenburg, Ravensburg, Nagold, Stuttgart, Memmingen, Waiblingen, Ludwigsburg, Göppingen, Donauwörth, Schwäbisch Hall, Freising (2,4%).

Allerdings verbergen sich hinter regionalen, nationalen, alters- und geschlechtsspezifischen Ungleichheiten des Arbeitsplatzrisikos z. T. andere als die offenkundigen Bestimmungsfaktoren: So ist die Arbeitslosigkeit in Ostdeutschland auch deshalb so hoch, weil dort überproportional viele Menschen in der Landwirtschaft und in der

Produktion, wenige dagegen im prosperierenden Dienstleistungsbereich arbeiteten. So haben Frauen und Ausländer auch deswegen schlechte Chancen, weil beide Gruppen häufig unqualifizierte und deshalb von Rationalisierungsmaßnahmen bedrohte Tätigkeiten ausüben.

Arbeitslosigkeit als Bedrohung und mehr noch als Zustand ist wegen ihrer finanziellen, sozialen und ideellen Folgen so nachteilig. Und hier zeigen sich wieder durchaus schichtspezifische Strukturen der Betroffenheit: Denn die Leistungen der Arbeitslosenversicherung richten sich bekanntlich nach der Höhe der letzten Nettoeinkommen. So geraten Mitglieder der Unterschicht, die mehrere Familienangehörige ernähren müssen und evtl. dazu noch Schulden haben, sehr schnell in Armut. Mehr als ein Drittel aller Sozialhilfeempfänger geben Arbeitslosigkeit als Hauptursache ihrer Sozialhilfebedürftigkeit an. Und 60% von ihnen haben keine abgeschlossene Berufsausbildung (*Brinkmann* 1991, 165). Von Mitte der 70er Jahre bis zum Beginn der 90er Jahre ist nicht zuletzt infolge der Massenarbeitslosigkeit der Bevölkerungsanteil armer Gesellschaftsmitglieder (d. h. die weniger als die Hälfte des Einkommens gleich großer Haushalte haben) von ca. 5% auf etwa 10% gestiegen. Auch die psychischen und familiären Auswirkungen der Arbeitslosigkeit machen sich in unteren Statusgruppen oft krasser als in oberen bemerkbar: Arbeitslosigkeitsbedingte Rückzugstendenzen verstärken den typischen Unterschichtsfamilismus bis zur Isolation, arbeitslosigkeitsbedingte Frustrationen schaffen familiäre Konflikte, die infolge der geringen Frustrationstoleranzen insbesondere von Personen aus unteren Schichten bis hin' zur familiären Zerrüttung führen können (*Zenke/Ludwig* 1985, 273).

3 Arbeitszeit

Dauer, Lage und Verfügbarkeit der Arbeitszeit haben einen kaum zu überschätzenden Einfluß auf das Wohlbefinden, die Gesundheit, das Familienleben, die sozialen Kontakte, das Freizeitverhalten und die Teilnahme am öffentlichen Leben (vgl. *Bolte/Hradil* 1988, 233 ff.). Es ist daher kein Wunder, wenn sich die Gewerkschaften schon früh um die Verminderung überlanger Arbeitszeiten, der Nacht-, der Sonn- und Feiertagsarbeit sowie der Schichtarbeit bemühten. Heute ergibt sich die widersprüchliche Situation, daß gleichzeitig Arbeitszeitverlängerungen und -verkürzungen zur Debatte stehen: Um Kosten und Soziallasten zu senken, werden längere Arbeitszeiten erwogen. Um Arbeit auf mehr Schultern zu verteilen und so Arbeitslosigkeit zu vermindern, wird an Arbeitszeitverkürzung gedacht. Gleichzeitig gerät die Standardisierung der Arbeitszeiten immer mehr in Bewegung: Teilzeitarbeit, gleitende Arbeitszeiten und flexible Altersgrenzen erfreuen sich wegen ihrer freien Verfügbarkeit großer Beliebtheit. Das ändert nichts daran, daß sie erhebliche Risiken der Verarmung und des sozialen Abstiegs in sich bergen.

Dauer, Lage und Verfügbarkeit der Arbeitszeit betrachtet man üblicherweise im Hinblick auf vier Zeithorizonte (mit jeweils anderen „Endpunkten"): Tagesarbeitszeit (Feierabend), Wochenarbeitszeit (Wochenende), Jahresarbeitszeit (Urlaub) und Lebensarbeitszeit (Pensionierung). In allen vier Perspektiven hat sich die *Dauer* der Arbeitszeit in den vergangenen Jahrzehnten deutlich vermindert und sehr angeglichen. Wurden von den Erwerbstätigen im früheren Bundesgebiet 1972 noch 42 Wochenstunden (ca. 1800 Jahresarbeitsstunden) gearbeitet, so waren es 1990 nur noch 38 Stunden in der Woche (1570 Stunden im Jahr) (*Stat. Bundesamt* 1992, 154). Die wöchentliche Arbeitszeit von Arbeitern, Angestellten und Beamten unterscheidet sich heute kaum noch. Freilich bestehen innerhalb dieser Gruppierungen deutliche Ungleichheiten. 1990 hatten 3,0 Mio. Erwerbstätige (10,1%) eine Wochenarbeitszeit von weniger als 21 Stunden. Andererseits gab es 4,2 Mio. Erwerbstätige (14,3%), die normalerweise 41 Stunden oder mehr in der Woche an ihrem Arbeitsplatz verbrachten (*Stat. Bundesamt* 1992, 154). Die folgende Abbildung (*Bundesarbeitsblatt* 2/1989) zeigt die Berufe der „Vielarbeiter" in Deutschland.

Ungleichheiten der Arbeitsdauer sind insofern schichtspezifisch verteilt, als statushöhere Berufs- und Qualifikationsgruppen erheblich länger als andere arbeiten. Sie sind auch in der obigen Abbildung überproportional vertreten. Ein Drittel (31,1%) aller akademischen und Managerberufe arbeitete Anfang der 80er Jahre nach eigenen Angaben länger als 45 Stunden pro Woche. Beschäftigte in Büro und manuellen Industrie- und Handwerksberufen arbeiteten nur zu 11,3% bzw. 15,9% so lange. Hilfstätigkeiten schließlich bewegen sich in aller Regel im oder unter dem Bereich der „Normalarbeitszeit" von 35–45 Wochenstunden. Nur 2,3% arbeiteten mehr, ein Drittel weniger (*Engfer* u. a. 1983, 92f.). Doch es wäre falsch zu glauben, die Länge der Arbeitszeit sei ausschließlich eine Frage der Schichtzugehörigkeit und des Berufs. Eine ganz wichtige Rolle spielt dabei auch das Geschlecht. So finden sich auf Teilzeitarbeitsplätzen in erster Linie Frauen: Mehr als ein Drittel aller Arbeitnehmerinnen, von den 35–49jährigen sogar jede zweite, arbeitet weniger als

Abb. 2 Die Vielarbeiter

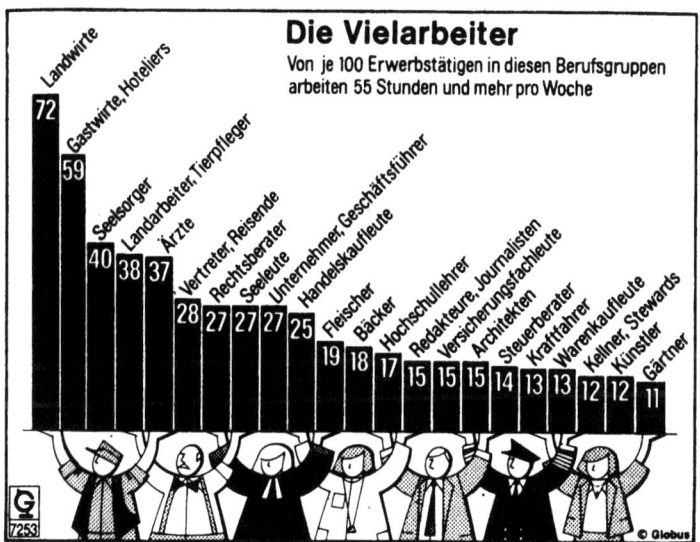

Quelle: Globus 7253, zitiert nach Bundesarbeitsblatt 2/1989, 10

35 Stunden in der Woche (*Geißler* 1992, S. 243). Inwiefern dies einen Vorteil darstellt, steht allerdings dahin: Ein Großteil dieser Frauen hat außerdem familiäre Pflichten und arbeitet daher wesentlich länger, als die Erwerbsarbeitszeit erkennen läßt.

Was die *Lage* der Arbeitzeit betrifft, so interessieren vor allem die nachteiligen Arbeitsformen der Schicht-, Nacht- und Sonntagsarbeit. Sie kapseln die Arbeitenden von ihrem sozialen Umfeld ab. Sie beeinträchtigen Gesundheit und Erholung. Hierbei verliert die Schichtarbeit an Bedeutung: Der Anteil der Arbeitnehmer, die in Schichtsystemen arbeiten, ist zwischen 1975 und 1989 von 18,1% auf 14,1% gefallen. Bei der Nacht- und Sonntagsarbeit verläuft die Entwicklung genau umgekehrt: Von 1975 bis 1989 ist der Anteil der Beschäftigten mit Nachtarbeit von 12,4% auf 14,2% und derjenigen mit Sonntagsarbeit von 16,4% auf 17,8% gestiegen (*Seifert* 1991, 33). Der Zwang zur profitablen Auslastung der immer kapitalintensiveren Produktionsanlagen angesichts scharfer Konkurrenz hat dazu ebenso beigetragen wie die Ausweitung von Dienstleistungen, die auch sonntags und nachts angeboten werden müssen.

Im Unterschied zu anderen Arbeitsbedingungen sind hier kaum schichtspezifische Zusammenhänge zu erkennen. Dennoch existieren Ungleichheiten, beispielsweise zwischen einzelnen Branchen und den Geschlechtern. Wie die folgende Tabelle zeigt, müssen Angehörige der sozialen Dienstleistungsberufe und der öffentlichen Verwaltungen besonders häufig Schicht-, Nacht- und/oder Sonntagsarbeit leisten. Schicht-, Nacht- und in minderem Maße auch Sonntagsarbeit betrifft Männer wesentlich häufiger als Frauen, zum Teil wegen entsprechender gesetzlicher Einschränkungen.

Arbeitszeitnachteile treten oft gehäuft auf: „Die Beschäftigten mit Schichtarbeit sind auch überproportional häufig von Samstags- und Sonntagsarbeit betroffen: 66% der SchichtarbeiterInnen arbeiten regelmäßig an Samstagen (Beschäftigte insgesamt 31%) und 45% regelmäßig an Sonntagen (Beschäftigte insgesamt: 10%)" (*Groß* u. a. 1989, S. 26). Hinzu kommt, daß die so zeitlich Benachteiligten häufig auch relativ lange arbeiten. Auf diese Weise ergibt sich eindeutig ein Gefälle von privilegierten hin zu deprivierten Berufsgruppen. Dies liegt weitgehend „quer" zur Schichtstruktur:

„Während eine Kategorie der Arbeitnehmer gleichzeitig mehreren (...) Sonderbelastungen ausgesetzt ist, arbeitet eine andere Kategorie unter Arbeitszeitbedingungen, die in allen Dimensionen relativ günstig abschneiden. Büroberufe auf dem einen, positiven Extrem des Belastungskontinuums haben vergleichsweise gute Bedingungen, (Frauen-)Berufe im Bereich sozialer Dienstleistungen liegen auf dem entgegengesetzten Pol. Manuelle Industriearbeiter befinden sich im Zwischenfeld" (*Engfer* u. a. 1983, 95).

Was schließlich die *Verfügbarkeit* über die Arbeitszeit anbelangt, so erfreut sich die immer häufigere Abkehr von starren Arbeitszeitregelungen großer Popularität. Vier von zehn Beschäftigten, die derzeit starren Zeitregelungen unterliegen, wünschen sich die Einführung von „Gleitzeit". Die Einführung elektronischer Datenverarbeitung und die Verschiebung hin zu Dienstleistungstätigkeiten erleichtert es, diesen Wünschen nachzukommen. So beseitigt die „gleitende Arbeitszeit" da, wo sie eingeführt wurde, mit einem Schlag das Pünktlichkeitsproblem. Auch die „flexible Altersgrenze" läßt dem Arbeitenden mehr Raum, seinen Neigungen nachzugehen.

Etwa ein Drittel aller Arbeitnehmer mußte sich in den 80er Jahren nicht mehr an starre Arbeitszeitregelungen halten. Je zur Hälfte erfreuten sich diese Privilegierten einer förmlich organisierten „Gleitzeit" und einer informell möglichen Zeitdisposition. Die Vorteile der Zeitautonomie kommen aber in erster Linie den mittleren und höheren Schichten zugute, die in bestimmten Branchen arbeiten. Jeder

Soziale Schichtung und Arbeitssituation 49

Tabelle 1 Schicht-, Nacht- und Sonntagsarbeit 1975–1989 – abhängig Beschäftigte –

Wirtschaftsbetrieb	Schichtarbeit				Nachtarbeit				Sonntagsarbeit			
	1975		1989		1975		1989		1975		1989	
	in 1000	in vH	in 1000	in vH	in 1000	in vH	in 1000	in vH	in 1000	in vH	in 1000	in vH
Wirtschaft insgesamt	4 033	18,1	3 488	14,1	2 769	12,4	3 506	14,2	3 649	16,4	4 411	17,8
Land- und Forstwirtschaft, Fischerei	20	8,4	–	–	11	4,6	13	5,1	91	38,1	73	28,4
Energie- und Wasserversorgung, Bergbau	250	48,6	165	33,4	216	42,0	157	31,8	206	40,1	130	26,3
Verarbeitendes Gewerbe	1 937	21,4	1 699	19,9	1 013	11,2	1 152	13,5	930	10,3	836	9,8
Baugewerbe	145	8,9	41	2,5	57	3,5	56	3,6	90	5,5	88	5,3
Handel	174	7,1	94	3,3	67	2,7	107	3,7	143	5,8	213	7,4
Verkehr u. Nachrichten	504	35,3	358	24,3	428	30,0	417	28,3	515	36,0	446	30,3
Kreditinstitute, Versicherungsgewerbe	33	4,6	11	1,2	14	1,9	22	2,4	35	4,9	41	4,5
Dienstleistungen	551	17,2	745	14,5	510	15,9	923	18,0	972	30,4	1 689	32,8
Organisation ohne Erwerbscharakter, private Haushalte	30	7,8	35	6,8	38	9,9	58	11,2	113	29,5	167	32,3
Gebietskörperschaften, Sozialversicherungen	360	14,5	337	11,9	396	15,9	602	21,3	536	21,5	730	25,8

Quelle: Statistisches Bundesamt, Mikrozensus; eigene Berechnungen

Quelle: *Seifert*, in: WSI-Mitteilungen 10/1991, S. 614

dritte Angestellte, aber nur etwa jeder zehnte Arbeiter konnte in den 80er Jahren „gleiten". In welchen Branchen sich diese Freiheitsgrade konzentrierten, geht aus folgender Abbildung hervor.

Auch die Ausnutzung der flexiblen Altersgrenze, die in aller Regel zur Vorverlegung des Rentenalters benutzt wird, weist Zusammenhänge mit der Schichtzugehörigkeit auf: Besserverdienenden fällt es leichter, den vorzeitigen Ruhestand mit einem gewissen Rentenverlust zu erkaufen. Genau umgekehrt ist es mit vorzeitigen Verrentungen wegen Berufs- oder Erwerbsunfähigkeit. Je niedriger die Berufsposition und Qualifikation der Berufsposition, desto häufiger der erzwungene vorzeitige Ruhestand (*Stubig/Wagner* 1991).

Abb. 3 Gleitzeit in verschiedenen Wirtschaftszweigen

Quelle: Globus 9407, zitiert nach Bundesarbeitsblatt 7–8/1992, S. 16

4 Arbeitsbelastungen

Der Belastungsgrad der Arbeitenden, gemessen an ihrer Gesundheit, Erschöpfung und gedeihlichen Entwicklung insgesamt, gilt seit jeher als zentraler Aspekt ihrer Arbeitssituation.

Technologische Veränderungen, wohlfahrtsstaatliche Regelungen und gewandelte Prioritäten der Bevölkerung haben dazu geführt, daß Arbeitsbelastungen heute nur noch zum Teil mit denen der beginnenden Industrialisierung vergleichbar sind. Wie erwähnt, sind akut gefährliche und körperlich gesundheitsgefährdende Arbeitsplätze viel seltener geworden. Psychische Belastungen verdrängen die physischen immer mehr (*Marstedt/Mergner* 1986).

Bei näherem Hinsehen zeigt sich, daß heute eine kaum zu übersehende Vielfalt von Arbeitsbedingungen belastende Wirkungen hat. Beschränken wir uns einstweilen auf „objektive" Faktoren, d. h. auf solche, die weitgehend unabhängig von der jeweiligen Wahrnehmung und Bewertung durch Betroffene körperlich und/oder geistig-seelisch belastend wirken. Sie werden häufig in drei Gruppen zusammengefaßt (vgl. Noll 1982, 184; *Marstedt/Mergner* 1986, 127–131):

Arbeitsumgebung: Hierzu zählen u. a. Belastungen durch Lärm, Hitze, Kälte, Staub, Schmutz, Zugluft, Feuchtigkeit, Erschütterungen, Gase, Zeitdruck, Streß, Störungen bei der Arbeit, ungünstige Körperhaltungen, lange Wege, schweres Werkzeug und Akkordentlohnung.

Arbeitsbeziehungen: Dazu gehören u. a. die Isolation von Arbeitskollegen, völlige Anweisungsgebundenheit, hohe Kommunikationsanforderungen (z. B. der „Zwang zur Freundlichkeit"), extreme Kontrolle, von außen kommende, belastende Einstellungen zur Arbeit (z. B. Erfolgszwang) und problematische Führungsstile.

Arbeitsinhalte: Belastend sind u. a. extreme Arbeitszerlegung, Eintönigkeit, geringe eigene Gestaltungsmöglichkeiten, geringe intellektuelle Anforderungen, einseitige Beanspruchung, schwierig zu verarbeitende Informationen (z. B. schwierige Unterscheidung, Zwang zur extremen Konzentration, schnelle Reaktionen), Gleichzeitigkeit von Schnelligkeits- und Genauigkeitsanforderungen, Gleichzeitigkeit sehr unterschiedlicher Arbeiten, körperlich schwere Arbeiten, Unfall- und Verletzungsgefahr, hohe oder aber sehr geringe Verantwortung, geringe Möglichkeiten zur sozialen Anerkennung, Entfremdung von Arbeitsprodukten und -zielen.

Die folgenden beiden Übersichten lassen erkennen, wie verbreitet solche Belastungen sind und wie sich ihre Verbreitung seit Ende der 70er Jahre entwickelt hat.

Abb. 4 Arbeitsorganisatorische Regelungen und körperliche Arbeitsbedingungen bei deutschen Erwerbstätigen 1979 und 1985

Belastungsart	Jahr	kommt „praktisch immer/häufig" vor bei ... % der Erwerbstätigen
1. Nacht-/Schichtarbeit	1985	14
	1979	14
2. Externe Kontrollvorgaben		
– die Art der Arbeitsdurchführung ist bis in alle Einzelheiten genau vorgeschrieben	1985	31
	1979	29
– Wiederholung ein und desselben Arbeitsgangs bis in alle Einzelheiten	1985	47
	1979	45
– genaue Mengen/Zeitvorgaben für die Arbeit	1985	22
	1979	31
– vor Arbeitsbeginn/-fortsetzung ist die Entscheidung des Vorgesetzten erforderlich	1985	20
3. Termindruck, Verantwortung, Konzentration		
– Starker Termin-/Leistungsdruck	1985	44
	1979	40
– kleine Fehler/geringe Unaufmerksamkeit kann größere finanzielle Verluste zur Folge haben	1985	25
	1979	33
– die ganze Aufmerksamkeit auf eine(n) Einzelheit/Vorgang konzentrieren	1985	48
	1979	52
4. Aufgabenvielfalt, Innovationsdruck		
– vor neue Aufgaben gestellt werden, man sich erst hineindenken/einarbeiten muß	1985	29
– bisherige Verfahren verbessern	1985	16
	1979	19
– verschiedenartige Arbeiten gleichzeitig im Auge behalten	1985	41
	1979	48
5. Störungen, Behinderungen bei der Arbeit		
– Behinderungen durch falsche/unvollständige Information	1985	8
– bei der Arbeit gestört/unterbrochen werden	1985	23

1) ohne mithelfende Familienangehörige, Soldaten, Auszubildende.
Quelle: IAB/BiBB-Befragungen von 1979 und 1985/86.

Quelle: IAB 1992, S. 138f.

Abb. 5 Arbeitsorganisatorische Regelungen und körperliche Arbeitsbedingungen bei deutschen Erwerbstätigen 1979 und 1985

Belastungsart	Jahr	kommt „praktisch immer/häufig" vor bei ... % der Erwerbstätigen
Lasten von mehr als 20 kg tragen/heben	1985	23
	1979	17
bei Rauch, Staub, Gasen, Dämpfen arbeiten	1985	15
	1979	19
unter Kälte, Hitze, Nässe, Feuchtigkeit, Zugluft arbeiten	1985	21
	1979	23
unter Lärm arbeiten	1985	25
	1979	30
in gebückter, hockender, kniender, liegender Stellung arbeiten; Arbeit über Kopf	1985	15
	1979	21
im Stehen arbeiten	1985	57
	1979	56
Arbeit mit Öl, Fett, Schmutz, Dreck	1985	20
Arbeit bei starken Erschütterungen, Stößen, Schwingungen	1985	6
Arbeit bei grellem Licht, schlechter/zu schwacher Beleuchtung	1985	12
Umgang mit gefährlichen Stoffen, beachten von Sicherheitsvorschriften, Schutzkleidung tragen	1985	10

1) ohne mithelfende Familienangehörige, Soldaten, Auszubildende.
Quelle: IAB/BiBB-Befragungen von 1979 und 1985/86.

Quelle: IAB 1992, S. 138f.

Besonders problematisch ist die Arbeitssituation derjenigen, die *mehreren Belastungen* zugleich ausgesetzt sind. (Obgleich man natürlich Belastungen nicht ohne weiteres addieren kann. Unter Umständen bewirkt auch „nur" eine Belastung, z. B. der Streß eines selbständigen Kaufmanns, einen Raubbau an der Gesundheit. Oder gerade Kombinationen extremer Belastungen auf der einen und Entlastungen auf der andern Seite, z. B. die Meßwartentätigkeit in voll automatisierten Betrieben, ergeben problematische Gesamtsituationen. Insgesamt ist die Problematik der Mehrfachbelastungen mit ihren Kumulationen, Kompensationen, Synergieeffekten etc. noch nicht sehr gut erforscht.) (vgl. *Luczak* 1993, 244f.) Die folgende Tabelle gibt darüber Auskunft, wie viele der jüngeren bzw. älteren Männer und Frauen einer bzw. mehreren Arbeitsbelastungen ausgesetzt sind.

Aus früheren Untersuchungen weiß man, daß Landwirte und Arbeiter unter besonders vielen Belastungen zugleich arbeiten. Von den un- und angelernten männlichen Arbeitern sind besonders viele schweren Lasten, Zwangshaltungen, Lärm und Nässe ausgesetzt. Un- und angelernte Arbeiterinnen haben überproportional oft mit Monotonie, konzentriertem Hinsehen und Wechselschichten zu tun (*Noll* 1982, 192; vgl. *Henninges* 1981, 362ff.). Facharbeiter weisen insgesamt kaum weniger häufig Belastungen auf. Sie müssen insbesondere oft mit schwerem Werkzeug hantieren. Angestellte und Beamte unterliegen dagegen weniger häufig besonderen Belastungen. Mit Blick auf die berufliche Stellung finden sich also deutliche Zusammenhänge zwischen dem Gefüge sozialer Schichtung und Arbeitsbelastungen. Aber auch im Hinblick auf andere Schichtkriterien: Das Gefälle der Qualifikation, des Berufsprestiges und der beruflichen Entscheidungsbefugnis fällt über weite Strecken mit dem Gefälle der Arbeitsumgebung, der Arbeitsbeziehungen und der Arbeitsinhalte zusammen. Besonders gut erforscht ist die Verknüpfung zwischen Einkommen und Arbeitsbedingungen: „Schlechte Arbeitsbedingungen führen ceteris paribus zu einem geringeren Einkommen" (*Wagner* 1991, 81).

Die Unterschichtung der deutschen Bevölkerung durch Ausländer (*Bolte/Hradil* 1988, 248ff.) wird auch im Bereich der Arbeitsbedingungen augenfällig. Denn unter den Berufsgruppen mit eher ungünstigen Arbeitssituationen finden sich besonders viele Ausländer. Bildet man einen Index aus Arbeitsbelastungen der verschiedensten Art, so waren Ende der 70er Jahre 36% der ausländischen Arbeitskräfte, aber nur 20% der deutschen einer „sehr hohen" oder „hohen" Arbeitsbelastung ausgesetzt. Umgekehrt erfreuten sich einer „geringen" oder „sehr geringen" Gesamtbelastung 58% der deutschen, aber nur 27% der ausländischen Erwerbstätigen (*Henninges* 1981, 375f.).

Die Wirkungen von Arbeitsbelastungen schlagen sich u. a. in Form vorzeitiger Berufs- oder Erwerbsunfähigkeit nieder. Schon oben war im Zusammenhang mit Arbeitszeiten darauf hingewiesen worden, daß die Wahrscheinlichkeit, aus Invaliditätsgründen vorzeitig in Rente zu gehen, schichtkonform verläuft. Sie ist in unteren Sta-

Tabelle 2 Ausgewählte Arbeitsbelastungen nach Geschlecht und Alter

	Berufstätige, die sich durch nebenstehende Bedingungen „stark belastet" fühlen in %			
	Männer	Frauen	24–29 Jahre	50 Jahre und älter
Einzelbelastungen				
Überstunden, lange Arbeitszeit	18,1	14,7	16,3	18,8
Lärm	13,9	8,1	11,5	12,6
Hitze, Kälte, Nässe	13,8	8,5	10,8	15,3
Köperlich schwere Arbeit	10,7	8,8	8,5	14,9
Unangenehme, einseitige körperliche Beanspruchung	12,0	17,3	13,9	14,2
hohes Tempo, Zeitdruck	26,4	18,8	22,8	26,4
Starke Konzentration	22,4	15,2	19,0	22,3
Widersprüchliche Anforderungen/ Anweisungen	12,3	9,5	12,0	9,1
Häufige Störungen/ Unterbrechungen	14,4	11,8	14,0	11,8
Zwang zu schnellen Entscheidungen	13,4	6,3	10,5	12,1
Hohe Verantwortung für Menschen	17,5	10,8	14,7	16,3
Anzahl starker Arbeitsleistungen				
keine	32,7	40,2	36,7	31,0
eine oder zwei	30,6	34,0	31,3	33,6
drei oder mehr	36,7	25,8	32,0	35,3
Anzahl starker Zeitbelastungen				
keine	66,0	73,8	69,0	68,0
eine	25,0	20,2	22,8	24,9
zwei oder mehr	9,0	5,9	8,1	7,1

Quelle: DHP-Gesundheitssurvey 84–86. Nationaler Gesundheitssurvey: gewichtet: Infratest Gesundheitsforschung: Auswertung für die Enquête-Kommission „Strukturreform der gesetzlichen Krankenversicherung", Deutscher Bundestag, Drucksache 11/3267, Seite 26.

Quelle: *Huster* 1990, 248

tusgruppen wesentlich höher als in mittleren und oberen. Berufsunfähig vor dem 50. Lebensjahr wurde in den 80er Jahren fast jeder fünfte Arbeiter, aber nur jeder zehnte Angestellte (*Noll* 1982). Die gleiche Tendenz zeigt sich auch bei den Arbeitsunfällen.

Deutlich nachgewiesen ist auch der Zusammenhang zwischen Lärm, Streß (z. B. infolge Akkord- oder Fließbandarbeit) und koronären Herzerkrankungen. Vergleicht man beruflich stark belastete, männliche und weibliche Arbeiter mit ebenfalls hoch belasteten Angestellten und Selbständigen, so sind Arbeiter und Arbeiterinnen durch die Risikofaktoren für Herz-Kreislauferkrankungen (Blutdruck, Cholesterinspiegel, Korpulenz, Rauchen und Alkoholkonsum) deutlich stärker gefährdet (*Lemke-Goliasch* 1992, 308). Zu Herzinfarkten kommt es daher – entgegen der Volksmeinung von der „Managerkrankheit" – in unteren Schichten häufiger als in oberen. Auch Magen- und Darmerkrankungen stehen oft im Zusammenhang mit der Arbeitsbelastung: Nacht- und Schichtarbeiter haben darunter besonders häufig zu leiden, da ihnen ein „normaler" Lebensrhythmus nicht möglich ist. Die folgende Tabelle zeigt, daß Arbeiter und besonders Arbeiterinnen mit geringen Qualifikationsanforderungen wesentlich mehr gesundheitliche Beschwerden als Facharbeiter(innen) und Angestellte haben. Dementsprechend verhalten sich auch die krankheitsbedingten Fehlzeiten im Betrieb: Lohnempfänger fehlen gut 20 Tage im Jahr, Gehaltsempfänger nur knapp 10 (*Stephan* 1991, 590).

Tabelle 3 Geschlecht, Qualifikation und durchschnittliche Zahl von Beschwerden

	Männer (in %) (N = 761)	Frauen (in %) (N = 194)	Männer und Frauen (in %) (N = 1143)
Arbeiter mit geringen Qualifikationsanforderungen	3,2	4,3	3,5
Arbeiter mit hohen Qualifikationsanforderungen	3,1	3,0	3,1
einfache Angestellte	2,0	2,3	2,1
mittlere Angestellte	1,0	1,3	1,1
alle Beschäftigte	3,0	2,8	2,9

Quelle: *Grossmann* 1988, 36

Selbstverständlich ist das Erkrankungs- und Todesfallrisiko nicht nur eine Frage der Schichtzugehörigkeit. Es ist innerhalb der einzelnen Berufsschichten je nach Geschlecht, Branche und Beruf recht unterschiedlich.

Frauen haben in allen Branchen und Berufspositionen höhere krankheitsbedingte Fehlzeiten als *Männer*. Dieser Umstand wird als wichtiges Argument in Diskussionen um die Berufschancen von Frauen verwendet. In diesem Zusammenhang ist wichtig, daß der höhere Krankenstand von Frauen nicht allein auf Arbeitsbelastungen und kaum auf ihre physische Konstitution zurückgeführt werden kann. Eher schon werden ein geringeres Betriebszugehörigkeitsgefühl, ein vergleichsweise niedriger Ausbildungsstand, das Fehlen eines positiven Berufsbewußtseins, Fluchtreaktionen aus der industriellen Männerwelt und vor allem die Doppelbelastung vieler Frauen durch Beruf und Familien als Erklärung herangezogen (*Salowsky* 1991, 50).

Ein Vergleich der Fehlzeiten zwischen den einzelnen *Branchen* ergibt, daß die geringsten Fehlzeiten in den privaten Dienstleistungssektoren zu verzeichnen sind. Demgegenüber liegt der Krankenstand im Bereich der öffentlichen Verwaltungen wesentlich höher. Die höchsten Fehlzeiten mit z. T. über 10% der Arbeitszeit findet man in den Grundstoff- und Produktionsgüterindustrien (*Salowsky* 1991, 43).

Drastisch führt die Liste der 24 gefährlichsten Berufe vor Augen, wie ungleich die Risiken sind: Decksleute (140 Unfalltote je 100 Tsd. Beschäftigte im Mittel der Jahre 1981–1984), Nautiker (130), Sprengmeister (128), Binnenschiffer (117), Gerüstbauer (111), Dachdecker (65), Schiffsoffiziere (61), Hauer (52), Luftverkehrsberufe (49), Gastwirte/Hoteliers (44), Erdbewegungsarbeiter (41), Bergleute (41), Baggerführer (36), Fischer (36), Baumaschinenführer (35), Sonstige Tiefbauer (34), Schienenfahrzeugführer (34), Zimmerer (34), Textilverflechter (33), Erdöl-/Erdgasberufe (32), Steinbrecher (31), Tierärzte (31), Bergbau-/Hütteningenieure (31), Weinküfer (30). – Demgegenüber arbeitet man als Schreiber wissenschaftlicher Aufsätze wesentlich sicherer: Nur ca. 1,5 tödliche Arbeitsunfälle kommen jährlich auf 100 Tsd. Bürobeschäftigte (*Ritz* 1989, 83).

Über die genannten *physischen* Wirkungen hinaus erzeugen bestimmte Arbeitsbelastungen (z. B. Monotonie, extreme Arbeitszerlegung, problematische Führungsstile) häufig *psychische* Probleme: geringe Arbeitsmotivation, Frustrationen, Konfliktneigungen und andere Dispositionen stehen in enger Beziehung zur Arbeitssituation.

Abschließend ist daran zu erinnern, daß sich gerade auf dem Sektor der Arbeitsbelastungen immense Umwälzungen vollzogen haben, die in den angeführten „Momentaufnahmen" nicht sichtbar werden. Wir erleben derzeit die „Vernichtung besonders solcher Arbeitsplätze, die für die Arbeiterklasse des 19. und 20. Jahrhunderts typisch gewesen sind – einfache, ausführende, teils körperlich schwere und belastende Tätigkeiten, teils taylorisiertes Stückwerk in der unmittelbaren Fertigung oder Zuarbeiten in Disposition, Verwaltung, Vertrieb usw." (*Huber* 1984, 147). Darüber hinaus wurden, wie am Rückgang der Arbeitsunfälle und der meisten Berufskrankheiten (z. B. der Silikose) abzulesen ist, viele gefährliche und unmittelbar gesundheitsgefährdende Tätigkeiten abgebaut. Von 1000 Vollzeitbeschäftigten erlitten im Jahre 1970 noch 103 meldepflichtige Arbeitsunfälle, im Jahre 1980 nur noch 76 und im Jahre 1991 gar nur noch 53 (*IDW* 1993, 8). Um diese Arbeitsplätze ist es unter dem Gesichtpunkt der Arbeitsbelastung nicht schade. Zumal sie teilweise durch sicherere, gesündere und anspruchsvollere ersetzt wurden.

Dennoch geben einige neuere Entwicklungen zu denken: Bildschirmarbeiten zwingen z.T. zur Konzentration auf das immer gleiche, Personalinformationssysteme können zur lückenlosen Kontrolle benutzt werden, Arbeitszeitverkürzungen münden nicht selten in Arbeitsintensivierung. Von daher erklärt sich auch die anhaltende Aktualität von Maßnahmen zum Abbau von Arbeitsbelastungen, seien es öffentlich und staatlich betriebene, wie Programme zur „Humanisierung des Arbeitslebens", seien es private, wie die Alternativprojekte von Teilen der „neuen Selbständigen".

5 Arbeitszufriedenheit

In den vorausgegangenen Abschnitten wurden „objektive" Vor- und Nachteile in Arbeitssituationen erörtert. Die „Qualität" von Arbeitsplätzen läßt sich aber nur dann zureichend ermessen, wenn auch „subjektive" Aspekte einbezogen werden, wenn auch berücksichtigt wird, wie der einzelne seine Arbeit wahrnimmt, welchen Stellenwert sie für ihn hat und vor allem, wie zufrieden er mit seiner Arbeitssituation ist.

Diese „subjektive" Seite der Arbeitssituation hat enorme psychische und physische Auswirkungen. (Im Extremfall entstehen Herz-/Kreislauf- oder Magen-/Darmerkrankungen.) Und sie ist keineswegs immer ein Abklatsch der „objektiven" Umstände. So ist längst nicht jeder unzufrieden, der belastenden Arbeitsbedingungen ausgesetzt ist. Deshalb *muß* man den Wahrnehmungen und Bewertungen der Arbeitenden eigens nachgehen.

Es liegt aber in der Natur der „subjektiven" Bewältigungs- und Verarbeitungsprozesse, daß sie in sehr unterschiedlichen Formen ablaufen und man ihnen nur sehr schwer nachgehen *kann*. So muß man der familiären Gesamtsituation auf den Grund gehen, um z. B. herauszufinden, wie zwiespältig die Bedeutung der Fabrik- und der Hausarbeit für Arbeitermütter ist (*R. Becker-Schmidt* u. a. 1982). Oder man muß die gesamte Biographie der Arbeitenden in Rechnung stellen, erst dann zeigt sich z. B., daß Industriearbeiter monotone Anlerntätigkeiten noch lange mit den Maßstäben beurteilen, die sie in der Lehrzeit gewonnen haben (*Görres* u. a. 1982). Diese Vielgestaltigkeit der „subjektiven" Wahrnehmung und Bewertung macht es verständlich, weshalb wir bislang nur punktuelle Kenntnisse darüber besitzen. Eine Ausnahme davon bilden die relativ gut erforschten Befunde zur *Zufriedenheit* der Arbeitenden.

Im Vergleich zu anderen Lebensbereichen (wie der politischen Betätigung, dem Familienleben und der Freizeit) waren die Arbeitenden in West- und Ostdeutschland im Jahre 1990 mit ihrer Arbeit mittelmäßig zufrieden (*Habich/Noll* 1992, 588). Verständlicherweise lag das Niveau der Zufriedenheit hierbei in Ostdeutschland wesentlich niedriger als in Westdeutschland (vgl. die folgende Tabelle).

Schaut man genauer auf die einzelnen Aspekte der Arbeitssituation, so ergeben sich aufschlußreiche Unterschiede: Am zufriedensten war man im allgemeinen mit der Abwechslung und mit den Selbstgestaltungsmöglichkeiten in der Arbeit; am unzufriedensten in Ostdeutschland erwartungsgemäß mit der Sicherheit des Arbeitsplatzes und den Verdienstmöglichkeiten, in West- und Ostdeutschland auch mit den Aufstiegschancen (vgl. die folgende Tabelle).

Allerdings ist bei der Interpretation dieser Umfrageergebnisse Vorsicht am Platze: Schon der Begriff „Zufriedenheit" wird in den Sozialwissenschaften, wie auch im allgemeinen Sprachgebrauch, reichlich vage verwendet: Man hat sich auf kaum mehr geeinigt, als daß „Zufriedenheit" sich auf das Verhältnis von Ansprüchen einerseits und wahrgenommener Lage andererseits bezieht. Deshalb werden Fragen nach der „Zufriedenheit" häufig unterschiedlich aufgefaßt und Antworten beziehen sich u. U. auf durchaus Unterschiedliches: Die Zufriedenheit einer armen Witwe bringt u. U. ihre biographische Resignation, die Reduzierung ihrer Ansprüche zum Ausdruck. Die Zufriedenheit eines schlecht bezahlten Westpendlers aus den neuen Bundesländern gibt seine, vor dem Hintergrund überstandener Arbeitslosigkeit, positive Sicht der neuen Lage wieder. Die Unzufriedenheit der „grünen Witwe" zeigt ihre Unausgefülltheit und ihre ins Maßlose gewachsenen Ansprüche. Die Unzufriedenheit vieler Bewohner Ostdeutschlands spiegelt ihre neuen, aus Westdeutschland stammenden Vergleichsmaßstäbe und die schleppende Annäherung der sozialen Lage an westdeutsche Verhältnisse. Ohne eingehendere Forschungen sind diese Aspekte nicht auseinanderzuhalten.

Obendrein ist das Thema „Zufriedenheit" (z. B. mit der eigenen Sicherheit, dem „Betriebsklima" oder der Entlohnung) mit so vielen eigenen Hoffnungen und fremden Erwartungen, mit Ängsten, Verdrängungen und Rationalisierungen belastet, daß oft nicht sicher ist, was die Antworten nun wiedergeben: Glaubt der Befragte, er müsse das zum Ausdruck bringen, was man von ihm oder er von sich erwartet, ein gutes Auskommen mit Betriebskollegen z. B., oder ist er damit wirklich zufrieden?

Sieht man von solchen Unschärfen einmal ab, so stellt sich die Frage, wer denn nun eher zufrieden oder unzufrieden ist. Sind die „objektiv" Begünstigten auch zufrieden? Oder sind sie im Gegenteil eher unzufrieden, weil ihre Ansprüche so hoch und/oder ihre Realitätssicht so verzerrt ist? – Wie die folgende Tabelle zeigt, gibt es im allgemeinen einen, wenn auch mit Ausnahmen durchsetzten, positiven Zusammenhang zwischen „objektiver" Situation und „subjektiver" Zufriedenheit: „Vereinfacht läßt sich sagen, Erwerbstätige mit einem höheren Status – und damit zusammenhängend im Durchschnitt besseren Arbeitsbedingungen – sind zufriedener als Erwerbstätige mit einem niedrigeren Status und ungünstigeren Arbeitsbedingungen" (*Noll* 1982, 251). Arbeitszufriedenheit ist insoweit durchaus schichtspezifisch verteilt. Aber sehr kraß sind diese Zufriedenheitsunterschiede nicht.

Die folgende Tabelle zeigt, welche Bevölkerungsgruppen mit welchen Arbeitsbedingungen eher (un)zufrieden sind. Beispielsweise sind ungelernte Arbeiter in Westdeutschland mit allen erfaßten Arbeitsbedingungen vergleichsweise unzufrieden, erstaunlicherweise mit Ausnahme der Arbeitsplatzsicherheit.

Es gibt aber – wie Tabelle 4 zeigt – auch Ausnahmen vom schichtspezifischen Zufriedenheitsgefälle. So ist zu sehen, daß die Erwerbstätigen in Ostdeutschland *über alle Schichten hinweg* unzufrieden mit Verdienstmöglichkeiten und Arbeitsplatzsicherheit sind. Und bestimmte *Berufsgruppen* sind unzufriedener, als ihr Status vermuten läßt (z. B. die höheren Beamten Westdeutschlands mit ihren Aufstiegschancen), andere Berufsgruppen sind zufriedener (z. B. viele qualifizierte Arbeiter). Deren relative Zufriedenheit dürfte mit ihrem beruflichen Aufstieg und ihren Einkommensverhältnissen zusammenhängen.

Auch das *Geschlecht* prägte noch vor wenigen Jahren die Zufriedenheit mit der Arbeit unabhängig von der Schichtzugehörigkeit. Obwohl Frauen oft mit schlechteren Arbeitsbedingungen vorlieb

Tabelle 4 Unzufriedenheiten mit einzelnen Arbeitsplatzmerkmalen (in %)

		Verdienst-möglichkeiten		Sicherheit des Arbeitsplatzes		Arbeitszeitregelung		Aufstiegschancen		Selbstgestaltungsmöglichkeiten		Abwechslung	
		West	Ost	West	Ost	West	Ost	West	Ost	West	Ost	West	Ost
Abhängig	Beschäftigte	12	50	17	65	18	22	44	46	17	21	12	17
Geschlecht	Männer	20	56	16	70	16	19	42	52	15	24	13	20
	Frauen	22	43	18	58	21	25	48	37	21	17	11	14
	ganztags	27	–	16	–	26	–	48	–	20	–	11	–
	halbtags	15	–	20	–	11	–	48	–	21	–	11	–
Altersgruppen	18 bis 24 Jahre	35	41	23	54	26	30	54	56	25	34	18	24
	25 bis 34 Jahre	27	53	21	73	23	26	45	44	19	23	14	21
	35 bis 39 Jahre	17	52	16	63	16	17	40	47	15	16	10	16
	50 bis 65 Jahre	14	48	10	65	9	18	42	38	15	17	11	11
Stellung im Beruf	Arbeiter: un-, angelernte	25	57	17	58	18	27	64	59	34	20	25	18
	Arbeiter: qualifizierte	17	52	25	69	14	21	46	53	17	31	15	22
	Angestellte:												
	einfache, mittlere	23	43	16	67	16	27	40	44	18	16	11	15
	gehobene, höhere	19	52	17	61	19	13	32	33	7	13	7	13
	Beamte:												
	einfache, mittlere	30	–	0	–	35	–	58	–	22	–	6	–
	gehobene, höhere	14	–	4	–	18	–	43	–	10	–	9	–

Datenbasis: Wohlfahrtssurvey 1980, 1988, 1990-Ost.

Quelle: Statistisches Bundesamt 1992, 592

nehmen mußten, waren sie insgesamt nicht weniger zufrieden als Männer. Offenbar waren sie weniger anspruchvoll. – Das ist ganz anders geworden. Frauen sind heute im Hinblick auf fast alle Arten von Arbeitsbedingungen unzufriedener als Männer.

Schließlich stellt auch das *Alter* bis zu einem gewissen Grade einen schichtunabhängigen Faktor der Arbeitszufriedenheit dar. Mit Ausnahme der in allen Altersstufen anzutreffenden Unzufriedenheit mit Einkommen und Arbeitsplatzsicherheit in Ostdeutschland sind ältere Menschen in West- und Ostdeutschland zufriedener mit ihren Arbeitsbedingungen als jüngere. Das mag damit zusammenhängen, daß viele mit den Jahren die ihnen gemäße Arbeit finden. Das wird wohl aber auch mit wachsender Resignation, d. h. mit dem Anpassen der Ansprüche an die wahrgenommenen Gegebenheiten zu tun haben. Jüngere Arbeitnehmer sind besonders oft unzufrieden mit Merkmalen des Arbeits*inhalts*, z. B. mit der gebotenen Abwechslung und mit den Gestaltungsmöglichkeiten. Das heißt, sie treffen auf Situationen, die ihren intrinsischen Ansprüchen an die Arbeit widersprechen. Die anhaltende Massenarbeitslosigkeit hat daran nichts geändert. Die vorhandenen Daten lassen nicht zureichend erkennen, ob dies ein *Alter*seffekt ist – danach würden Jüngere zu allen Zeiten relativ hohe arbeitsinhaltliche Anforderungen stellen – oder ob dies eine *Generationen*frage ist – danach würden sich arbeitinhaltliche Ansprüche und diesbezügliche Unzufriedenheiten heute bei den Jüngeren deshalb verstärkt bemerkbar machen, weil sie durchweg in materieller Sicherheit aufgewachsen sind, weil sie dementsprechende extrinsische Ansprüche an die Arbeit für selbstverständlich halten und im Zuge des „Wertewandels" für sie intrinsische Forderungen an den Inhalt der Arbeit obenan stehen (vgl. hierzu *Hoffmann-Nowotny/Gehrmann* 1984).

Prozesse der Anspruchserhöhung und der Sensibilisierung für Arbeitsinhalte mögen, zusammen mit der Massenarbeitslosigkeit und neuen Anforderungen durch neue Technologien, auch dazu beigetragen haben, daß sich das Gesamtniveau der Arbeitzufriedenheit seit den 60er Jahren trotz vieler Verbesserungen der „objektiven" Arbeitsbedingungen kaum erhöht hat.

6 Fazit

Wenn wir die empirischen Befunde zur Arbeitssituation in der Bundesrepublik überblicken, so werden zwei Tatbestände ganz deutlich: *Erstens* wiegen sich vorteilhafte und nachteilige Aspekte der Arbeitssituation im allgemeinen nicht auf, etwa in dem Sinne, daß ein erhöhtes Arbeitsplatzrisiko mit geringen Arbeitsbelastungen, oder ungünstige Arbeitszeiten mit befriedigenden Arbeitsinhalten einhergingen. Es ist sehr viel häufiger so, daß vorteilhafte Arbeitsbedingungen in einer Hinsicht auch mit Vorteilen in anderer Hinsicht gekoppelt sind, und Nachteile bestimmter Art mit Nachteilen anderer Art zusammentreffen. Zu diesem Schluß kamen sämtliche Analysen der letzten Jahre. So schreibt z. B. H. v. *Henninges:*

„Die bisherigen Ausführungen machen deutlich, daß es im Beschäftigungssystem der Bundesrepublik Deutschland eine ganze Reihe von ‚beruflichen Orten' gibt, an denen belastende Arbeitsanforderungen – seien es physische Belastungen wie schwere körperliche Arbeit oder Arbeit unter ungünstigen Umgebungseinflüssen oder seien es Streßfaktoren wie Nacht- und Schichtarbeit oder restriktive Arbeit – außerordentlich häufig vorkommen. Allem Anschein nach handelt es sich dabei nicht immer um völlig verschiedene Arbeitsplätze sondern zumindest teilweise um ein- und dieselben. Offenbar verteilen sich die einzelnen Belastungsarten nicht ‚kompensativ' zwischen den Arbeitsplätzen (etwa nach dem Motto: statt körperlicher Schwerarbeit Arbeit unter belastenden Umgebungseinflüssen) sondern eher ‚kumulativ' (um im Beispiel zu bleiben: körperliche Schwerarbeit und Arbeit unter belastenden Umgebungseinflüssen)" (v. Henninges 1981, 373).

Diese Konzentration von Vorteilen einerseits und Nachteilen andererseits gibt uns erst die Berechtigung, von sozialer Ungleichheit auf dem gesamten Gebiet der Arbeitssituation zu sprechen.

Und *zweitens* sind diese Kumulationen von Vorteilen und Nachteilen nicht verstreut über den gesamten Bereich von Arbeitsplätzen zu finden, so daß hier dieser, dort jener Beruf begünstigt oder benachteiligt ist; die besonders vorteilhaften oder nachteiligen Arbeitsplätze ballen sich vielmehr in bestimmten Berufskategorien zusammen. Diese lassen sich fürs erste mit Hilfe von Schichtkategorien recht gut eingrenzen: Es gibt einen relativ engen Zusammenhang zwischen der Höhe der Qualifikation, der beruflichen Stellung, des Einkommens und Ansehens auf der einen und Vorteilen in der Arbeitssituation auf der anderen Seite. Es sind insbesondere die Arbeitertätigkeiten unterhalb der Facharbeiterebene, auf die sich negative Beschäftigungsmerkmale, wie geringe Arbeitplatzsicherheit, niedrige, oft an die unmittelbar gemessene Leistung gekoppelte Bezahlung, hohe Belastung, Unfallgefahr, Schichtarbeit, Eintönigkeit, Isolation, starre Arbeitszeiten samt deren Konsequenzen in Gestalt erhöhter Krankenstände und kürzerer Lebenserwartung konzentrieren. Positive Merkmale sammeln sich dagegen in den gehobenen und höheren Angestellten- bzw. Beamtentätigkeiten (*Noll* 1982, 70; *Starrin/Svensson* 1992, 406f.),

Im Jahre 1980 fragte man einen repräsentativen Querschnitt von Arbeitnehmern nach der Qualität von insgesamt 8 Arbeitsplatzmerkmalen (Verdienst, Abwechslung, kollegiale Beziehungen, Aufstiegschancen, Arbeitsplatzsicherheit, Arbeitszeit, Prestige und Autonomie). 43% der un- und angelernten Arbeiter, aber nur 22% der Facharbeiter, 13% der einfachen und mittleren Angestellten und sogar nur 3% der gehobenen und höheren Angestellten stuften mehr als vier der genannten Arbeitsbedingungen in den negativen Bereich ein. Die eindeutige Privilegierung der gehobenen und höheren Angestellten zeigt sich auch daran, daß fast jeder zweite von ihnen der Meinung war, mehr als die Hälfte der erwähnten Arbeitsbedingungen sei an seinem Arbeitsplatz positiv ausgeprägt (*Noll* 1984, 108f.).

In diesem Sinne kam auch *B. Lutz* zum Ergebnis, daß „komfortable Arbeitsbedingungen, hohe Arbeitsplatzsicherheit, attraktive Arbeitsinhalte und hohes gesellschaftliches Ansehen einer Tätigkeit mit überdurchschnittlichem Verdienst kombiniert werden, während umgekehrt die unattraktiven und belastenden Tätigkeiten auch eher geringe Verdienstmöglichkeiten bieten und mit hohem Risiko von Arbeitslosigkeit behaftet sind" (*Lutz* 1979, 70; vgl. auch *Wagner* 1991).

Zu den Lebenschancen, die mit der Schichtzugehörigkeit einhergehen, zählt somit auch die Chance, an einen nachteiligen oder vorteilhaften Arbeitsplatz zu geraten.

Also läßt sich die eingangs gestellte Leitfrage nach der Schichtspezifik von ungleichen Arbeitsbedingungen mit einem eindeutigen „ja" beantworten? – Nicht ganz. Das würde ein allzu vereinfachtes Bild nahelegen. Vorteile bzw. Nachteile der Arbeitssituation häufen sich nicht nur in den oberen bzw. unteren Schichten. So lassen sich unter anderem im Hinblick auf Berufstätigkeiten, Wirtschaftsbereiche, Nationalitäten, Regionen und nicht zuletzt in bezug auf das Geschlecht Konzentrationen besserer bzw. schlechterer Arbeitsbedingungen erkennen. Sie verlaufen zum Teil parallel zu Schichtstrukturen (wenn z. B. Frauen schlechtere Arbeitsbedingungen als Männer haben und zugleich einer niedrigeren Berufsschicht angehören), zum Teil aber auch unabhängig vom Schichtgefälle (wenn etwa Schweißer schlechtere Arbeitsbedingungen als Lagerarbeiter haben, dabei aber der gleichen Schicht angehören).

Was *Tätigkeiten* und *Branchen* betrifft, so verläuft die Hauptlinie des Gefälles –vereinfacht gesagt –

„von Büro- und Verwaltungsarbeiten im Dienstleistungsbereich und im öffentlichen Dienst, über Beratungs- und Erziehungsaufgaben, über Ein- und Verkaufsarbeiten und über Planungs- und Projektaufgaben – als den Arbeiten, an denen die hier betrachteten Belastungen so gut wie gar nicht vorkommen – hin zu Sicherheits- und Unfallverhütungsarbeiten, zu Tansportarbeiten und Produktions- und Infrastrukturarbeiten im verarbeitenden Gewerbe, im Energiesektor und nicht zuletzt im Baugewerbe – als den Arbeitsplätzen, an denen die meisten Belastungen vorkommen" (*Henninges* 1981, 373).

Sehr klar hat sich auch eine Rangfolge der Arbeitsbedingungen von Beschäftigten verschiedener *Nationalität* herauskristallisiert. „Gastarbeiter", d. h. Arbeitnehmer aus den sechs ehemaligen Anwerbeländern Italien, Ex-Jugoslawien, Griechenland, Spanien, Portugal und der Türkei, nehmen in aller Regel unvorteilhaftere Arbeitsplätze ein als deutsche Arbeitnehmer. Dies trifft insbesondere auf Türken zu, die auch im Hinblick auf die Arbeitssituation den untersten Rang der genannten Nationen einnehmen (*Bolte/Hradil* 1988, 251). Unter diesen „Gastarbeiter"-Nationalitäten an noch schlechteren, da oft illegalen, nicht sozialversicherten, zeitlich ungesicherten etc. Arbeitsplätzen finden wir in den letzten Jahren immer häufiger andere Nationalitäten: Asylbewerber (soweit sie arbeiten dürfen), Flüchtlinge, Asylanten, illegale Einwanderer.

Diese nationalitätenspezifischen Vor- und Nachteile am Arbeitsplatz gehen im Unterschied zur Branchenabstufung über weite Strecken mit Schicht- (also mit Qualifikations-, Lohn-, Prestige- und Macht-)Differenzierungen einher; deshalb trifft das Schlagwort von der „Unterschichtung" der deutschen Bevölkerung den Sachverhalt recht genau. Dennoch stellt auch die Nationalität nicht selten ein schichtungsunabhängiges Zuordnungsmerkmal von Arbeitsbedingungen dar: Auch innerhalb der gleichen Qualifikations-, Leistungs- oder Lohngruppe müssen Ausländer in der Regel mit den schlechteren Arbeitsplätzen vorliebnehmen.

Angestoßen durch die Wiedervereinigung und besser sichtbar geworden durch differenziertere Datensätze sind die *regionalen Konzentrationen (un)günstiger Arbeitsbedingungen* in den letzten Jahren in den Vordergrund des Interesses geraten. Auf das drastische Gefälle zwischen West- und Ostdeutschland wurde bereits an vielen Stellen des vorliegenden Beitrags hingewiesen. Gleichwohl häufen sich auch in den ländlich-landwirtschaftlichen Gebieten (in Teilen Schleswig-Holsteins, im Emsland, in Teilen Westfalens, in der Eifel, in Ostbayern und in Mittelfranken) und ländlichen Regionen mit veralteten Industrien (z. B. in Nordbayern) die unsicheren, zeitlich unflexiblen, belastenden, zudem schlecht bezahlten und wenig aussichtsreichen Arbeitsplätze (*Lohkamp-Himmighofen* 1990).

Sehr gut belegt sind die Nachteile, die *Frauen* am Arbeitsplatz hinzunehmen haben. Sie zeigen, daß das Geschlecht zu den weitgehend schichtkonformen Determinanten der Arbeitssituation gehört. Mit anderen Worten: Frauen gelangen in der Schichtungshierarchie selten in die oberen Ränge.

„Frauen (...) tragen (...) ein überdurchschnittliches Beschäftigungsrisiko, haben schlechtere Berufswahlmöglichkeiten, erhalten auch bei gleicher Leistung weniger Lohn, werden häufiger in die unteren Lohngruppen eingestuft und haben nur geringe Aufstiegschancen. Selbst das Prestige, das ein Beruf dem Positionsinhaber bietet, ist insofern eine Frage des Geschlechts, als sogenannte ‚Frauenberufe' ein geringeres soziales Ansehen genießen" (*Noll* 1982, 271).

Die zuletzt genannten Merkmale, von denen es wesentlich abhängt, ob jemand die Chance hat, einen besseren oder schlechteren Arbeitsplatz zu erhalten, machen uns darauf aufmerksam, daß soziale Ungleichheit zwar häufig, aber nicht ausschließlich in Form von Schichtunterschieden auftritt. Günstigere und ungünstigere Lebenschancen, darunter auch die Chance, an einem (un)günstigen Arbeitsplatz tätig zu sein, sind nicht nur eine Frage der Stellung in der „vertikalen" beruflichen Hierarchie, wie es das Schichtkonzept vorsieht (s.o. Abschnitt 1). Bessere oder schlechtere Lebens- und Arbeitschancen gehen auch mit „horizontalen" Merkmalen einher, mit dem Geschlecht, mit dem Wohnort, dem Alter, der Generation, der Nationalität, der Branche usw. Diese Ungleichheiten zwischen Mann und Frau, zwischen Stadt und Land, zwischen jung und alt, zwischen der Konsum- und der Krisengeneration, zwischen Deutschen und Türken, zwischen der Wachstumsbranche Elektronik und der krisengeschüttelten Textilbranche „passen" längst nicht alle in Schichtgliederungen – zumindest nicht in die rein vertikal abstufenden, an der beruflichen Stellung orientierten Schichtschemata, die seit den 60er Jahren dominieren. Um die genannten „horizontalen" Ungleichheiten in ihrer Gesamtheit und im Zusammenhang mit Schichtdifferenzierungen zu erfassen, bemüht man sich sein einiger Zeit um neue, differenziertere Modellvorstellungen sozialer Ungleichheit (*Beck* 1983, 1986; *Hradil* 1983a; 1987; *Kreckel* 1983). Diese komplexeren Abbildungen sozialer Ungleichheit kehren in mancher Hinsicht zu älteren Vorstellungen *Max Webers* und *Theodor Geigers* zurück (vgl. dazu *Geißler* 1985, 1990).

Daß heute neben Schichtmodellen kompliziertere Sozialstrukturvorstellungen notwendig werden und neben „vertikalen" Strukturen die an „horizontale" Kennzeichen gebundenen Vor- und Nachteile so große Bedeutung haben, liegt auch an den drei eingangs erwähnten gesellschaftlichen Entwicklungen, die gerade auf dem Gebiet der Arbeitsbedingungen so unüberschbare Auswirkungen haben: An vermehrten wohlfahrtsstaatlichen Maßnahmen, an der wachsenden sozio-kulturellen Autonomie der Menschen und an den derzeitigen technologischen Umwälzungen. Sie alle führen zu Ungleichheiten, auch auf dem Gebiet der Arbeitssituation, die teilweise „quer" zur Schichtabstufung verlaufen. (So verbesserte z. B. die Einführung der elektronischen Datenverarbeitung die Arbeitsbedingungen vieler Büroberufe, sie schuf aber auch den belastenden Beruf der Datentypistin.)

Vieles spricht dafür, daß die gezeigten Entwicklungstendenzen die Ungleichheiten der Arbeitssituation immer vielgestaltiger werden lassen. Vielgestaltiger jedenfalls als die heute verwendeten, rein „vertikalen" Schichtmodelle. Es könnte daher durchaus sein, daß das hier entworfene Bild eines im Kern *schichtungskonformen* (d. h. parallel zum Schichtungsgefälle verlaufenden) Gefälles von Arbeitsbedingungen in Zukunft noch weiter ausdifferenziert werden muß, als die o.a. Hinweise auf „horizontal" verteilte Ungleichheiten der Arbeitssituation verraten.

Literatur

Adler, F. 1991: Einige Grundzüge der Sozialstruktur der DDR. In: *Projektgruppe „Das sozioökonomische Panel"* (Hg.): Lebenslagen im Wandel. Basisdaten und -analysen zur Entwicklung in den Neuen Bundesländern, Frankfurt a. M.: Campus, S. 152–177
Albracht, G. / U. Bolm-Audorff 1990: Gesundheitliche Probleme beim Umgang mit Pflanzenschutzmitteln. In: WSI-Mitteilungen 43, S. 777–783
Amtliche Nachrichten der Bundesanstalt für Arbeit (ANBA) 1993, 41
Bartunek, E. 1992: Teilzeitbeschäftigung 1974–1990. In: Statistische Nachrichten (Österreich) 47, S. 84–91
Beck, U. 1983: Jenseits von Klasse und Stand? Soziale Ungleichheit, gesellschaftliche Individualisierungsprozesse und die Entstehung neuer sozialer Formationen und Identitäten. In: *R. Kreckel* (Hg.): Soziale Ungleichheiten, Sonderband 2 der Zeitschrift SOZIALE WELT, Göttingen: Schwartz, S. 35–74
Beck, U. 1986: Risikogesellschaft. Auf dem Weg in eine andere Moderne, Frankfurt: Suhrkamp
Becker, R. 1991: Berufliche Weiterbildung und Berufsverlauf. Eine Längsschnittuntersuchung von drei Geburtskohorten. In: MittAB, S. 315–364
Becker-Schmidt, R. u. a. 1982: Nicht wir haben die Minuten, die Minuten haben uns, Bonn

Behr, M. u. a. 1990: Arbeitsbedingungen im Dienstleistungssektor, o. O.: Rationalisierungskuratorium der Dt. Wirtschaft

Berger, P. A. / S. Hradil (Hg.) 1990: Lebenslagen, Lebensläufe, Lebensstile. Sonderband 7 der Zeitschrift SOZIALE WELT, Göttingen: Schwartz

Bielinski, H. / J. Enderle / B. v. Rosenbladt 1991: Arbeitsmarkt-Monitor für die neuen Bundesländer. Umfrage 7/91, Text- und Tabellenband, Beiträge zur Arbeitsmarkt- und Berufsforschung 148.3, Nürnberg

Bolte, K. M. / S. Hradil 1988: Soziale Ungleichheit in der Bundesrepublik Deutschland, Opladen: Leske + Budrich, 6. Auflage

Bormann, C. 1992: Arbeitslosigkeit und Gesundheit. In: Sozialer Fortschritt 41, S. 63–66

Bosch, A. / P. Ellguth / M. Promberger 1992: Gleitzeit. Wieviel Zeitautonomie ist gefragt? In: WSI-Mitteilungen 45, S. 51–59

Brasche, U. u. a. 1984: Auswirkungen des Strukturwandels auf den Arbeitsmarkt. Anforderungen des Strukturwandels an das Beschäftigungssystem, in: *Deutsches Institut für Wirtschaftsforschung:* Beiträge zur Strukturforschung, H. 80, Berlin

Braun, M. 1992: Arbeitsplatzsicherheit und die Bedeutung des Berufs. In: *W. Glatzer / H.-H. Noll* (Hg.): Lebensverhältnisse in Deutschland. Ungleichheit und Angleichung, Frankfurt a. M.: Campus, S. 74–88

Brinkmann, C. u. a. 1991: Arbeitslosigkeit und Sozialhilfebezug. Sonderuntersuchung der Bundesvereinigung der kommunalen Spitzenverbände in Zusammenarbeit mit der Bundesanstalt für Arbeit im September 1989. In: MittAB, S. 157–177

Büchtemann, C. / Infratest 1983: Die Bewältigung von Arbeitslosigkeit im zeitlichen Verlauf. Repräsentative Längsschnittuntersuchung bei Arbeitslosen und Beschäftigten 1978–1982, Bonn (Bd. 85 der Reihe „Forschungsberichte", hrsgg. vom Bundesminister für Arbeit und Sozialordnung)

Bundesarbeitsblatt 2/1989; 1/1990; 11/1991; 1/1992; 3/1992; 7–8/1992; 3/1993; 4/1993

Bundesminister für Arbeit und Sozialordnung (Hg.) 1989: Sozialpolitische Informationen 23, H. 7

Bundesminister für Arbeit und Sozialordnung (Hg.) 1990: Sozialpolitische Informationen 24, H. 13

Bundesminister für Arbeit und Sozialordnung (Hg.) 1993: Sozialpolitische Informationen 27, H. 2

Bundesminister für Arbeit und Sozialordnung (Hg.) 1993: Sozialpolitische Informationen 27, H. 5

Bundesverband der Betriebskrankenkassen (Hg.) 1992: Krankheitsarten- und Arbeitsunfallstatistik 1991, Essen

Cornelsen, C. 1993: Beruf und Tätigkeitsmerkmale der Erwerbstätigen. Ergebnisse des Mikrozensus April 1991. In: Wirtschaft und Statistik, S. 233–240

Cramer, U. / W. Karr 1992: Lebensalter und Dauer der Arbeitslosigkeit. In: *C. Brinkmann / K. Schober* (Hg.): Erwerbsarbeit und Arbeitslosigkeit im Zeichen des Strukturwandels – Chancen und Risiken am Arbeitsmarkt. BeitrAB 163, Nürnberg, S. 189–206

Diekmann, J. u. a. 1981: Arbeitsbedingungen und Arbeitsbelastungen in der Umfrageforschung, Bd. 1, Sozialstatistische Sekundäranalysen, Dortmund (Forschungsbericht Nr. 276 der Bundesanstalt für Arbeitsschutz und Unfallforschung)
DIW-Wochenbericht 58 (1991); 59 (1992)
Edler, D. u. a. 1989: Intersektorale Auswirkungen des Einsatzes von Industrierobotern und CNC-Werkzeugmaschinen: Eine empirisch gestützte Input-Output-Analyse. In: *R. Schettkat / M. Wagner* (Hg.): Technologischer Wandel und Beschäftigung. Fakten, Analysen, Trends, Berlin: de Gruyter
Elkeles, T. / W. Seifert 1992: Arbeitslosigkeit und Gesundheit. Langzeitanalysen mit dem Sozio-ökonomischen Panel. In: Soziale Welt 43, S. 278–300
Engfer, U. / K. Hinrichs, K. / C. Offe / H. Wiesenthal 1983: Arbeitzeitsituation und Arbeitzeitverkürzung in der Sicht der Beschäftigten. In: MittAB 16, S. 91–105
Ewers, H.-J. / C. Becker / M. Fritsch 1989: Der Kontext entscheidet: Wirkungen des Einsatzes computergestützter Techniken in Industriebetrieben. In: *R. Schettkat / M. Wagner* (Hg.): Technologischer Wandel und Beschäftigung. Fakten, Analysen, Trends, Berlin: de Gruyter, S. 27–70
Friczewski,.F. / W. Maschewsky / F. Naschold / P. u. *W. Wotschak* (Hg.) 1982: Arbeitsbelastung und Krankheit bei Industriearbeitern, Frankfurt
Geißler, R. 1985: Die Schichtungssoziologie von Theodor Geiger. Zur Aktualität eines fast vergessenen Klassikers. In: KZfSS 37, S. 387–410
Geißler, R. 1990: Schichten in der postindustriellen Gesellschaft. Die Bedeutung des Schichtbegriffs für die Analyse unserer Gesellschaft. In: *P. A. Berger / S. Hradil* (Hg.): Lebenslagen, Lebensläufe, Lebensstile, Sonderband 7 der Zeitschrift SOZIALE WELT, Göttingen: Schwartz, S. 81–102
Geißler, R. 1992: Die Sozialstruktur Deutschland, Opladen: Westdeutscher Verlag
Görres, H. J. / G. Marstedt / U. Mergner 1982: Probleme restriktiver Arbeit, Göttingen
Gornig, M. 1990: Neue Technologien und regionale Beschäftigungsstrukturen. In: Vierteljahreshefte zur Wirtschaftsforschung, S. 184–200
Groß, H. / C. Thoben / F. Bauer 1989: Daten zur Schicht- und Nachtarbeit. In: AFA-Informationen 39, 4, S. 25–32
Grossmann, R. (Hg.) 1988: Arbeitsbelastungen und Gesundheit. Arbeitnehmer beurteilen ihre Arbeitsplätze, Linz
Habich, R. / H.-H. Noll 1992: Einstellungen zur Arbeit und Arbeitszufriedenheit. In: Statistisches Bundesamt (Hg.): Datenreport 1992, Bonn, S. 581–593
Hegner, F. 1992: Arbeitsleistung, Arbeitsmotivation und Organisationsentwicklung. Dargestellt am Beispiel der Einführung neuer Arbeitszeitformen. In: Arbeit und Sozialpolitik, S. 34ff.
Hennings, H. v. 1981: Arbeitsplätze mit belastenden Arbeitsanforderungen. In: MittAB 14, S. 362–383
Hess, D. / W. Hartenstein / M. Smid 1991: Auswirkungen von Arbeitslosigkeit auf die Familie. In: MittAB, S. 178–192

Hof, B. 1992: Wanderungen und regionale Arbeitsmärkte in Deutschland 1983/93. In: iw-trends 19, H. 4, S. 51-76
Hoffmann-Nowotny, H.-J. / F. Gehrmann (Hg.) 1984: Ansprüche an die Arbeit. Soziale Indikatoren XI, Frankfurt
Höflich-Häberlein, J. / H. Häbler 1989: Diffusion neuer Technologien und ihre Auswirkungen im privaten Dienstleistungssektor. In: *R. Schettkat / M. Wagner* (Hg.): Technologischer Wandel und Beschäftigung. Fakten, Analysen, Trends, Berlin: de Gruyter, S. 71-119
Höflich-Häberlein, J. / H. Häbler 1989a: Technikdiffusion und Beschäftigungswirkungen im privaten Dienstleistungssektor. Eine Untersuchung der Infratest Sozialforschung im Auftrag des BMFT, Berlin: de Gruyter
Holst, E. / J. Schupp 1992: Frauenerwerbstätigkeit in den neuen und alten Bundesländern. In: *W. Glatzer / H.-H. Noll* (Hg.) 1992: Lebensverhältnisse in Deutschland. Ungleichheit und Ungleichung, Frankfurt a. M.: Campus, S. 29-50
Hradil, S. 1983a: Die Ungleichheit der „Sozialen Lage". In: *R. Kreckel* (Hg.): Soziale Ungleichheiten, Sonderband 2 der Zeitschrift SOZIALE WELT, Göttingen: Schwartz, S. 101-118
Hradil, S. 1983b: Entwicklungstendenzen der Schicht- und Klassenstruktur in der Bundesrepublik. In: *J. Matthes* (Hg.): Krise der Arbeitsgesellschaft? Verhandlungen des 21. Deutschen Soziologentages in Bamberg 1982, Frankfurt: Campus, S. 189-205
Hradil, S. 1985: Die „neuen" sozialen Ungleichheiten. Was man von der Industriegesellschaft erwartete und was sie gebracht hat. In: *S. Hradil* (Hg.): Sozialstruktur im Umbruch. K. M. Bolte zum 60. Geburtstag, Opladen: Leske + Budrich, S. 51-66
Hradil, S. 1987: Sozialstrukturanalyse in einer fortgeschrittenen Gesellschaft. Von Klassen und Schichten zu Lagen und Milieus, Opladen: Leske + Budrich
Hradil, S. 1992: Alte Begriffe und neue Strukturen. Die Milieu-, Subkultur- und Lebensstilforschung der 80er Jahre. In: *S. Hradil* (Hg.): Zwischen Bewußtsein und Sein. Die Vermittlung „objektiver" Lebensbedingungen und „subjektiver" Lebensweisen, Opladen: Leske + Budrich, S. 15-56
Huber, J. 1984: Die zwei Gesichter der Arbeit, Frankfurt
Huininck, J. / W. Lauterbach 1991: Bedingungen des Erwerbsangebots verheirateter Frauen. In: *C. Helberger* u. a. (Hg.): Erwerbstätigkeit und Arbeitslosigkeit. Analysen auf der Grundlage des sozioökonomischen Panels. Beiträge zur Arbeitsmarkt- und Berufsforschung 144, Nürnberg, S. 63-90
Huster, E.-U. 1990: Gesundheit - Risiken und Unterversorgung. In: *D. Döring / W. Hanesch / E.-U. Huster* (Hg.): Armut im Wohlstand, Frankfurt a. M.: Suhrkamp, S. 244-269
IAB-Kurzbericht 1990: Wie zufrieden sind deutsche Erwerbstätige mit ihrer beruflichen Tätigkeit? In: Kurzberichte 1989, Beiträge zur Arbeitsmarkt- und Berufsforschung 42.11, Nürnberg, S. 62-64
IAB-Kurzbericht 1990: Befristete Beschäftigung von Arbeitern und Angestellten, In: Kurzberichte 1989. Beiträge zur Arbeitsmarkt- und Berufsforschung 42.11, Nürnberg, S. 115-120

IAB-Kurzberichte 1991: Tendenzen des Qualifikationsbedarfs bis zum Jahre 2010, In: Kurzberichte 1990, Beiträge zur Arbeitsmarkt- und Berufsforschung 42.12, Nürnberg, S. 121-125

IAB-Kurzbericht 1991: Qualifikation und Arbeitslosigkeit in West- und Ostdeutschland 1990/1991, In: Kurzberichte 1991. Beiträge zur Arbeitsmarkt und Berufsforschung 42.13, Nürnberg, S. 235-242

Institut der Deutschen Wirtschaft (IDW) (Hg.) 1993: iwd 19, H. 2, 14, 15, 17

Institut für Arbeitsmarkt- und Berufsforschung (IAB) (Hg.) 1992: Zahlenfibel. Beiträge zur Arbeitsmarkt- und Berufsforschung 101, Nürnberg

Klös, H.-P. 1992: Fluktuation am westdeutschen Arbeitsmarkt 1987/90. In: iw-trends 19, S. 17-32

Kohler, H. / Spitznagel, E. 1993: Teilzeitarbeit. In: Personal 2, S. 88-91

Kohn, M. 1981: Persönlichkeit, Beruf und soziale Schichtung, Stuttgart

König, A. / G. Weißhuhn u. Mitarb. von J. Seetzen 1989: Betriebsgrößenentwicklungen, Beschäftigungsgewinne und -verluste in den Wirtschaftsbereichen der Bundesrepublik Deutschland 1980-1986. In: *R. Schettkat / M. Wagner* (Hg.): Technologischer Wandel und Beschäftigung. Fakten, Analysen, Trends, Berlin: de Gruyter, S. 121-143

Kreckel, R. 1983: Theorie sozialer Ungleichheiten im Übergang. In: *R. Kreckel* (Hg.): Soziale Ungleichheiten, Sonderband 2 der Zeitschrift SOZIALE WELT, Göttingen: Schwartz, S. 3-14

Kugler, P. / U. Müller / G. Sheldon 1989: Arbeitsmarktentwicklungen moderner Technologien – eine ökonometrische Analyse für die Bundesrepublik Deutschland. In: *R. Schettkat / M. Wagner* (Hg.): Technologischer Wandel und Beschäftigung. Fakten, Analysen, Trends, Berlin: de Gruyter, S. 207-233

Laumann, S. / K. Preiser 1981: Arbeitsbedingungen und Arbeitsbelastungen in der Umfrageforschung, Standardfragen Dortmund (Forschungsbericht Nr. 276, Bd. 2, der Bundesanstalt für Arbeitsschutz und Unfallforschung)

Lemke-Goliasch, P. u. a. 1992: Belastungen am Arbeitsplatz und kardiovaskuläre Risikofaktoren. Ergebnisse des Gesundheitssurveys der DHP 1988/1989. In: *U. Laaser / F. W. Schwartz* (Hg.): Gesundheitsberichterstattung und Public Health in Deutschland, Berlin: Springer, S. 305-317

Licht, G. / V. Steiner 1991: Abgang aus der Arbeitslosigkeit, Individualeffekte und Hysteresis. Eine Panelanalyse für die Bundesrepublik Deutschland. In: *C. Helberger u. a.* (Hg.): Erwerbstätigkeit und Arbeitslosigkeit. Analysen auf der Grundlage des sozioökonomischen Panels. Beiträge zur Arbeitsmarkt- und Berufsforschung 144, Nürnberg, S. 182-205

Lohkamp-Himmighofen, M. 1990: Erwerbschancen und Arbeitsbedingungen der ländlichen Bevölkerung - Ansatzpunkte für beschäftigungspolitische Maßnahmen, Bonn

Luczak, H. 1993: Arbeitswissenschaft, Berlin: Springer

Lutz, B. 1979: Qualifikation und Arbeitsmarktsegmentation. In: *C. Brinkmann u. a.* (Hg.): Arbeitsmarktsegmentation - Theorie und Therapie im Lichte der empirischen Befunde. In: Beiträge zur Arbeitsmarkt- und Berufsforschung, 33, Nürnberg, S. 45-73

Marstedt, G. / U. Mergner 1986: Psychische Belastungen in der Arbeitswelt, Opladen
Möller, C. 1988: Flexibilisierung – Eine Talfahrt in die Armut. In: WSI-Mitteilungen 41, S. 466–475
Noll, H.-H. 1982: Beschäftigungschancen und Arbeitsbedingungen in der Bundesrepublik, Frankfurt
Noll, H.-H. 1984: Erwerbstätigkeit und die Qualität des Arbeitslebens. In: Wolfgang Glatzer / Wolfgang Zapf (Hg.): Lebensqualität in der Bundesrepublik. Objektive Lebensbedingungen und subjektives Wohlbefinden, Frankfurt: Campus, S. 97–123
Ott, E. 1992: Die Pendlergesellschaft. Zur Problematik der fortschreitenden Trennung von Wohn- und Arbeitsort, Köln: Bund
Parmentier, K. 1992: Arbeitsmarktentwicklung in den neuen Bundesländern. Ergebnisse des Arbeitsmarktmonitor. In: *W. Glatzer / H.-H. Noll* (Hg.) 1992: Lebensverhältnisse in Deutschland. Ungleichheit und Angleichung, Frankfurt a. M.: Campus, S. 9–28
Peykan, V. 1992: Ist Nachtschichtarbeit für Frauen schädlicher als für Männer? Erste Ergebnisse einer Befragung. In: *U. Laaser / F. W. Schwartz* (Hg.): Gesundheitsberichterstattung und Public Health in Deutschland, Berlin: Springer, S. 398–407
Ritz, H.-G. 1989: Soziale Ungleichheit vor Tod in der Bundesrepublik Deutschland. Endbericht, Universität Bremen
Rudolph, H. 1992: Struktur und Dynamik der Langzeitarbeitslosigkeit in der Bundesrepublik Deutschland 1980–1990. In: *C. Brinkmann / K. Schober* (Hg.): Erwerbsarbeit und Arbeitslosigkeit im Zeichen des Strukturwandels – Chancen und Risisken am Arbeitsmarkt. BeitrAB 163, Nürnberg
Salowsky, H. 1991: Fehlzeiten. Eine Bilanz nach 20 Jahren Lohnfortzahlungsgesetz, Köln: Dt. Universitätsverlag
Schettkat, R. / B. Bangel 1989: Innovation und Anpassungsprozesse am Arbeitsmarkt. In: *R. Schettkat / M. Wagner* (Hg.): Technologischer Wandel und Beschäftigung. Fakten, Analysen, Trends, Berlin: de Gruyter, S. 279–316
Schettkat, R. / M. Wagner (Hg.) 1989: Technologischer Wandel und Beschäftigung. Fakten, Analysen, Trends, Berlin: de Gruyter
Schmidt, C. M. / K. K. Zimmermann 1989: Der implizite Markt für Arbeitsbedingungen. In: Jahrbuch für Sozialwissenschaft 40, S. 187–201
Schmidt, K.-D. 1984: Arbeitsmarkt und Bildungspolitik. In: Kieler Studien, Nr. 187, Tübingen
Schramm, F. 1992: Beschäftigungssicherheit, wie sich die Risiken des Arbeitsmarkts auf die Beschäftigten auswirken – empirische Analysen in Ost und West, Berlin: Edition Sigma
Schupp, J. 1991: Teilzeitarbeit in der DDR und in der Bundesrepublik Deutschland. In: *Projektgruppe „Das sozioökonomische Panel"* (Hg.): Lebenslagen im Wandel. Basisdaten und -analysen zur Entwicklung in den Neuen Bundesländern, Frankfurt a. M.: Campus, S. 260–279
Seifert, H. 1991: Kein eindeutiger Trend bei Schicht-, Nacht- und Sonntagsarbeit. In: Arbeit und Sozialpolitik, H. 7–8, S. 33–37

Seifert, H. 1991: Betriebsnutzungszeiten, Schichtarbeit und Kostenaspekte. In: WSI-Mitteilungen 44, S. 613-619
Seifert, H. 1993: Kein Anstieg bei der Nacht- und Wochenendarbeit. In: WSI-Mitteilungen, S. 52-56
Siegrist, J. / K. Dittmann / K. Rittner / I. Weber 1980: Soziale Belastungen und Herzinfarkt, Stuttgart
Spellerberg, A. / D. Landua / R. Habich 1992: Orientierungen und subjektives Wohlbefinden in West- und Ostdeutschland. In: *W. Glatzer / H.-H. Noll* (Hg.): Lebensverhältnisse in Deutschland. Ungleichheit und Angleichung, Frankfurt a. M.: Campus, S. 249-278
Starrin, B. / P.-G. Svensson 1992: Gesundheit und soziale Ungleichheit. Über Klasse, Armut und Krankheit. In: *S. Leibfried / W. Voges* (Hg.): Armut im modernen Wohlfahrtsstaat, Sonderheft 32 der KZfSS, Opladen: Westdeutscher Verlag, S. 403-420
Statistisches Bundesamt (Hg.) 1992: Datenreport 1992, Bonn
Stephan, G. 1991: Fehlzeiten. Eine theoretische und empirische Untersuchung mit Individualdaten. In: MittAB, S. 583-594
Stubig, H.-J. / Wagner, G. 1991: Trend zum vorzeitigen Ruhestand. In: Bundesarbeitsblatt 11, S. 12-16
Tielsch, R. 1987: Ansatz, Kriterien und Ergebnisse zur Ermittlung subjektiver Belastung und Beanspruchung an industriellen Arbeitsplätzen, Düsseldorf: VDI-Verlag
Ulich, E. 1992: Arbeitspsychologie, Zürich: Verlag der Fachvereine, 2. Aufl.
Vogler-Ludwig, K. 1990: Qualifikationsdefizit und regionale Immobilität. In: ifo-Schnelldienst 43, H. 35-36, S. 13-22
Volkholz, V. 1977: Belastungsschwerpunkte und Praxis der Arbeitssicherheit. Zusammenfassender Bericht, Bonn (hrsgg. vom Bundesminister für Arbeit und Sozialordnung)
Wagner, D. 1993: Arbeitszeit und Wertewandel. In: *R. Marr* (Hg.): Arbeitszeitmanagement. Grundlagen und Perspektiven der Gestaltung flexibler Arbeitszeitsysteme, Berlin: Erich-Schmidt-Verlag, S. 299-321
Wagner, J. 1991: Sektorlohndifferentiale in der Bundesrepublik Deutschland. In: Jahrbuch für Sozialwissenschaft 42, S. 70-102
Wagner, M. 1990: Arbeitslosenkarrieren. In: Journal für Sozialforschung 30, S. 5-23
Warnken, J. / G. Ronning 1989: Technischer Wandel und Beschäftigungsstrukturen. In: *R. Schettkat / M. Wagner* (Hg.): Technologischer Wandel und Beschäftigung. Fakten, Analysen, Trends, Berlin: de Gruyter, S. 125-277
Wolf, W. / K. Vollmann 1992: Arbeitszeit 1991. Regelarbeitszeit, Überstunden, Wochenend-, Nacht- und Schichtarbeit. In: Statistische Nachrichten (Österreich) 47, S. 848-857
Zenke, K. G. / G. Ludwig, G. 1985: Kinder arbeitsloser Eltern. In: MittAB 18, S. 265-278

Politische Ungleichheit: Soziale Schichtung und Teilnahme an Herrschaft

Rainer Geißler

1 Teilnahme: Demokratisches Prinzip und Merkmal von Mündigkeit

Das Recht auf Partizipation, auf Teilnahme aller Staatsbürger an der Ausübung von Herrschaft, gehört zu den Grundprinzipien einer Demokratie. So vielfältig und widersprüchlich die Vorstellungen auch sein mögen, die sich mit dem Begriff von Demokratie verbinden, gemeinsam ist ihnen die Forderung nach politischer Gleichheit, nach Chancengleichheit bei der Teilnahme an Herrschaft. In dieser Hinsicht ist die Idee der Demokratie egalitär.

In der Demokratie-Diskussion tauchen zwei Hauptargumente auf, die den Sinn von politischer Teilnahme als Lebenschance verdeutlichen: Partizipation ermöglicht die Durchsetzung von Interessen im politischen Prozeß, und sie befriedigt das menschliche Grundbedürfnis auf möglichst weitgehende Selbstbestimmung.

Die erste Argumentationslinie knüpft an den *ursprünglichen demokratischen Gedanken* an. Die alte Idee der *„Volksherrschaft"* läßt sich unter den Bedingungen der modernen komplexen Gesellschaft in dem Ziel wiederfinden, daß die unterschiedlichen Interessen der verschiedenen Bevölkerungsgruppen möglichst ausgewogen in die wichtigen Entscheidungen einfließen sollen. An der Bereitschaft und Fähigkeit der Herrschenden, die Bedürfnisse aller Gruppen angemessen wahrzunehmen und zu berücksichtigen, am sogenannten „Bedürfnisberücksichtigungspotential" der Herrschaftssysteme, läßt sich der Demokratisierungsgrad einer Gesellschaft noch am ehesten ablesen.[1] Moderne Demokratien versuchen, diesem Ziel u. a. dadurch näherzukommen, daß sie allen erwachsenen Bürgern gleiche Teilnahmerechte einräumen. Der politischen Partizipation im engeren Sinne, der Teilnahme an staatlicher Herrschaft, kommt dabei wachsende Bedeutung zu, weil der Staat immer stärker regulierend in die Gestaltung der Lebenswelt des einzelnen eingreift. Gruppen, die intensiv teilnehmen, sind im Gerangel der Interessen um Einfluß im Vorteil gegenüber Gruppen, die ihre Teilnahmechancen weniger gut nutzen. Obwohl diese Annahme einer systematischen empirischen Überprüfung nur schwer zugänglich ist, gibt es kaum einen Demokratietheoretiker, der sie nicht teilen würde.

Das zweite Argument ist *anthropologischer* Natur und orientiert sich am aufklärerischen Ideal des mündigen Bürgers. Optimale Selbstbestimmung, weitgehende Freiheit von Fremdbestimmung durch Teilnahme an wichtigen Entscheidungen wird als grundlegendes menschliches Bedürfnis angesehen. Durch Teilnahme verwirklicht sich der Mensch als das, „was er seiner Natur nach ist"; Partizipation dient der *Selbstverwirklichung* des Menschen; sie führt ihn aus der Enge der privaten Lebensweise heraus und erhöht die Sinnhaftigkeit seines Daseins.[2]

In der anthropologischen Argumentationslinie finden sich auch häufig Verweise darauf, daß Partizipation die Voraussetzung für die Entfaltung erwünschter individueller Fähigkeiten sei: sie steigere das Selbstbewußtsein und die Verantwortungsbereitschaft, sie fördere die Entwicklung zu einem tätigen, verständigen und moralischen Individuum und sie mache den Menschen zufriedener.[3] In der Bundesrepublik sind z. B. die politisch und sozial Inaktiven mit ihrem Leben insgesamt unzufriedener (*Mohr* 1984, 173).

So wie die Annahmen über die politischen Wirkungen der Teilnahme beruhen auch die Annahmen über die Sozialisationswirkungen von Teilnahme häufig eher auf Überlegungen als auf eindeutigen empirischen Nachweisen. Selbst statistisch belegte Zusammenhänge zwischen Partizipation und Persönlichkeitsmerkmalen (vgl. S. 99f.) lassen offen, ob diese Fähigkeiten der Aktivbürger Voraussetzungen für die Teilnahme oder Folgen von Teilnahme sind. Am plausibelsten erscheint noch die Interpretation der Zusammenhänge als Wechselwirkung: selbstbewußte Menschen z. B. tendieren dazu, Teilnahmechancen wahrzunehmen und steigern durch Partizipation gleichzeitig ihr Selbstbewußtsein.

Damit ist der normative Hintergrund skizziert, vor dem sich die Wahrnehmung von Teilnahmechancen als Wahrnehmung von Lebenschancen deuten läßt.

2 Das Teilnahmedefizit der Unterschichten

Im Laufe des 19. und 20. Jahrhunderts haben sich zunächst das Bürgertum, dann die Arbeiterschaft und schließlich die Frauen das *Recht* auf gleiche politische Teilnahme erkämpft. Teilnahmerechte bleiben jedoch *bloße Chancen* – Angebote an Bürgerinnen und Bürger, die sie auch nutzen müssen, um ihre Vorteile zu genießen. Als

Angebote stehen sie allen zur Verfügung, davon profitieren kann jedoch nur derjenige, der gelernt hat und motiviert ist, von derartigen Rechten auch Gebrauch zu machen. In diesem Kapitel geht es daher darum, wie die verschiedenen Schichten ihr Recht auf gleiche politische Teilnahme in der politischen Praxis einlösen.

Unter *politischer Teilnahme* verstehe ich - in Anlehnung an einen gängigen Partizipationsbegriff[4] - alle Verhaltensweisen der Bürger mit der Absicht, direkt oder indirekt auf politische Entscheidungen Einfluß zu nehmen. In der zunehmenden Vielfalt der praktizierten Teilnahmeformen lassen sich sinnvoll *konventionelle* (oder auch: verfaßte, institutionalisierte) und *unkonventionelle* (oder auch: unverfaßte, nichtinstitutionalisierte) Teilnahme unterscheiden, und bei der unkonventionellen Teilnahme wiederum *legale* (z.B. Bürgerinitiativen) und *illegale* Formen wie ziviler Ungehorsam und politische Gewalt. Die These, daß Mittel- und besonders Oberschichten intensiver am politischen Leben teilnehmen als Unterschichten, gehört zu den ersten Erkenntnissen der amerikanischen Partizipationsforschung (vgl. *Milbrath* 1965 und *Verba/Nie* 1972) und ist inzwischen eine politiksoziologische Binsenweisheit.

Ich möchte in diesem Kapitel die globale These vom Partizipationsdefizit der unteren Schichten etwas auffächern und danach fragen, wie die Schichten von den verschiedenen Möglichkeiten der Teilnahme in der Bundesrepublik Gebrauch machen und ob Schichtdefizite in manchen Teilnahmebereichen durch andere Partizipationsformen kompensiert werden. Berücksichtigt werden sowohl konventionelle Beteiligungsformen (die Teilnahme an Wahlen, an anderen konventionellen Formen, in Parteien, in Verbänden) als auch unkonventionelle Beteiligungsformen (Teilnahme an Bürgerinitiativen und an anderen nichtinstitutionalisierten Formen). Schließlich wird noch ein weiterer Aspekt der Teilnahme an Herrschaft berücksichtigt, den der übliche Partizipationsbegriff in der Regel nicht erfaßt: das Vordringen der verschiedenen Schichten in Spitzenpositionen und damit in die Entscheidungszentren des Herrschaftssystems.

2.1 Teilnahme an Wahlen: Annäherung an politische Gleichheit

Wahlen sind die Teilnahmeform mit der größten Massenbasis, auch wenn diese Basis im letzten Jahrzehnt etwas abgebröckelt ist. Die Beteiligung an den Bundestagswahlen sank von 91% im Jahr 1983 auf 78% bei der ersten gesamtdeutschen Wahl 1990. Auch die Beteiligung an den Landtagswahlen ist rückläufig und liegt - je nach Bundesland – etwa zwischen 70 und 80%; an den Kommunal- und Europawahlen nehmen noch weniger Wahlberechtigte teil (Datenreport 1992, 172; Statistische Jahrbücher).

Schichtspezifische Unterschiede bei der Wahlbeteiligung sind vorhanden, aber nicht besonders ausgeprägt. Bei einer hohen Wahlbeteiligung fallen sie kaum ins Gewicht. So gaben in den alten Ländern jeweils 89% der Arbeiter und Angestellten sowie 88% der Selbständigen an, sie hätten bei der *Bundestagswahl 1990* ihre Stimme abgegeben; die Beamten hoben sich mit 98% von den drei anderen Berufsgruppen ab. Auch in den neuen Ländern lagen die Angaben der Arbeiter mit 88% nur leicht unter denjenigen der Angestellten und Selbständigen mit jeweils 93%.[5] Größere Unterschiede tauchen bei *Landtags- und Kommunalwahlen* auf; in zwei Studien betrugen sie 13 bzw. 14 Prozentpunkte, wobei die Beamten jeweils die Spitzengruppe (88% bzw. 76%) und die Arbeiter das Schlußlicht (75% bzw. 62%) bildeten (Einzelheiten bei *Geißler* 1987, 52).

Die Bedeutung der Wahlen für den demokratischen Prozeß wird sehr unterschiedlich eingeschätzt. Das Urteil schwankt zwischen einer ungerechtfertigten Überbewertung durch einige Vertreter der empirischen Partizipationsforschung und einer ebenso bedenklichen Abwertung durch die Kapitalismuskritik.

Die kapitalismuskritische Analyse macht zwar auf das bedeutsame Problem der Manipulation in Massendemokratien aufmerksam (z.B. *Habermas* 1973, 54ff.), gleichzeitig unterschätzt sie jedoch die wichtige Funktion der Wahlen für das Einbringen von Interessen der Unterschicht in den politischen Prozeß. Im Vergleich zu anderen Formen der Teilnahme ist das Prinzip der politischen Gleichheit bei Wahlen am besten verwirklicht. Wahlen sind dasjenige Teilnahmeangebot, das von den benachteiligten Gruppen der Bevölkerung am besten angenommen wird. Es spricht vieles dafür, daß Wahlen – neben der Interessenvertretung durch die Gewerkschaften – diejenige Institution einer pluralistischen Demokratie sind, die noch am ehesten verhindert, daß sich die Gewichte im politischen Prozeß allzu stark zu ungunsten der unteren Schichten verschieben.

*2.2 Verschiedene Formen der konventionellen Teilnahme:
Defizit der Unterschichten*

Während sich die große Mehrheit der Bevölkerung an den Wahlen beteiligt, nimmt nur eine Minderheit andere Chancen der konventionellen Teilnahme wie Besuch von politischen Versammlungen und

Abb. 1 Konventionelle Teilnahme und Teilnahmebereitschaft nach Bildung und Beruf (1988)[8]

Von 100 Befragten	Bevölkerung ab 18 Jahre	Bildungsabschluß				Beruf[1]			
		ohne Abschluß	Haupt- schule	mittlerer Abschluß	Abitur	Arbeiter	Ange- stellte	Selb- ständige	Be- amte
N =	3052	68	1610	813	494	365	635	153	139
hatten oft oder manchmal eine politische Diskussion geführt	46	15	33	55	72	36	45	63	56
versucht, Fremde für die eigenen politischen Ansichten zu gewinnen	23	6	14	27	34	24	30	33	34
mit Politikern gesprochen oder Kontakt aufgenommen	7	2	6	11	16	6	12	15	16
hatten schon einmal, um politisch Einfluß zu nehmen,									
ihre Meinung im Bekanntenkreis/ /am Arbeitsplatz gesagt	70	50	65	74	86	74	73	78	83
sich in Versammlungen an öffentlichen Diskussionen beteiligt	23	4	14	26	46	19	29	33	47
in einer Partei aktiv mitgearbeitet	5	0	3	5	13	3	6	11	14
wären bereit, um politischen Einfluß auszuüben,									
ihre Meinung im Bekanntenkreis/ am Arbeitsplatz zu sagen	81	62	72	85	92	84	85	86	93
sich in Versammlungen an öffentlichen Diskussionen zu beteiligen	45	12	34	51	72	40	54	60	76
in einer Partei aktiv mitzuarbeiten	18	6	12	21	35	15	24	24	28

[1] nur Erwerbstätige

Quelle: Datenbasis ALLBUS 1988

Kundgebungen, Einwirkung auf die Gemeindeverwaltung, Kontakte mit Politikern, Mitarbeit im Wahlkampf oder politische Beeinflussung von Freunden und Bekannten wahr (Einzelheiten bei *Geißler* 1987, 54ff.; *Koch* 1990, 25ff.).

Die konventionelle Aktivität hängt signifikant mit dem Bildungsniveau und der Schichtzugehörigkeit zusammen. Skalen, zu denen verschiedene Formen der konventionellen Teilnahme zusammengefaßt werden, korrelieren mit Bildung oder Schichtzugehörigkeit in der Stärke zwischen .19 und .38.[6] Ähnliche schichtspezifische Unterschiede lassen sich auch bei konventionellen Beteiligungsformen im kommunalen Bereich nachweisen.[7]

Abb. 1 zeigt, daß der Anteil der konventionell Aktiven unter den Abiturienten um das 2,5- bis 3fache höher liegt als unter Personen mit Hauptschulabschluß. Und auch die sehr grobe Einteilung in Berufsgruppen fördert bereits deutliche Unterschiede zutage. Die feinere Gliederung in Abb. 2 vermittelt einen differenzierteren Einblick: Beamte, und von diesen wiederum insbesondere die höheren Beamten, zeichnen sich durch ein hohes Maß an politischer Aktivität

Abb. 2 Konventionelle Teilnahme nach Berufsgruppen (N = 2 894)

Berufsgruppe	Skala „formelle Teilnahme" (absolute Punktwerte)*)	Skala „individuelle politische Aktivität" (absolute Punktwerte)*)
leitende Beamte	5.4	3.6
mittlere Beamte	4.4	2.9
einfache Beamte	4.2	2.4
leitende Angestellte	3.6	2.5
Selbständige, freie Berufe	3.7	1.8
mittlere Angestellte	2.5	2.1
Facharbeiter	2.0	1.5
einfache Angestellte	1.8	1.0
angelernte Arbeiter	1.4	1.2
ungelernte Arbeiter	1.2	1.1

*) Die Skalen enthalten verschiedene Fragen zur konventionellen Teilnahme. Positive Antworten werden mit Punkten versehen. Die Summe der Punkte gilt dann als Meßwert für das Ausmaß der Aktivität. Je höher der Punktwert, um so intensiver ist also die Teilnahme.

Quelle: Zusammengestellt nach *Ellwein* u. a. 1975, 110.

aus, während un- und angelernte Arbeiter, aber auch die einfachen Angestellten der Politik sehr reserviert gegenüberstehen.[9]

Aus Abb. 1 geht zudem hervor, daß die Unterschiede in der *Bereitschaft* zur konventionellen Teilnahme nicht so ausgeprägt sind wie die Unterschiede in der tatsächlichen Aktivität.[10] Offenbar sind die oberen Schichten stärker motiviert und besser in der Lage als die unteren Schichten, ihre Teilnahmebereitschaft auch in tatsächliche Einflußnahme umzusetzen.

2.3 Parteien: weiterhin bürgerlich

Wer an Wahlen teilnimmt oder auf andere konventionelle Art politische Aktivität entfaltet, bewegt sich lediglich im Vorfeld politischer Entscheidungen. Die Parteien dagegen bieten die Möglichkeit zur unmittelbaren politischen Beteiligung; sie sitzen im Zentrum des politischen Entscheidungssystems, sie besetzen die wichtigen Machtpositionen und wirken direkt auf die Richtung der politischen Entscheidungen ein. Die Bundesrepublik ist nicht nur laut Grundgesetz, sondern auch de facto ein Parteienstaat.

Es gehört zu den ersten und auch weiterhin gültigen Erkenntnissen der politischen Soziologie, daß Parteien dazu tendieren, oligarchische Strukturen herauszubilden. Parteibasis und Parteiführung ringen miteinander um Personen und Programme. Daher ist es nicht von vornherein ausgemacht, daß sich die soziale Zusammensetzung der Parteien auch entsprechend in der Politik der Parteien widerspiegelt. Dennoch gibt die Analyse der Mitgliedschaft einige Hinweise darauf, welche Gruppen der Gesellschaft diese wichtige Möglichkeit der Teilnahme wahrnehmen.

Etwa ein Fünftel der Deutschen kann sich 1988 vorstellen, einmal Mitglied einer Partei zu werden, aber nur eine sehr kleine Minderheit tritt tatsächlich in eine Partei ein. 1963 waren nur 2,4% der Wählerinnen und Wähler gleichzeitig Mitglied einer Partei, bis 1976 stieg dieser Anteil kontinuierlich auf 4,4% an. Seit den 80er Jahren leiden alle traditionellen Parteien an einem starken Mitgliederschwund; 1987 sank der Organisationsgrad wieder unter die 4 Prozentmarke auf 3,9%. Anfang 1993 gab es in den alten Ländern ca. 1,8 Millionen Parteimitglieder (SPD 860000, CDU 608000, CSU 179000, Bündnis 90/Die Grünen 38000), das entspricht etwa 3,7% der wahlberechtigten Bevölkerung.

Die DDR war erheblich stärker parteipolitisiert als die Bundesrepublik. Allein die SED hatte 1989 mit 2,3 Millionen mehr Mitglieder als alle westdeutschen Parteien zusammen. 18% – also fast ein Fünftel der erwachsenen DDR-Bevölkerung – waren der „führenden Partei" beigetreten, und weitere 490 000 – das sind 3,9% der wahlberechtigten Bevölkerung und entspricht dem Gesamtorganisationsgrad der Westdeutschen – gehörten einer der vier Blockparteien an – der CDU 140 000, der DBD 125 000, der LDPD 115 000 und der NDPD 110 000. Beim Umbruch der ostdeutschen Parteienlandschaft schrumpfte die Zahl der Mitglieder in den neuen Ländern um fast 90%. Mit ca. 315 000 Mitgliedern Anfang 1993 – davon PDS ca. 145 000, CDU 87 000, FDP ca. 45 000, SPD 26 000, Bündnis 90/Die Grünen 2000 – liegt der Parteiorganisationsgrad mit ca. 2,6% inzwischen deutlich niedriger als in Westdeutschland.[11]

Welche Schichten nutzen die Möglichkeit, über die Mitgliedschaft in Parteien auf den politischen Prozeß Einfluß zu nehmen? Arbeiter machen von diesen Teilnahmechancen nur vereinzelt Gebrauch, Beamte und Angestellte des öffentlichen Dienstes dagegen engagieren sich vergleichsweise häufig. Von der erwerbstätigen Bevölkerung hatten 1988 jeder siebente Beamte, jeder neunte Selbständige, jeder achtzehnte Angestellte, aber nur jeder dreißigste Arbeiter aktiv in einer Partei mitgearbeitet (*Allbus* 1988); diese Proportionen sind mit denjenigen des Jahres 1977 (*Troitzsch* 1980, 95) nahezu identisch. Die Ausbildungsunterschiede der Parteimitglieder zeigen, daß die Arbeiterschaft wiederum im wesentlichen durch Facharbeiter vertreten ist, un- und angelernte Arbeiter sowie einfache Angestellte, die etwa ein Viertel der Gesamtbevölkerung ausmachen, sind dagegen in den Parteien so gut wie nicht präsent.[12]

Nach gängiger Auffassung sind die Klassen- und Weltanschauungsparteien zusammen mit der Weimarer Republik untergegangen und in der Bundesrepublik als „*Volksparteien*" wiedergeboren worden, die alle Schichten der Bevölkerung ansprechen und repräsentieren. Der Begriff der Volkspartei verdeckt jedoch wesentliche Eigenarten im Sozialprofil der deutschen Parteienlandschaft und wichtige *soziale Barrieren* beim Zugang zu den Parteien. Er verschleiert, daß CDU, CSU und FDP von der sozialen Zusammensetzung ihrer Mitglieder her von Anfang an Parteien des Bürgertums gewesen sind. Wenn überhaupt, dann ähnelt noch am ehesten das Sozialprofil der SPD demjenigen der Gesamtbevölkerung; aber auch bei den Sozialdemokraten gibt es soziale Auslese: die Beamten sind über- und die Selbständigen unterrepräsentiert (Abb. 3).

Wenn auch die Zahlen zum Beruf der Parteimitglieder in Abb. 3 mit Vorsicht interpretiert werden müssen, weil die Angaben in den Karteien der Parteien nicht ständig aktualisiert werden, so machen

Abb. 3 Das Sozialprofil der Parteien (in Prozent)[13]

Berufs-gruppen	Gesamtbevölkerung (ohne Ausländer)[1]			SPD				FDP		CDU			alte Länder 1991	neue Länder 1991	CSU 1970/1974	1978	1993
	1955	1977	1991[2]	1952	1968	1977	1991	1977	1986	1955	1968	1977					
Beamte	4	9	7	6	14	21	16	21	21	11	20	18	17	3	16[5]	12	16
Angestellte	16	37	47	21	30	37	40	44	44	23	22	34	39	41	23	30	31
Arbeiter	51	40	36	56	49	34	38	7	7	19	16	12	12	47	19[6]	20	18
Selbständige[3]	29	14	10	17	7	7	6	28	28	48	42	36	32	10	42	32	35
	100	100	100	100	100	99	100	100	100	101	100	100	100	101	100	100	100
Nichtberufstätige[4]		47	29	19	29	33		32		20	22	25			17[7]		
Rentner[4]							9		12				5				3
Hausfrauen[4]							12		11				11				5
in Ausbildung[4]							7		6				4				6

In den vier Berufsgruppen (Beamte, Angestellte, Arbeiter, Selbständige) sind nur die Erwerbstätigen der Gesamtbevölkerung und der Parteimitglieder erfaßt.

[1] Im Statistischen Jahrbuch ist nur die Verteilung aller Erwerbstätigen (einschl. Ausländer) auf die vier Berufsgruppen ausgewiesen. Die ausländischen Erwerbstätigen wurden vor der Subtraktion in Anlehnung an die Daten des Sozio-ökonomischen Panels (vgl. *Geißler* 1992, 157) wie folgt auf die Berufsgruppen verteilt: 80 % Arbeiter, 18 % Angestellte, 2 % Selbständige. Die geringe Zahl der Ausländer im Jahr 1955 ist statistisch nicht ausgewiesen und daher in den Angaben enthalten.
[2] alte Länder   [4] Prozentanteil an allen Parteimitgliedern   [6] einschl. Lehrlinge
[3] einschl. mithelfende Familienangehörige   [5] einschl. Geistliche   [7] ohne Lehrlinge in Arbeiterberufen

Quellen: Zusammengestellt und berechnet nach *Schmollinger/Stöss* 1976, 222; *Kremendahl* 1981, 32f.; *Beyme* 1987, 73; *Olzog/Liese* 1992, 158; *Haungs* 1992, 193; Mitgliederanalyse der CSU 1993, 3; Statistische Jahrbücher.

sie doch interessante Entwicklungen sichtbar. Der Wandel zur Dienstleistungsgesellschaft – starke Expansion bei Angestellten und Beamten, Schrumpfen der Arbeiterschaft und insbesondere der Selbständigen – spiegelt sich auch in den Veränderungen der Sozialprofile wider.

Der alte Mittelstand der *Selbständigen* hat seine sehr gute Position in den drei bürgerlichen Parteien behaupten können; das Ausmaß seiner Überrepräsentation hat angesichts seiner schrumpfenden Basis unter den Erwerbstätigen sogar noch zugenommen.

Auch die *Beamten* sind – wie auch die Angestellten des Öffentlichen Dienstes – deutlich überproportional vertreten, und zwar in allen vier großen Parteien, auch in der SPD. Langjährige Regierungsparteien üben dabei eine besondere Anziehungskraft auf die Beamten aus; offenbar rechnet sich ein Teil der Beamtenschaft gute Karrierechancen über das Parteibuch aus.[14]

Die starke Position der *Angestellten* in allen Parteien entspricht in etwa ihrem Anteil unter den Erwerbstätigen.

Die *Arbeiterschaft* war in den drei bürgerlichen Parteien – insbesondere in der FDP – schon immer stark unterrepräsentiert, nur in der SPD war sie in den 50er Jahren besonders stark vertreten. Die SPD hat sich dann allerdings in den 60er und 70er Jahren von einer Arbeiterpartei in eine Arbeitnehmerpartei verwandelt. Durch die bewußte Öffnung zur Mitte im Godesberger Programm des Jahres 1959 zog sie reformerisch gesinnte Teile der Studenten, Angestellten und Beamten an, büßte dafür jedoch – zumindest vorübergehend – an Attraktivität für die Arbeiter ein.[15] Die Veränderung ihres Sozialprofils folgte in den beiden letzten Jahrzehnten in etwa dem Wandel der Bundesrepublik von der Arbeiter- zur Dienstleistungsgesellschaft. 1991 stammten 56% der SPD-Mitglieder aus den neuen Mittelschichten und 38% aus der Arbeiterschaft, die Mitgliederstruktur der Sozialdemokraten ist also ungefähr ein Spiegelbild der Arbeitnehmerschaft. Allerdings ist die SPD weiterhin die politische Heimat derjenigen geblieben, die in Arbeiterfamilien aufgewachsen sind. Von den nordrhein-westfälischen Parteimitgliedern (einschl. Nichtberufstätige) arbeiten nur 26% in Arbeiterberufen, aber 60% stammen aus Arbeiterfamilien (*Becker* u. a. 1983, 59f.). Die SPD hat sich von einer Partei der Arbeiter in eine Partei der Arbeiterkinder verwandelt.

Insgesamt ergibt die Entwicklung der vier großen Parteien das folgende Bild: Die sozialen Barrieren beim Zugang zu den Parteiorganisationen sind heute noch in ähnlicher Form existent wie in den 50er Jahren – Selbständige und Beamte sind deutlich überrepräsentiert, Arbeiter dagegen genauso deutlich unterrepräsentiert.

Die Neulinge im Parteiengefüge haben diese soziale Selektivität eher verstärkt als vermindert. Da *Die Grünen* aus Datenschutzgründen keine Berufsangaben speichern, ist die Sozialstruktur ihrer Mitglieder weniger genau bekannt. Die Delegierten eines Parteitages von 1985, deren Sozialprofil dem der Mitgliedschaft ähneln dürfte, waren überwiegend junge Angehörige der neuen Mittelschichten mit hohen Ausbildungsabschlüssen, darunter viele Beamte und Studierende (*Müller-Rommel/Poguntke* 1992, 350; vgl. auch *Fogt* 1986, 21). Die PDS ist im wesentlichen eine Partei der alten sozialistischen Dienstklasse der DDR (vgl. dazu *Geißler* 1992, 136ff.). Über 50% ihrer stark überalterten Mitgliedschaft sind ehemalige DDR-Funktionäre aus Staat, Wirtschaft, Armee, Massenorganisationen oder SED, ca. 20% gehörten früher als Wissenschaftler, Lehrer, Schriftsteller oder Künstler zur akademisch gebildeten sozialistischen Intelligenz (*Moreau* 1994, 22). Wenn unter den *CDU*-Mitgliedern in den neuen Ländern 47% als „Arbeiter" registriert sind (Abb. 3), so ist diese Angabe mit Vorsicht zu behandeln, da sich unter den Neubürgern auch viele Personen als Arbeiter ansehen, die nach westlichem Verständnis nicht zu dieser Schicht gehören (vgl. S. 150, Anm. 9).

2.4 Verbände: Pluralismus

Während die Parteien direkt an der Ausübung staatlicher Macht beteiligt sind, bieten die Verbände dem Bürger die Möglichkeit, durch indirekte Einflußnahme seine Interessen in die politischen Entscheidungen einzubringen. Von der Teilnahmechance über Interessengruppen machen weitaus größere Teile der Bevölkerung Gebrauch als vom Engagement in Parteien. 1992 sind 51% der Arbeiter und 25% der Angestellten gewerkschaftlich organisiert, zehn Jahre vorher waren es 49% bzw. 23%. Der geringfügige Anstieg des Organisationsgrades dürfte auf die deutsche Vereinigung zurückzuführen sein, die den Gewerkschaften zu den 9,5 Millionen Mitgliedern des Jahres 1990 weitere 4,2 Millionen aus den neuen Ländern einbrachte; bis 1992 ist diese Zahl allerdings wieder um ca. 745 000 geschrumpft (*iwd* 27/93, 1 und 6/94, 1). Im Vergleich zu den Selbständigen und Unternehmern ist der Organisationsgrad der Arbeiter und Angestellten niedrig. Industrie- und Dienstleistungsunternehmen sind zu etwa 80%, Bauern zu über 90%, Vollerwerbslandwirte sogar zu 99% freiwillige Mitglieder ihrer berufsständischen Pressure Groups. Handwerker, Ärzte und andere Freiberufler unterliegen der Pflicht zur Zwangsmitgliedschaft, so daß der Organisationsgrad

100% beträgt. Aber auch die Beamten heben sich vom durchschnittlichen Arbeitnehmer ab: 66% von ihnen sind 1992 freiwillige Mitglieder einer Gewerkschaft oder des Beamtenbundes.[16]
Der relativ niedrige Organisationsgrad der Arbeiter und Angestellten ist ein Indikator für den schichtspezifischen Mangel an Teilnahmebereitschaft; auf die Durchschlagskraft der Gewerkschaften im Gerangel der Interessengruppen hat er jedoch vermutlich keinen Einfluß. Der DGB ist als legitime Interessenvertretung der Arbeitnehmer voll anerkannt, von seinem Einfluß profitieren auch die Nichtorganisierten. Die Sonderrolle des Deutschen Gewerkschaftsbundes wird auch daran deutlich, daß seine Spitzenfunktionäre die einzige Gruppe der deutschen Machtelite ist, die sich zu einem großen Teil aus Arbeitern zusammensetzt (vgl. S. 96). Das Partizipationsdefizit der unteren Schichten dürfte sich im pluralistischen Gegeneinander der Pressure Groups nicht in ein Defizit an Macht umsetzen; vermutlich ist die starke Position der Gewerkschaften im politischen System der Bundesrepublik eher ein gewisses Gegengewicht gegen Teilnahmemängel der Unterschichten in anderen Bereichen.

2.5 Bürgerinitiativen und neue soziale Bewegungen: Dominanz der jüngeren, gebildeten Mittelschicht

Seit der zweiten Hälfte der 60er Jahre tauchen in den westlichen Industriegesellschaften neue Formen politischer Aktivität auf, mit denen Bürger ihren Anspruch auf Teilnahme anmelden; im Zentrum der neuen „intensiven Partizipationskultur" (*v. Alemann* 1981, 117) stehen die Bürgerinitiativen. Sie breiten sich in den 70er Jahren rasch aus und gehören seitdem zum gewohnten Repertoire politischer Teilnahmeformen. Beunruhigt über deutlich spürbare Mißstände in ihrer unmittelbaren Umgebung schließen sich Bürger spontan und freiwillig zu einer offenen oder auch vereinsmäßig gestalteten Organisation zusammen, um ihre Probleme selbst in die Hand zu nehmen oder um mit ihren Vorstellungen auf die Öffentlichkeit und auf politische und bürokratische Entscheidungen einzuwirken. Im Mittelpunkt der Tätigkeit von Bürgerinitiativen stehen Probleme des Umwelt- und Landschaftsschutzes, der Stadtentwicklung, der Stadtsanierung und Verkehrsplanung, unzureichende Kultur- und Freizeitangebote sowie Mißstände im Erziehungs- und Bildungsbereich wie unzureichende Spielplätze und Kindergärten, zu große Schulklassen u. ä.
Bürgerinitiativen sind keine Massenbewegung; wiederum ist es

nur eine kleine Minderheit, die ihre Interessen auf diese Weise zum Ausdruck bringt. Der Anteil derjenigen, die zum Zeitpunkt von Repräsentativumfragen gerade Mitglieder von Bürgerinitiativen sind, liegt im letzten Jahrzehnt und auch 1993 bei ca. 2% (*Noll/Wiegand* 1993, 215; *Landua, Habich* u. a. 1993, 100). Diese Prozentsätze muten klein an, dennoch ist die Mobilisierungskraft der Bürgerinitiativen erstaunlich, wenn man sie mit derjenigen der Parteien vergleicht. Die Zahl der Bürger, die sich in der Initiativbewegung engagieren, ist etwa doppelt so groß wie die Zahl derjenigen, die aktive Parteiarbeit leisten.[17] Da sich Bürgerinitiativen häufig wieder auflösen und wieder neu bilden, wird der Kreis der Menschen, die einmal in dieser Bewegung aktiv geworden sind, kontinuierlich größer. 1973 hatten erst 3% der Wähler in einer Bürgerinitiative mitgearbeitet (*Laske* 1980, 83), 1980 waren es 7% (*Koch* o. J., 27) und 1992 bereits 17% in den alten und 15% in den neuen Ländern. Jeweils ca. drei Viertel der Ost- und Westdeutschen sind bei wichtigen Sachen oder in außergewöhnlichen Situationen bereit, sich in einer Bürgerinitiative zu engagieren (*Allbus* 1992).

Demokratietheoretiker begrüßen die Bürgerinitiativen meist als willkommene Ergänzung der repräsentativen Demokratie durch basisdemokratische Elemente. Im Zusammenhang mit politischer Ungleichheit stellt sich nun die Frage, wer durch die neue Bewegung mobilisiert wird. Kommen in ihr diejenigen sozialen Gruppen zum Zuge, die in den institutionalisierten Teilnahmeformen zu kurz kommen? Können Bürgerinitiativen die politischen Ungleichheiten im Bereich der konventionellen Partizipation korrigieren?

Repräsentative Untersuchungen zeigen, daß sich in den Bürgerinitiativen insbesondere gut gebildete, häufig postmaterialistisch gesinnte, jüngere Menschen aus Dienstleistungsberufen hervortun (vgl. Abb. 4). Arbeiter halten sich heute nicht mehr so sehr zurück wie noch in den 70er Jahren (vgl. *Geißler* 1987, 61), aber sie engagieren sich nach wie vor deutlich seltener als die mittleren und höheren Schichten.

Zahlreiche regionale Untersuchungen und Fallstudien erhärten die Ergebnisse der Repräsentativumfragen. Arbeiter stellen in den Bürgerinitiativen – von einigen Ausnahmen abgesehen – nur eine kleine Minderheit. In den Arbeitergebieten des Ruhrgebiets sind zwar auch genuine Arbeiterinitiativen entstanden, die um den Erhalt der Wohnsiedlungen kämpfen (*Brand* u. a. 1986, 103), aber im Ruhrgebiet engagieren sich auch häufig die Bürger in den privilegierten Wohnzonen (*Pelinka* 1978, 96). Die tonangebenden Gruppen stammen ausschließlich aus mittleren und oberen Schichten. In den

Abb. 4 Teilnahme an Bürgerinitiativen 1992

An einer Bürgerinitiative hatten sich schon einmal beteiligt (in Prozent)

	West N = 2179	Ost 995		West N = 1055[1]	Ost 555[1]
Hauptschulabschluß[2]	11	11	Arbeiter	14	14
mittlerer			Selbständige	21	(24)[4]
Schulabschluß[3]	21	18	Angestellte	23	22
Abitur	27	26	Beamte	25	–[5]

[1] nur Berufstätige
[2] neue Länder: Polytechnische Oberschule (POS) 8. oder 9. Klasse
[3] Mittlere Reife, Fachhochschulreife; neue Länder POS 10. Klasse
[4] nur wenige Befragte (N = 42)
[5] nicht berücksichtigt wegen niedriger Zahl der Befragten (N = 9)

Quelle: Datenbasis ALLBUS 1992 (vgl. Anm. 8)

Großstädten werden die Bürgerinitiativen von Kaufleuten und Selbständigen, von Architekten und Rechtsanwälten, von Wissenschaftlern, höheren Beamten, leitenden Angestellten und Lehrern beherrscht, in ländlichen Gebieten sind auch Bauern und Winzer aktiv.[18]

Sowohl die repräsentativen Untersuchungen als auch regionale Analysen ergeben ein übereinstimmendes und eindeutiges Bild: Politische Ungleichheit wird durch Bürgerinitiativen nicht abgebaut. Bürgerinitiativen sind kein Instrument in den Händen der sozial Schwachen, sondern ein zusätzliches Instrument in den Händen derjenigen Schichten, die auch die anderen Teilnahmechancen gut zu nutzen wissen. Bestimmte Gruppen des Bürgertums, insbesondere der jüngere, gut gebildete, eher postmaterialistisch orientierte Teil der neuen Mittelschicht, haben sich ein neues Medium des Einflusses geschaffen, mit dem sie versuchen, Interessen durchzusetzen, die auf dem Wege über Parteien und Verbände nicht ausreichend zum Zuge kommen.

Nun kann man gegen diese Argumentation einwenden, daß die soziale Herkunft der Aktiven noch nichts darüber aussagt, wer den Nutzen von ihrer politischen Aktivität hat. Bürgerinitiativen erheben in der Regel den Anspruch, die Interessen der Allgemeinheit gegen Umweltverschmutzung, Lärmbelästigung usw. zu vertreten und nicht nur die Interessen mittelständischer Gruppen. Bisher fehlen Untersuchungen, die diese Frage eindeutig beantworten könnten. Sicherlich ist der Hinweis richtig, daß von der Aktivität der Bürgerinitiativen häufig nicht nur diejenigen Schichten profitieren, aus denen ihre Mitglieder stammen, sondern im gleichen Maße auch die unteren Schichten (z.B. *Mayer-Tasch* 1976, 90ff.). Wenn jedoch in den Bürgerinitiativen Sonderinteressen zum Zuge kommen, dann sind es nicht die der unteren, sondern die der mittleren und oberen Schichten. Es läßt sich häufig beobachten, daß Privilegierte über Bürgerinitiativen versuchen, ihre bevorzugten Wohngebiete gegen Verkehrslärm, gegen Bebauung mit Industriebetrieben oder Betonburgen, vor der Beseitigung von Bäumen und Grünflächen zu schützen oder ihren Kindern eine freundlichere Umwelt und Betreuung zu beschaffen. Bürgerinitiativen sind häufig ein Mittel von Teilen des Bürgertums, seine Ansprüche auf Lebensqualität und gute Kinderbetreuung durchzusetzen; Privilegierte sichern ihre Privilegien oder bauen sie aus, ohne daß die bisher Benachteiligten davon in gleichem Maße profitieren.

Der Begriff „Bürger"-Initiativen ist doppeldeutig. Im allgemeinen wird er im Sinne von „Staatsbürger" verwendet. Bürgerinitiativen sollen Initiativen der „Bürger" als „Staatsbürger" sein. Soziologisch angemessener ist jedoch die andere mögliche Interpretation: Bürgerinitiativen sind in der Regel Initiativen des Bürgertums, im Gegensatz zu Initiativen der Arbeiterklasse oder der Unterschicht. Es sind Zusammenschlüsse der jüngeren, gebildeten neuen Mittelschicht.

Bürgerinitiativen hatten eine „Modellfunktion" (*Brand* u. a. 1986, 86) für die sog. *neuen sozialen Bewegungen*. Dieser Begriff hat sich für verschiedene Bewegungen eingebürgert, die seit den ausgehenden 60er Jahren ein wichtiger Bestandteil der politischen Kultur der Bundesrepublik geworden sind. Die wichtigsten unter ihnen sind die Friedensbewegungen, die Ökologiebewegung, die Anti-Atomkraftbewegung und die Frauenbewegung. Ihr Mobilisierungspotential ist erstaunlich hoch: In den 80er Jahren konnte jede einzelne von ihnen etwa zwischen 1% und 4–5% – so die Friedensbewegung – der Bevölkerung zu Aktivitäten veranlassen; die Zahl ihrer Anhänger lag zwischen 10–15% bei der Frauenbewegung und 35–38% bei der Friedensbewegung.[19] Die neuen sozialen Bewegungen werden – wie die Bürgerinitiativen – insbesondere vom postmaterialistisch-basisdemokratisch orientierten Teil der Bevölkerung getragen (vgl. *Watts* 1987, 57; *Brand* 1992, 509, 514).

Zum Sozialprofil ihres aktiven Kerns und ihrer Anhängerschaft liegen nur wenige verläßliche repräsentative Informationen vor. *Brand* (1992, 509) zieht aus den verstreuten empirischen Anhaltspunkten das folgende Resümee: „Diese Bewegungen werden überwiegend von einer Teilpopulation der jüngeren Nachkriegsgenerationen getragen: von überdurchschnittlich Gebildeten, in qualifizierten sozialen und kulturellen Dienstleistungsberufen beschäftigten und in entsprechenden Ausbildungsgängen stehenden Teilen der neuen Mittelschichten – in wechselnden Koalitionen mit speziell betroffenen oder marginalisierten Bevölkerungsgruppen." Es gibt empirische Hinweise darauf, daß sich in den 80er Jahren die einseitige soziale Zusammensetzung der Anhängerschaft etwas abgeschwächt hat und daß die neuen sozialen Bewegungen ihre soziale Basis etwas verbreitern konnten (*Watts* 1987, 57; vgl. *Brand* u. a. 1986, 103, 139).

2.6 Unkonventionelle Teilnahme: Proteste der jüngeren neuen Mittelschicht

Zur „neuen" Partizipationskultur, die sich in der Bundesrepublik seit den späten 60er Jahren entwickelt hat, gehören auch verschiedene Formen des Engagements und des Protests, die als „unkonventionelle" Teilnahme zusammengefaßt werden – eine Bezeichnung, über die man durchaus streiten kann; einige bevorzugen daher die Etiketten „unverfaßt" oder „nicht institutionalisiert". Unkonventionelle Teilnahmeformen sind teils legal und gelten als legitim wie Unterschriftensammlungen, genehmigte Demonstrationen oder kollektive Aktionen gegen Mieterhöhungen, teils sind sie illegal und werden von der großen Mehrheit der Bevölkerung abgelehnt wie Hausbesetzungen, Verkehrsbehinderungen, Mauerparolen, „wilde" Streiks oder die Verweigerung von Mietzahlungen. Die Anwendung von Gewalt gegen Sachen oder Personen schließlich wird nur von einer sehr kleinen radikalen Minderheit gebilligt. Alle Formen der unkonventionellen Teilnahme sind eine Domäne der Jugend und der jüngeren Erwachsenen.

Wer sind die *tragenden sozialen Gruppen* des unkonventionellen Protestes? Ob es sich um legitime oder mißbilligte Formen des Engagements handelt – das Protestpotential entwickelt sich wieder nicht in erster Linie dort, wo man es vordergründig vermuten könnte, nämlich bei den unteren benachteiligten Schichten.

Benachteiligte sind seltener motiviert, sich kollektiv zur Wehr zu setzen, zu demonstrieren oder sich auch an rabiateren Formen des Protests zu beteiligen als vergleichsweise Privilegierte. Selbst dort, wo Unterschichten am härtesten von sozialen Mißständen betroffen sind, wie z.B. bei ungerechtfertigten Mieterhöhungen, tendieren sie eher zum Hinnehmen und Stillhalten als die Mittel- und Oberschichten (Belege bei *Geißler* 1987, 64). Abb. 5 zeigt, daß sowohl in den al-

Abb. 5 Unkonventionelle Teilnahme und Teilnahmebereitschaft nach Bildungsabschluß und Beruf – 1992

	N		Von 100 Befragten										
			haben sich bereits einmal beteiligt an						würden sich beteiligen an				
			Unt		Demo		Boy		Besetz		Unt		Demo		Boy		Besetz	
	W	O	W	O	W	O	W	O	W	O	W	O	W	O	W	O	W	O
Bevölkerung ab 18 Jahre	2315	1141	44	32	14	20	7	2	1	1	83	80	61	62	51	33	18	26
Hauptschul-abschluß[1] mittlerer	1166	437	35	23	6	13	3	2	0	1	81	80	43	59	43	28	12	21
Schulabschluß[2]	681	605	52	37	18	24	9	1	2	0	90	90	61	75	57	45	23	34
Abitur	376	156	67	58	37	42	22	7	3	5	96	95	80	83	72	63	36	44
Arbeiter	311	221	42	31	9	19	3	1	1	1	88	91	59	76	56	51	21	44
Angestellte	571	336	57	41	18	32	10	3	2	1	89	90	64	80	59	50	25	34
Selbständige	102	46	48	39	34	17	16	5	5	3	86	86	65	71	69	35	32	25
Beamte[3]	120	9	64		32		16		0		96		74		68		27	

W = alte Länder; O = neue Länder
Unt = Unterschriftensammlung; Boy = Boykott;
Demo = genehmigte politische Demonstration; Besetz = Besetzung von Fabriken, Ämtern und anderen Gebäuden.
Bei den Berufsgruppen sind nur Erwerbstätige erfaßt.
[1] neue Länder: Polytechnische Oberschule (POS) 8. oder 9. Klasse; [3] neue Länder: nicht ausgewertet wegen zu geringer Fallzahl.
[2] neue Länder: POS 10. Klasse;

Quelle: Datenbasis ALLBUS 1992 (vgl. Anm. 8)

ten als auch in den neuen Ländern die Teilnahme und auch die Bereitschaft zur Teilnahme an Unterschriftensammlungen, genehmigten Demonstrationen, Boykottmaßnahmen und Besetzungsaktionen unter AbiturientInnen weiter verbreitet ist als unter Personen mit Hauptschulabschluß. Bei der groben Berufsgruppeneinteilung treten entsprechende Unterschiede ebenfalls, wenn auch weniger markant, hervor; in Westdeutschland sind sie größer als in Ostdeutschland. Bei ostdeutschen Arbeitern und Arbeiterinnen wird ein ausgeprägter „Verbalaktivismus" sichtbar: sie bekunden eine vergleichsweise hohe Bereitschaft zu legalen und illegalen Aktionen, setzen diese dann aber nicht in eine entsprechend hohe tatsächliche Aktivität um.[20]

In älteren Studien mit einer feineren Einteilung der Berufsgruppen zeichnen sich die ungelernten Arbeiter durch ein hohes Maß an passiver Resignation aus. Facharbeiter sind, wie auch der alte Mittelstand, durchschnittlich aktiv, während die mittleren und leitenden Beamten durch besonderes Engagement bei legalen Formen der demonstrativen Teilnahme herausragen.[21]

Die *politischen Zielvorstellungen* der Protestgruppen unterscheiden sich nachweisbar in zwei globalen Punkten von der konventionellen Aktivbürgerschaft: Sie sind zum einen weniger an „materiellen" Werten wie Ordnung, Sicherheit, Pflichtbewußtsein, Wirtschaftswachstum und Wohlstand orientiert und dafür stärker an „nachmateriellen" Werten wie Selbstverwirklichung, Demokratie oder Freiheit für Andersdenkende.[22] Die Präferenzen wirken sich eher zum Nachteil der Unterschicht aus, wo „materielle" Werte stärker verankert sind.[23] Gleichzeitig ist jedoch auch die soziale Sensibilität der Unkonventionellen stärker ausgeprägt: soziale Gleichheit und Solidarität haben bei ihnen einen höheren Stellenwert (*Feist/Liepelt* 1983, 97). Daher muß der hin und wieder vertretenen These, die Ausweitung des Repertoires an Teilnahmeformen habe die politische Ungleichheit „nicht etwa verringert, sondern kräftig erhöht" (*Kaase* 1981, 375)[24] mit Vorsicht begegnet werden. Sie vernachlässigt, daß Proteste des nachmaterialistischen, aber zugleich sozial eingestellten Bürgertums den sozial Schwachen durchaus zugute kommen können.

Bei Unterschichten fehlt nicht nur die Bereitschaft, zu unkonventionellen Mitteln zu greifen, um ihre Interessen zu äußern und durchzusetzen. Sie tendieren auch stärker als andere dazu, derartige Aktionen generell zu mißbilligen (vgl. *Geißler* 1987, 64). Ihr Politik-und Demokratieverständnis ist „autoritärer", mehr an den obrigkeitsstaatlichen Prinzipien von Ruhe und Ordnung orientiert. „Wer dauernd durch Demonstrationen zeigt, daß ihm etwas nicht paßt, sollte doch lieber gleich unseren Staat verlassen" – derartige Ressentiments gegen demonstrative Kritik sind in den Unterschichten stärker verbreitet als anderswo.[25] Für die Herrschenden sind die Unterschichten also bequemere und fügsamere Staatsbürger als die eher zur Aufmüpfigkeit neigenden jüngeren und gebildeten Gruppen der Mittelschichten. Nach der bekannten These des amerikanischen Soziologen *Lipset* (1962) stellt der „Autoritarismus der Arbeiterklasse" eine Gefahr für die bürgerliche Demokratie dar; diese Sorge scheint indes unbegründet zu sein: durch die Neigung der unteren Schichten, sich in politische Konventionen zu fügen und auf Protest zu verzichten, wird die bürgerliche Demokratie eher stabilisiert.

2.7 Teilnahme in den Entscheidungszentren: zunehmende soziale Selektivität

Der schichtspezifische Filter, der die Teilnahme an Herrschaft reguliert, wird beim Zugang zu den politischen Führungspositionen und Eliten immer enger. Der Aufstieg in der Hierarchie des Macht- und Herrschaftsgefüges wird durch das *Gesetz der zunehmenden sozialen Selektivität* – oder auch: das *Gesetz der zunehmenden Dominanz der oberen Schichten* – geregelt, das man wie folgt formulieren kann: Je näher eine politische Führungsposition dem Entscheidungszentrum steht, um so besser kommen die oberen Schichten zum Zuge und um so stärker werden die unteren Schichten an den Rand gedrängt.

Das Sozialprofil der Eliten läßt sich an zwei Kriterien festmachen, die Unterschiedliches aussagen: am *Beruf,* den der Inhaber einer Führungsposition erlernt bzw. vorher ausgeübt hat, oder am *Beruf des Vaters.* Der erste Indikator weist auf typische Verlaufsformen der individuellen beruflichen Karriere hin, der zweite auf die Aufstiegschancen für Kinder aus verschiedenen Herkunftsschichten. Beide Kriterien lassen keine eindeutigen Rückschlüsse auf Einstellungen und Verhaltensweisen zu, sie sind jedoch Indizien für die Offenheit und Repräsentativität der Eliten. Im folgenden wird für die beiden ersten Beispiele – für die untere Ebene der Parteiführung und für die Bundestagsabgeordneten – der selbst ausgeübte Beruf herangezogen, während die soziale Herkunft der Machtelite am Beruf des Vaters gemessen wird.

Der schichtspezifische Auslesemechanismus ist bereits auf der *unteren Ebene der Parteiführung* wirksam. Exemplarisch wird dieser Vorgang an einer Studie über die SPD-Führungsgruppen in Nordrhein-Westfalen aus den Jahren 1981/82 sichtbar.

Abb. 6 Sozialprofil von Mitgliedern und Parteitagsdelegierten der SPD (Nordrhein-Westfalen)

	Mitglieder %	Delegierte auf Parteitagen 1981/82 %
Arbeiter	26	13
Angestellte	29	36
Beamte	11	23
Selbständige	5	6
Rentner/Pensionäre	15	6
Schüler/Lehrlinge/Studenten	5	4
Hausfrauen	9	8

Quelle: *Becker* u. a. 1983, 59 f.

Die SPD wird auf der Ebene der Ortsvereine und auf den Parteitagen überwiegend vom neuen Mittelstand geführt (Abb. 6). Die Angehörigen des Öffentlichen Dienstes, vor allem die Beamten, tun sich dabei besonders hervor, während der Arbeiteranteil in den unteren Führungs- und Entscheidungsgremien im Vergleich zu ihrem Anteil an den Mitgliedern halbiert ist. Im Jahre 1982 ist nur etwa jeder 10. Ortsvereinsvorsitzende in NRW ein Arbeiter, aber jeder zweite ein Beamter oder Angestellter des Öffentlichen Dienstes. Von den Unterbezirksvorsitzenden der gesamten SPD des Jahres 1977 waren sogar ca. 60% im Öffentlichen Dienst tätig (*Becker* u. a. 1983, 60 f.).[26] In der CDU sind es neben den Angehörigen des öffentlichen Dienstes insbesondere die Selbständigen, die die Partei- und Wahlämter besetzten.[27] Unter den Delegierten der Bundesparteitage von CDU, CSU und FDP gab es 1979 keinen Arbeiter, auf dem SPD-Bundesparteitag 1978 hatten sich zu 90% Angestellte und Beamte versammelt, Arbeiter waren nur noch mit einer winzigen Minderheit von 2% vertreten (*Niedermayer* 1989, 94).

Bezeichnend für die schichttypischen Einflüsse an der Parteibasis sind auch die Aussagen der Parteimitglieder über die tonangebenden Gruppen in den Ortsvereinen (Abb. 7): In der CDU haben die Angehörigen des Öffentlichen Dienstes und die Unternehmer das Sagen, die Arbeit in den Ortsvereinen der SPD wird ebenfalls vom Öffentlichen Dienst dominiert, dazu von den Akademikern im allgemeinen. Die Arbeiter spielen im aktiven Geschehen an der Basis der beiden großen „Volksparteien" nur am Rande mit; allerdings billigen 59% der SPD-Mitglieder der Arbeiterschaft einen „entscheidenden Einfluß" in der eigenen Partei zu; von den CDU-Mitgliedern geben

Abb. 7 Tonangebende Berufsgruppe im eigenen Ortsverein – Mittelwerte und Rangplatz

	CDU				SPD			
	Alte Mitglieder		Neue Mitglieder		Alte Mitglieder		Neue Mitglieder	
	%	Rang	%	Rang	%	Rang	%	Rang
Arbeiterschaft	4	6	3	6	9	4	5	4
Öffentlicher Dienst	52	1	38	2	52	1	41	2
Sonstige Angestellte	25	4	24	3	21	3	17	3
Akademiker, Lehrer	33	2	22	4	46	2	50	1
Unternehmer	30	3	43	1	5	6	4	6
Studenten/Schüler	4	5	7	5	13	5	10	5
Alle gleich	13	–	15	–	8	–	11	–
Keine	6	–	5	–	4	–	7	–

2 Angaben waren möglich
Quelle: *Greven* 1987, 82.

dies nur 16% an; als gesellschaftliche Kräfte mit entscheidendem Einfluß werden von ihnen der Mittelstand (55%) und die Arbeitgeberverbände (41%) angesehen (*Greven* 1987, 84).

Daß die Chancen der Angehörigen unterer Schichten, bis in die höheren Ebenen der politischen Führung vorzudringen, minimal sind, wird am Sozialprofil der Parlamentarier deutlich (Abb. 8). Der deutsche Bundestag ist ein Parlament der akademisch gebildeten oberen Mittelschicht. Von den 1990 gewählten Abgeordneten stammen ca. 95% aus dem neuen oder alten Mittelstand oder aus der Oberschicht, Facharbeiter stellen lediglich noch 1% der Parlamentarier, die untersten Schichten sind gar nicht vertreten. Eine herausragende Position haben sich die Angehörigen des Öffentlichen Dienstes erorbert: 38% der Parlamentarier sind Staatsdiener, die „neue Bildungsklasse" der Lehrer, Professoren und Wissenschaftler ist mit 18% vertreten. Auch die Selbständigen und die freien Berufe sind mit insgesamt 23% gut repräsentiert.[28] Das Sozialprofil der Landtagsabgeordneten ist mit dem der Bundesparlamentarier nahezu identisch.

Seit dem Bestehen der Bundesrepublik lassen sich zwei Tendenzen im Wandel der Sozialstruktur der Parlamente beobachten: *Verbeamtung* und *Akademisierung*. Die Beamten haben ihren Anteil unter den Bundestagsabgeordneten in etwa verdoppeln können, und der Prozentsatz der Akademiker stieg von 45% im ersten Deutschen

Abb. 8 Sozialprofil der Parlamentarier (in Prozent)

		12. Bundestag 1990[1]	Landtage 1989
Regierungsmitglieder (einschl. ehemalige)		10	–[2]
Öffentlicher Dienst		38	45
Lehrer, Professoren, Wissenschaftler	18		
sonstige Beamte, Richter, Soldaten	13		
Angestellte	7		
Angestellte		24	24
in der Wirtschaft	10		
in Parteien, Verbänden u.a.	14		
Selbständige		23	23
freie Berufe	13		
sonstige	10		
Arbeiter		1	–[3]
Hausfrauen		2	7
Sonstige		2	-
Summe		100	99

[1] Stand nach der Wahl im Dezember 1990
[2] für die Landtagsabgeordneten nicht gesondert ausgewiesen
[3] bei *Holl* keine präzise Angabe, vermutlich unter 1 %

Quellen: *Müller* 1992, 13; *Holl* 1990, 27.

Bundestag auf 66% im ersten gesamtdeutschen Parlament. Bei der Besetzung wichtiger Parteiämter und öffentlicher Mandate setzt sich zunehmend der Typ des akademisch gebildeten und häufig im Öffentlichen Dienst beschäftigten Funktionärs durch.

Die Situation der Unterschicht erscheint in einem etwas günstigeren Licht, wenn man dem Sozialprofil den Sozialstatus des Vaters zugrundelegt.

Abb. 9 gibt Auskunft über den Vaterberuf der „*Oberen 3000*" in den *Führungspositionen* der politisch bedeutsamen Funktionsbereiche. Sie macht deutlich, daß die deutsche Elite weder eine in sich geschlossene Kaste ist, noch ein einigermaßen repräsentatives Spiegelbild der Bevölkerungsstruktur darstellt. Nur eine kleine Minderheit der Führungspositionen wurde vererbt, die deutsche Elite ist also im wesentlichen eine „Aufsteigerelite"; allerdings wird das Vordringen ganz nach oben um so schwieriger, je tiefer die Herkunftsgruppe in der Schichtungshierarchie angesiedelt ist. 42% der Inhaber von Füh-

Abb. 9 Soziale Herkunft und Ausbildung der deutschen Eliten (1981)

Eliten[1]	Beruf des Vaters						Ausbildung	
	Großunternehmer (mindest. 10 Beschäftigte) %	Spitzenbeamte u. -angestellte %	höhere Beamte u. leitende Angestellte %	mittlere u. kleine Selbständige (0–9 Beschäft.) %	mittlere Beamte und Angestellte %	Arbeiter u. kleine Angestellte %	Arbeiter %	Abitur %	Hochschulabschluß %
Politik (SPD)	0	5	20	11	22	42	32	65	55
Politik (CDU/CSU)	7	3	14	32	25	19	15	81	74
Politik (FDP)	17	21	25	21	13	4		84	68
Verwaltung	3	4	31	21	32	9		97	94
Wirtschaft	17	10	23	16	23	12		87	75
Wirtschaftsverbände	21	12	24	25	16	3		86	68
Gewerkschaften	0	1	7	13	18	61	46	20	8
Massenmedien	7	7	32	18	25	10		94	47
Wissenschaft	5	5	35	22	21	12		100	96
Militär	5	7	49	7	29	2		93	33
Kultur	8	11	30	22	20	10		89	62
Sonstige	5	3	32	22	25	14		83	71
Eliten insgesamt	9	7	27	20	24	15	11	85	69
Bevölkerung[2]	–[3]	–[3]	4	22	14	60	57	12	6

[1] Der Fragebogen wurde an 3165 Inhaber von Spitzenpositionen in verschiedenen Funktionsbereichen verschickt, von denen 1744 ausgewertet werden konnten.
[2] Diese Stichprobe umfaßt 444 Männer ab 40 Jahren. Sie ist also im Hinblick auf Alter und Geschlecht den Eliten vergleichbar. Ihr Sozialprofil weicht deutlich von der Berufsgruppenstruktur der Gesamtbevölkerung ab.
[3] Wegen zu niedriger Zahlen wurden die Großunternehmer der Gruppe der Selbständigen und die Spitzenbeamten und -angestellten der Gruppe der höheren Beamten und leitenden Angestellten zugeschlagen.

Quelle: Zusammengestellt nach *Hoffmann-Lange* 1985, 53 und 57.

rungspositionen stammen aus den drei „benachbarten" oberen Berufsgruppen, die insgesamt nur etwa 4% der männlichen Bevölkerung des entsprechenden Alters ausmachen. An der Dominanz der oberen Mittelschicht bzw. Oberschicht, die bereits für die Eliten der Weimarer Republik und der Nachkriegszeit kennzeichnend war,[29] hat sich also kaum etwas verändert. Weitere 43% kommen aus mittleren Berufsgruppen, die geringfügig überproportional vertreten sind. Den Kindern der unteren Gruppen der Arbeiter und einfachen Angestellten ist der Zugang zur Spitze der Macht zwar nicht verschlossen, aber sie sind kraß unterproportional vertreten. Arbeiter machen 57% der entsprechenden Bevölkerungsgruppe aus, ihre Söhne besetzen jedoch nur 11% der Führungspositionen. Vergleicht man die Ergebnisse der neuesten Elitestudie mit früheren Untersuchungen,[30] so gewinnt man den Eindruck, als hätte sich die Elite den unteren Schichten geringfügig geöffnet. Einige Funktionseliten sind gegenüber Kindern von Arbeitern und einfachen Angestellten nach wie vor so gut wie abgeschottet. Dazu gehören die Generalsränge des Militärs genauso wie die Führungspositionen der Wirtschaftsverbände oder der FDP, einer Partei von ausgeprägt großbürgerlichem Zuschnitt. Die Unterschichten haben in den Entscheidungszentren im wesentlichen zwei traditionelle Bastionen halten können: 61% der führenden Gewerkschaftsfunktionäre von DGB und DAG sowie 42% der SPD-Spitzenpolitiker stammen aus den Kreisen der Arbeiterschaft und der einfachen Angestellten.

Aus Spezialstudien über die Gewerkschaftsführer geht hervor, daß die Arbeitnehmerorganisationen nicht nur den Arbeiterkindern, sondern auch den Arbeitern selbst Aufstiegsmöglichkeiten bieten – allerdings mit abnehmender Tendenz. Von den Funktionären, die bis 1976 ein Vorstandsamt in den Gewerkschaften des DGB innehatten, haben 62% ihre berufliche Laufbahn als Facharbeiter begonnen, 1993 waren es nur noch 47%. Ungelernte haben allerdings auch in den DGB-Gewerkschaften keine Chance (*Jühe* 1977, 12, 15f.).

Eine wichtige Ursache dafür, daß nur so wenige Unterschichtenkinder in die Entscheidungszentren der Gesellschaft vordringen können, wird ebenfalls aus Abb. 9 deutlich. Der Weg in die Eliten führt in der Regel über das Abitur und meistens auch noch über die Universität. Die Disproportionen im Sozialprofil der Eliten haben also ihre Hauptursache in den ungleichen Bildungschancen der verschiedenen Schichten. Auch in der SPD haben Abiturienten und Akademiker bessere Aufstiegsmöglichkeiten als andere. Und in der Gewerkschaftsführung vollzog sich in den letzten fünf Jahren ebenfalls eine rapide Akademisierung. Zwischen 1988 und 1993 stieg der Anteil der Akademiker von 2% auf 25%, während der Anteil von Vorstandsmitgliedern mit Volksschulabschluß von 60 auf 38% sank (*iwd* 51–52/93, 6f.). In der obersten Parteispitze der SPD – bei 63 Vorstandsmitgliedern und Ministerpräsidenten – war der Akademisierungsgrad in den Jahren 1988–1991 schon bei 81% angelangt, Arbeiter gab es dort keine mehr – wenn man von zwei nachgewählten Vorstandsmitgliedern aus den neuen Ländern absieht, die aber 1991 bereits wieder verschwunden waren (*Weege* 1992, 201, 213). Der Druck zur Professionalisierung des Managements von Parteien und Gewerkschaften fordert seinen Tribut: Der Bedarf an hohen Qualifikationen verstärkt die soziale Selektivität bei der Rekrutierung des Führungspersonals.

3 Ursachen der politischen Ungleichheit

Zu dem folgenden Versuch, den Ursachenkomplex der schichtspezifischen politischen Ungleichheit grob zu skizzieren, sind einige methodologische Vorbemerkungen erforderlich. Es lassen sich „*Mikrofaktoren*" auf der Ebene der politisch handelnden Individuen und „*Makrofaktoren*" auf der übergreifenden Ebene der Politik unterscheiden. Die einen erklären die *Politikferne der Unterschichten*, wie ich es stichwortartig nennen möchte, und die anderen die *Unterschichtenferne der Politik*. Beide stehen miteinander in Wechselwirkung. Die politische Psychologie und die politische Sozialisationsforschung bemühen sich seit langem, die Ursachen für die Politikferne der Unterschichten empirisch aufzudecken; die Ursachen für die Unterschichtenferne der Politik dagegen wurde lange Zeit vernachlässigt. Lediglich wenige interkulturell vergleichende Studien widmeten einem Teilbereich, den sogenannten „*institutionellen*" *Faktoren*, ihre Aufmerksamkeit. Die im folgenden dargestellten Zusammenhänge sind daher nicht alle empirisch abgesichert. Das gilt auch für den empirisch relativ intensiv bearbeiteten Komplex der Mikrofaktoren, weil die empirische Ursachenforschung jeweils nur wenige Formen der Partizipation und wenige psychologische oder soziologische Ursachenfaktoren in einem Erklärungsmodell erfassen kann, weil sie die soziologischen Faktoren in der Regel nur sehr grob mißt und weil sie die komplizierten Zusammenhänge zwischen Persönlichkeit und Umwelt nur ungenügend aufhellt. Des weiteren ist zu beachten, daß im folgenden die Schichtunterschiede in den Einstellungen und Persönlichkeitsmerkmalen idealtypisch übersteigert dargestellt werden.

3.1 Zur Politikferne der Unterschicht

Die empirische Sozialforschung kann zeigen, daß Partizipation bzw. Partizipationsbereitschaft mit bestimmten politischen Einstellungen und mit bestimmten Persönlichkeitsmerkmalen zusammenhängen, die in den verschiedenen Schichten unterschiedlich stark ausgeprägt sind.

Die Randstellung der Unterschichten und die zentrale Position des Bürgertums im politischen System spiegeln sich in entsprechend unterschiedlichen *Einstellungen* dieser Gruppen *zur Politik* wider. Einstellungsskalen, die politische Ohnmachtsgefühle und politische Entfremdung messen, hängen in mittlerem bis starkem Maß mit dem Bildungs- und Berufsstatus zusammen.[31] Angehörige der oberen Schichten fühlen sich politisch einflußreich; sie glauben – mit Recht – daran, durch Teilnahme eine gewisse Wirkung auf Regierung, Parlamentarier oder Politik im allgemeinen ausüben zu können. Gleichzeitig sehen und spüren sie, daß politische Entscheidungen ihre eigene Lebenssituation verändern, verbessern oder beeinträchtigen können. Die Verflechtungen von Politik und Alltag werden durchschaut. In den unteren Schichten dagegen sind starke Tendenzen vorhanden, den politischen Bereich als eine fremde, störende, ja feindliche Welt zu empfinden, der man relativ ohnmächtig ausgeliefert ist. Ressentiments gegenüber auf eigenen Vorteil bedachten Politikern, die sich ja doch nicht um die Interessen des kleinen Mannes kümmern, Mißtrauen gegen politische Propaganda und gegen Wählerbetrug sind vergleichsweise weit verbreitet. Das sog. „Syndrom der kognitiven Mobilisierung" (vgl. *Greiffenhagen* 1993, 129), wie der Einstellungskomplex, der zur politischen Teilnahme motiviert, auch genannt wird, ist schichtspezifisch verteilt.

Die Politiknähe der Mittel- und Oberschichten und die Politikferne der Unterschichten deuten auf einen *verhängnisvollen Zirkel der politischen Ungleichheit* hin. Die verschiedenen Schichten schätzen ihre unterschiedlichen Einflußchancen durchaus realistisch ein: bürgerliche Schichten fühlen sich nicht nur relativ einflußreich, sondern sie sind es auch; Unterschichten fühlen sich nicht nur relativ ohnmächtig, sondern sie sind auch relativ ohnmächtig. Die Aufgeschlossenheit des Bürgertums gegenüber der Politik und die ressentimentsgeladene Distanz der Unterschichten sind daher verständliche Reaktionen auf relative Macht und relative Ohnmacht, auf Begünstigungen und Benachteiligungen durch politische Entscheidungen. Gleichzeitig leisten derartige Einstellungsunterschiede jedoch einen Beitrag zur Aufrechterhaltung der politischen Ungleichheit: sie motivieren die einen zur politischen Teilnahme und halten die anderen davon ab, von ihren Teilnahmemöglichkeiten Gebrauch zu machen.[32]

Die Bereitschaft zur politischen Teilnahme, insbesondere wenn sie über die Minimalformen wie Wahlbeteiligung oder Mitgliedschaft in Gewerkschaften und Verbänden hinausgeht, gedeiht am besten in einem bestimmten Umfeld von *psychischen Eigenschaften und Kompetenzen*. Aus den Ergebnissen der politischen Psychologie läßt sich ein *idealtypisches Charakterbild des politisch Aktiven* entwerfen. Er ist intelligent, geistig rege, selbstbewußt und hat Vertrauen in seine Fähigkeiten; er ist sicher im Auftreten und hat den Mut, seine Meinung zu sagen und anderen zu widersprechen, Konflikten geht er nicht aus dem Wege; er ist bereit, Verantwortung zu übernehmen und Entscheidungen für andere zu treffen, vor Schwierigkeiten und Konkurrenz scheut er sich nicht; lähmende Orientierungslosigkeit und Ängste vor einer undurchschaubaren, unübersichtlichen Umwelt sind ihm fremd.[33]

Dieses empirisch abgesicherte Modell läßt sich noch durch einige Beobachtungen und Plausibilitätsüberlegungen ergänzen: der politisch Aktive verfügt über die Fähigkeit und die geistigen Voraussetzungen, mit der Kompliziertheit der politischen Probleme fertigzuwerden; er versteht den politischen Jargon und ist selbst gewandt in seiner Ausdrucksweise; im Umgang mit anderen verhält er sich geschickt und ist beweglich.

Alle psychischen Merkmale, aus denen sich der Idealtyp des politisch Aktiven zusammensetzt, kommen in den oberen Schichten häufiger vor als in den unteren Schichten. Der teilnahmefördernde Sozialcharakter der einen und der teilnahmehemmende Sozialcharakter der anderen sind das Ergebnis von unterschiedlichen Sozialisationswirkungen, die sich in der Familie, im Bildungssystem, am Arbeitsplatz und im Alltag vollziehen. Diese komplizierten Vorgänge der schichtspezifischen politischen Sozialisation können hier nicht im einzelnen nachgezeichnet werden.

3.2 Zur Unterschichtenferne der Politik

Der Politikferne der Unterschicht steht eine zunehmende Unterschichtenferne der Politik gegenüber. Die wichtigen Entwicklungen lassen sich am besten mit dem Stichwort der *zunehmenden Abstraktheit und Kompliziertheit des politischen Prozesses* erfassen. Die politischen Probleme und Entscheidungen werden komplizierter, weil die gesellschaftlichen und wirtschaftlichen Zusammenhänge, in die Politik eingreift, immer komplexer werden und weil Politik zunehmend verwissenschaftlicht. Die Ansprüche an die politische Kompetenz und Motivation der Bürger steigen an. Im Bereich der politischen Teilnahme auf kommunaler Ebene werden diese Zusammenhänge daran sichtbar, daß die Abhängigkeit der Partizipation vom Bildungsgrad mit zunehmender Gemeindegröße immer stärker wird (*Arzberger u. a.* 1980, 83).

Vergleichende Partizipationsstudien konnten zeigen, daß schichtspezifische politische Ungleichheit zwar in allen untersuchten Gesellschaften existiert, daß sie jedoch unterschiedlich stark ausgeprägt ist.[34] Daher liegt die Annahme nahe, daß auch die *Besonderheiten des jeweiligen Gefüges der politischen Institutionen* das Ausmaß sozialer Ungleichheit beeinflussen. Bisher konnte jedoch nicht ausreichend geklärt werden, welche institutionellen Rahmenbedingungen politische Ungleichheit begünstigen bzw. abbauen.[35]

4 Zusammenfassung

Die vertikalen Strukturen der politischen Ungleichheit zeigen ein ähnliches Beharrungsvermögen wie die schichtsspezifisch ungleichen Bildungschancen (vgl. S. 111 ff.): Die empirischen Daten belegen, daß sich die ausgeprägte Dominanz der mittleren und oberen Schichten bei allen Formen der politischen Teilnahme in den letzten Jahrzehnten erhalten hat. Schichttypische Teilnahme an Herrschaft ist ein festes, gegenüber Wandel resistentes Element der deutschen Sozialstruktur. Es gibt auch keine Hinweise darauf, daß die deutsche Vereinigung an diesem Sachverhalt etwas ändern würde. Bereits in der hoch politisierten Gesellschaft der DDR nutzten die verschiedenen Schichten die Teilnahmeangebote in unterschiedlichem Ausmaß (vgl. *Geißler* 1994 und 1992, 137 f.); und in den neuen Ländern zeigen sich ähnliche Muster der berufs- und bildungsspezifischen politischen Beteiligung wie in den alten.

Das demokratische Ideal der gleichen Chancen auf Teilnahme an Herrschaft ist in der Bundesrepublik nach wie vor nur in Ansätzen verwirklicht. Lediglich bei den Wahlen, insbesondere bei den Bundestagswahlen, und bei der Interessenvertretung durch die Gewerkschaften kommen die unteren Schichten in etwa gleichgewichtig zum Zuge. „Minimalistische" Teilnahmeformen, die wenig Aufwand erfordern, wie Wahlen oder Mitgliedschaften in Gewerkschaften, haben also für das Prinzip der politischen Gleichheit eine herausragende Bedeutung.

Bei allen anderen Teilnahmeformen unterscheidet sich die Aktivbürgerschaft in ihrer sozialen Zusammensetzung erheblich von der Gesamtbevölkerung. Ganz allgemein gilt die Regel, daß die Bemühungen um politischen Einfluß um so intensiver werden, je höher die Gruppen in der Schicht- und Bildungshierarchie angesiedelt sind. Schichtspezifische Prozesse der politischen Sozialisation begünstigen in den mittleren und oberen Statusgruppen die Entwicklung von Motiven und Fähigkeiten zur Partizipation.

Eine genaue Analyse darüber, welche Formen der Teilnahme in welchem Ausmaß sozial selektiv sind, steht noch aus. Die bisherigen Studien deuten darauf hin, daß der Grad der Benachteiligung der unteren Schichten weniger davon abhängt, ob es sich um konventionelle oder unkonventionelle Partizipation handelt. Sozial selektiv dürften sich eher die unterschiedlichen Ansprüche an psychische Energien und politische Kompetenz auswirken, die mit bestimmten Teilnahmeformen verbunden sind. Bei der aktiven Mitarbeit und bei der Führung in Parteien und Bürgerinitiativen sowie beim Zugang zu den Eliten werden die unteren Schichten zunehmend ausgeschaltet.

Von den Berufsgruppen verdienen drei besondere Erwähnung. *Beamte* fallen durch eine besonders intensive Nutzung aller Einflußmöglichkeiten auf. Sie tun sich nicht nur in der konventionellen Teilnahme in den Parteien, Berufsverbänden und Parlamenten hervor, sondern auch in den Bürgerinitiativen und den nichtkonventionellen Formen des Protests. Die Ursachen für ihre Sonderstellung dürften in der beruflichen Nähe, ja z. T. Verquickung mit dem Herrschaftssystem zu suchen sein; ihr Dienstwissen vermittelt ihnen gleichzeitig politische Kompetenz. Aber auch ihre besondere Berufssituation – Sicherheit des Arbeitsplatzes, Regelbeförderung – mindern die beruflichen Risiken, die mit einem vorübergehenden oder dauerhaften politischen Engagement verbunden sein können.

Auch der *alte Mittelstand* der Unternehmer und Selbständigen schöpft die konventionellen Teilnahmechancen gut aus und ist in den Parteien, Berufsverbänden und Eliten stark vertreten. In den Bürgerinitiativen und bei den neuen Formen des Protests hält er sich etwas zurück.

In negativer Hinsicht ragt die *untere Unterschicht* heraus: Un- und Angelernte leben am Rande des Herrschaftssystems; sie sind nicht in der Lage, Einflußchancen wahrzunehmen, die über die Minimalformen der Teilnahme hinausgehen.

Der Partizipationsschub in den 60er und 70er Jahren hat die Aktivbürgerschaft zahlenmäßig erweitert und auch neue Teilnahmeformen populär gemacht; an der schichtspezifischen politischen Ungleichheit hat er jedoch nichts Wesentliches verändert. *Das Mehr an Demokratie hat nicht zu einem entsprechenden Mehr an politischer Gleichheit geführt.* Die Hoffnungen mancher „Radikaldemokraten", daß durch verstärkte Partizipation ein Gegengewicht gegen die Mittelschichtorientierung der traditionellen Aktivbürgerschaft geschaffen werden könnte (z. B. *Zilleßen* 1980, 341), sind nicht voll in Erfüllung gegangen. Die Nutznießer der neuen Partizipationskultur sind in erster Linie jüngere Gruppen der mittleren und oberen Schichten mit spezifischen Zielen, die sich stärker an postmateriellen Werten orientieren. Den Unterschichten dürfte allerdings zugutekommen, daß die soziale Sensibilität bei den unkonventionellen Aktivbürgern überdurchschnittlich stark ausgeprägt ist.

Schichtspezifische politische Ungleichheit ist in der bundesdeutschen Gesellschaft fest verankert. Sie hat ihre Wurzeln in der strukturell bedingten Unterschichtenferne der meisten politischen Aktivitäten und im System der sozialen Schichtung selbst: unterschiedliche Soziallagen setzen schichtspezifische politische Sozialisationsprozesse in Gang und bringen die Politikferne der Unterschichten hervor. Die bundesdeutsche Demokratie wird daher auch weiterhin mit einer Aktivbürgerschaft und mit politischen Eliten rechnen müssen, in denen Angehörige der mittleren und oberen Schichten dominieren. Um so dringlicher ist es, die soziale Sensibilität dieser Gruppen für die Interessen und Probleme der Benachteiligten zu stärken. Bessere Bildungschancen, die den Unterschichtkindern den Aufstieg in die Aktivbürgerschaft und in die Eliten ermöglichen, könnten einen Beitrag dazu liefern.

Anmerkungen

[1] Vgl. *Scharpf* 1972, *Hondrich* 1972, *Badura* 1972.
[2] Vgl. *Behrmann* 1979, 278, 289.
[3] *Verba/Nie* 1972; *Naschold* 1971, 50f.; *Bachrach* 1970, 117ff.; *Lane* 1962, 337ff.
[4] Vgl. z. B. *Greiffenhagen* 1993, 109ff.; *Kaase* 1992, 429ff.; *Westle* 1992, 138ff.; *Uehlinger* 1988, 220f.
[5] *ALLBUS* 1992 (vgl. dazu Anm. 8). Die in der Umfrage angegebene Wahlbeteiligung liegt durch den „Effekt der sozialen Erwünschtheit" des erfragten Verhaltens höher als die tatsächliche Wahlbeteiligung. Eventuell ist auch der Beteiligungsvorsprung der Beamten z. T. auf diesen Effekt zurückzuführen.

[6] *Mohr* 1984, 160; *Allerbeck* 1980, 44; *Barnes* u. a. 1979, 100; *Buse* u. a. 1978, 227; *Jaerisch* 1975, 103; *Ellwein* u. a. 1975, 108 und 110. Die Korrelationskoeffizienten können Werte zwischen .00 (kein Zusammenhang) und 1.00 (totaler Zusammenhang) annehmen. Die Stärke der hier nachgewiesenen Zusammenhänge bewegt sich also im unteren bis mittleren Bereich.

[7] *Arzberger* 1980, 130; *Arzberger* u. a. 1979, 196f.; *Dunckelmann* 1975, 230.

[8] Die bisher unveröffentlichten Daten, aus denen die Abb. 1, 4 und 5 erstellt wurden, hat mir *Achim Koch* (ZUMA) zur Verfügung gestellt. Herzlichen Dank! Die „Allgemeine Bevölkerungsumfrage der Sozialwissenschaften" (ALLBUS) ist eine regelmäßig alle zwei Jahre durchgeführte Repräsentativumfrage, realisiert beim ZUMA (Zentrum für Umfragen, Methoden und Analyse e.V., Mannheim) und beim Zentralarchiv für empirische Sozialforschung (Köln). *Achim Koch* und die genannten Institutionen tragen keine Verantwortung für die Verwendung der Daten in diesem Beitrag.

[9] Die Daten in Abb. 2 sind zwar alt, aber ich habe beim Vergleich von älteren und neueren Studien keine Hinweise darauf gefunden, daß sich die schichttypischen Strukturen bei der konventionellen Teilnahme wesentlich verändert hätten (vgl. die Tabelle bei *Geißler* 1987, 54 mit Daten aus den 70er Jahren oder auch die Stabilität der schichttypischen Muster bei der Rekrutierung der Parteimitglieder auf S. 90).

[10] *Westle* 1992, 164; *Rosenmayr* 1980, 235; *Buse* u. a. 1978, 277; *Radtke* 1976, 37; *Dunckelmann* 1975, 227.

[11] Mitgliederzahlen nach Das Parlament 1/1994, 4; *Lillig* 1993, 284; *Lapp* 1993, 50; Autorengemeinschaft 1993, 285; Organisationsgrad eigene Berechnungen sowie nach *Wiesendahl* 1990, 4ff.

[12] *Niedermayer* 1989, 89, 192; *Andresen/Woyke* 1980, 90; *Armbruster/Leisner* 1975, 107.

[13] Zur Problematik der Materialien über die Berufsstruktur der Parteien vgl. *Troitzsch* 1980, 99ff.

[14] In der von *Greven* (1987, 83) befragten, relativ repräsentativen Stichprobe gehörten dem Öffentlichen Dienst an: CDU 45% (alte Mitglieder) bzw. 39% (Neumitglieder); SPD 47% bzw. 48%; GRÜNE 46% bzw. 50%. Vgl. auch *Schmollinger/Stöss* 1976, 227f.

[15] Vgl. *Niedermayer* 1989, 92ff.; *Heimann* 1984, 281f.; *Becker* u. a. 1983, 58f.

[16] Daten nach iwd 6/94, 1; *Abromeit* 1992, 549; *Heinze* 1992, 27.

[17] Da nur ca. 20–25% der Parteimitglieder aktiv am Parteileben teilnehmen und knapp 4% der Bevölkerung einer Partei angehören, liegt der Anteil der Parteiaktiven unter 1%.

[18] Empirische Daten aus den 70er Jahren sind bei *Hegner* 1980, 90f. und *Rüdig* 1980, 163ff. zusammengestellt. Weitere Befunde bei *John* 1979, 70, 89f.; *Beilharz* 1981, 90ff.; *Schenk* 1982, 137f.

[19] Zahlen nach *Brettschneider* u. a. 1992, 580f. und *Pappi* 1990, 152, 155.

[20] Beim Ost-West-Vergleich der Berufsgruppen ist Vorsicht geboten (vgl. Anm. 9 auf S. 150). Abb. 5 weist auch auf allgemeine Ost-West-Unterschiede in den Einstellungs- und Verhaltensmustern hin (z. B. haben Ostdeutsche häufiger an Demonstrationen teilgenommen, und sie sind auch häufiger zur Beteiligung an illegalen Besetzungsaktionen bereit). Zur

schichtspezifischen unkonventionellen Teilnahme vgl. auch die Belege bei *Geißler* 1987, 64. Zum Zusammenhang von unkonventioneller Teilnahme mit Bildung und Sozialstatus vgl. *Klingemann* u. a. 1991, 392; *Kaase* 1990, 38, 41, 51; *Allerbeck* 1980, 82f.; *Barnes* u. a. 1979, 100, 114.

[21] *Radtke* 1976, 33; *Ellwein* u. a. 1975, 100.

[22] *Westle* 1992, 165; *Inglehart* 1990, 94ff.; *Mohr* 1984, 163; *Feist/Liepelt* 1983, 97; *Rosenmayr* 1980, 254.

[23] *Arzberger* 1980, 156; *Rosenmayr* 1980, 251.

[24] Vgl. auch *Feist/Liepelt* 1983, 98; *Verba* u. a. 1978, 309.

[25] Eine entsprechende Skala korreliert mit Bildung in der Stärke von phi = .4 (*Jaerisch* 1975, 103). Sie hängt auch deutlich mit dem Berufsstatus zusammen (*Lippert* u. a. 1976, 141).

[26] Eine Studie von 1974 (*Güllner* 1977, 100) kam bereits zu einem ähnlichen Ergebnis.

[27] Zum Sozialprofil der Parteiführungen vgl. *Kremendahl* 1981, 37f.; *Niedermayer/Schmitt* 1982, 298ff. Zum Sozialprofil kommunaler Eliten vgl. *Arzberger* 1980, 57f.

[28] Zur Problematik der Sozialstatistik der Abgeordneten vgl. *Dreißig Jahre Deutscher Bundestag* 1979, 68.

[29] *Zapf* 1966, 179ff.; *Dahrendorf* 1965, 179; *Scheuch* 1966, 362.

[30] S. Anm. 29 sowie *Hoffmann-Lange* u. a. 1980, 24; *Enke* 1974, 76;

[31] Zum Zusammenhang von politischer Kompetenz (Überzeugung von der Mitgestaltung der Politik durch eigenes Handeln) und politischem Interesse mit Bildung und Sozialstatus vgl. *Greiffenhagen* 1993, 119f.; *Westle* 1992, 165; *Roller* u. a. 1992, 630, 635; *Barnes* u. a. 1979, 146; *Steiner* 1969, 91. Skalen, die Entfremdung und Ressentiments gegenüber Politik messen, korrelieren mit Bildung in der Stärke von phi = .40 bzw. .59 (*Jaerisch* 1975, 103). Nach *Buse* u. a. 1978, 248f. zeichnen sich insbesondere die untere Unterschicht durch eine extrem hohe und die obere Mittelschicht durch eine extrem niedrige politische Entfremdung aus.

[32] Zum Zusammenhang von politischer Kompetenz und Entfremdung mit Partizipation vgl. *Streiffeler* 1975, 113; *Ellwein* u. a. 1975, 116; *Buse* u. a. 1978, 238.

[33] Empirische Nachweise für die Zusammenhänge psychischer Merkmale mit Partizipation bzw. Partizipationsbereitschaft finden sich in folgender Literatur: *Ellwein* u. a. 1975, 114 (Anomie, Reflektivität, Dominanz); *Schulze* 1977, 185 (Selbsteinschätzung, Konflikttoleranz); *Streiffeler* 1975, 113 (Selbstvertrauen, Kompetenzgefühl, Dominanz, Intellektualität, Entfremdung, Orientierungslosigkeit); Intelligenz (*Jaide* 1970, 84; *Rogers* 1972; *Urban* 1976, 154); Anomie, Entfremdung (*Fischer* 1970, 49; *Dean* 1970; *Seeman* 1972); Selbsteinschätzung (*Rosenberg* 1965, 206ff.).

[34] *Westle* 1992; *Jennings* u. a. 1990; *Allerbeck* 1980; *Barnes* u. a. 1979; *Verba* u. a. 1978.

[35] Vgl. die widersprüchlichen Hypothesen, die *Allerbeck* (1980, 82ff.) und *Kaase* (1981, 377) aus den Daten der sogenannten Acht-Nationen-Studie ableiten.

Literatur

Abromeit, H.: Unternehmerverbände: In: *U. Andersen, W. Woyke* (Hrsg.): Handwörterbuch des politischen Systems der Bundesrepublik Deutschland. Opladen 1992, 548–551.
Alemann, U. v.: Parteiendemokratie und Bürgermitwirkung. In: Landeszentrale für politische Bildung des Landes Nordrhein-Westfalen (Hrsg.): Demokratie als Teilhabe. Köln 1981, 107–118.
Allerbeck, K.: Politische Ungleichheit. Ein Acht-Nationen-Vergleich. Opladen 1980.
Andresen, U., W. Woyke: Wahl '80. Opladen 1980.
Armbruster, B., R. Leisner: Bürgerbeteiligung in der Bundesrepublik. Göttingen 1975.
Arzberger, K.: Bürger und Eliten in der Kommunalpolitik. Stuttgart 1980.
Arzberger, K., M. Murck, J. Schumacher: Die Bürger. Bedürfnisse – Einstellungen – Verhalten. Königstein/Ts. 1979.
Autorengemeinschaft: Sozialreport 1992. Daten und Fakten zur sozialen Lage in den neuen Bundesländern. Berlin 1993.
Bachrach, P.: Die Theorie demokratischer Elitenherrschaft. Frankfurt/M. 1970.
Badura, B.: Bedürfnisstruktur und politisches System. Stuttgart u. a. 1972.
Barnes, S., M. Kaase u. a.: Political Action. Mass Participation in Five Western Democracies. Beverly Hills 1979.
Becker, H., B. Hombach u. a. (Hrsg.): Die SPD von innen. Bestandsaufnahme an der Basis der Partei. Bonn 1983.
Behrmann, G. C.: Politische Beteiligung. In: Konrad-Adenauer-Stiftung u. a. (Hrsg.): Politische Beteiligung im repräsentativen System. Teil 1. Bonn 1979, 253–333.
Beilharz, G.: Politische Partizipation im Rahmen des § 21 der Gemeindeordnung von Baden-Württemberg. Diss. Tübingen 1981.
Beyme, K. v.: Das politische System der Bundesrepublik Deutschland. München 1987[5].
Brand, K.-W.: Neue soziale Bewegungen. In: *W. Weidenfeld / K.-R. Korte* (Hrsg.): Handwörterbuch zur deutschen Einheit. Frankfurt am Main 1992, 508–517.
Brand, K.-W., D. Büsser, D. Rucht: Aufbruch in eine andere Gesellschaft. Neue soziale Bewegungen in der Bundesrepublik. Frankfurt / New York 1986.
Brettschneider, F., K. Ahlstich, B. Zügel: Materialien zu Gesellschaft, Wirtschaft und Politik in den Mitgliedstaaten der Europäischen Gemeinschaft. In: *O. Gabriel* (Hrsg.): Die EG-Staaten im Vergleich. Opladen 1992, 429–625.
Buse, M., W. Nelles, R. Oppermann: Determinanten politischer Partizipation. Meisenheim a. G. 1978.
Dahrendorf, R.: Gesellschaft und Demokratie in Deutschland. München 1965.

Datenreport 1992. Hrsg.: Statistisches Bundesamt. Bonn 1992.
Dean, D. G.: Entfremdung und politische Apathie. In: *A. Fischer:* Die Entfremdung des Menschen in einer heilen Gesellschaft. München 1970, 275–283.
30 Jahre Deutscher Bundestag. Dokumentation – Statistik – Daten. Bonn 1979.
Deutscher Bundestag. 12. Wahlperiode. Kürschners Volkshandbuch. Rheinbreitbach 1991.
Dunckelmann, H.: Lokale Öffentlichkeit. Eine Gemeindesoziologische Untersuchung. Stuttgart u. a. 1975.
Ellwein, T., E. Lippert, R. Zoll: Politische Beteiligung in der Bundesrepublik Deutschland. Göttingen 1975.
Enke, E.: Oberschicht und politisches System der Bundesrepublik Deutschland. Bern, Frankfurt a. M. 1974.
Feist, U., K. Liepelt: Neue Eliten in alten Parteien. Anmerkungen zu einer Nebenfolge der Bildungsreform. In: *M. Kaase, H. D. Klingemann* (Hrsg.): Wahlen und politisches System. Opladen 1983, 81–100.
Fischer, A.: Die Entfremdung des Menschen in einer heilen Gesellschaft. München 1970.
Fogt, H.: Die Mandatsträger der Grünen. Zur sozialen und politischen Herkunft der alternativen Parteielite. In: Aus Politik und Zeitgeschichte B 11 (1986), 16–33.
Geißler, R.: Politische Ungleichheit: Soziale Schichtung und Teilnahme an Herrschaft. In: *R. Geißler* (Hrsg.): Soziale Schichtung und Lebenschancen in der Bundesrepublik Deutschland. Stuttgart 1987, 50–78.
Geißler, R.: Die Sozialstruktur Deutschlands. Ein Studienbuch zur Entwicklung im geteilten und vereinten Deutschland. Opladen 1992.
Geißler, R.: Soziale Schichtung und Teilnahme an Herrschaft in der Bundesrepublik Deutschland und in der Deutschen Demokratischen Republik. In: *B. Claußen* (Hrsg.): Politische Sozialisation in Ost und West. Opladen 1994.
Greiffenhagen, M. und *S.:* Ein schwieriges Vaterland. Zur politischen Kultur im vereinigten Deutschland. München / Leipzig 1993.
Greven, M. Th.: Parteimitglieder. Opladen 1987.
Grewe, H., H.-V. Niedenhoff / M. Wilke: Funktionärskarrieren im DGB. Melle 1988.
Güllner, M.: Daten zur Mitgliederstruktur der SPD. Von der Arbeiterelite zu den Bourgeoissöhnchen. In: transfer 2. Wahlforschung. 2. erw. Aufl., Opladen 1977, 91–106.
Habermas, J.: Legitimationsprobleme im Spätkapitalismus. Frankfurt a. M. 1973.
Haungs, P.: Die CDU: Prototyp einer Volkspartei. In: *A. Mintzel, H. Oberreuter* (Hrsg.): Parteien in der Bundesrepublik Deutschland. Opladen 1992, 172–216.
Hegner, F.: Historisch-gesellschaftliche Entstehungsbedingungen und politisch-soziale Funktionen von Bürgerinitiativen. In: *V. Hauff* (Hrsg.): Bürgerinitiativen in der Gesellschaft. Villingen-Schwenningen 1980, 11–118.

Heimann, S.: Die Sozialdemokratische Partei Deutschlands. In: *Stöss, R.* (Hrsg.): Parteien-Handbuch der Parteien der Bundesrepublik Deutschland 1945–1980, Band 2. Opladen 1984, 2025–2216.
Heinze, R. G.: Bauernverband. In: *U. Andersen, W. Woyke* (Hrsg.): Handwörterbuch des politischen Systems der Bundesrepublik Deutschland. Opladen 1992, 26–27.
Hoffmann-Lange, U.: Structural Prerequisites of Elite Integration in the Federal Republic of Germany. In: Research in Politics and Society 1 (1985), 45–96.
Hoffmann-Lange, U., H. Neumann, B. Steinkemper: Konsens und Konflikt zwischen Führungsgruppen in der Bundesrepublik Deutschland. Frankfurt 1980.
Holl, S.: Landespolitiker: eine weitgehend unbeachtete Elite. In: Der Bürger im Staat 40 (1990), S. 25–31.
Hondrich, K. O.: Demokratisierung und Leistungsgesellschaft. Stuttgart u. a. 1972.
Inglehart, R.: Political Value Orientations. In: *M. K. Jennings, J. W. van Deth* et. al.: Continuities in Political Action. Berlin / New York 1990, 67–102.
Jaerisch, U.: Sind Arbeiter autoritär? Frankfurt a. M. 1975.
Jaide, W.: Jugend und Demokratie. München 1970.
Jennings, M. K., J. W. van Deth et. al.: Continuities in Political Action. Berlin / New York 1990.
John, P.: Bedingungen und Grenzen politischer Partizipation in der Bundesrepublik Deutschland am Beispiel von Bürgerinitiativen. München 1979.
Jühe, R.: Soziale Herkunft und Aufstieg von Gewerkschaftsfunktionären. Köln 1977.
Kaase, M.: Politische Beteiligung und politische Ungleichheit. Betrachtungen zu einem Paradoxon. In: *L. Albertin, W. Link* (Hrsg.).: Politische Parteien auf dem Weg zur parlamentarischen Demokratie in Deutschland. Düsseldorf 1981, 363–377.
Kaase, M.: Mass Participation. In: *M. K. Jennings, J. W. van Deth* et. al.: Continuities in Political Action. Berlin / New York 1990, 23–64.
Kaase, M.: Politische Beteiligung. In: *U. Andresen, W. Woyke* (Hrsg.): Handwörterbuch des politischen Systems der Bundesrepublik Deutschland. Opladen 1992, 429–433.
Klingemann, H.-D.: Bürger mischen sich ein: Die Entwicklung der unkonventionellen politischen Beteiligung in Berlin, 1981–1990. In: *H.-D. Klingemann, B. Stöss, B. Weßels* (Hrsg.): Politische Klasse und politische Institutionen. Opladen 1991, 375–404.
Koch, A.: Externe Vergleichsdaten zum ALLBUS 1984, 1986 und 1988. ZUMA-Arbeitsbericht Nr. 90/09. Mannheim.
Kremendahl, H.: Politische Wahlen und Willensbildung durch Parteien. In: Landeszentrale für politische Bildung des Landes Nordrhein-Westfalen (Hrsg.): Demokratie als Teilhabe. Köln 1981, 19–52.
Landua, D. / R. Habich / H.-H. Noll / W. Zapf / A. Spellerberg: „... im Westen noch beständig, im Osten etwas freundlicher". Lebensbedingungen

und subjektives Wohlbefinden drei Jahre nach der Wiedervereinigung. Berlin 1993 (WZB Paper P 93-108).
Lane, R. E.: Political Ideology. New York 1962.
Lapp, P. J.: Das Zusammenwachsen des deutschen Parteiengefüges. Bonn 1993.
Laske, K.-D.: Politische Sozialisation in Theorie und Praxis. München 1980, 71–101.
Lillig, T.: Extremismus. In: *W. Weidenfeld / K.-R. Korte* (Hrsg.): Handbuch zur deutschen Einheit. Frankfurt / New York 1993, 277–289.
Lipset, S. M.: Soziologie der Demokratie. Neuwied 1962.
Mayer-Tasch, P. C.: Die Bürgerinitiativbewegung. Reinbek 1976.
Milbrath, L.: Political Participation. Chicago 1965.
Mohr, H.-M.: Politische und soziale Beteiligung. In: *W. Glatzer, W. Zapf* (Hrsg.): Lebensqualität in der Bundesrepublik. Darmstadt 1984, 157–173.
Moreau, P.: Das Wahljahr 1994 und die Strategie der PDS. In: Aus Politik und Zeitgeschichte B 1 (1994), S. 21–26.
Müller, E.-P.: Die Berufsstruktur des 12. Bundestages. In: Das Parlament 22–23 (1992), 13.
Müller-Rommel, F., T. Poguntke: Die GRÜNEN. In: *A. Mintzel, H. Oberreuter* (Hrsg.): Parteien in der Bundesrepublik Deutschland. Opladen 1992, 319–361.
Naschold, F.: Organisation und Demokratie. Stuttgart u. a. 1971².
Nickolmann, F.: Bürgerinitiativen und repräsentatives System: Ergänzungen oder Alternativen? In: Landeszentrale für politische Bildung des Landes Nordrhein-Westfalen (Hrsg.): Demokratie als Teilhabe. Köln 1981, 89–106.
Niedermayer, O., H. Schmitt: Sozialstruktur, Partizipation und politischer Status in Parteiorganisationen. In: Politische Vierteljahresschrift 24 (1982), 293–310.
Niedermayer, O.: Innerparteiliche Partizipation. Opladen 1989.
Noll, H.-H., E. Wiegand (Hrsg.): System Sozialer Indikatoren für die Bundesrepublik Deutschland. Mannheim 1993.
Oberndörfer, D., G. Mielke: Stabilität und Wandel in der westdeutschen Wählerschaft. Freiburg 1990.
Olzog, G., H.-J. Liese: Die politischen Parteien in Deutschland. München 1992²¹.
Pappi, F. U.: Neue soziale Bewegungen und Wahlverhalten in der Bundesrepublik. In: *M. Kaase, H.-D. Klingemann* (Hrsg.). Wahlen und Wähler. Opladen 1990, 143–192.
Pelinka, A.: Bürgerinitiativen – gefährlich oder notwendig? Freiburg – Würzburg 1978.
Radtke, G. D.: Teilnahme an der Politik. Bestimmungsgründe der Bereitschaft zur politischen Partizipation. Leverkusen 1976.
Rogers, E. D.: Intelligence and Student Political Activism. In: Social Science Quarterly 53 (1972).
Roller, E. / D. Fuchs / K. Voltmer: Bürger und Politik I. Grundlegende politi-

sche Orientierungen. In: Statistisches Bundesamt (Hrsg.): Datenreport 1992. München 1992. S. 629–638.
Rosenberg, M.: Society and Adolescent Self-Esteem. New Jersey 1965.
Rosenmayr, L. (Hrsg.): Politische Beteiligung und Wertwandel in Österreich. München 1980.
Rüdig, W.: Bürgerinitiativen im Umweltschutz. Eine Bestandsaufnahme der empirischen Befunde. In: *V. Hauff* (Hrsg.): Bürgerinitiativen in der Gesellschaft. Villingen-Schwenningen 1980, 119–184.
Scharpf, F.: Demokratietheorie zwischen Utopie und Anpassung. Konstanz 1972².
Schenk, M.: Kommunikationsstrukturen in Bürgerinitiativen. Tübingen 1982.
Scheuch, E. K.: Führungsgruppen und Demokratie in Deutschland. In: Die Neue Gesellschaft 13 (1966), 356–370.
Schmollinger, H. W., R. Stöss: Sozialer Wandel und soziale Basis der Parteien. In: *D. Staritz* (Hrsg.): Das Parteiensystem der Bundesrepublik. Opladen 1976, 217–234.
Schulze, G.: Politisches Lernen in der Alltagserfahrung. München 1977.
Seeman, M.: Alienation and Engagement. In: *A. Campbell, P. E. Converse* (Hrsg.): The Human Meaning of Social Change. New York 1972, 467–527.
Steiner, J.: Bürger und Politik. Meisenheim am Glan 1969.
Streiffeler, F.: Politische Psychologie. Hamburg 1975.
Troitzsch, K. G.: Mitgliederstrukturen der Bundestagsparteien. In: *H. Kaack, R. Roth* (Hrsg.): Handbuch des deutschen Parteiensystems. Band 1. Opladen 1980, 81–100.
Uehlinger, H.-M.: Politische Partizipation in der Bundesrepublik Deutschland. Opladen 1988.
Urban, K. B.: Die Bedingungen politischen Lernens bei Schülern. München 1976.
Verba, S., N. Nie: Participation in America: Political Democracy and Social Equality. New York u. a. 1972.
Verba, S., N. Nie, J.-O. Kim: Participation and Political Equality. A Seven-Nation Comparison. Cambridge 1978.
Watts, Nicholas S. J.: Mobilisierungspotential und gesellschaftspolitische Bedeutung der neuen sozialen Bewegungen. In: *R. Roth / D. Rucht* (Hrsg.): Neue soziale Bewegungen in der Bundesrepublik Deutschland. Frankfurt am Main 1987, 47–67.
Weege, W.: Zwei Generationen im SPD-Parteivorstand. Eine empirische Analyse. In: *T. Leif, H.-J. Legrand, A. Klein* (Hrsg.): Die politische Klasse in Deutschland. Bonn / Berlin 1992, 191–222.
Westle, B.: Politische Partizipation. In: *O. W. Gabriel* (Hrsg.): Die EG-Staaten im Vergleich. Opladen 1992, 135–171.
Wiesendahl, E.: Der Marsch aus den Institutionen. In: Aus Politik und Zeitgeschichte B 21 (1990), 3–14.
Zapf, W.: Wandlungen in der deutschen Elite. München 1966.
Zilleßen, H.: Partizipation / Bürgerinitiativen. In: *M. Greiffenhagen* (Hrsg.): Kampf um Wörter? München – Wien 1980, 340–349.

Soziale Schichtung und Bildungschancen

Rainer Geißler

Die soziale Auslese im Bildungssystem ist ein eindrucksvolles Beispiel dafür, welches enorme Beharrungsvermögen schichtspezifische Chancenunterschiede in der modernen Gesellschaft aufweisen können. Die Entwicklung der Bildungschancen in der vertikalen Dimension der sozialen Ungleichheit steht in krassem Gegensatz zur Entwicklung in anderen Dimensionen: Während in den letzten drei Jahrzehnten die Chancenunterschiede nach Geschlecht weitgehend eingeebnet wurden, ragen schichttypische Unterschiede weiterhin wie ein Fels in die Brandungswellen der Bildungsexpansion hinein. Und es sieht auch nicht so aus, als könnte diese Bastion der schichttypischen Ungleichheit, die keine deutsche Besonderheit ist, sondern in allen Gesellschaften in ähnlicher Form die Bildungsexpansion überdauert hat (vgl. *Lamprecht* 1991), in absehbarer Zeit beseitigt werden.

In diesem Kapitel werde ich dreierlei zeigen:

1. daß die Lebenschancen der Menschen weiterhin in erheblichem Maß vom Verlauf ihrer Bildungskarriere abhängen (Kap. 1);

2. daß die Bildungsexpansion die Bildungschancen der Kinder aus den meisten Schichten zwar verbessert, aber die schichtspezifischen Chancenunterschiede auf eine höhere Ausbildung nicht abgebaut, sondern vergrößert hat (Kap. 2); und schließlich

3. daß die schichttypischen Chancenunterschiede auf ein komplexes Wirkungsgefüge im Zusammenspiel von Sozialstruktur, Familie und schulischer Auslese zurückzuführen sind, in das mit bildungspolitischen Maßnahmen nur in sehr begrenztem Umfang eingegriffen werden kann (Kap. 3).

1 Schulbildung und Lebenschancen

Das Niveau der schulischen Ausbildung ist in der modernen Gesellschaft zu einem wesentlichen Bestimmungsfaktor für die Lebenschancen des einzelnen geworden. Immer mehr Menschen verweilen immer länger in Schulen und Hochschulen. Die verschiedenen Bildungswege beeinflussen daher nachdrücklich die *Persönlichkeitsentwicklung*, die wiederum eine wichtige Voraussetzung für die Wahrnehmung von Chancen in den verschiedensten Bereichen des gesellschaftlichen Lebens ist. An anderer Stelle (S. 24) habe ich bereits auf die Folgen der Umschichtungsprozesse für die Prägekraft des Bildungsniveaus in der modernen Sozialstruktur hingewiesen: Die Relevanz von Bildung und Persönlichkeit für Unterschiede in der Lebensgestaltung und den Lebenschancen nimmt langfristig eher zu als ab. Zum anderen beeinflussen die unterschiedlichen Bildungswege auch den zukünftigen *Sozialstatus* der Individuen und die damit zusammenhängenden Privilegien wie Einkommen, Prestige, Einfluß oder Arbeitsqualität. Die große Bedeutung des Qualifikationsniveaus als Ressource für Lebenschancen hat den französischen Soziologen *Pierre Bourdieu* (1987, 32) veranlaßt, Schulbildung auch als „schulisches Kapital" oder „Bildungskapital" zu bezeichnen.

Ich möchte mich im folgenden Unterkapitel darauf beschränken, die Wichtigkeit des Ausbildungabschlusses für die Lebenschancen an wenigen ausgewählten Merkmalen der Soziallage zu verdeutlichen.[1]

1.1 Schulbildung und Sozialstatus

Die herausragende Bedeutung der Schulbildung für den zukünftigen Sozialstatus eines Individuums hat *Helmut Schelsky* in den fünfziger Jahren in einer immer wieder zitierten Formulierung über die soziale Funktion der Schule hervorgehoben: die Schule sei zur „ersten und damit entscheidenden, zentralen sozialen Dirigierungsstelle für die zukünftige soziale Sicherheit, für den zukünftigen sozialen Rang und für das Ausmaß zukünftiger Konsummöglichkeiten" geworden (*Schelsky* 1957, 17). Die zunehmende Bürokratisierung und Verwissenschaftlichung der Berufswelt haben dazu geführt, daß berufliche Werdegänge immer stärker an bestimmte Laufbahnvorschriften gebunden und der Einstieg in bestimmte Laufbahnen wiederum immer enger an bestimmte Schulabschlüsse gekoppelt wurden.

Die Vorstellungen über den engen Zusammenhang von Ausbildung und Sozialstatus blieben nicht unwidersprochen. Anfang der siebziger Jahre meldeten Bildungssoziologen wie der Franzose *Raymond Boudon* oder der Amerikaner *Christopher Jencks* erhebliche Zweifel an, ob das angebliche Gewicht des Bildungsniveaus für die Sozialchancen nicht lediglich eine Fiktion von Sozialwissenschaftlern und Bildungspolitikern ohne empirische Grundlage sei. Diese Bedenken wurden auch in deutschen Studien aufgegriffen.[2] Empirische Daten zeigen jedoch, daß die sozioökonomische Lage der Individuen zwar nicht ausschließlich, aber doch deutlich von ihren Ausbildungsabschlüssen abhängt. Die drei folgenden Beispiele sollen diesen Zusammenhang illustrieren.

- Der *Einkommens*vorsprung der Akademiker gegenüber dem Durchschnitt ist zwar von 93% im Jahre 1970 auf 75% im Jahre 1982 etwas geschrumpft, in den 80er Jahren nahm er jedoch wieder zu und erreichte 1989 mit 82% das Niveau von 1978 (Abb. 1). Immerhin lag 1989 das durchschnittliche monatliche Nettoeinkommen eines Universitätsabsolventen mit 4093 DM um 2148 DM über dem Einkommen eines Ungelernten und um 1890 DM über dem von Männern mit „normaler" Berufsausbildung. Eine gute Ausbildung zahlt sich also im Erwerbsleben nach wie vor aus.
- Je besser die Schulbildung ist, um so größer ist die Chance, eine qualifizierte *Berufsposition* zu erreichen. Dies gilt nicht nur für das streng reglementierte Laufbahnsystem des öffentlichen Dienstes, sondern auch für die Privatwirtschaft, wo die Führungspositionen immer stärker akademisiert werden. Der Aufstieg ins Management setzt zunehmend höhere Bildungsabschlüsse voraus. Unter den Geschäftsführern der deutschen Wirtschaftsbetriebe gab es 1984 nur noch 6% mit Volksschulabschluß und 16% mit mittlerer Reife. Der Rest verfügte über das Abitur, eine Fachhochschul- oder eine Hochschulausbildung. Auch bereits 54% der Ab-

Abb. 1 Ausbildungsniveau und Einkommen

Monatliches Nettoeinkommen der Bildungsgruppen in Prozent des durchschnittlichen Nettoeinkommens (Männer)

	1970 in %	1978 in %	1982 in %	1989 in %	1989 in DM
ohne Berufsausbildung	–[1]	84	86	86	1 945
Berufsausbildung	–[1]	101	100	98	2 203
Fachhochschulabschluß	166	164	162	161	3 638
Hochschul-, Uni-Abschluß	193	182	175	182	4 093
alle Gruppen	100	100	100	100	2 253

[1] Die Daten für 1970 sind nach anderen Kategorien gruppiert.
Quellen: 1970 Volkszählung, 1978–1989 Mikrozensus; berechnet nach Materialien aus der Arbeitsmarkt- und Berufsforschung 7 (1984), 4 und *Bellmann* u.a. 1993, Tab. 2.

teilungsleiter der „ersten Ebene" hatten eine Universität oder Fachhochschule absolviert, unter den Abteilungsleitern der „zweiten Ebene" waren es 43%. Die zunehmende Akademisierung wird auch daran deutlich, daß der Anteil an Hochschulabsolventen unter den jüngeren Führungskräften größer ist als unter den älteren (*iwd* 21/1985, 6).
– Obwohl mit anhaltender Massenarbeitslosigkeit auch die Quote der arbeitslosen Akademiker gestiegen ist, gilt weiterhin die allgemeine Regel: eine gute Ausbildung mindert das *Beschäftigungsrisiko*. Die Arbeitslosenquote unter den Personen ohne Ausbildungsabschluß lag 1991 in Ost und West jeweils um das 2,3fache über dem Durchschnitt. Universitätsabsolventen kommen in den Turbulenzen des ostdeutschen Arbeitsmarktes am besten zurecht; sie weisen die mit Abstand niedrigste Arbeitslosenquote in den neuen Ländern auf. In den alten Ländern haben allerdings nicht die Akademiker die besten Chancen auf einen Arbeitsplatz, sondern die Absolventen von Fach-, Meister- und Technikerschulen, gefolgt von den Fachhochschulabsolventen (Abb. 2).

Abb. 2 Ausbildungsniveau und Arbeitslosigkeit

Schlechte Karten für Ungelernte

Arbeitslosenquote der Absolventen 1991 in Prozent ○ Alte Länder ● Neue Länder

	Alte Länder	Neue Länder
Fachschule, Meisterschule, Technikerschule	2,6	9,9
Fachhochschule	3,0	
Universität	4,0	6,4
duale Lehre/ Berufsfachschule	4,3	13,7
Arbeitslosenquote insgesamt	6,1	13,3
ohne Ausbildungsabschluß	14,0	31,1

Quelle: iwd 18/1993, 5.

*1.2 Das erste Paradox der Bildungsexpansion:
Entwertung und Aufwertung der Bildungsabschlüsse*

Eine der auffälligsten Veränderungen des Bildungssystems in den sechziger und siebziger Jahren ist die *Bildungsexpansion:* immer mehr Jugendliche und junge Erwachsene erwerben mittlere oder höhere Bildungsabschlüsse. So versechsfachte sich der Anteil der Abiturienten an der gleichaltrigen Wohnbevölkerung in Westdeutschland zwischen 1960 und 1991 von 6% auf 36%; der entsprechende Anteil der Studienanfänger an Hochschulen und Fachhochschulen stieg im gleichen Zeitraum um etwa das 4,5fache von 8% auf 35% an. In der DDR, wo die Bildungsexpansion eher einsetzte, wurde der Zugang zur Abiturstufe und zu den Hochschulen in den siebziger Jahren gedrosselt, so daß 1989 die Abiturienten- und Studienanfängerquoten nur jeweils 14% betrugen.[3] In den neuen Ländern nähern sich diese Quoten allerdings schnell an das westdeutsche Niveau an. Studien zu den Bildungswünschen der Kinder und ihrer Eltern sowie zur Schulwahl nach dem Ende der Grundschule zeigen, daß bereits 1990 und 1991 die Gymnasialausbildung mindestens so attraktiv war wie in den alten Ländern; und 1993 begannen bereits 23% der entsprechenden Jahrgänge mit einem Studium.[4]

Die Bildungsexpansion hat die Bedeutung des Ausbildungsniveaus für den zukünftigen Sozialstatus in einer Art und Weise verändert, die auf den ersten Blick paradox anmutet: die Schulabschlüsse sind *gleichzeitig entwertet und aufgewertet* worden. Da die Menge höherer Bildungsabschlüsse stark vermehrt wurde, haben diese einerseits an Wert eingebüßt: mit einem Zertifikat desselben Niveaus werden in Zukunft nur noch Berufspositionen mit durchschnittlich weniger Einkommen, Prestige und Einfluß erlangt werden können. Der Begriff der *„Bildungsinflation"* charakterisiert diesen Sachverhalt durchaus zutreffend. Andererseits haben die höheren Schulabschlüsse an Bedeutung gewonnen, weil die bildungsbezogenen „Eintrittspreise" in die Berufslaufbahnen angehoben wurden: wo früher niedrigere Schulabschlüsse ausreichend waren, werden in Zukunft höhere Schulabschlüsse gefordert – ein Vorgang, der auch *„upgrading-Prozeß"* genannt wird. Ein höheres Bildungsniveau ist also nach der Bildungsexpansion *weniger Garantie, aber immer mehr Voraussetzung* für einen höheren Sozialstatus. Ein bestimmter Bildungsabschluß reicht immer weniger aus, um in den Genuß bestimmter Vorteile zu kommen; gleichzeitig wird er aber immer notwendiger, um die Chancen auf diese Vorteile überhaupt wahren zu können.[5]

Zusammenfassend läßt sich festhalten: Der Bildungsweg eines Individuums beeinflußt wegen seiner Bedeutung für die Persönlichkeitsentwicklung und für den Sozialstatus in erheblichem Maße die Lebenschancen. Die Frage, in welchem Umfang die verschiedenen Schichten die Bildungseinrichtungen unterschiedlichen Niveaus nutzen können, ist also nach wie vor von hoher gesellschaftspolitischer Relevanz.

2 Entwicklung und Struktur der schichtspezifischen Bildungschancen

2.1 Das zweite Paradox der Bildungsexpansion: mehr Bildungschancen, aber nicht mehr Chancengleichheit

In den sechziger Jahren wird auch der bundesdeutschen Öffentlichkeit bewußt, was in der DDR bereits nach Kriegsende an den Pranger gestellt wurde (dazu *Geißler* 1983 und 1990, 84ff.): die höhere Bildung ist – so wie in der ersten Hälfte dieses Jahrhunderts – im wesentlichen ein Privileg des Bürgertums; Arbeiterkinder sind von ihr weitgehend ausgeschlossen. Im Zusammenhang mit der Diskussion um einen Bildungsrückstand der westlichen Industriegesellschaften gegenüber den sozialistischen Staaten, der mögliche Gefahren für den technologischen, wirtschaftlichen und gesellschaftlichen Fortschritt in sich birgt, weisen Kritiker des deutschen Bildungssystems wie *Picht* (1964), *Hamm-Brücher* (1964) und Dahrendorf (1965a, b) auf die sozial ungleich verteilten Bildungschancen hin und fordern eine Bildungspolitik, die u. a. die Benachteiligung der unteren Schichten beseitigt, um ihnen gleiche Startchancen beim Zugang zu gesellschaftlichen Privilegien zu gewähren. Da wirtschaftliche und gesellschaftspolitische Interessen in die gleiche Richtung weisen, wird Chancengleichheit für etwa ein Jahrzehnt zu einem zentralen Anliegen bundesdeutscher Bildungsreformen. In der zweiten Hälfte der siebziger Jahre verliert dann dieses Ziel wegen der wirtschaftlichen Krisenerscheinungen, der steigenden Massenarbeitslosigkeit und des großen Angebots an mittleren und höheren Bildungsabschlüssen an Dringlichkeit und Aktualität.

Wie haben sich die Bildungschancen in den beiden vergangenen Jahrzehnten entwickelt? Wem hat die Bildungsexpansion genützt? Sind mit dem allgemeinen Anstieg des Bildungsniveaus bei der jüngeren Generation schichtspezifische Ungleichheiten der Bildungschancen abgebaut worden?

Ganz allgemein läßt sich feststellen, daß die Bildungsexpansion den Kindern aus nahezu allen Bevölkerungsgruppen zugute gekommen ist. Soziologisch interessant ist jedoch die Frage, ob dabei gleichzeitig eine Umverteilung der Bildungschancen zugunsten der benachteiligten unteren Schichten stattgefunden hat.

Leider waren und sind die *Bildungsstatistiken* des Bundes und der Länder in einem derartig lamentablen Zustand, daß sie auf diese zentrale Frage der Bildungs- und Gesellschaftspolitik keine präzise und differenzierte Antwort geben. Im Statistischen Jahrbuch für die Bundesrepublik Deutschland ist zwar nachzulesen, daß heute weniger Rinder geschlachtet werden als früher, wobei fein säuberlich zwischen gewerblichen Schlachtungen und Hausschlachtungen sowie zwischen Ochsen, Bullen, Kühen und weiblichen Rindern bis zum 1. Kalb unterschieden wird (Tab. 8.34); aber es enthält keine Angaben zur Entwicklung der Bildungschancen von Kindern aus verschiedenen Schichten. Die Datenlage in der Bildungsstatistik hat sich in den letzten Jahren sogar noch verschlechtert. Aus den verfügbaren Materialien lassen sich daher zur Auswirkung der Bildungsexpansion auf die schichtspezifischen Bildungschancen nur grobe und lückenhafte Aussagen ableiten.

Da sich die Bildungsexpansion auf den verschiedenen Ebenen des Bildungssystems unterschiedlich auf die schichtspezifische Chancenstruktur ausgewirkt hat, ist es sinnvoll, die Verschiebungen auf den drei Niveaus Realschule, Gymnasium und Hochschule getrennt zu betrachten.

Den bislang besten Einblick in die Veränderungen der schichtspezifischen Chancenstrukturen im Schulwesen vermittelt die Spezialauswertung der Mikrozensusdaten von *Köhler* (1992). Sie bestätigt die skeptische Einschätzung der Effekte in bisherigen zusammenfassenden Bilanzen – z. B. bei *Trommer-Krug* (1980), *Geißler* (1987, 1990, 1992), *Rodax* (1989), *Böttcher/Klemm* (1990), *Ditton* (1992), *Meulemann* (1992) – und verfeinert den Kenntnisstand durch die vergleichsweise differenzierte Gliederung der Soziallagen. Ich orientiere mich bei der Darstellung der Schulchancen im wesentlichen an den in Abb. 3 zusammengestellten Daten, versehe jedoch die Interpretation mit etwas anderen Akzenten, als sie *Köhler* (S. 54 ff.) gesetzt hat.

Realschulen: Die Expansion im Realschulbereich zwischen 1970 und 1989 kam in erster Linie den Kindern aus den *unteren Mittelschichten* zugute, insbes. den Facharbeiter- und Bauernkindern. Die Besuchsquoten stiegen bei den 13–14jährigen Kindern ausländischer Facharbeiter am stärksten an (um 20 Prozentpunkte), gefolgt von den Bauernkindern (13 Prozentpunkte) und den deutschen Ar-

Abb. 3 Entwicklung der schichtspezifischen Schulbesuchsquoten[1] 1970/76–1989 (in Prozent)

Beruf und Bildung des Familienvorstands[2]	Hauptschule (13–14jährige)		Differenz 76–89	Realschule (13–14jährige)		Differenz 76–89	Gymnasium (17–18jährige)			Differenz 70–89
	1976	1989		1976	1989		1970	1976	1989	
Beamte mit Abitur	(7)	(7)	(– 1)*	(9)	12	(3)	72	69	77	5
selbständige Akademiker	(4)	(2)	(– 2)	(11)	(10)	(–1)	75	72	76	1
Angestellte mit Abitur	12	(8)	(– 4)	16	20	4	67	56	73	5*
Beamte mit mittlerem Abschluß	22	(13)	(– 9)	24	32	9*	38	39	47	9
Angestellte mit mittlerem Abschluß	22	16	– 6	24	31	7	34	37	46	11*
nichtakad. Selbständige (o. Landw.)	36	33	– 2*	27	29	2	21	27	34	13
Angestellte ohne mittleren Abschluß	22	16	– 6	24	31	7	16	23	28	12
Beamte ohne mittleren Abschluß	39	28	–11	30	37	7	18	26	24	6
selbständige Landwirte	62	47	–15	23	36	13	6	11	17	11
deutsche Arbeiter mit Lehre	60	52	– 8	22	30	8	–	9	14	–
ausländische Arbeiter mit Lehre	79	58	–21	(6)	26	(20)	–	(5)	13	–
ausländische Arbeiter ohne Lehre	77	71	– 6	(7)	16	(10)*	–	(3)	10	–
deutsche Arbeiter ohne Lehre	70	65	– 4*	18	21	3	–	6	7	–
deutsche Arbeiter insgesamt	–	–	–	–	–	–	4	–	12	8
ausländische Arbeiter insgesamt	–	–	–	–	–	–	0	–	11	11
alle Gruppen	50	40	–10	21	27	5*	12	18	27	15

[1] Anteil an den Gleichaltrigen der jeweiligen Schicht, die einen bestimmten Schultyp besuchen (Lesebeispiel: 77 % der 17–18jährigen Kinder von Beamten mit Abitur besuchten 1989 ein Gymnasium).
[2] Die Rangordnung der Schichten orientiert sich an den gymnasialen Chancen im Jahr 1989.
( ) Prozentzahlen, die aus weniger als 50 Fällen berechnet sind.
* Die Prozentangaben wurden wegen besserer Lesbarkeit auf- bzw. abgerundet. Die Differenzen können daher um einen Prozentpunkt von der Differenz abweichen, die sich aus den gerundeten Spaltenwerten ergibt.

Quelle: Zusammengestellt nach Köhler 1992, 55, 57.75.

beiterkindern (8 Prozentpunkte). Auf der Ebene des mittleren Bildungsniveaus sind also die *Chancen zugunsten der benachteiligten Schichten umverteilt* worden. Allerdings gibt es auch Leidtragende der Entwicklung: die schlechten Realschulchancen der Kinder von deutschen Ungelernten haben sich nur minimal verbessert, so daß ihr Rückstand gegenüber anderen Schichten größer geworden ist.

Gymnasien: Auf die Chancen der Kinder aus verschiedenen Schichten, die letzten Klassen eines Gymnasiums zu besuchen, hat die Bildungsexpansion anders eingewirkt als auf die Realschulchancen. Die gymnasialen Besuchsquoten der 17–18jährigen aus der Spitzengruppe mit sehr guten Chancen (Väter mit Abitur) sind zwar auch zwischen 1970 und 1989 noch etwas gestiegen, aber der Zuwachs war mit 1 bis 5 Prozentpunkten geringer als bei den Jugendlichen aus anderen Schichten. Offenbar sind die Bildungsreserven dieser Gruppen so gut wie ausgeschöpft, es macht sich ein „Deckeneffekt" (ceiling effect) bemerkbar. Die Hauptgewinner der Expansion der Gymnasien sind Schichten, die – mit einer Ausnahme (Landwirte) – bereits 1970 gute oder zumindest mittlere Bildungschancen hatten: die mittleren Dienstleistungschichten (mit Ausnahme der Beamten ohne mittlere Abschlüsse) und die Selbständigen – und zwar sowohl der alte bürgerliche Mittelstand als auch die Landwirte. Die mittleren Dienstleistungsschichten (Chancenzuwachs 9 bis 12 Prozentpunkte) und der alte bürgerliche Mittelstand (13 Prozentpunkte) haben ihren Abstand zur Spitzengruppe verringern können; dasselbe gilt für die benachteiligten Kinder der Landwirte (11 Prozentpunkte). Die Arbeiterkinder insgesamt haben trotz der Chancenverbesserung um 8 Prozentpunkte gegenüber den anderen Schichten etwas an Boden verloren. Und an den Kindern der ungelernten Arbeiter ist neben der Ausdehnung der Realschulen auch die der Gymnasien vorbeigegangen – nicht nur in den siebziger Jahren (dazu *Meulemann* 1985, 69 ff.), sondern auch in den achtziger Jahren. *Gymnasiale Chancen wurden also zugunsten der mittleren Schichten und zu Lasten der Arbeiterschichten, insbesondere der Ungelernten, umverteilt.*

Abb. 3 gestattet lediglich einen Vergleich der Situation in den Jahren 1970/1976 und 1989; über die genauere Entwicklung in der dazwischen liegenden Zeit gibt sie keine Auskunft. Die Auswertung des Mikrozensus in Abb. 4 arbeitet zwar nur mit groben Berufsgruppen, aber sie ermöglicht einen genaueren Einblick in verschiedene Phasen des Wandels der gymnasialen Chancen zwischen 1972 und 1989. Die Daten zeigen einen deutlichen Chancenschub für 13–14jährige Arbeiterkinder in der Reformphase Anfang der 70er Jahre, der sich

Abb. 4 Besuch weiterführender Schulen nach dem Beruf des Familienvorstandes (Bundesrepublik 1972–1989, 13- und 14jährige)

	Von jeweils 100 Kindern aus den verschiedenen Berufsgruppen besuchten					
	alle Berufs-gruppen	Arbeiter	Angestellte	Beamte	Selbständige ohne Beschäftigte	Selbständige mit Beschäftigten
	eine Realschule					
1972	19	16	25	23	20	25
1976	21	20	25	22	25	25
1980	25	22	30	25	26	30
1985	27	26	30	26	33	31
1989	27	26	29	24	29	26
Differenz 1972–1989	8	10	4	1	9	1
	ein Gymnasium					
1972	19	6	36	46	16	34
1976	22	9	38	47	20	37
1980	24	10	39	51	20	35
1985	26	11	41	51	19	36
1989	29	11	44	58	26	45
Differenz 1972–1989	10	5	8	12	10	11

Quellen: Sonderauswertungen des Mikrozensus, zusammengestellt nach *Klemm* 1987, 831; *Klemm* u.a. 1990, 92: *Hansen/Rolff* 1990, 61; *Böttcher* 1991, 153.

nach 1976 stark verlangsamte und in den 80er Jahren schließlich in eine Stagnation überging. Die Arbeiterkinder sind die einzige Gruppe, deren gymnasiale Chancen sich nach 1985 nicht erhöht haben, obwohl der Zustrom zu den Gymnasien weiter gewachsen ist. Das traditionelle Tor auf dem Weg zum Übergang in die Sekundarstufe II stand für Kinder der Beamten, Angestellten und Selbständigen schon immer relativ weit offen und hat sich für diese in der zweiten Hälfte der 80er Jahre noch weiter geöffnet; der kleine Spalt für die Arbeiterkinder ist dagegen nicht mehr größer geworden.

Soziale Schließungstendenzen auf den Wegen zum Abitur in der ersten Hälfte der achtziger Jahre zeigen auch die folgenden Daten an: Zwischen 1980 und 1986 sank der Anteil der Arbeitersöhne unter den Studienberechtigten von 21 auf 17%, derjenige der Arbeitertöchter von 19 auf 16%. Offenbar war dies nur eine vorübergehende Erscheinung, denn bis 1992 sind die Anteile wieder geringfügig auf 20% (Söhne) und 18% (Töchter) angestiegen (*BMBW 1993, 67*).

Während die schichtspezifischen Unterschiede in den Schulchancen trotz Bildungsexpansion erhalten blieben – teils gemildert, teils verschärft –, wurden Chancenunterschiede nach *Nationalität* fast eingeebnet und diejenigen nach Geschlecht ins Gegenteil verkehrt. Es ist schon bemerkenswert, daß die Kinder der ausländischen Arbeiter nahezu mit den deutschen Arbeiterkindern gleichgezogen haben (Abb. 3). Und ebenso bemerkenswert ist, daß sich das von *Helge Pross* (1969) in den sechziger Jahren nachhaltig angeprangerte gravierende Bildungsdefizit der *Mädchen* inzwischen im allgemeinbildenden Schulwesen – wenn auch nicht in der Berufsausbildung – sogar in ein leichtes Bildungsdefizit der Jungen verwandelt hat (vgl. *Geißler 1992, 239; BMBW 1993, 74f.*). Zusätzliche Realschulchancen wurden von den Arbeiter- und Bauerntöchtern besser genutzt als von den Arbeiter- und Bauernsöhnen; und von der Expansion der Gymnasien profitierten die Töchter der mittleren Schichten stärker als deren Söhne (*Köhler 1992, 70*).

Wissenschaftliche Hochschulen: Am Run auf die Universitäten beteiligten sich insbesondere die jungen Menschen aus denjenigen Gruppen, die bereits 1969 gute Studienchancen hatten (vgl. Abb. 5) – Söhne und in noch stärkerem Maße Töchter von Beamten (Zuwachs 20 Prozentpunkte), Selbständigen (15 Prozentpunkte) und Angestellten (13 Prozentpunkte). Trendanalysen mit einem feineren Schichtmodell liegen nicht vor, aber es dürfte sich bei den Gewinnern der Hochschulexpansion um dieselben mittleren Schichten handeln, die auch in besonderem Maße von der Ausdehnung der Gymnasien profitierten. Arbeiterkinder konnten die Ausdehnung der

Abb. 5 Anteil der Studienanfänger (wissenschaftliche Hochschulen) an den Gleichaltrigen der jeweiligen Herkunftsgruppe (in Prozent)

Beruf des Vaters	1969	1979	1982	1984	1986	1988	1990*	Differenz 1969–1990
Beamte	27	35	36	31	33	38	47	20
Angestellte	15	24	23	22	19	22	28	13
Selbständige	11	–	20	19	18	25	26	15
Arbeiter	3	4	5	4	4	5	7	4
insgesamt	10	13	15	14	14	17	18	8

* = alte Bundesländer.

Methodische Anmerkung: Die Prozentwerte beruhen auf Schätzungen, da die Anzahl „aller Gleichaltrigen", auf die die Altersgruppen der Studienanfänger prozentuiert werden, nicht genau bekannt ist bzw. nur schwer zu berechnen ist. Für das Jahr 1969 wurde eine andere Methode der Schätzung verwendet als für die Jahre 1979 bis 1990. Ein Vergleich mit anderen Analysen läßt jedoch den Schluß zu, daß die Entwicklung der schichtspezifischen Bildungschancen in den siebziger Jahren trotz dieses methodischen Problems tendenziell richtig wiedergegeben wird.

Quellen: *Ballerstedt/Glatzer* 1979, 299 (1969); BMBW 1986, 103 (1979–1984); BMBW 1992a, 57ff. (1986–1990).

Universitäten nicht in demselben Umfang nutzen. In den sechziger Jahren lagen ihre Studienchancen nur geringfügig über dem schlechten Niveau in der ersten Hälfte diese Jahrhunderts (dazu *Kaelble* 1983, 130), nur etwa drei von hundert schafften 1969 den Zugang zu einer wissenschaftlichen Hochschule, in den achtziger Jahren waren es dann zwischen vier und fünf Prozent. Erst 1990 kletterte die Studierquote der Arbeiterkinder zum ersten Mal in der Geschichte der Bundesrepublik über die Fünfprozentmarke auf 7%. Kinder aus anderen Herkunftsgruppen profitierten erheblich stärker von der Bildungsexpansion der wissenschaftlichen Hochschulen in der zweiten Hälfte der achtziger Jahre. Gegenüber dem Wachstum der Studienchancen der Beamtenkinder zwischen 1986 und 1990 um 14 Prozentpunkte, der Angestelltenkinder um neun und der Selbständigenkinder um sieben Prozentpunkte nehmen sich die drei Prozentpunkte Zuwachs in der Arbeiterschaft sehr bescheiden aus. Überblickt man die Chancenentwicklung in den beiden letzten Jahrzehnten, so stellt man fest: Die privilegierten Töchter und Söhne der Beamten bauen ihren Vorsprung aus, die Töchter und Söhne der Arbeiter fallen – trotz des Chancenzuwachses – deutlich zurück, ihr Rückstand zu den drei anderen Gruppen nimmt erheblich zu. Die Chancenunterschiede wurden im Zuge der Hochschulexpansion nicht abgebaut, sondern sie haben sich auf einem höheren Niveau deutlich vergrößert. Wie stark die schichtspezifischen Effekte in dieser Dynamik der Hochschulentwicklung sind, wird klar, wenn man sich die folgenden Daten vor Augen hält: Während die Studienchancen der Arbeiterkinder mit 7% im Jahre 1990 ein bisher nie dagewesenes Jahrhundertniveau erreichten, konnten die Beamtenkinder ihre Studienchancen zwischen 1986 und 1990 um 14 Prozentpunkte steigern. Allein der Chancenzuwachs war also in dieser Gruppe in der zweiten Hälfte der achtziger Jahre doppelt so hoch wie das höchste Chancenniveau, das Arbeiterkinder jemals erzielen konnten.

In den achtziger Jahren hielten die öffentliche Diskussion über die „Abiturienten-Schwemme" und über eine drohende Akademikerarbeitslosigkeit sowie die Probleme auf dem Arbeitsmarkt, von denen auch die Hochschulabsolventen betroffen waren, viele AbiturientInnen von der Aufnahme eines Studiums ab. Die Studierquoten unter den Studienberechtigten sanken vorübergehend. Die Abschreckungseffekte wirkten schichtspezifisch: Arbeiterkinder waren davon besonders betroffen. Da sie vom Studium mehr als andere einen sicheren Arbeitsplatz mit gutem Einkommen erwarten, lassen sie sich durch Beschäftigungsrisiken für Akademiker eher vom Studium abhalten als Kinder aus universitätsnahen Schichten, in denen der

Wille zum Studium Tradition hat und in denen der Studienwunsch stärker mit Fachinteressen und Streben nach Selbstverwirklichung verknüpft ist.[6] Dazu kommt, daß Arbeiterkinder vom Rückgang der Bafög-Empfänger und von der Umstellung der Studienförderung auf Darlehen sowie den daraus resultierenden Schwierigkeiten bei der Studienfinanzierung besonders betroffen sind.[7]

Als *Resümee* läßt sich festhalten: Die Bildungsexpansion hat zwar *die Bildungschancen der Kinder aus fast allen Schichten erheblich erhöht, aber zu einer Umverteilung der Chancen, zu einem Abbau der Chancenunterschiede zwischen den Schichten ist es nur bei den mittleren Abschlüssen gekommen.* Wenn man die Differenz in den Gymnasial- und Studentenquoten zwischen den Schichten als Maß für Ungleichheit nimmt – eine durchaus sinnvolle Sichtweise der Problematik –, dann kommt man zu einem gegenteiligen Schluß: *Die Chancen auf eine höhere Ausbildung an Gymnasien und Universitäten sind eher ungleicher geworden.* Einige Statusgruppen haben sich in ihren Chancen etwas angenähert, dafür ist aber die Kluft zwischen anderen Gruppen größer geworden. Die Kinder der un- und angelernten Arbeiter sind vom Bildungsboom kaum erfaßt worden. Sie bilden nicht nur weiterhin das Schlußlicht, sondern ihr Rückstand gegenüber den Kindern von Facharbeitern und mittleren Berufsgruppen ist – auch auf der mittleren Ebene – größer geworden. Die traditionell benachteiligten Facharbeiterkinder dringen zwar verstärkt in die mittleren und höheren Bildungseinrichtungen vor, aber sie können den Vorsprung der alten und neuen Mittelschichten nicht einholen. Auch diese steigern ihre Bildungsanstrengungen, so daß sie ihre Chancenvorteile sogar noch ausbauen können – an den Universitäten wahrscheinlich noch stärker als an den Gymnasien. Die Kinder der *mittleren Dienstleistungsschichten* und des *alten Mittelstandes* der Selbständigen können als die *Hauptgewinner* der Expansion der Gymnasien und vermutlich auch der Universitäten angesehen werden: sie waren in der Lage, ihren Abstand zu den Arbeiterkindern zu vergrößern und gleichzeitig gegenüber den Kindern der höchsten Statusgruppen etwas aufzuholen; denn diese konnten und können ihre hohe Chancenausnutzung nur noch in Grenzen steigern. Beim Wettlauf um zusätzliche höhere Bildungschancen konnten die mittleren Schichten ihre besseren Ressourcen (vgl. Kap. 3) ausspielen. Es gibt also ein *zweites Paradox der Bildungsexpansion: sie verbessert die Bildungschancen, verstärkt aber gleichzeitig die soziale Ungleichheit auf dem Weg zu den höheren Bildungsniveaus.*

2.2 Eine Momentaufnahme der Chancenstruktur

Die Momentaufnahme der Chancenungleichheit in Abb. 6 läßt fünf recht gut voneinander abgrenzbare Gruppen erkennen: stark Begünstigte, Begünstigte, eine mittlere Gruppe mit ausgeglichenen Chancen, Benachteiligte und stark Benachteiligte. Bei der folgenden Skizze der Chancenunterschiede werde ich insbesondere drei Gesichtspunkte beachten: 1. Wie verteilen sich die Kinder im dreigliedrigen Schulsystem? 2. Welcher Anteil der Studienberechtigten absolviert ein Studium? 3. Wie verteilen sie sich auf Universitäten und Fachhochschulen?

Stark Begünstigte: Selbständige Akademiker, Beamte und Angestellte mit Abitur.

Die stark begünstigten Schichten zeigen eine *ausgeprägte Gymnasial- und Universitätsorientierung;* ihre herausragenden Bildungschancen heben sich prägnant von allen anderen Schichten ab. Die Hauptschule wird nur in Ausnahmefällen und die Realschule nur von einer kleinen Minderheit gewählt, dagegen besuchen drei von vier Kindern die Oberstufe des Gymnasiums. Noch stärker ist der Drang auf die Hochschulen. Sie sind die einzigen Schichten, in denen die Hochschulquote größer oder mindestens genauso groß wie die Gymnasialquote ist. Daraus ist zu folgern, daß diese Kinder auch auf dem „zweiten Weg" in die Hochschulen am traditionellen Gymnasium vorbei - z. B. an den Fachoberschulen - besonders erfolgreich sind (Belege dazu auch bei *Bofinger* 1990, 128, 133). Die Studienberechtigung wird von der großen Mehrheit zum Universitätsstudium genutzt; obwohl nur vergleichsweise wenig Studienberechtigte eine Fachhochschule besuchen, liegen die Fachhochschulquoten der stark Begünstigten noch über denjenigen anderer Gruppen.

Begünstigte: Beamte und Angestellte mit mittlerem Abschluß.

Das typische Bildungsziel dieser Gruppe ist das *Gymnasium,* das etwa jedes zweite Kind besucht; etwa jedes dritte besucht die Realschule, und auch die Hauptschule wird nicht so stark gemieden wie von den stark Begünstigten. Ein charakteristischer Unterschied zur Spitzengruppe ist, daß die Hochschulquoten nicht höher, sondern um etwa ein Drittel niedriger liegen als die Gymnasialquoten. Viele Studienberechtigte verzichten also auch auf ein Studium. Und wenn sie studieren, dann begnügt sich etwa jede/r Dritte mit der Fachhochschule. Die Wahrscheinlichkeit, daß ein Kind aus dieser Gruppe an einer Universität studiert, ist nur geringfügig größer als die Wahrscheinlichkeit, daß es eine Hauptschule besucht. Insgesamt sind die

Abb. 6 Schichtspezifische Schulbesuchs- und Studierquoten[1] (in Prozent)

Chancen	Beruf und Bildung des Familienvorstands[2]	Sonder-schule[3] (9. Klasse) 1976	Haupt-schule (13–14-jährige) 1989	Real-schule (13–14-jährige) 1989	Gymna-sium (17–18-jährige) 1989	Studienanfänger ins-ge-samt 1987/88	Studienanfänger Wiss. Hoch-schulen 1987/88	Fach-Hoch-schulen 1987/88
stark begünstigt	selbständige Akademiker	–	(2)	(10)	76	93	82	11
	Beamte mit Abitur	–	(7)	12	77	81	67	14
	Angestellte mit Abitur	–	(8)	20	73	73	58	15
begünstigt	Beamte mit mittlerem Abschluß	–	(13)	32	47	33	21	11
	Angestellte mit mittlerem Abschluß	–	16	31	46	29	20	9
ausge-glichen	nichtakad. Selbständige (o. Landw.)	–	33	29	34	24[4]	16[4]	8[4]
	Beamte ohne mittleren Abschluß	–	16	31	28	25	15	10
	Angestellte ohne mittleren Abschluß	–	28	37	24	21	13	8
benachteiligt	selbständige Landwirte	–	47	36	17	–[5]	–[5]	–[5]
	deutsche Arbeiter mit Lehre	3	52	30	14	11	6	5
stark be-nachteiligt	deutsche Arbeiter ohne Lehre	8	65	21	7	4	2	2

( ) Prozentzahlen, die aus weniger als 50 Fällen berechnet sind.
[1] vgl. Anm. 1 Abb. 3.
[2] Die Rangordnung der Schichten orientiert sich an den Studienchancen an Wissenschaftlichen Hochschulen.
[3] Die oberen und mittleren Schichten waren in dieser alten Studie (neuere Daten liegen nicht vor) anders gegliedert. Die Sonderschul-besuchsquoten lagen in den 6 Berufsgruppen außerhalb der Arbeiterschaft bei maximal 1 % (vgl. Geißler 1987, 91).
[4] Die Studierquoten beziehen sich auf Selbständige ohne Hochschulabschluß einschließlich Landwirte.
[5] nicht erhoben, vgl. Anm. 4.

Quelle: Zusammengestellt nach *Köhler* 1992, 55, 57, 111, 114 und BMBW 1981, 18 (Sonderschulen).

Bildungschancen dieser Gruppe gut, aber doch erheblich schlechter als die der herausragenden Spitzengruppe.

Ausgeglichene Bildungschancen: Selbständige ohne Hochschulabschluß (ohne Landwirte), Beamte und Angestellte ohne mittleren Abschluß.

Die Chancen dieser Berufsgruppen lassen sich als ausgeglichen bezeichnen, weil sich die Kinder *einigermaßen gleichmäßig auf die drei Schultypen* des dreigliedrigen Systems *verteilen.* Zumindest für die Kinder der Angestellten und Selbständigen ist die Hauptschule eine von drei akzeptierten Alternativen. Jedes dritte bzw. vierte Kind besucht die gymnasiale Oberstufe, und von den Studienberechtigten aus Angestellten- und Beamtenfamilien verzichten nur wenige auf ein Studium. Die Studierenden wiederum verteilen sich – ähnlich wie in der Gruppe der Begünstigten – im Verhältnis von 2:1 auf Universitäten und Fachhochschulen.

Benachteiligte: Landwirte, deutsche Arbeiter mit Lehre.

Die typische Schule der benachteiligten Bauern- und Facharbeiterkinder ist die zur „Restschule" verkümmerte sogenannte *Hauptschule*. Viele besuchen sie „wider Willen", denn zur eigentlichen Wunschschule der Arbeiter ist inzwischen die Realschule avanciert (ISF-Umfrage 1990, 15), auf die etwa jedes dritte Kind der Benachteiligten geht. 17% der Bauernkinder und 14% der Facharbeiterkinder dringen bis in die Oberstufe der Gymnasien vor. Die Facharbeiterkinder nutzen allerdings die damit verbundenen Studienchancen nicht so gut aus wie die Kinder der unteren Beamten und Angestellten; daher liegt ihre Studienanfängerquote an den Universitäten nicht einmal halb so hoch wie diejenigen der Gruppen mit ausgeglichenen Chancen. Und auch die Fachhochschulquote liegt erheblich niedriger, obwohl fast die Hälfte der Studierenden – und nicht nur ein Drittel – die Fachhochschule wählt.

Stark Benachteiligte: deutsche Arbeiter ohne Lehre.

An den stark benachteiligten Kindern der un- und angelernten Arbeiter sind die Bildungsreformen, wie erwähnt, nahezu spurlos vorübergegangen. Zwei Drittel begnügen sich mit der *Hauptschule*, relativ viele müssen mit der *Sonderschule* vorlieb nehmen und nur 7% besuchen die Oberstufe des Gymnasiums. Die Studienberechtigung nutzen sie am schlechtesten von allen Gruppen aus, und der Anteil der Fachhochschüler unter den Studierenden ist bei ihnen am höchsten. Wie extrem die Bildungschancen der Spitzengruppe und der Schlußlichter auseinanderklaffen, wird an den Chancen auf ein Universitätsstudium deutlich: sie sind für die Kinder von selbständigen Akademikern um mehr als das 40fache(!) höher als für Kinder von Arbeitern ohne Lehre.

2.3 Entwicklung in der DDR und in den neuen Ländern: soziale Schließung und hohe soziale Selektivität

Zu den revolutionären Umwälzungen in der Startphase der DDR gehörte auch die „Brechung des bürgerlichen Bildungsmonopols". Durch ein ganzes Bündel bildungspolitischer Maßnahmen, die auch Verstöße gegen das Leistungsprinzip (z.B. der sog. „Arbeiter-und-Bauern-Bonus") durchaus bewußt in Kauf nahmen, wurden die Universitäten für Arbeiterkinder in dramatischer Weise geöffnet (vgl. Abb. 7). Der sozialen Öffnung im ersten Jahrzehnt folgte jedoch seit dem Ende der fünfziger Jahre eine Phase zunehmender sozialer Schließung, die bis zum Untergang der DDR anhielt. Die Zugangswege zu den Universitäten verstopften für Arbeiterkinder immer mehr, das bürgerliche Bildungsprivileg wurde allmählich durch ein Bildungsprivileg der sog. sozialistischen Intelligenz[8] ersetzt (Einzelheiten bei *Geißler* 1983 und 1990a). Die Folge dieser Dynamik war: In der Schlußphase der DDR vollzog sich die *soziale Auslese* auf dem Weg in die Universitäten *schärfer als in der Bundesrepublik;* die Anteile der Arbeiterkinder unter den Studierenden waren kleiner als in Westdeutschland, die Anteile der Akademikerkinder dagegen etwa doppelt so groß.

Um die soziale Schließung des Bildungssystems, die in krassem Widerspruch zur offiziellen Propaganda von der verwirklichten Chancengleichheit stand, zu vertuschen, wurden in der DDR nach 1967 keine genauen Daten mehr über die Bildungschancen der Arbeiterkinder erhoben. Die Angaben für 1979 und 1988 in Abb. 7 beruhen daher auf Schätzungen. Mehrere Ost-West-Vergleiche nach der Wende, bei der die soziale Herkunft am Bildungsstand von Vätern und Müttern gemessen wurde, bestätigen meine schon vor der Wende formulierte These von der höheren sozialen Selektivität in Ostdeutschland (*Geißler* 1983 und 1990*, 95f.; vgl. auch *Geißler* 1991). So zeigte bereits die erste gemeinsame deutsch-deutsche Studentenuntersuchung, die Sozialwissenschaftler aus Leipzig, Marburg

---

* Als Gutachten für die Materialien zum ursprünglich 1989 geplanten „Bericht der Bundesregierung zur Lage der Nation im geteilten Deutschland" vor der Wende verfaßt.

Abb. 7 Sozialprofil der Studierenden an Wissenschaftlichen Hochschulen

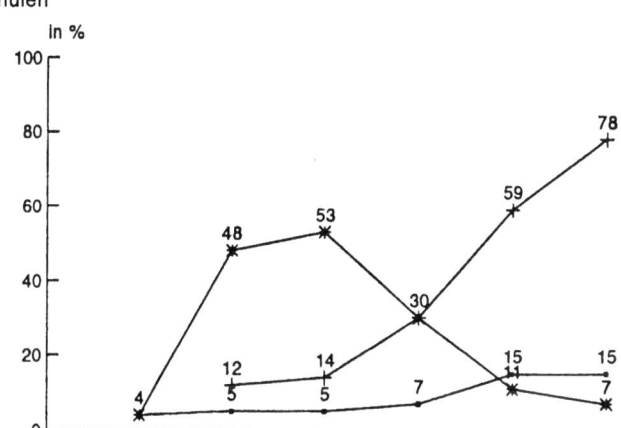

← Arbeiterkinder BRD + Intelligenzkinder DDR ✳ Arbeiterkinder DDR

Da die Untersuchungen des Leipziger Zentralinstituts für Jugendforschung die westdeutsche Kategorie des „Arbeiters" nicht enthalten, beruhen die Angaben zur DDR für die Jahre 1979 und 1989 auf Schätzungen. Dabei wurde die soziale Herkunft der Studierenden, die nicht aus der Intelligenz stammen, nach den Proportionen des Sozialprofils dieser Gruppen berechnet, die bei den Studierenden des Jahres 1967 vorlagen.

Quellen: DDR = 1954–1967 nach Statistische Jahrbücher der DDR;
1979–1989 eigene Berechnungen nach *Bathke* 1984, 74 und *Bathke* 1990, 10.
BRD = *Lundgreen* 1981, 153 (1954–1967); BMBW 1986, 101 (1979); BMBW 1989, 441 (1988).

und Siegen im Jahr 1990 durchführten, daß 47% der ostdeutschen aber nur 23% der westdeutschen Studierenden einen akademisch ausgebildeten Vater hatten; auf der anderen Seite stammten nur 20% der ostdeutschen Studierenden, aber 43% der westdeutschen aus Familien, in denen die Väter einen Bildungsabschluß unterhalb des Meister- bzw. Fachschulniveaus aufwiesen (Einzelheiten bei *Geißler* 1992, 228f.). Ähnliche Proportionen ermitteln die neueren Untersuchungen des Hannoveraner Hochschul-Informations-Systems (HIS): So hatten z. B. 46% der ostdeutschen Studienanfänger im Wintersemester 1990/91 einen Vater mit Hochschulabschluß, aber nur 24% der westdeutschen; die entsprechenden Zahlen im Wintersemester 1992/93 betrugen 41% bzw. 26%[9].

Auch die gymnasialen Chancen der unteren Bildungsschichten sind nach ersten vergleichenden Analysen in den neuen Ländern erheblich schlechter als in den alten, und die schichtspezifischen Chancenunterschiede eher größer (*Apel* 1992; *Lischka* 1992, 239).

Aus dem komplexen *Ursachen*bündel, auf das die soziale Schließung des DDR-Bildungssystems zurückzuführen ist, sollen hier nur einige genannt werden, die in den siebziger und achtziger Jahren von besonderer Bedeutung gewesen sein dürften: 1. Die Drosselung des Zugangs zum Abitur und zu den Hochschulen verschärfte den Wettbewerb um die knappen Plätze; dabei konnte die Intelligenz ihre besseren Ressourcen im Hinblick auf Sozialisation und Bildungsorientierungen (vgl. S. 141f.) ausspielen. 2. Die egalitäre sozialistische Gesellschaftspolitik nivellierte die sozialen Unterschiede, u. a. die Einkommensunterschiede (vgl. *Geißler* 1992, 53–57); dadurch wurden die materiellen Anreize verringert, die als Stimulans für Bildungsanstrengungen in den bildungsfernen Unterschichten größere Bedeutung haben als in der bildungsfreundlichen Intelligenz (vgl. *Bathke* 1990, 125f.). 3. Die politischen Auslesekriterien der Systemloyalität und der „herausragenden Leistungen von Eltern beim Aufbau des Sozialismus" – so die Aufnahmeordnung für die Abiturstufe (*Minister für Volksbildung* 1988, 186) – begünstigen die Kinder der überdurchschnittlich systemtreuen und gesellschaftlich aktiven Intelligenz. 4. Durch die erfolgreich verbreitete Illusion, die Chancengleichheit im Bildungssystem der DDR sei in den sechziger Jahren endgültig verwirklicht worden, wurden Anstrengungen zur Förderung der Benachteiligten vernachlässigt; stattdessen rückte die Förderung der Besten ins Zentrum der bildungspolitischen Diskussion (weitere Ursachen der sozialen Schließung bei *Geißler* 1992, 229f.).

Vom *Umbau des Bildungssystems in den neuen Ländern* dürften widersprüchliche Effekte auf die Entwicklung der Chancenungleichheit ausgehen. Curriculare Veränderungen – z. B. die stärkere Betonung historischer und sprachlicher Inhalte – und der Ersatz der sozialistischen Einheitsschule durch ein leistungsstärkeres differenzierteres zwei- bzw. dreigliedriges Schulsystem wirken sich vermutlich zu Lasten der Kinder aus unteren Schichten aus. Stärker durchschlagen dürften allerdings drei Entwicklungen, die den Unterschichten zugute kommen. Zum einen verstärkt das erneute Hervortreten sozialer Unterschiede – z. B. die Spreizung der Einkommensstruktur – die materiellen Anreize für lange Bildungswege; Bildung „lohnt sich wieder". Gleichzeitig wird der Verdrängungswettbewerb zu Lasten der unteren Schichten dadurch etwas entschärft, daß die staatlich verordneten Zulassungsbeschränkungen auf den Wegen zum Abitur und in die Hochschulen weggefallen sind und der ostdeutsche Rückstand bei der Expansion der höheren Bildungseinrichtungen quasi über Nacht aufgeholt wird (vgl. S. 115). Und schließlich wurde der Ausleseprozeß entpolitisiert, die Begünstigung der Intelligenz durch politische Selektionskriterien wurde beseitigt. Insgesamt ist also mittelfristig eine *Annäherung der Bildungschancen ostdeutscher Arbeiterkinder an das westdeutsche Niveau* zu erwarten.

3 Die Ursachen der ungleichen Bildungschancen

Die gravierenden schichtspezifischen Unterschiede der Bildungschancen in West und Ost sind also weiterhin erklärungsbedürftig. Da die Schichtthematik in der Sozialisationsforschung und auch in verschiedenen Bereichen der Bildungssoziologie in den achtziger Jahren stark vernachlässigt wurde, muß ich bei der folgenden Ursachenanalyse z. T. auf ältere Studien zurückgreifen. Es gibt keine Anhaltspunkte dafür, daß ihre Ergebnisse heute nicht mehr zutreffen.

Für die Unterschiede im Bildungsniveau bei Kindern aus verschiedenen Schichten bietet sich zunächst eine vordergründige Erklärung an: sie können aufgefaßt werden als Ausdruck unterschiedlicher Schulleistungen, die wiederum ihre Ursache in unterschiedlichen natürlichen Begabungen haben. Diese Deutung, die bis in die fünfziger Jahre die wissenschaftliche Diskussion beherrschte und heute noch bei Teilen der Bevölkerung verbreitet ist, greift in doppelter Hinsicht zu kurz. Zum einen hat die Debatte zwischen Anlagetheoretikern und Milieutheoretikern zu dem allgemein akzeptierten Ergebnis geführt, daß Schulleistungen nicht nur auf natürliche Begabungen, sondern auch auf Umwelteinflüsse zurückzuführen sind. Und zum anderen wird übersehen, daß soziale Faktoren nachhaltig auf die Bildungskarrieren einwirken und daß diese nur zum Teil von den Schulleistungen abhängen.

Das Leistungspotential der Kinder wird in den oberen Schichten erheblich besser ausgeschöpft und häufiger in hohe Ausbildungsabschlüsse umgesetzt als in unteren Schichten. Eine deutliche, vom Leistungsvermögen unabhängige soziale Selektion auf den Bildungswegen zum Abitur und an die Universitäten ist auch in neueren Studien mehrfach belegt. In den folgenden Beispielen wird das Ausmaß des *leistungsunabhängigen sozialen Filters* auf verschiedenen Ebenen des Bildungssystems in Prozentzahlen anschaulich faßbar:

- Auch wenn ähnliche Leistungen in der *Grundschule* vorliegen, planen Eltern aus verschiedenen Schichten sehr unterschiedliche Bil-

dungskarrieren für ihre Kinder. Bei guten Schulnoten (Durchschnitt bis 2,3) ist für 94% der Oberschichtkinder (Drei-Schichten-Modell), für 69% der Mittelschichtkinder, aber nur für 38% der Unterschichtkinder der Besuch eines Gymnasiums vorgesehen. Noch krasser fallen die schichtspezifischen Unterschiede bei Kindern mit mittlerer Schulleistung (Notendurchschnitt von 2,3 bis 3,1) aus: Immerhin sollen noch 73% der mittelmäßigen Oberschichtkinder die gymnasiale Laufbahn einschlagen, aber nur 30% der Mittelschichtkinder und lediglich 11% der Unterschichtkinder (*Ditton* 1992, 130 für Bayern).[10]
- Entsprechend unterschiedlich fallen auch die Reaktionen auf die Empfehlungen der Lehrer am Ende der Grundschulzeit aus: Fast alle Beamtenkinder (92%) folgen der Grundschulempfehlung für das Gymnasium, aber nur 63% der Facharbeiterkinder und weniger als die Hälfte (48%) der Kinder von Un- und Angelernten (*Fauser/Schreiber* 1987, 52 für Baden-Württemberg und Westberlin; ähnlich *Hansen/Rolff* 1990, 67 für Dortmund).
- Der *Abbruch der gymnasialen Laufbahn* nach dem Abschluß der 10. Klasse vollzieht sich ebenfalls wieder schichtspezifisch und z. T. unabhängig von der Leistung. Wenn Kinder aus der oberen Schicht überhaupt das Gymnasium verlassen wollen – nur 9% haben diese Absicht –, dann stecken hinter diesem Entschluß relativ häufig ausgesprochen schlechte Schulleistungen in mehreren Fächern. Kinder aus der Unterschicht geben schneller auf, bei einer Abbruchquote von 26% reicht dazu häufiger die schlechte Note in einem Schulfach aus (*Bofinger* 1990 für Bayern).
- Auch die *Oberstufe des Gymnasiums* schließen Kinder aus den oberen Schichten bei gleichen Schulnoten häufiger erfolgreich mit dem Abitur ab als Unterschichtkinder (*Giesen* 1981, 32).
- Schließlich ist der leistungsunabhängige soziale Filter auch beim *Übergang in die Universitäten* erneut wirksam: Oberstufenschülerinnen der mittleren Leistungsstufe aus Familien von Beamten (50%), Angestellten (44%) und Selbständigen (50%) wollen häufiger studieren als Arbeiterkinder (43%) aus der oberen Leistungsstufe (*Böttcher/Holtappels/Rösner* 1988a, 114ff. für Dortmund). Und leistungsschwache Töchter und Söhne von gehobenen/höheren Beamten nehmen dann auch etwas häufiger ein Studium auf als leistungsstarke Töchter und Söhne aus Arbeiterfamilien (*Ehmann* 1986, 103).
- Erst *an den Hochschulen selbst* ist der soziale Filter außer Kraft gesetzt. Studierende aus Arbeiterfamilien haben zwar überdurchschnittlich häufig mit Finanzierungsproblemen sowie mit Orientie-

rungs- und Motivationsschwierigkeiten zu kämpfen,[11] aber die Neigung, das Studium abzubrechen, ist nicht mehr von der sozialen Herkunft abhängig (*Meulemann* 1990, 103).

Die Hinweise auf die leistungsunabhängige soziale Auslese mit ihren kumulativen Wirkungen sollen nicht verdecken, was an der vordergründigen Erklärung der ungleichen Bildungschancen teilweise korrekt ist: In der Bundesrepublik – und das galt auch für die DDR – bringen Kinder im Durchschnitt um so bessere Schulnoten nach Hause, je höher ihre soziale Herkunftsschicht ist. Dies trifft insbesondere auf Hauptfächer zu, die für die Schullaufbahn von besonderer Bedeutung sind. Arbeiterkinder fallen gegenüber Kindern, deren Väter in nicht-manuellen Berufen tätig sind, ab, und auch innerhalb der Arbeiterkinder zeigen sich Unterschiede zwischen den leistungsstärkeren Facharbeiterkindern und den Kindern von Un- und Angelernten, die in der Schule am schlechtesten beurteilt werden. In einigen Studien werden auch Abstufungen innerhalb der Mittelschicht sichtbar. Es gibt Hinweise dafür, daß die Vorsprünge der einen und die Rückstände der anderen in den höheren Schulklassen zunehmen; mit anderen Worten: Die schichtspezifischen Umwelteinflüsse auf die Schulleistung schwächen sich im Laufe der Bildungskarriere eines Schülers nicht ab, sondern wirken kumulativ.[12]

Wer die tieferliegenden sozialen Ursachen der ungleichen Bildungschancen aufdecken möchte, muß also zwei Fragen beantworten:

1. Warum erzielen die Kinder der oberen Schichten – unabhängig von ihrer Begabung – bessere Schulnoten?

2. Und warum setzen sie dann ihre guten Schulnoten auch noch konsequenter in höhere Bildungsabschlüsse um als die leistungsstarken Kinder der unteren Schichten? Oder anders formuliert: Warum erreichen die Kinder der oberen Schichten – unabhängig von ihren Schulnoten – qualifiziertere Ausbildungsabschlüsse?

Ein erste allgemeine Antwort auf diese Fragen lautet: *Sozialstruktur, Sozialisation und Bildungsorientierungen in den Familien* und die *Auslesemechanismen im Bildungssystem* wirken in einer Art und Weise zusammen, daß Kinder aus den oberen Schichten die Bildungsangebote weitaus besser nutzen können als Kinder aus den unteren Schichten. Die Sozialisationsforschung und die Erziehungssoziologie haben eine Fülle von Faktoren ausfindig gemacht, die genauere Einblicke in diese Zusammenhänge erlauben. Mit der Zeit sind die Ansätze der empirischen Studien immer komplexer geworden. Um das komplizierte Beziehungsgeflecht „Sozialstruktur" und deren Zusammenhänge mit der Familie besser in den Griff zu bekommen, werden neben traditionellen Merkmalen der Sozialstruktur zunehmend auch Elemente der räumlichen Umwelt (ökologische Perspektive) oder der „Milieus" berücksichtigt und immer raffiniertere Auswertungsverfahren verwendet. Dadurch lassen sich mehrere Bestimmungsfaktoren im Hinblick auf ihre Bedeutung für bestimmte Schulleistungen, für die Bildungspläne oder für einzelne Etappen des Bildungsweges im Vergleich zu anderen gewichten.[13] Dennoch ist es nicht möglich, die Vielzahl von sozialen Ursachen der ungleichen Bildungschancen zu einer in sich geschlossenen, empirisch fundierten „Theorie" zusammenzufügen, die alle Querverbindungen im Ursachenkomplex und das relative Gewicht einzelner Ursachenbereiche oder -faktoren vollumfänglich enthält. Die Entwicklung einer „Theorie der Chancenungleichheit" wird auch noch dadurch erschwert, daß die Zusammenhänge im Ursachengeflecht dem sozialen Wandel unterworfen sind und sich im Zeitablauf verändern. Der folgende summarisch-skizzenhafte Überblick über das Ursachenfeld entspricht daher der unzureichenden Forschungssituation, wenn er sich darauf beschränkt, einzelne nachweisbar bedeutsame Faktoren aufzuzählen, in eine logisch sinnvolle Ordnung zu bringen und nur ab und zu komplexere Ursachenbereiche darzustellen. Im Zentrum stehen dabei, entsprechend der Gesamtkonzeption des Buches, Ursachen, die mit der vertikalen Ungleichheit in einem Zusammenhang stehen.

Das Ursachenfeld läßt sich in zwei große Hauptkomplexe zergliedern: schichtspezifische Einflüsse durch die *Familie* und schichtspezifische Auslese in den *Bildungseinrichtungen*. Abb. 8 vermittelt einen vorläufigen groben Überblick über den vielgestaltigen Ursachenkomplex.

3.1 Schichtspezifische Einflüsse durch die Familie

Unterschiede in der sozioökonomischen Lage der Familien sind in zweifacher Hinsicht für die unterschiedlichen Bildungskarrieren der Kinder mitverantwortlich: zum einen leistet die Familie als Sozialisationsinstanz einen entscheidenden Beitrag zur Entwicklung der Schülerpersönlichkeit und zu deren Leistungsfähigkeit; und zum anderen beeinflussen die Orientierungen und Verhaltensweisen der Eltern gegenüber dem Bildungsbereich den Bildungsweg ihrer Kinder auch unabhängig von deren Leistungsvermögen.

Abb. 8 Ursachen der schichtspezifischen Bildungsabschlüsse

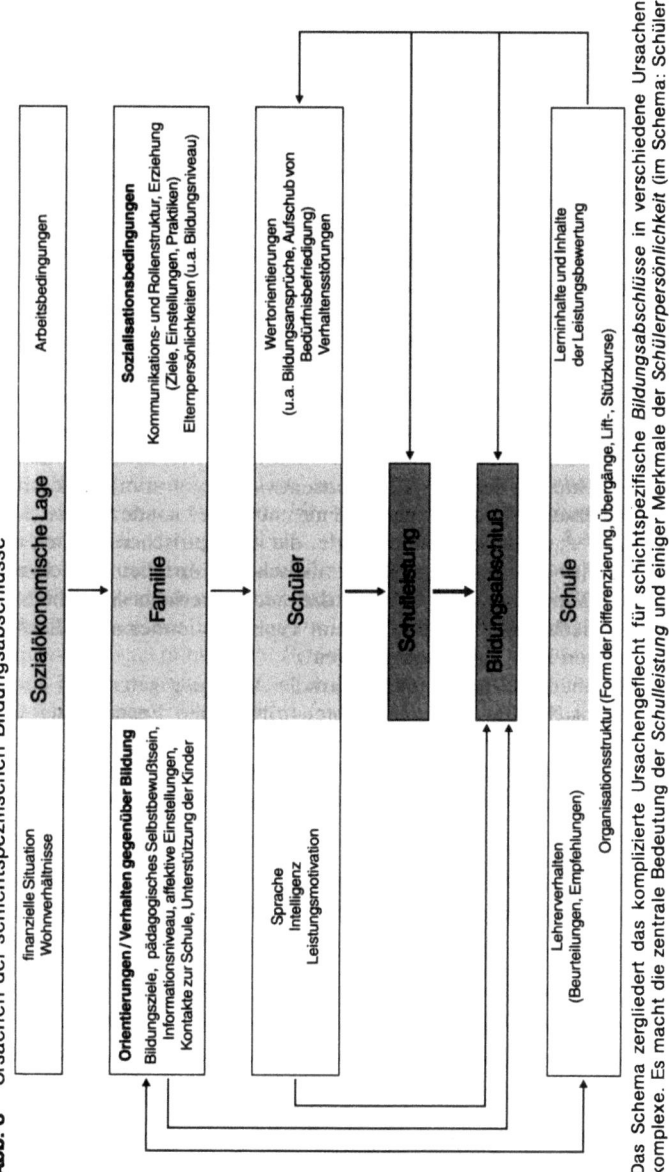

Das Schema zergliedert das komplizierte Ursachengeflecht für schichtspezifische *Bildungsabschlüsse* in verschiedene Ursachenkomplexe. Es macht die zentrale Bedeutung der *Schulleistung* und einiger Merkmale der *Schülerpersönlichkeit* (im Schema: Schüler) deutlich. Gleichzeitig weist es auf verschiedene *schulische* und *familiale* Ursachen für schichtspezifische Unterschiede bei Schülerpersönlichkeiten, Schulleistungen und Bildungsabschlüssen hin, die sich z. T. wechselseitig beeinflussen. Auch die Verknüpfung von Familie und *Sozialstruktur* (im Schema: sozialökonomische Lage) wird berücksichtigt.

3.1.1 Schichtspezifische Sozialisation in der Familie

Der komplexe Prozeß, in dem die Sozialstruktur Einfluß auf die Persönlichkeitsentwicklung von Kindern und Jugendlichen nimmt und in dem die Familie als zentrale Vermittlungsinstanz eingreift, konnte bisher nur unzureichend aufgehellt werden. Wiederholt wurde auf die konzeptionellen und methodischen Probleme der schichtspezifischen bzw. sozialstrukturellen Sozialisationsforschung hingewiesen – z. B. in den guten Übersichten bei *Steinkamp* (1980 und 1991). Trotz aller Unzulänglichkeiten hat jedoch diese Forschungsrichtung Ergebnisse hervorgebracht, die zumindest grobe Einblicke in einen wichtigen Teil des Ursachengeflechts für die sozial ungleichen Bildungschancen liefern. Zum richtigen Umgang mit den ausgewählten Befunden der schichtspezifischen Sozialisationforschung, die ich im folgenden darstellen werde, gehört, daß man sich *vor klischeehaften Verallgemeinerungen hütet, die schnell zu stereotypen Vorurteilen über die verschiedenen Schichten gerinnen können*. Unterschiede zwischen den Schichten in der Persönlichkeitsentwicklung und in den familialen Sozialisationsbedingungen sind nie „absolute" sondern stets „tendenzielle", „typische" Unterschiede, die in empirischen Studien mit einer mehr oder weniger großen statistischen Wahrscheinlichkeit auftreten. Es muß beachtet werden, daß auch innerhalb der Schichten Unterschiede bestehen und daß zum Typischen immer auch die Abweichungen vom Typischen gehören.

Der höhere kulturelle und materielle Anregungsgehalt des Familienmilieus in den oberen Schichten fördert die Entwicklung von sprachlichen und kognitiven Fähigkeiten, von Leistungsbereitschaft und von bestimmten Werten und Verhaltensweisen, die den Schulerfolg begünstigen. Schichtspezifische Sozialisationseinflüsse ähnlicher Art sind auch für die DDR nachgewiesen (Belege bei *Geißler* 1990, 96f. und 1992, 231f.).

Eine zentrale Rolle für den Bildungsweg spielt das *Sprachvermögen*. Es bestimmt nicht nur die Kommunikations- und Ausdrucksfähigkeit, sondern Sprache ist das wesentliche geistige Mittel des Menschen zur Auseinandersetzung mit seiner Umwelt; mit Sprache hängen seine Fähigkeiten zum Wahrnehmen, zum Denken und zum Lernen und Leisten zusammen.

Durch die Besonderheiten ihrer Sprache sind Kinder der unteren Schichten in diesen Bereichen gegenüber den Mittelschichtkindern beeinträchtigt. Der britische Sprachsoziologe *Basil Bernstein* (1959, 1972, 1975) hat die schichtspezifischen Eigenarten idealtypisch als eingeschränkte (restingierte) Sprache der Unterschicht bzw. als reichhaltige (elaborierte) Sprache der Mittelschicht bezeichnet. Mittelschichtkinder sind besser als Unterschichtkinder in der Lage, ihre individuellen Gedanken, Erfahrungen, Motive und Absichten in unmißverständliche Worte zu fassen. Sie können sich differenzierter, logisch klarer und abwägender ausdrücken; ihr Wortschatz ist reichhaltiger, ihre Satzkonstruktionen sind vollständiger und komplexer; Gestik, Mimik oder stereotype Sprachformeln und Floskeln können durch individuelle Wortwahl ersetzt werden. Mittelschichtkinder vermögen besser zu abstrahieren und sich auch „kontextunabhängiger" auszudrücken, d. h. sich auch gegenüber „Fremden" verständlich zu machen, gegenüber solchen Personen, die nicht zu ihrer engeren sozialen Gruppe und Sprachgemeinschaft gehören und deren Werte, Interessen, Einstellungen und Erfahrungen nicht teilen.

Untersuchungen an deutschen Schülern konnten die Aussagen *Bernsteins* zwar nicht in allen Einzelheiten, aber doch in wichtigen Punkten bestätigen.[14]

Die Vorstellungen *Bernsteins* über das sprachliche Defizit der Unterschichtkinder blieben nicht unwidersprochen. So behaupten Anhänger der sog. *„Differenz-Hypothese"*, daß die schichtspezifischen Unterschiede die sprachliche Leistungsfähigkeit der Unterschicht nicht beeinträchtigten; es handle sich um Unterschiede der Art, aber nicht der Qualität und des Niveaus, um Differenzen, aber nicht um Defizite (*Neuland* 1975, *Labov* 1976). Auch wenn man einige ihrer Einwände akzeptiert (vgl. *Bertram* 1981, 86ff.), können die Differenz-Theoretiker nicht an folgendem Sachverhalt rütteln: In Schulen und Hochschulen sowie in den mittleren und höheren Ebenen der Berufswelt orientieren sich die Sprachanforderungen an der Mittelschichtsprache, und daher sind diejenigen in ihren Bildungs- und Sozialchancen beeinträchtigt, die eine unterschichttypische Sprache gelernt haben.

Das schichtspezifische Sprachverhalten ist vermutlich – die folgenden Zusammenhänge sind zwar plausibel, aber nicht alle empirisch abgesichert – auf typische Unterschiede der Sozialisationsumwelten in den Familien zurückzuführen, die wiederum zusammenhängen mit unterschiedlichen Lebens- und Arbeitsbedingungen der Eltern. In den Mittelschichtfamilien ist die Rollenstruktur offener, die Normen und Verhaltensmuster sind nicht so starr festgelegt und lassen mehr individuell gestaltbare Handlungsspielräume zu. Auch das Erziehungsverhalten ist flexibler und stärker von Worten, Erläuterungen, Argumenten und Diskussionen – und dies zumeist in einer reichhaltigen Sprache – begleitet. Allerdings sind die diesbezüglichen Unterschiede nicht so gravierend, wie ab und zu behauptet wird (vgl.

Steinkamp 1991, 253). Die größere Offenheit und Reichhaltigkeit der Interaktions- und Kommunikationsstrukturen in den Mittelschichtfamilien dürfte wiederum mit ihren konkreten Lebensbedingungen außerhalb der Familie zusammenhängen: im Vergleich zur Unterschicht sind ihre Lebensräume in Beruf und Freizeit vielfältiger, ihre Arbeitssituation ist anregender, weniger normiert, kontrolliert und stereotyp und durch den intensiveren Umgang mit Menschen und Symbolen kommunikativ anspruchsvoller und fruchtbarer.

Der größere Anregungsgehalt des Mittelschichtmilieus innerhalb und außerhalb der Familie führt auch dazu, daß sich kongnitive Fähigkeiten, die als *Intelligenz* bezeichnet werden, in den mittleren und oberen Schichten besser entwickeln als in den unteren Schichten. Der Intelligenzquotient, der eine wichtige Bedingung für gute Schulleistungen und Berufserfolg ist,[15] steigt mit zunehmendem Status an. Eine deutsche Studie ermittelt einen Zusammenhang zwischen Schichtzugehörigkeit und Testleistung in der Stärke von r = .39* (*Sauer/Gattringer* 1985, 300). Dieser Wert entspricht den Ergebnissen der internationalen Intelligenzforschung. In der Regel liegt die Stärke der Zusammenhänge im Bereich zwischen .35 und .40 (*Huber/Mandel* 1980, 636). Eine häusliche Umwelt, die der Intelligenzentwicklung förderlich ist, wird hierbei stärker von der Schulbildung der Eltern als von deren Beruf beeinflußt (*Sauer/Gattringer* 1985, 305).

Ein dritter wichtiger Faktor für eine erfolgreiche Bildungslaufbahn ist das sog. *Leistungsmotiv,* der Wunsch, im Wettbewerb mit anderen erfolgreich zu sein und gestellte Leistungsanforderung bestmöglich zu erfüllen. Bei Mittelschichtkindern ist das Leistungsstreben nicht nur stärker ausgeprägt als bei Unterschichtkindern, sondern auch mehr von der Sache (intrinsisch) und weniger von einer in Aussicht gestellten materiellen Belohnung her (extrinsisch) motiviert. Auf die Entwicklung dieses Persönlichkeitsmerkmals hat die Familie ebenfalls einen entscheidenden Einfluß. Kinder mit hoher Leistungsbereitschaft kommen in der Regel aus einem Familienmilieu, das sich u. a. durch folgende Besonderheiten auszeichnet: ständiges Abfordern von Leistungen, die über das bereits Erreichte hinausgehen, aber dennoch im Rahmen des Erreichbaren bleiben; hohe

---

* Korrelationskoeffizienten messen die Stärke des Zusammenhanges zwischen zwei Variablen und können theoretisch Werte zwischen .00 (kein Zusammenhang) und 1.00 (totaler Zusammenhang) annehmen. Werte von .39, .48 oder .58 geben einen Zusammenhang von mittlerer, aber durchaus erheblicher Stärke wieder. Ein Wert von .19 signalisiert einen schwächeren Zusammenhang.

Einschätzung des Leistungsvermögens des Kindes und Anerkennung vollbrachter Leistungen; Ermunterung zu Selbstbewußtsein und entwicklungsgemäßer Selbständigkeit; positives emotionales Familienklima; weder autoritär-einschränkendes noch überbehütendes Erziehungsverhalten.[16] Eine häusliche Umwelt, die Leistungsbereitschaft stimuliert, ist in den Mittelschichten häufiger anzutreffen. Diese sind von dem allgemeinen Wandel der Erziehungsziele, der sich von traditionellen Tugenden wie Ordnung und Gehorsam weg- und zu modernen Werten wie Selbständigkeit und Unabhängigkeit hinbewegt (vgl. *Pross* 1982, 84 ff., *Meulemann* 1983 b, 785 f., *Koch* 1990), stärker erfaßt worden. Mittelschichten orientieren die Erziehung ihrer Kinder in erster Linie an Werten wie Selbstbestimmung, Selbstbewußtsein und Urteilsfähigkeit, untere Schichten dagegen sind noch stärker einem Komplex von „autoritär-konventionellen" Erziehungswerten verhaftet.[17]

Weiterhin dürften die folgenden schichtspezifischen Orientierungen und Verhaltensweisen der Kinder die Schulleistungen bzw. die Bildungslaufbahn beeinflussen:

- Mittelschichtkinder *glauben eher an den Erfolg individueller Anstrengungen* als Unterschichtkinder (*Sauer/Gattringer* 1985, 300). Sie sind daher auch eher bereit und in der Lage, langfristig zu planen und zugunsten einer weiterführenden Ausbildung und späterer beruflicher Chancen auf die *unmittelbare Befriedigung von Bedürfnissen* und auf die *Nähe der Herkunftsfamilie zu verzichten* (Rolff 1980 a, 96 ff.). Diese Ergebnisse stammen zwar z. T. aus amerikanischen Studien, sie dürften jedoch auch auf deutsche Verhältnisse zutreffen.

- *Verhaltensauffälligkeiten,* die häufig in Verbindung mit schwachen Schulleistungen auftreten, kommen bei Kindern aus unteren Schichten überdurchschnittlich häufig vor. In einer Studie an Hamburger Schülerinnen und Schülern der 6. Klassen wurden nur bei 9% der Mittel- und Oberschichtenkinder, aber bei 20% der Unterschichtenkinder starke Symptome von Verhaltensstörungen festgestellt; bei ersteren herrschten sensitiv-neurotische Symptome, bei letzteren sog. Verwahrlosungssymptome wie Konzentrationsstörungen und Aggressivität vor (*Myschker* 1993, 68 f.). Ursache von Verhaltensauffälligkeiten sind u. a. die Wohn- und Spielsituation; in verkehrsreichen Zonen, in Wohnblocks und Hochhäusern treten Verhaltensstörungen gehäuft auf (*Kloehn* 1977, 83 f.).

Der Zusammenhang von Verhaltensstörungen und Wohnmilieu deutet darauf hin, daß die Sozialisationschancen der Kinder mit der *fi-*

nanziellen Situation der Familien verknüpft sind. Das geringere Einkommen in den unteren Schichten hat zur Folge, daß die Kinder in ungünstigeren, beengteren Wohnverhältnissen aufwachsen (Zweiter Familienbericht 1975, 19f.; *Mansel* 1993, 52). Zudem ist ihre häusliche Umgebung ärmer an kulturtragenden Gütern wie Büchern, Zeitschriften, Musikinstrumenten oder Malgeräten und an anregendem Spielzeug.

Sauer und *Gattringer* (1985, 294, 300) haben den *Anregungsgehalt des Familienmilieus* sehr komplex erhoben. Spracherziehung, Umgang der Eltern mit den Kindern, Bewegungsfreiheit in Wohnung und näherer Umgebung, Vielfalt der sozialen Kontakte, Abwechslungsreichtum des äußeren Lebensrahmens wurden genauso einbezogen wie Urlaubsreisen, Ausflüge und Besichtigungen oder die Bereitstellung von Spielzeug, Bastelgerät oder Büchern und Zeitschriften. Der häusliche Anregungsgehalt hat erheblichen Einfluß auf die Schulleistung (r = .48*) und hängt mit der Schicht, gemessen am Beruf des Vaters und dem Schulabschluß beider Eltern, in der beachtlichen Stärke von r = .58* zusammen.

Auf bildungshemmende finanzielle Engpässe deutet auch der Einfluß der *Kinderzahl* hin: Für Einzelkinder visieren 39% der Unterschichteltern den Besuch eines Gymnasiums an; diese Ambitionen haben aber nur 16% der Unterschichteltern mit mehr als zwei Kindern. In der Oberschicht hat die Größe der Familie dagegen keinen Einfluß auf die Bildungswünsche (*Ditton* 1992, 144, 151).

Interessante Einblicke in die komplizierten Zusammenhänge von Soziallage, familialer Sozialisation und Schulerfolg vermittelt eine neuere multivariate Mehrebenenanalyse (*Mansel* 1993). Sie belegt, daß restriktives Erziehungsverhalten – wenig Orientierung an den Interessen des Kindes, rigides Strafen, z. B. auch bei fehlender böser Absicht – den Schulerfolg beeinträchtigt (p = .28), wobei der restriktive Erziehungsstil wiederum mit restriktiven Arbeitsbedingungen des Vaters (p = .25) – Monotonie, wenig Verantwortung und Autonomie, wenig Kommunikationsmöglichkeiten u. ä. –, aber auch mit beengten Wohnverhältnissen (p = .20) zusammenhängt.

Zu der lange Zeit vernachlässigten, aber interessanten Frage, welche *unterschiedlichen Einflüsse von Müttern bzw. Vätern* auf die Persönlichkeitsentwicklung und den Schulerfolg der Kinder ausgehen, liegen inzwischen verschiedene Ergebnisse vor. Sie sind jedoch auf den ersten Blick verwirrend widersprüchlich und sollen deshalb hier nicht näher interpretiert und kommentiert werden.[18]

---

* Vgl. die Anmerkung auf S. 138.

3.1.2 Orientierungen und Verhaltensweisen der Eltern gegenüber dem Bildungsbereich

Die Bildungsorientierungen der Eltern und ihre Verhaltensmuster gegenüber den Bildungseinrichtungen sind der zweite wichtige familiale Ursachenkomplex für die Bildungschancen der Kinder. Bildungswerbung und der Ruf nach Chancengleichheit haben an der ungünstigen Situation der unteren Schichten nur wenig verändern können. Ihre soziale Distanz zu den höheren Bildungswegen konnte nur in Grenzen abgebaut werden; gleichzeitig hat die Bildungsexpansion die Anstrengungen der mittleren und oberen Schichten intensiviert, den eigenen privilegierten Sozialstatus durch eine gute Ausbildung an ihre Kinder weiterzugeben. Die Bildungsansprüche der Eltern für ihre Kinder, die Schulwahl und die Kontakte der Eltern zur Schule machen deutlich, um wieviel näher die mittleren und oberen Schichten dem Bildungsbereich und den höheren Ausbildungswegen stehen. Die folgenden Ausführungen stützen sich weitgehend auf Studien aus den alten Bundesländern; ähnliche schichtspezifische Unterschiede sind jedoch auch für die DDR belegt.[19]

Nach wie vor ist es für die Mehrzahl der Eltern aus der oberen Mittelschicht selbstverständlich, daß ihre Kinder in den Genuß einer Hochschulausbildung kommen, in den unteren Schichten sind derartige Bildungsziele dagegen die Ausnahme. Die Unterschiede in den *Bildungsansprüchen* sind bereits deutlich sichtbar, wenn die Kinder im 4. Grundschuljahr an der Weggabelung in die drei Hauptrichtungen der Bildungslaufbahn stehen: 78% der höheren Beamten, 65% der leitenden Angestellten, 57% der Selbständigen sehen für ihre Kinder das Gymnasium vor, aber nur 28% der Facharbeiter und 18% der Angelernten.[20] Nur 9% der Arbeitereltern, aber 52% der Beamteneltern visieren einen Universitätsabschluß für ihre Kinder an (*IFS-Umfrage* 1990, 17). Selbst wenn die Kinder bereits das Gymnasium besuchen, ist der Wunsch, das Abitur zu bestehen und ein Studium zu absolvieren, in den höheren Statusgruppen erheblich häufiger da als in den unteren. Das gilt sowohl für die Eltern als auch für die Kinder.[21] 1989 hatten 86% der Akademikerkinder zweieinhalb Jahre nach dem Abitur ein Studium aufgenommen, aber nur 61% der AbiturientInnen, deren Eltern höchstens einen Hauptschulabschluß erworben hatten (*Kahle/Schaeper* 1991, 106). Die einzige Untersuchung aus der DDR, die zu dieser Problematik veröffentlicht wurde, weist auf ähnliche Zusammenhänge hin: Von den leistungsstarken Schülern aus Akademikerfamilien wollten 68% eine Fach- oder Hochschule besuchen, aber nur 39% der Schüler aus derselben Leistungsgruppe, deren Väter keine abgeschlossene Berufsausbildung hatten (*Meier* 1974, 306f.).

Studien aus den sechziger Jahren belegen, daß die niedrigen Ausbildungsansprüche der unteren Schichten u. a. auf *Informationsmängel* über die weiterführenden Ausbildungswege und auf eine *gefühlsmäßige Distanz zur höheren Bildung* zurückzuführen waren. Für Arbeiter waren höhere Schulen und Universitäten Einrichtungen „einer Welt, die nicht die ihre ist" (*Dahrendorf* 1965a, 19). Dramatisierte Vorstellungen über die Leistungsanforderungen verbanden sich mit Gefühlen der Unterlegenheit und der Diskriminierung. Es bestand der Eindruck, daß die LehrerInnen und MitschülerInnen, die vorwiegend aus anderen sozialen Kreisen stammten, die Erfahrungswelt des Arbeiters nicht angemessen würdigen könnten.[22] Das verstärkte Vordringen von Arbeiterkindern an die Gymnasien und Universitäten hatte eine erhebliche soziale Durchmischung der Schulklassen und Studentenschaft zur Folge; sie dürfte das Informationsdefizit und die affektive Distanz der unteren Schichten etwas abgebaut haben. Aber auch in den achtziger Jahren fühlen sich mehr als die Hälfte der angelernten Arbeiter und zwei Fünftel der Facharbeiter schlecht über das Gymnasium informiert.[23]

Nachweisbar ist des weiteren, daß es in den Arbeiterfamilien auch heute noch an *pädagogischem Selbstbewußtsein* mangelt. Der allgemeine Wunsch, den eigenen Kindern eine möglichst qualifizierte Schulbildung zu ermöglichen, ist in der gesamten Bevölkerung durchgängig verbreitet; aber die Bildungswünsche haben sich nicht in allen Gruppen zu einem starken *Bildungswillen* verfestigt, der sich auch gegen Widerstände durchsetzt. Eltern aus unteren Schichten sind unsicherer in ihrem Urteil über die Leistungsmöglichkeiten und den zukünftigen Bildungsweg ihrer Kinder. In einem bildungsfeindlichen ländlichen Milieu etwa schrauben sie – im Gegensatz zu den oberen Schichten – ihre Bildungsansprüche zurück (*Fauser* 1984, 37); bei Schwierigkeiten in der Schule neigen sie eher zur Resignation. Einem negativen Lehrerurteil oder einer Leistungskrise des Kindes wird kein entschiedener Elternwille entgegengesetzt. Höhere Schichten reagieren dagegen nicht auf regionale Milieueinflüsse, sie sind auch weniger bereit, den Ratschlägen und Empfehlungen der LehrerInnen zu folgen oder vor auftretenden Schulproblemen zu kapitulieren und neigen bisweilen dazu, ihre Kinder zu überfordern.[24]

Wie bereits erwähnt, hängen die Vorstellungen der Eltern darüber, welche Bildungswege ihre Kinder nach der Grundschule einschlagen sollen, nur z. T. mit deren Schulleistungen zusammen. In den oberen Schichten spielen die Einstellungen und Leistungen der Kinder für die Bildungswünsche der Eltern eine deutlich geringere Rolle als in den unteren Schichten. Insbesondere in unsicheren Entscheidungssituationen, z. B. bei Kindern, die weder zu den eindeutig Leistungsstarken noch zu den Leistungsschwachen gehören, schlägt der starke Bildungswille der oberen Schichten durch (*Ditton* 1992, 140). An den Gymnasien hängen sogar die Schulziele der Eltern für ihre Kinder und die Studienabsichten stärker mit der Schichtzugehörigkeit als mit den Schulnoten zusammen. Die Eltern schmieden also die Ausbildungspläne, insbesondere für ihre Söhne, z. T. ohne allzugroße Rücksicht auf deren Leistungsvermögen.[25]

Die höhere Nachfrage nach Bildung hat sich in vermehrten *Kontakten zwischen Elternhaus und Schule* bei allen sozialen Gruppen niedergeschlagen. Aber auch hier macht sich ein deutliches Defizit der unteren Schichten bemerkbar: Die höheren Schichten kümmern sich intensiver um die Schulprobleme ihrer Kinder. Sie machen ausgiebiger von den Möglichkeiten Gebrauch, über Kontakte zu Lehrern und Lehrerinnen die Schulchancen ihrer Kinder direkt zu verbessern (vgl. *Ditton* 1992, 83, 144 und *Ulich* 1989, 65f., 89f.) und durch schulpolitisches Engagement in Vertretungsgremien und Elternverbänden die Schulsituation in ihrem Interesse zu beeinflussen. Diese bessere Kooperation zwischen Eltern und Schule dürfte sich – so wie es amerikanische Studien belegen (vgl. *Engel/Hurrelmann* 1989, 482) – positiv auf die schulische Erfolgsbilanz der Kinder auswirken.

Die Unterschiede zwischen den Schichten in der Zusammenarbeit von Schule und Familie sehen im einzelnen wie folgt aus:

- Ca. zwei Drittel der Akademikerinnen und Akademiker geben an, über die Schulleistungen ihrer Kinder stets genau unterrichtet zu sein, aber nur etwa ein Drittel der Eltern ohne abgeschlossene Berufsausbildung (*Bärsch* u. a. 1976, 142ff.).
- Fast alle Mütter und etwa die Hälfte der Väter aus der oberen Bildungsschicht unterstützen und ermutigen nach Ansicht der Lehrer ihre Kinder, aber nur die Hälfte der Mütter und wenige Väter aus der untersten Bildungsgruppe (*Bärsch* u. a. 1976, 142ff.).
- Die meisten Kinder erhalten heutzutage in der Familie, in der Regel von der Mutter, Hilfestellung bei den Hausaufgaben. Als „Hilfslehrerinnen der Nation" treten dabei die Mütter der höheren Schichten – insbesondere bei den Gymnasiasten – etwas stärker in Erscheinung als bei den unteren Schichten.[26]
- Da die traditionelle Rollentrennung zwischen den Geschlechtern

in den unteren Schichten stärker verfestigt ist, ziehen sich dort die Väter häufiger von den Erziehungsaufgaben zurück und überlassen die Sorge um die Schulprobleme den Müttern.[27]
- Fast alle Eltern besuchen zumindest gelegentlich die Klassenelternabende, aber untere Schichten tun es unregelmäßiger und beschränken sich auch weitaus häufiger aufs Zuhören.[28]
- Die Bereitschaft, von den Mitwirkungsmöglichkeiten im schulischen Bereich Gebrauch zu machen und sich als Elternvertreter in den Elternbeirat und in andere Gremien wählen zu lassen, ist in den unteren Schichten nur in seltenen Ausnahmefällen vorhanden. Je einflußreicher die Mitwirkungsgremien sind, um so stärker dominieren die höheren Schichten; diese beherrschen auch die als verbandsähnliche Pressure Groups tätigen Elternvereinigungen (*Delitz* 1980, 125ff.; *Ulich* 1989, 117ff.; vgl. auch *Gagel* 1983, 79ff.).

Zusammenfassend läßt sich zu den schichtspezifischen Orientierungen und Verhaltensweisen gegenüber dem Bildungsbereich festhalten: *Der Widerstand der höheren Schichten gegen einen sozialen Abstieg ihrer Kinder erzeugt – zusammen mit einer traditionell höheren Wertschätzung der Bildung – einen stärkeren Druck zu hohen Ausbildungsabschlüssen als die vage Hoffnung auf sozialen Aufstieg in den unteren Schichten.*

3.2 Schichtspezifische Auslese im Bildungssystem

Die bisherige Darstellung hat gezeigt, daß die Familien ihre Kinder mit recht unterschiedlichen Voraussetzungen in den Wettbewerb um qualifizierte Schulabschlüsse schicken. Das Bildungssystem leistet nun nicht etwa einen Beitrag dazu, die schichtspezifischen *Defizite* auszugleichen, sondern im Gegenteil: es versieht die bereits Privilegierten mit zusätzlichen Vorteilen und türmt für die bereits Benachteiligten noch zusätzliche Hindernisse auf. Das Urteils- und Ausleseverhalten der Lehrer, die Inhalte des Unterrichts und der Leistungsbewertung sowie die Organisationsstrukturen beeinträchtigen die Bildungswege der Kinder aus den unteren Schichten auch unabhängig von deren Leistungsvermögen.

Die *Lehrer und Lehrerinnen* gehören zur oberen Mittelschicht und stammen mehrheitlich aus dem mittleren Bürgertum. Der Lehrerberuf ist ein Beruf für soziale Aufsteiger und wird häufig von Kindern der mittleren Beamten und auch Angestellten, der selbständigen Handwerker und Kaufleute ergriffen. Die Söhne aus der oberen Mittelschicht meiden ihn eher, für Akademikertöchter dagegen ist er durchaus „standesgemäß". Aus der Arbeiterschaft kommen nur wenige Lehrer, an den Gymnasien noch weniger als an anderen Schulen.[29] An der bürgerlichen Herkunft der Lehrerschaft wird sich auch in Zukunft nicht viel ändern. Im Wintersemester 1991/92 stammen nur 14% der StudienanfängerInnen in den Lehramtsstudiengängen aus Arbeiterfamilien (*Lewin* u. a. 1992, 62). Das entspricht in etwa dem Anteil der Grund- und HauptschullehrerInnen aus der Arbeiterschaft in den achtziger Jahren (*Grimm* 1987, 74). Obwohl keine empirischen Belege existieren, spricht viel für die Annahme, daß die Mentalität und die Verhaltensweisen der Lehrerinnen und Lehrer – ihre Wertvorstellungen, Normen und Weltdeutungen, ihre Sprache, ihr Umgangsstil, ihre Belohnungsformen u. a. m. – eher der Erfahrungswelt der mittleren und höheren Schichten entsprechen und die Unterschichtenkinder zu besonderen Anpassungsleistungen zwingen.

Die Lehrerinnen und Lehrer versuchen zwar durchaus, die Leistungen der Schüler „objektiv" zu bewerten, aber in ihr Urteil schleichen sich hinterrücks Kriterien ein, die sich unabhängig vom tatsächlichen Leistungsvermögen zu Lasten der Kinder aus den unteren Schichten auswirken. Ein interessantes Täuschungsexperiment illustriert plastisch die Vorurteile bei der *Notengebung:* Ein Aufsatz, der mit dem Hinweis versehen war, er sei vom sprachbegabten Sohn eines Zeitungsredakteurs verfaßt worden, erhielt von 16% der Lehrer die Note „sehr gut" und von 40% die Note „gut". Spiegelte man dagegen den Lehrer vor, der Verfasser sei ein durchschnittlicher Schüler, der gern Schundhefte liest und dessen Eltern beide berufstätig sind, so wurde derselbe Aufsatz nicht ein einziges Mal mit „sehr gut" und nur in 7% der Fälle mit „gut" bewertet (*Weiss* 1965).

Auch die *Lehrerempfehlungen für weiterführende Schulen* sind mit schichtspezifischen Verzerrungen belastet: Sie orientieren sich nicht nur an den Schulnoten, sondern auch am Sozialstatus des Schülers. Die anschaulichen Daten, die *Preuß* (1970, 42) dazu im Jahre 1970 vorgelegt hat, werden durch neuere Untersuchungen bestätigt. Ein Vergleich der Lehrerempfehlungen mit einem Schuleignungstest von Bildungsberatern macht deutlich, daß Arbeiter- und Landkinder von den Lehrern in ihrem Leistungsvermögen „unterschätzt", die Kinder aus Mittelschichten dagegen, insbesondere die Akademikerkinder „überschätzt" werden. Zwischen dem Eignungsurteil der Lehrer für die weiterführende Bildungslaufbahn und der sozialen Herkunft besteht – unabhängig von der Schulleistung – ein Zusammenhang, dessen Stärke in verschiedenen Untersuchungen zwischen $p = .13$ und .19 schwankt.[30] Auch in den achtziger Jahren erhielten noch 40%

der Oberschichtkinder mit mittleren Schulleistungen (Notendurchschnitt zwischen 2,2 und 2,9) eine Grundschulempfehlung für das Gymnasium, aber nur 11% dieser Kinder aus der Unterschicht (*Ditton* 1992, 132). Offensichtlich trauen die Lehrer den bildungsnahen oberen Schichten eher zu, ihre Kinder auch mit schwächeren Leistungen zu höheren Abschlüssen zu führen als den bildungsferneren unteren Schichten.

Die soziale Selektivität der Lehrerempfehlungen wird noch verstärkt durch unterschiedliche *Reaktionen der Eltern:* Bildungsbeflissene Mittelschichteltern schicken ihre Kinder z. T. auch gegen den Rat des Lehrers auf weiterführende Schulen, während Arbeitereltern ihre Kinder z. T. vom Gymnasium fernhalten, obwohl ein günstiges Lehrerurteil vorliegt (vgl. S. 132, 142).

Schichtspezifische Lehrerurteile haben nicht nur Auswirkungen auf die Schulwahl, sondern beeinflussen nachweislich auch die Schulleistungen: sie ermutigen die einen und entmutigen die anderen; Schülerinnen und Schüler passen sich z. T. über den Mechanismus der *„sich selbst erfüllenden Prophezeiung"* den Leistungserwartungen der Lehrer an.

Warum müssen Kinder aus der Unterschicht ein Übersoll an Leistung erbringen, um in der Schule anerkannt zu werden? Vermutlich spielen dabei vier Faktoren eine Rolle:

- Da Mittelschichtschüler in der Regel bessere Leistungen zeigen als Unterschichtschüler, entwickeln Lehrer entsprechende Erwartungen. Die positiven Erwartungen gegenüber dem Kind aus der Mittelschicht führen daher manchmal unbewußt zu einer milderen Bewertung, während Kinder der Unterschicht häufiger einem negativen Vorurteil ausgesetzt sind und ab und zu unbewußt strenger beurteilt werden.
- Kindern aus der Mittelschicht wird ein Begabungsbonus gewährt. Überspitzt könnte man die Deutungen der Lehrer auf die Formel bringen: Leistungsschwache Arbeiterkinder sind dumm, leistungsschwache Mittelschichtkinder dagegen lediglich faul; sie werden schon noch eines Tages zeigen, was in ihnen steckt.
- Beim Lehrerurteil spielen neben der Schulleistung auch Kriterien eine Rolle, die eher dem Erziehungsideal der Mittelschicht entsprechen wie Höflichkeit, Sauberkeit, Ausdauer oder Gewissenhaftigkeit (vgl. *Steinkamp* 1967).
- Lehrer rechnen schließlich bei ihren Empfehlungen für den weiteren Bildungsweg – man kann sagen realistischerweise – mit dem Bildungswillen und den Sozialisationsvorteilen der Mittelschicht,

die in Zweifelsfällen dem Kinde über schwache Leistungen und Leistungskrisen hinweghelfen können.

Um Mißverständnissen vorzubeugen: Die Benachteiligung der Unterschichtkinder durch die Lehrerinnen und Lehrer beruht nicht auf Vorsatz; in die Feststellung von Leistungen und Leistungsfähigkeit spielen jedoch mehr oder weniger unbewußt und ungeplant Kriterien, Wertorientierungen und sozialpsychologische Mechanismen hinein, die sich aufsummieren und schließlich die Kinder aus der Mittelschicht tendenziell begünstigen.[31]

Sprachliche und historische Lerninhalte wirken wegen ihrer Ferne zum kulturellen Milieu der Unterschichten als zusätzliche Filter: Kinder der unteren Schichten sind in leistungsstarken sprachlichen Kursen und in den humanistischen oder neusprachlichen Gymnasien stärker unterrepräsentiert als im mathematisch-naturwissenschaftlichen Bereich (*Hess* 1966, 264ff.; *Rodax/Spitz* 1982a, 90f.). In der DDR lagen die curricularen Barrieren für Unterschichtkinder niedriger, weil die sprachlichen und historischen Elemente in den Lernplänen nicht so stark ausgeprägt waren und die Schulbildung durch den polytechnischen Unterricht und die Berufsausbildung mit Abitur stärker mit der Arbeitswelt verzahnt war.[32]

Wie stark die *organisatorische Struktur* des Bildungssystems die Chancen verschiedener Schichten beeinflußt, zeigen Vergleiche zwischen dem traditionellen dreigliedrigen Schulsystem und den integrierten Gesamtschulen. Die *Gesamtschule* hebt im 5. und 10. Schuljahr die räumliche, organisatorische und curriculare Trennung in Hauptschule, Realschule und Gymnasium auf und ersetzt die äußere Gliederung in verschiedene Schultypen durch eine andere Form der Differenzierung nach Kern- und Kursfächern. Dadurch wird eine frühzeitige Festlegung auf bestimmte Schulwege vermieden, die Durchlässigkeit zwischen verschiedenen Ebenen des Leistungsniveaus erhöht und das individuelle Leistungsvermögen besser gefördert. Stützkurse für leistungsschwache Schüler und Liftkurse für solche Schüler, die den Anschluß an einen Kurs der nächsthöheren Niveaustufe suchen, verstärken diese Effekte. So verwirrend und widersprüchlich die Ergebnisse der umfangreichen Gesamtschulforschung auch sein mögen, in einem Punkt herrscht Übereinstimmung: an integrierten Gesamtschulen haben die Kinder aus den benachteiligten Sozialschichten deutlich bessere Chancen, mittlere und höhere Ausbildungsabschlüsse zu erreichen. Fünf Studien, die das dreigliedrige Schulsystem mit der Gesamtschule vergleichen, kommen z. B. zu folgendem Ergebnis: Kinder der Unterschicht machen in den 9. Klassen des Gymnasiums lediglich zwischen 9 und 18% der Schüler aus, in den Kursen an Gesamtschulen, die dem gymnasialen Niveau entsprechen, können sie dagegen ihren Anteil auf 22 bis 53% steigern, in drei von fünf Untersuchungen liegt er bei etwa einem Drittel.[33]

Die niedrigere soziale Selektivität an den Gesamtschulen hängt auch damit zusammen, daß höhere Schichten dazu tendieren, diesen Schultyp zu meiden; sie ist jedoch nicht allein auf diese Erscheinung, den sog. „Creaming-Effect", zurückzuführen. In der Gesamtschuldiskussion wird außerdem häufig die These vertreten, daß das Mehr an Chancengleichheit in den Gesamtschulen durch Abstriche an den Leistungsanforderungen erkauft worden sei. Der Vorwurf des Niveauverlustes dürfte, wenn überhaupt, lediglich auf Gesamtschulen zutreffen, die – wie in Nordrhein-Westfalen – relativ wenig nach Leistung differenzieren (vgl. *Fend* 1982, 286f.; Bund-Länder-Kommission 1982, 535ff.). Als Pauschalverurteilung der Gesamtschulen gehört er jedoch in den Bereich der bildungspolitischen Polemik und nicht in den der wissenschaftlichen Argumentation.

Die hohe soziale Selektivität des deutschen Bildungssystems rechtfertigt einen Begriff, den *Charlotte Lütkens* (1959) bereits vor 35 Jahren geprägt hat: trotz aller Reformversuche stellt sich die deutsche Schule auch heute noch weitgehend als „Mittelklasseninstitution" dar.

4 Zusammenfassung: Ein Hindernislauf für schlecht Trainierte

30 Jahre Bildungspolitik haben dazu geführt, daß heute weitaus mehr Kinder und Jugendliche aus fast allen Schichten die Realschulen, Gymnasien und Hochschulen besuchen. Lediglich die untere Unterschicht konnte von der höheren Bildungsbeteiligung kaum profitieren. Für große Teile der jungen Generation ist die Konkurrenz um Lebenschancen über Ausbildungsabschlüsse länger und anstrengender geworden; schichtspezifische Ungleichheiten konnten dabei aber nicht beseitigt werden. Der Ausbau der Kindergärten und Vorschulen, die Versuche mit der kompensatorischen Erziehung, die Bildungswerbung, die inzwischen wieder eingeschränkte finanzielle Ausbildungsförderung, die mehr oder minder konsequente Einführung der Orientierungsstufe im 5. und 6. Schuljahr, die Oberstufenreform, Veränderungen in den Lehrplänen und in der Lehrerausbildung, die Einrichtung von zusätzlichen Wegen zu Fachhochschule und Hochschule neben dem traditionellen Gymnasium, die Gründung von Gesamthochschulen – dieses ganze Bündel von Verände-

rungen hat die Chancenunterschiede zwischen den Schichten insgesamt nicht verringern können. Einige Statusgruppen konnten Boden gut machen, andere gerieten stärker in Rückstand. Am wirkungsvollsten beim Abbau von Ungleichheit erwies sich noch die integrierte Gesamtschule. Da diese Reform jedoch im Ansatz stecken blieb – 1992 besuchten in den alten und neuen Ländern nur jeweils 8% aller SchülerInnen des Sekundarbereichs I eine integrierte Gesamtschule (einschl. Freie Waldorfschulen) (berechnet nach BMBW 1993, 48f.) –, fällt sie aufs Ganze gesehen kaum ins Gewicht.

Ulrich Beck (1986, 122) hat die Folgen der Bildungsexpansion (und anderer sozialstruktureller Entwicklungen) in die Metapher des *„Fahrstuhl-Effekts"* gekleidet: danach wird „die ‚Klassengesellschaft'... insgesamt eine Etage höher gefahren". Dieses Bild ist schön und daher auch sehr beliebt, aber leider irreführend und daher falsch. Es verstellt den Blick für die schichtspezifischen Effekte der Bildungsexpansion. Es übersieht z. B., daß der untersten Schicht der Zugang zum Fahrstuhl in die höheren Etagen der Bildungshierarchie weitgehend versperrt blieb. Auch die Mehrheit der Arbeiter- und Bauernkinder hat den Fahrstuhl nach oben bisher nicht erwischt. Da viele andere, insbesondere Kinder aus mittleren Schichten, tatsächlich nach oben fahren konnten, geraten die Zurückgelassenen zunehmend in die Gefahr sozialer Ausgrenzung.

Eine andere Metapher veranschaulicht die soziale Ungleichheit der Bildungschancen besser. Die Idee der Chancengleichheit wird häufig mit der Vorstellung von *gleichen Startchancen* für alle verbunden. In diesem Bild läßt sich die Situation folgendermaßen charakterisieren: In der Konkurrenz um die höheren Bildungsabschlüsse gehen ungleich trainierte Gruppen an den Start, die unterschiedliche Ziele anvisieren. Die Trainingsrückstände werden dann während des Wettkampfes nicht aufgeholt. Da den schlecht Trainierten ihr Handicap bewußt wird, schrauben sie ihre Zielvorstellungen noch weiter zurück. Es fehlt ihnen während der Konkurrenz nicht nur an Unterstützung, Zuspruch und Durchhalteparolen aus dem Kreis der Familie und Freunde, sondern das Bildungssystem stellt ihnen auch noch zusätzliche Hindernisse in den Weg. So kommt es, daß sie auch bei gleichem Einsatz und gleicher Leistung nicht dieselben Ziele erreichen wie die Begünstigten. Vergleichsweise gut trainierte Gruppen mit Unterstützung ihrer näheren sozialen Umwelt auf glatten schulischen Bahnen wetteifern mit vergleichsweise schlecht trainierten Gruppen mit mangelnder Unterstützung auf schulischem Hindernisparcours. In den letzten drei Jahrzehnten konnte in diesem Rennen eine größere Zahl zur Spitzengruppe aufschließen, darunter insbesondere Kinder der mittleren Schichten und auch einige Facharbeiterkinder; das soziale Mittelfeld rückte insgesamt weiter nach vorn. Obwohl auch die Benachteiligten etwas Boden gut machen konnten, vergrößerte sich ihr Abstand zum aufgerückten Mittelfeld; und die Schlußlichter sind weiterhin schlecht plaziert wie eh und je. Kurzum: *Die Bildungsexpansion hat mehr Bildungschancen, aber nicht mehr Chancengleichheit gebracht.*

Anmerkungen

[1] Weitere Zusammenhänge von Ausbildung und Lebenschancen – Chancen auf einen qualifizierten Arbeitsplatz, auf politische Teilnahme, auf Gesundheit, auf eine angenehme Altersphase sowie Gefahren der Kriminalisierung – werden in den jeweiligen Kapiteln dieses Buches dargestellt.

[2] Vgl. *Jencks* u. a. 1973; *Boudon* 1974; *Müller/Mayer* 1976; ähnliche Argumente zum Zusammenhang von Ausbildung und Einkommen bei *Bornschier* 1982, 255f.; zur Kontroverse um die Bedeutung der Ausbildung für die Sozialchancen vgl. *Geißler* 1978.

[3] *BMBW* 1992, 92f., 156f., 160; *Geißler* 1992, 215ff. – dort auch weitere Einzelheiten zur Bildungsexpansion in Ost- und Westdeutschland.

[4] *Behnken* u. a. 1990, 127ff.; *Klemm/Böttcher/Weegen* 1992, 68ff.; *BMBW* 1992, 1992, 160; Studienanfängerquoten (SS 93, WS 93/94) berechnet nach Angaben des Statistischen Bundesamtes.

[5] Vgl. *Geißler* 1978; *Lutz* 1979, 659f.; *Teichler* 1988.

[6] Vgl. dazu *Bargel/Höpfinger* 1986, 136, 158; *Dippelhofer-Stiem* 1986, 194; *Walter* 1986, 209f.; *Bargel* u. a. 1987, 196f., 203; *Böttcher/Holtappels/Rösner* 1988, 162ff.; *Kahle/Schaeper* 1991, 108ff.

[7] *Bargel* u. a. 1987, 196f.; *BMBW* 1989, 292f., 299ff.; *Kahle/Schaeper* 1991, 108.

[8] Die „soziale Schicht der Intelligenz" umfaßt in der DDR-Soziologie den vorwiegend geistig tätigen Teil der Bevölkerung; statistisch zählten dazu alle Personen mit Fach- oder Hochschulabschluß.

[9] *Lewin/Bathke/Heublein/Sommer* 1992, 17 und *Bathke* 1993, 6. Vgl. auch *Kazemzadeh/Schacher* 1991, 21. Nach *Lewin* u. a. 1992, 11, 79 und *Bathke* 1993, 3 liegt der Anteil der Arbeiterkinder unter den ostdeutschen Studienanfängern höher als unter westdeutschen. Dieses Ergebnis dürfte jedoch eher ein methodisches Kunstprodukt sein und die Wirklichkeit nicht richtig widerspiegeln. Denn die Zugehörigkeit zur Arbeiterschaft beruht in diesen Studien auf der Selbstzuordnung der Befragten, und in der Ex-DDR ordnen sich nachweislich (*Noll/Schuster* 1992, 214f.) andere und mehr Menschen der Arbeiterschaft zu als im Westen – eine Nachwirkung der sozialistischen „Arbeiterideologie". Die Kategorien „Arbeiterkinder" in Ost und West sind also nicht vergleichbar. (Zu den unterschiedlichen Begriffen des „Arbeiters" und den daraus resultierenden Problemen beim Ost-West-Vergleich s. *Geißler* 1990, 90f. und 1992, 148ff.)

[10] Auch *Meulemann* 1985, 98f. weist einen Einfluß des Vaterberufs bei Kontrolle der Schulleistung auf die Bildungswünsche von Eltern und SchülerInnen sowie auf die Übergangsentscheidung nach.

[11] *Böttcher/Holtappels/Rösner* 1988, 226ff.; *Bargel* u. a. 1987; *Funke* 1987; *Lewin* 1986.

[12] *Latscha* 1966, 87; *Baur* 1972, 174ff.;`*Holm* 1973, 424f.; *Krapp* 1973, 110ff.; *Oevermann* u. a. 1976, 174ff.; *Kemmler* 1975, 70ff., 171ff.; *Rodax/Spitz* 1982a, 170ff.; *Fauser* 1984, 24. Belege für die DDR zusammengefaßt bei *Geißler* 1983, 765; weiterhin *Starke/Hoffmann* 1984, 122f.; *Bathke* 1986, 249.

[13] Z. B. *Bolder* 1978; *Rodax/Spitz* 1982; *Ditton* 1992.

[14] *Roeder* 1965; *Oevermann* 1972; *Haerberlin* 1974; *Jäger* u. a. 1978, 517ff.; *Auwärter* 1982.

[15] *Bertram* 1981, 104, 116; *Sauer/Gattringer* 1985, 289, 304.

[16] *Müller-Wolf* 1975, 89ff.; *Trudewind* 1975, 185ff.; *Schorb* 1976, 114ff.; *Sauer/Gattringer* 1985, 300.

[17] *Weiss, W. W.* 1975; *Steinkamp/Stief* 1978,`203ff.; *Greiffenhagen/Greiffenhagen* 1979, 380; *Emnid* 1983, 23; *Koch* 1990, 12; *Steinkamp* 1991, 254.

[18] Z. B. *Heekerens* 1987; *Engel/Hurrelmann* 1987, 484; *Böttcher/Holtappels/Rösner* 1988,a, 115f.; *Mansel* 1993; vgl. auch *Steinkamp* 1991, 266ff.

[19] Belege zusammengefaßt bei *Geißler* 1983, 765; weiterhin *Bathke* 1985, 141ff. und 1988, 71f.; *Kretzschmar* 1985, 86ff.

[20] *Fauser* 1984, 66; nach *Ditton* 1992, 127 visieren 85% der Eltern aus der oberen Schicht (3-Schichten-Modell), aber nur 19% aus der unteren Schicht das Gymnasium oder ein Studium für ihre Kinder an. Vgl. auch *Ziegenspeck* 1978, 30; *Meulemann* 1983a, 123; *Sauer/Gattringer* 1985, 300.

[21] *Eirmbter* 1977, 303, 311; *Meulemann* 1985, 75f.

[22] *Hitpass* 1965; *Grimm* 1966; *Schneider* 1966; *Baur* 1972.

[23] *Fauser* u. a. 1985, 46; vgl. auch *Sass/Holzmüller* 1982, 139; *Jürgens* 1989, 398.

[24] Daß Eltern aus dem Arbeitermilieu bzw. aus unteren Schichten die Ausbildungsziele „resigniert" zurückschrauben, wurde für die 70er Jahre vielfach belegt (*Eirmbter* 1977, 303, 311f.; *Fend/Knörzer* 1977, 65ff.; *Jürgens/Lengsfeld* 1977, 129; *Sass* 1978; *Bolder* 1978, 162ff.; Dritter Familienbericht 1979, 89; *Eckes* u. a. 1979, 222; *BMBW* 1981, 65, 68f.; *Sass/Holzmüller* 1982, 89, 128ff.). Neuere Studien zeigen, daß sich daran in den 80er Jahren nichts Wesentliches geändert hat (*Fauser* 1983, 34f.; *Fauser* 1984, 51ff.; *Bolder* 1987, 272; *Jürgens* 1989, 398).

[25] *Saterdag/Stegmann* 1980, 117f.; *Wiese* 1982, 56; *Saterdag* 1986, 98.

[26] *Ziegenspeck* 1978, 142ff.; *Sass/Holzmüller* 1982, 99ff.; *Fauser* u. a. 1985, 104ff.; *Ulich* 1989, 205ff. Anders *Ditton* 1992, 83: danach wird in den oberen Schichten weniger Hilfe bei Hausaufgaben geleistet als anderswo.

[27] Dritter Familienbericht 1979, 86; *Sass/Holzmüller* 1982, 100; *Fauser* u. a. 1985, 105; *Ditton* 1992, 150.

[28] *Bärsch* u. a. 1976, 154ff.; *Ziegenspeck* 1978, 136ff.

[29] *Preuß* 1970, 36; *Schefer* 1977, 215; *Nave-Herz* 1977, 13; *Grimm* 1987, 73f.; *Neulinger* 1990, 48ff.

[30] *Weiss, R. H.* 1975; *Wiese* 1982; *Ditton* 1992, 137.
[31] Zu den schichtspezifischen Auswirkungen des Lehrerverhaltens vgl. auch die Übersicht bei *Grimm* 1987, 76–79.
[32] Vgl. dazu *Baske* 1990, *Hörner* 1990.
[33] *Fend* u. a. 1976, 82; *Bongers* 1978, 116; *Lukesch* u. a. 1979, 26; *Rolff* 1980, 134f.; *Fend* 1982, 139; Bund-Länder-Kommission 1982, 390ff.

Literatur

Apel, H.: Intergenerative Bildungsmobilität in den alten und neuen Bundesländern. In: *J. Zinnecker* (Redaktion): Jugend '92. Bd. 2. Opladen 1992, S. 353–370.
Auwärter, M.: Sprachgebrauch in Abhängigkeit von Sprecher und Sprechsituation. Berlin 1982.
Bärsch, W. / K.G. Gehrken / A. Janowski: Wechselwirkung zwischen Schule und Familie. Materialsammlung zur Hamburger Untersuchung. München 1976.
Ballerstedt, E. / W. Glatzer: Soziologischer Almanach. Handbuch gesellschaftlicher Daten und Indikatoren. Frankfurt – New York 1979³.
Bargel, T. / B. Dippelhofer-Stiem / J.-V. Sandberger / H.-G. Walter: Arbeiterkinder nach dem Abitur. In: *A. Bolder / K. Rodax* (Hrsg.): Das Prinzip der aufge(sc)hobenen Belohnung. Bonn 1987, S. 181–206.
Bargel, T. / N. Höpfinger: Schwierigkeiten und Belastungen von Studierenden aus Arbeiterfamilien. In: *A. Funke* (Hrsg.): Hochschulzugang und Probleme beim Studium von Arbeiterkindern. Düsseldorf 1986, S. 136–172.
Baske, S.: Die Erweiterte Oberschule in der DDR. In: *O. Anweiler* u. a. (Hrsg.): Vergleich von Bildung und Erziehung in der Bundesrepublik Deutschland und in der Deutschen Demokratischen Republik. Köln 1990, S. 210–217.
Bathke, G.-W.: Sozialstrukturelle Herkunftsbedingungen und Persönlichkeitsentwicklung von Hochschulstudenten. Diss. B. Leipzig 1985.
Bathke, G.-W.: Soziale Herkunft. In: *W. Friedrich / A. Hoffmann* (Hrsg.): Persönlichkeit und Leistung. Berlin (Ost) 1986, S. 243–251.
Bathke, G.-W.: Sozialstruktur – Soziale Herkunft – Persönlichkeitsentwicklung. In: *H. Timmermann* (Hrsg.): Sozialstruktur und sozialer Wandel in der DDR. Saarbrücken – Scheidt 1988, S. 55–76.
Bathke, G.-W.: Soziale Reproduktion und Sozialisation von Hochschulstudenten in der DDR. In: *G. Burkhart* (Hrsg.): Sozialisation im Sozialismus. Pfaffenhofen 1990, S. 114–128.
Bathke, G.-W.: Soziale Herkunft von deutschen Studienanfängern aus den alten und neuen Ländern an den Hochschulen im Wintersemester 1992/93. In: HIS-Kurzinformation A 11/93, S. 1–13.
Baur, R.: Elternhaus und Bildungschancen. Weinheim / Basel 1972.
Beck, U.: Risikogesellschaft. Frankfurt am Main 1986.

Behnken, I. u. a.: Schülerstudie '90. Jugendliche im Prozeß der Vereinigung. Weinheim / München 1990.
Bellmann, L. / A. Reinberg / M. Tessaring: Bildungsexpansion, Qualifikationsstruktur und Einkommensverteilung. Manuskript Nürnberg 1993.
Bernstein, B.: Soziokulturelle Determinanten des Lernens. In: P. *Heintz* (Hrsg.): Soziologie der Schule. Oplanden 1959, S. 52–79.
Bernstein, B.: Studien zur sprachlichen Sozialisation. Düsseldorf 1972.
Bernstein, B. (Hrsg.): Sprachliche Codes und soziale Kontrolle. Düsseldorf 1975.
Bertram, H.: Sozialstruktur und Sozialisation. Darmstadt / Neuwied 1981.
BMBW (Bundesminister für Bildung und Wissenschaft, Hrsg.): Arbeiterkinder im Bildungssystem. Wolfenbüttel 1981.
BMBW (Bundesminister für Bildung und Wissenschaft, Hrsg.): Das soziale Bild der Studentenschaft in der Bundesrepublik Deutschland. 11. Sozialerhebung des Deutschen Studentenwerks. Bad Honnef 1986.
BMBW (Bundesminister für Bildung und Wissenschaft, Hrsg.): Das soziale Bild der Studentenschaft in der Bundesrepublik Deutschland. 12. Sozialerhebung des Deutschen Studentenwerks. Bad Honnef 1989.
BMBW (Bundesminister für Bildung und Wissenschaft, Hrsg.): Grund- und Strukturdaten 1992/93. Bad Honnef 1992.
BMBW (Bundesminister für Bildung und Wissenschaft, Hrsg.): Das soziale Bild der Studentenschaft in der Bundesrepublik Deutschland. 13. Sozialerhebung des Deutschen Studentenwerks. Bonn 1992 (a).
BMBW (Bundesministerium für Bildung und Wissenschaft, Hrsg.): Grund- und Strukturdaten 1993/94. Bad Honnef 1993.
Böttcher, W.: Soziale Auslese im Bildungswesen. In: Die Deutsche Schule 83, 1991, S. 151–161.
Böttcher, W. / H. G. Holtappels / E. Rösner: Wer kann sich Studieren noch leisten? Weinheim / München 1988.
Böttcher, W. / H. G. Holtappels / E. Rösner: Zwischen Studium und Beruf – Soziale Selektion beim Übergang zur Hochschule. In: Jahrbuch der Schulentwicklung 5 (1988a), S. 103–156.
Böttcher, W. / K. Klemm: Argumente für die Stärkung von Bildung, Bildungspolitik und Bildungsplanung. In: *K. Klemm* u. a.: Bildungsgesamtplan '90. Weinheim / München 1990, S. 268–271.
Bofinger, J.: Neuere Entwicklungen des Schullaufbahnverhaltens in Bayern. München 1990.
Bolder, A.: Bildungsentscheidungen im Arbeitermilieu. Köln / Wien 1978.
Bolder, A.: Realitätsverarbeitung. Zur Verzahnung von Chancenstrukturen und Prozessen der Sozialisation für Arbeit und Beruf. In: *A. Bolder / K. Rodax* (Hrsg.): Das Prinzip der aufge(sc)hobenen Belohnung. Bonn 1987, S. 263–284.
Bongers, D.: Bildungsniveau und Chancengleichheit. Zwischenbericht einer vergleichenden empirischen Untersuchung an integrierten Gesamtschulen und Schulen des traditionellen Schulsystems in Hessen. Konstanz 1978.
Bornschier, V.: Bildung, Beruf und Arbeitseinkommen. In: Zeitschrift für Soziologie 11 (1982), S. 254–267.

Boudon, R.: L'inégalité des chances. Paris 1974.
Bourdieu, P.: Die feinen Unterschiede. Frankfurt am Main 1987.
Bund-Länder-Kommission für Bildungsplanung (Hrsg.): Auswertungsbericht über die Modellversuche mit Gesamtschulen. Bühl 1982.
Dahrendorf, R.: Arbeiterkinder an deutschen Universitäten. Tübingen 1965 (a).
Dahrendorf, R.: Bildung ist Bürgerrecht. Plädoyer für eine aktive Bildungspolitik. Hamburg 1965 (b).
Delitz, J.: Schulpolitisches Engagement von Eltern. Empirische Befunde zum politischen Aspekt im Verhältnis von Elternhaus und Schule. Diplomarbeit Ms. Hamburg 1980.
Dippelhofer-Stiem, B.: Arbeiterkinder an der Universität. In: *A. Funke* (Hrsg.): Hochschulzugang und Probleme beim Studium von Arbeiterkindern. Düsseldorf 1986, S. 173–198.
Ditton, H.: Ungleichheit und Mobilität durch Bildung. Weinheim / München 1992.
Dritter Familienbericht. Bericht der Sachverständigenkommission der Bundesregierung. Bonn 1979.
Eckes, K. u. a.: Schulversuch gemeinsame Orientierungsstufe. Mainz 1979.
Ehmann, C.: Besondere Zugangswege zur Hochschule für Arbeiterkinder. In: *A. Funke* (Hrsg.): Hochschulzugang und Probleme beim Studium von Arbeiterkindern. Düsseldorf 1986, S. 67–112.
Eirmbter, W. H.: Ökologische und strukturelle Aspekte der Bildungsbeteiligung. Weinheim – Basel 1977.
Emnid: Emnid-Informationen Nr. 10 (1983).
Engel, U. / K. Hurrelmann: Bildungschancen und soziale Ungleichheit. In: *S. Müller-Rolli* (Hrsg.): Das Bildungswesen der Zukunft. Stuttgart 1987, S. 77–97.
Engel, U. / K. Hurrelmann: Familie und Bildungschancen. In: *R. Nave-Herz / M. Markefka* (Hrsg.): Handbuch der Familien- und Jugendforschung. Bd. 1. Frankfurt a. M. 1989, S. 475–489.
Fauser, R.: Vom Elternwunsch zur Schulentscheidung. Projekt: Bildungsverläufe in Arbeiterfamilien. Arbeitsbericht 9. Konstanz 1983.
Fauser, R.: Der Übergang auf weiterführende Schulen. Projekt: Bildungsverläufe in Arbeiterfamilien. Abschlußbericht 1. Konstanz 1984.
Fauser, R. / R. Pettinger / N. Schreiber: Der Übergang von Arbeiterkindern auf weiterführende Schulen. Projekt: Bildungsverläufe in Arbeiterfamilien. Abschlußbericht 2. Konstanz 1985.
Fauser, R. / N. Schreiber: Schulwünsche und Schulwahlentscheidungen in Arbeiterfamilien. In: *A. Bolder / K. Rodax* (Hrsg.): Das Prinzip der aufge(sc)hobenen Belohnung. Bonn 1987, S. 31–58.
Fend, H.: Gesamtschule im Vergleich. Weinheim / Basel 1982.
Fend, H. u. a.: Gesamtschule und dreigliedriges Schulsystem – eine Vergleichsstudie über Chancengleichheit und Durchlässigkeit. Stuttgart 1976.
Fend, H. / W. Knörzer: Beanspruchung von Schülern. Aspekte der schulischen Sozialisation. Bonn 1977.

v. Friedeburg, L.: Bilanz der Bildungspolitik. In: betrifft: erziehung 11 (1978), S. 50–59.
Funke, A.: Vom Betrieb in die Hochschule. In: *A. Bolder / K. Rodax* (Hrsg.): Das Prinzip der aufge(sc)hobenen Belohnung. Bonn 1987, S. 232–245.
Gagel, W.: Interessenvermittlung im Bildungssystem: Das Beispiel der Eltern. In: *U. v. Alemann / E. Forndran* (Hrsg.): Interessenvermittlung und Politik. Opladen 1983, S. 67–101.
Geißler, R.: Bildung und Sozialchancen. In: Kölner Zeitschrift für Soziologie und Sozialpsychologie 30 (1978), S. 468–487.
Geißler, R.: Bildungschancen und Statusvererbung in der DDR. In: Kölner Zeitschrift für Soziologie und Sozialpsychologie 35 (1983), S. 755–770.
Geißler, R.: Soziale Schichtung und Bildungschancen. In: *R. Geißler* (Hrsg.): Soziale Schichtung und Lebenschancen in der Bundesrepublik Deutschland. Stuttgart 1987, S. 78–110.
Geißler, R.: Entwicklung der Sozialstruktur und Bildungswesen in der Bundesrepublik Deutschland und in der DDR. In: *O. Anweiler* u. a. (Hrsg.): Vergleich von Bildung und Erziehung in der Bundesrepublik Deutschland und in der Deutschen Demokratischen Republik. Bonn 1990, S. 83–111.
Geißler, R.: Umbruch und Erstarrung in der Sozialstruktur der DDR. In: *W. Glatzer* (Hrsg.): Die Modernisierung moderner Gesellschaften. Opladen 1990a, S. 520–524.
Geißler, R.: Die Sozialstruktur Deutschlands. Ein Studienbuch zur Entwicklung im geteilten und vereinten Deutschland. Opladen 1992.
Geißler, R.: Sozialer Umbruch in Ostdeutschland. Einleitende Bemerkungen. In: *R. Geißler* (Hrsg.): Sozialer Umbruch in Ostdeutschland. Opladen 1993, S. 7–29.
Giesen, H. (Hrsg.): Vom Schüler zum Studenten. Bildungslebensläufe im Längsschnitt. München 1981.
Greiffenhagen, M. / S. Greiffenhagen: Ein schwieriges Vaterland. Zur politischen Kultur Deutschlands. München 1979.
Grimm, S.: Die Bildungsabstinenz der Arbeiter. München 1966.
Grimm, S.: Soziologie der Bildung und Erziehung. München 1987.
Haeberlin, U.: Wortschatz und Sozialstruktur. Tübingen 1974.
Hamm-Brücher, H.: Auf Kosten unserer Kinder? Hamburg 1964.
Hansen, R. / H.-G. Rolff: Abgeschwächte Auslese und verschärfter Wettbewerb. In: Jahrbuch der Schulentwicklung 6 (1990), S. 45–79.
Heekerens, H.-P.: Intergenerationale Kontinuität: Der Bildungsstand von Vätern und Töchtern. In: Zeitschrift für Sozialisationsforschung und Erziehungssoziologie 7 (1987), S. 197–208.
Hess, F.: Die Selektion an den Gymnasien. In: *F. Hess / F. Latscha / W. Schneider:* Die Ungleichheit der Bildungschancen. Olten 1966, S. 261–274.
HIS (Hochschul-Informations-System GmbH): Kurzinformationen A 5/85. Hannover 1985.
Hitpass, J.: Einstellungen der Industriearbeiterschaft zur höheren Bildung. Ratingen 1965.
Holm, K.: Soziale Schicht und Schulverhalten. In: *G. Hartfiel / K. Holm*

(Hrsg.): Bildung und Erziehung in der Industriegesellschaft. Opladen 1973, S. 417-436.
Hörner, W.: Polytechnischer Unterricht in der DDR und Arbeitslehre in der Bundesrepublik Deutschland. In: *O. Anweiler* u. a. (Hrsg.): Vergleich von Bildung und Erziehung in der Bundesrepublik Deutschland und in der Deutschen Demokratischen Republik. Köln 1990, S. 218-232.
IFS-Umfrage: Die Schule im Spiegel der öffentlichen Meinung. In: Jahrbuch der Schulentwicklung Bd. 6 (1990), S. 11-44.
Jaeger, S. / V. Fischer / W. Müller / E. Schmidt / M. Wolff: „Warum weint die Giraffe?" Ergebnisse des Forschungsprojekts „Schichtspezifischer Sprachgebrauch von Schülern". Kronberg 1978.
Jencks, Ch. u. a.: Chancengleichheit. Reinbek b. Hamburg 1973.
Jürgens, E.: Lehrer empfehlen - Eltern entscheiden! In: Deutsche Schule 80 (1989), S. 388-400.
Jürgens, H. W. / W. Lengsfeld: Der Einfluß des Elternhauses auf den Bildungsweg der Kinder. Stuttgart 1977.
Kaelble, H.: Soziale Mobilität und Chancengleichheit im 19. und 20. Jahrhundert. Göttingen 1983.
Kahle, I. / H. Schaeper: Bildungswege von Frauen. Hannover 1991.
Kazemzadeh, F. / M. Schacher: Zum Erneuerungsprozeß des Hochschulstudiums in den neuen Ländern. Hannover 1991 (HIS-Kurzinformation A 11/91).
Kemmler, L.: Erfolg und Versagen in der Grundschule. Göttingen 1975³.
Klemm, K.: Bildungsexpansion und ökonomische Krise. In: Zeitschrift für Pädagogik 33 (1987), S. 823-839.
Klemm, K. u. a.: Bildungsgesamtplan '90. Weinheim / München 1990.
Klemm, K. / W. Böttcher / M. Weegen: Bildungsplanung in den neuen Ländern. Weinheim / München 1992.
Kloehn, E.: Verhaltensstörungen - eine neue Kinderkrankheit? München 1977.
Koch, A.: Von „Ordnung und Disziplin" zu „persönlicher Selbständigkeit". In: Informationsdienst Soziale Indikatoren 4/1990, S. 10-14.
Köhler, H.: Bildungsbeteiligung und Sozialstruktur in der Bundesrepublik. Berlin 1992.
Krapp, A.: Bedingungen des Schulerfolgs. München 1973.
Kretzschmar, A.: Soziale Unterschiede - unterschiedliche Persönlichkeiten? Berlin (Ost) 1985.
Labov, W.: Sprache im sozialen Kontext. Kronberg/Ts. 1976.
Latscha, F.: Der Einfluß des Primarlehrers. In: *F. Hess / F. Latscha / W. Schneider:* Die Ungleichheit der Bildungschancen. Olten 1966, S. 185-260.
Lamprecht, M.: Möglichkeiten und Grenzen schulischer Chancengleichheit in westlichen Gesellschaften. In: *V. Bornschier* (Hrsg.): Das Ende der sozialen Schichtung? Zürich 1991, S. 126-153.
Lewin, K.: Arbeiterkinder und Studienberechtigung: Studienneigung, Studienverlaufsdaten, Studienziel. In: *A. Funke* (Hrsg.): Hochschulzugang und Probleme beim Studium von Arbeiterkindern. Düsseldorf 1986, S. 113-119.

Lewin, K. / G.-W. Bathke / U. Heublein / D. Sommer: Studienanfänger im Wintersemester 1991/92. Hannover 1992.

Lischka, I.: Reflexionen des wirtschaftlich-sozialen Wandels in den Bildungsabsichten von Gymnasialschülern der neuen Bundesländer. In: Zeitschrift für Sozialisationsforschung und Erziehungssoziologie 12 (1992), S. 233–249.

Lütkens, Ch.: Die Schule als Mittelklasseninstitution. In: *P. Heintz* (Hrsg.): Soziologie der Schule. Opladen 1959, S. 22–39.

Lukesch, H. u. a.: Gesamtschule und dreigliedriges Schulsystem in Nordrhein-Westfalen. Paderborn 1979.

Lundgreen, P.: Sozialgeschichte der deutschen Schule im Überblick. Teil 2: 1918–1980. Göttingen 1981.

Lutz, B.: Die Interdependenz von Bildung und Beschäftigung und das Problem der Erklärung der Bildungsexpansion. In: *J. Matthes* (Hrsg.): Sozialer Wandel in Westeuropa. Frankfurt – New York 1979, S. 634–670.

Mansel, J.: Zur Reproduktion sozialer Ungleichheit. Soziale Lage, Arbeitsbedingungen und Erziehungsverhalten der Eltern im Zusammenhang mit dem Schulerfolg des Kindes. In: Zeitschrift für Sozialisationsforschung und Erziehungssoziologie 13 (1993), S. 36–60.

Meier, A.: Soziologie des Bildungswesens. Berlin (Ost) 1974.

Meulemann, H.: Soziale Position der Eltern, Schulleistung und Schullaufbahn des Kindes. In: *H. J. Hoffmann-Nowottny* (Hrsg.): Gesellschaftliche Berichterstattung zwischen Theorie und Praxis. Frankfurt – New York 1983 (a), S. 115–135.

Meulemann, H.: Value change in West Germany, 1950–1980: integrating the empirical evidence. In.: Social Science Information 22 (1983) (b), S. 777–800.

Meulemann, H.: Bildung und Lebensplanung. Die Sozialbeziehung zwischen Elternhaus und Schule. Frankfurt – New York 1985.

Meulemann, H.: Schullaufbahnen, Ausbildungskarrieren und die Folgen im Lebensverlauf. In: *K. U. Mayer* (Hrsg.): Lebensverläufe und sozialer Wandel. Opladen 1990, S. 89–117.

Meulemann, H.: Expansion ohne Folgen? Bildungschancen und sozialer Wandel in der Bundesrepublik. In: *W. Glatzer* (Hrsg.): Entwicklungstendenzen der Sozialstruktur. Frankfurt / New York 1992, S. 123–156.

Minister für Volksbildung (Hrsg.): Sozialistisches Bildungsrecht. Berlin (Ost) 1988.

Müller, W. / K. U. Mayer: Chancengleichheit durch Bildung? Stuttgart 1976.

Myschker, N.: Verhaltensstörungen bei Kindern und Jugendlichen. Stuttgart u. a. 1993.

Nave-Herz, R.: Die Rolle des Lehrers. Neuwied – Darmstadt 1977.

Neuland, E.: Sprachbarrieren oder Klassensprache? Frankfurt/M. 1975.

Neulinger, K. U.: Schulleiter – Lehrerelite zwischen Job und Profession. Herkunft, Motive und Einstellungen einer Berufsgruppe. Frankfurt a. M. 1990.

Noll, H.-H. / F. Schuster: Soziale Schichtung und Wahrnehmung sozialer Ungleichheit im Ost-West-Vergleich. In: *Noll, H.-H. / W. Glatzer* (Hrsg.): Le-

bensverhältnisse in Deutschland: Ungleichheit und Angleichung. Frankfurt / New York 1992, S. 209–230.
Oevermann, U.: Sprache und soziale Herkunft. Frankfurt/M. 1972.
Oevermann, U. / M. Kieper / S. Rothe-Bosse / M. Schmidt / P. Wienskowski: Die sozialstrukturelle Einbettung von Sozialisationsprozessen. In: Zeitschrift für Soziologie 5 (1976), S. 167–199.
Picht, G.: Die deutsche Bildungskatastrophe. Olten – Freiburg 1964.
Preuß, O.: Soziale Herkunft und die Ungleichheit der Bildungschancen. Weinheim 1970.
Pross, H.: Über die Bildungschancen von Mädchen in der Bundesrepublik. Frankfurt/Main 1969.
Pross, H.: Was ist heute deutsch? Wertorientierungen in der Bundesrepublik. Hamburg 1982.
Rodax, K. (Hrsg.): Strukturwandel der Bildungsbeteiligung 1950–1985. Darmstadt 1989.
Rodax, K. / N. Spitz: Soziale Umwelt und Schulerfolg. Weinheim / Basel 1982.
Rodax, K. / N. Spitz: Soziale Determinanten des Schulerfolgs von Viertklässlern. In: Kölner Zeitschrift für Soziologie und Sozialpsychologie 34 (1982)(a), S. 69–93.
Roeder, P. M.: Sprache, Sozialstatus und Bildungschancen. In: *P. M. Roeder / A. Pasdzierny / W. Wolf:* Sozialstatus und Schulerfolg. Heidelberg 1965, S. 5–32.
Rolff, H.-G.: Sozialisation und Auslese durch die Schule. 9. erneut überarb. Aufl. Heidelberg 1980(a).
Rolff, H.-G.: Soziologie der Schulreform. Weinheim – Basel (1980)(b).
Sass, J.: Bildungserwartungen von Arbeitereltern bei der Wahl des Bildungsweges für ihre Kinder. München 1978.
Sass, J. / H. Holzmüller: Bildungsverhalten und Belastungen in Familien mit schulpflichtigen Kindern. München 1982.
Saterdag, H. / H. Stegmann: Jugendliche beim Übergang vom Bildungs- in das Beschäftigungssystem. Nürnberg 1980.
Sauer, J. / H. Gattringer: Soziale, familiale, kognitive und motivationale Determinanten der Schulleistung. In: Kölner Zeitschrift für Soziologie und Sozialpsychologie 37 (1985), S. 288–309.
Schefer, G.: Lehrerarbeit und Lehrerbewußtsein. In: *G. Hartfiel / L. Kißler* (Hrsg.): Soziologie der Erziehung. Freiburg u. a. 1977, S. 206–228.
Schelsky, H.: Schule und Erziehung in der industriellen Gesellschaft. Würzburg 1957.
Schneider, W.: Die Entscheidung der Eltern. In: *F. Hess / F. Latscha / W. Schneider:* Die Ungleichheit der Bildungschancen. Oltern 1966, S. 93–184.
Starke, K. / A. Hoffmann: Studentische Jugend. In: *W. Friedrich / W. Gerth* (Hrsg.): Jugend konkret. Berlin (Ost) 1984, S. 87–129.
Steinkamp, G.: Die Rolle des Volksschullehrers im schulischen Selektionsprozeß. In: Hamburger Jahrbuch für Wirtschafts- und Gesellschaftspolitik 12 (1967), S. 302–324.
Steinkamp, G.: Klassen- und schichtenanalytische Ansätze in der Sozialisa-

tionsforschung. In: *K. Hurrelmann / D. Ulich* (Hrsg.): Handbuch der Sozialisationsforschung. Weinheim – Basel 1980, S. 253–284.
Steinkamp, G.: Sozialstruktur und Sozialisation. In: *K. Hurrelmann / D. Ulich* (Hrsg.): Neues Handbuch der Sozialisationsforschung. Weinheim / Basel 1991, S. 251–277.
Steinkamp, G. / W. H. Stief: Lebensbedingungen und Sozialisation. Opladen 1978.
Teichler, U.: Beziehungen von Bildungs- und Beschäftigungssystem. In: *A. Weymann* (Hrsg.): Bildung und Beschäftigung. Göttingen 1988, S. 27–57.
Trommer-Krug, L.: Soziale Herkunft und Schulbesuch. In: *Max-Planck-Institut für Bildungsforschung* (Hrsg.): Bildung in der Bundesrepublik Deutschland. Bd. 1. Stuttgart 1980, S. 217–282.
Ulich, K.: Schule als Familienproblem? Frankfurt am Main 1989.
Walter, H.-G.: Zwischen Schule und Hochschule – das Ausbildungsverhalten von Arbeiterkindern. In: *A. Funke* (Hrsg.): Hochschulzugang und Probleme beim Studium von Arbeiterkindern. Düsseldorf 1986, S. 199–221.
Weiss, R.: Zensur und Zeugnis. Linz 1965.
Weiss, R. H.: Untersuchung zur Schuleignungsvermittlung in Stuttgart. In: *Kultusministerium Baden-Württemberg* (Hrsg.): Bildungsberatung in der Praxis. Stuttgart 1975, S. 21–68.
Weiss, W. W.: Determininanten der Einstellung von Eltern zum selbständigen Verhalten der Kinder. In: Zeitschrift für Soziologie 4 (1975), S. 165–182.
Wiese, W.: Elternstatus, Lehrerempfehlung, Schullaufbahn. In: Kölner Zeitschrift für Soziologie und Sozialpsychologie 11 (1982), S. 49–63.
Ziegenspeck, J.: Elternhaus und Schule. Braunschweig 1978.
Zweiter Familienbericht: Hrsg. vom Bundesminister für Jugend, Familie und Gesundheit. Bonn-Bad Godesberg 1975.

Soziale Schichtung und Kriminalität

Rainer Geißler

Der Zusammenhang zwischen sozialer Schichtung und Kriminalität ist in der Kriminologie ein umstrittenes und verwirrend kontroverses Thema.[1] Uneinigkeit herrscht nicht nur über den Begriff der Kriminalität, sondern auch – und das hängt mit den unterschiedlichen Auffassungen von Kriminalität zusammen – darüber, ob Verstöße gegen Strafgesetze in den verschiedenen Schichten in unterschiedlicher Häufigkeit vorkommen. Und schließlich existieren konkurrierende Theorien über die Ursachen von Kriminalität. Ich werde die Vielschichtigkeit der Problematik deutlich machen, indem ich zunächst die Daten der Kriminalstatistik sowie die traditionelle These vom schichtspezifischen kriminellen Verhalten und seinen Ursachen darstelle. Danach werde ich mich dann mit dem neueren Konzept der schichtspezifischen Kriminalisierung auseinandersetzen und abschließend auf einige Ergebnisse der Dunkelfeldforschung eingehen.

1 Die Schichten in der Kriminalstatistik: Höhere Raten der Unterschicht

So widersprüchlich die Ansichten über den Zusammenhang von Schicht und Kriminalität auch sein mögen – über einen Sachverhalt sind sich die Kriminologen aller Lager einig: In den Kriminalstatistiken der staatlichen Kontrollinstanzen – der Polizei, der Staatsanwaltschaft, der Gerichte und der Strafvollzugsanstalten – sind die unteren Schichten erheblich überrepräsentiert und die oberen Schichten entsprechend unterrepräsentiert. Oder anders ausgedrückt: die „entdeckte" Kriminalität ist deutlich schichtspezifisch verteilt. Angehörige der unteren Schichten geraten häufiger als Angehörige der oberen Schichten in polizeilichen Gewahrsam und in die Mühlen der Justiz. Eine Gesellschaft verteilt nicht nur ihre Belohnungen systematisch ungleich an die verschiedenen Gruppen, sondern auch ihre Bestrafungen.

Die Häufung amtlich registrierter krimineller Handlungen in den unteren Schichten kann in vielen Industriegesellschaften des Westens beobachtet werden und ist auch für die Bundesrepublik mehrfach belegt. Dazu einige Beispiele.

Die Polizei einer Großstadt des Ruhrgebiets griff in einem Monat ca. 1300 Personen auf, denen eine strafbare Handlung zum Vorwurf gemacht wurde. Etwa 1000 von ihnen ließen sich nach Beruf, Bildung und Einkommen einer Schicht zuordnen und verteilten sich wie folgt:

Oberschicht	0,4%
Obere Mittelschicht	1,0%
Mittlere Mittelschicht	3,0%
Untere Mittelschicht	6,0%
Obere Unterschicht	34,0%
Untere Unterschicht	56,0%

Obwohl genauere Vergleichszahlen für die Schichtstruktur der entsprechenden Großstadt fehlen, sprechen die Zahlen eine deutliche Sprache: Mit 90% ist die Unterschicht unter den Tatverdächtigen sehr überproportional vertreten, während alle anderen Schichten mit zusammen nur 10% eindeutig unterrepräsentiert sind. Auch innerhalb der Unterschicht gibt es noch Ungleichgewichte. Der Tatverdacht konzentriert sich stärker auf die unterste Schicht. Dies wird auch deutlich, wenn man die Verdächtigen nach Berufsgruppen gliedert: 69% stammen aus der Arbeiterschaft, fast die Hälfte davon sind Gelegenheitsarbeiter und Ungelernte, und fast ein weiteres Viertel sind Angelernte (*Peters* 1971, 96ff.).

Das Bildungsprofil von jungen Angeklagten ist ebenfalls deutlich „nach unten" verschoben (Einzelheiten in Abb. 1).[2] Am drastischsten macht sich der schichtspezifische Effekt strafrechtlicher Sanktionen in den Haftanstalten bemerkbar. Abb. 1 zeigt, daß junge Menschen mit weiterführender Bildung – entsprechende Daten über andere Altersgruppen liegen leider nicht vor – von Freiheitsstrafen weigehend verschont bleiben. Sie stellen Ende der 80er Jahre 66% aller Schulabgänger, aber lediglich 2,5% der Häftlinge. Zwei Drittel der Häftlinge stammen dagegen aus der kleinen Minderheit von 8%, die den Hauptschulabschluß nicht geschafft haben. Auch in anderen Untersuchungen sind mindestens Dreiviertel der jungen Strafgefangenen oder Arrestanten Angehörige der unteren Schichten bzw. Arbeiterschichten.[3] Ähnliches gilt für inhaftierte Frauen aller Altersgruppen.[4] Frauen machen allerdings lediglich 3–4% aller Häftlinge aus. *Unsere Gesellschaft vollstreckt also ihre harte Sanktion des Freiheitsentzugs im wesentlichen an einer kleinen Minderheit – an den Männern aus der untersten Sozial- und Bildungsschicht.*[5]

Einen differenzierteren Eindruck von der schichtspezifischen Kriminalität erhält man, wenn man verschiedene Typen von Delikten

Abb. 1 Bildungsniveau[1] von jungen Angeklagten und Häftlingen

	N	ohne Schulabschluß/ Sonderschule %	Hauptschule %	Realschule %	Gymnasium/ Abitur %
deutsche Angeklagte vor Stuttgarter Jugendgerichten 1987/88[2]	2729	19	53	19	9
junge Häftlinge 1988[3]					
männlich	4215	67	31	2	0,1
weiblich	180	62	32	5	0,2
alle Schulabgänger 1988		8	26	43	23

[1] Häftlinge: Schulabschluß; Angeklagte: besuchter Schultyp bei Schülerinnen und Schülern; Schulabschluß bei denen, die die allgemeinbildenden Schulen verlassen hatten.
[2] Vollerhebung.
[3] Vollerhebung bei allen nach dem Jugendstrafrecht Verurteilten.

Quellen: Projekt *Geißler/Marißen* 1990 (Angeklagte); *Stentzel* 1990, 41 (Häftlinge); BMBW 1989, 72f. (Schulabgänger).

unterscheidet. Bestimmte Straftaten häufen sich in unteren Schichten, andere werden in etwa gleichem Ausmaß in allen Bevölkerungsgruppen registriert, und wieder andere häufen sich in den Mittelschichten. Typisch für die Unterschicht sind Bankraub, Diebstahlsdelikte wie Kfz-Diebstahl, Ladendiebstahl und Einbruch sowie Aggressionsdelikte wie Totschlag, Körperverletzung, Nötigung und Bedrohung. Auch bei Bagatellbetrügereien und Sittlichkeitsdelikten sind Unterschichtangehörige überproportional vertreten. Bei den Verkehrsdelikten dagegen gibt es Hinweise, daß sie ungefähr der Struktur der Verkehrsteilnehmer entsprechen. Und bei Unterschlagungen und schweren Formen des Betrugs ist schließlich die Mittelschicht, insbesondere die Berufsgruppe der Selbständigen, deutlich überrepräsentiert.[6] Auch die Steuerhinterziehung durch Kapitalanlage in Luxemburg, zu der deutsche Großbanken in seriösen Tageszeitungen – z. B. in der FAZ vom 7. und 8. Mai 1992 – mit großen Anzeigen unzweideutig auffordern, gehört zur Wirtschaftskriminalität von Straftätern mit hohem Sozialstatus.

Die verallgemeinernden Aussagen über die schichtspezifischen Formen der Kriminalität wurden aus verschiedenen Einzelstudien

Abb. 2 Delikttyp und Schichtzugehörigkeit

Schichtzuge-hörigkeit der Tatverdäch-tigen	erwerbs-tätige Bevölke-rung	Kfz-Dieb-stahl	Dieb-stahl an/aus Kfz	Laden-dieb-stahl	Ein-bruch-Dieb-stahl
Unterschicht %	74	93	84	67	81
Mittelschicht %	26	7	16	33	19
Summe %	100	100	100	100	100
N		15	19	73	72
Schichtzuge-hörigkeit der Tatverdäch-tigen	erwerbs-tätige Bevölke-rung	Betrug	Unter-schla-gung	Raub	Not-zucht
Unterschicht %	74	60	59	94	91
Mittelschicht %	26	40	41	6	9
Summe %	100	100	100	100	100
N		597	293	136	181

Quelle: *Blankenburg/Sessar/Steffen* 1978, 212.

und Datenzusammenstellungen abgeleitet.[7] In Abbildung 2 sind beispielhaft die Ergebnisse einer umfangreichen Aktenanalyse von acht repräsentativ ausgewählten Staatsanwaltschaften aus dem Jahre 1970 wiedergegeben. Sie enthält die Verteilung einiger Eigentums- und Vermögensdelikte auf die Unter- und Mittelschicht. Die Schichteinteilung erfolgte nach dem Modell von *Kleining* und *Moore*, wobei die Mittelschicht hier relativ eng definiert ist und nur die mittleren bis höheren Beamten sowie die Selbständigen umfaßt.

2 Die klassische Deutung: schichtspezifisches kriminelles Verhalten

Wie kommt es, daß die Kriminalitätsraten der amtlichen Statistik in den unteren Schichten höher sind als in den oberen Schichten? Einige Erklärungsversuche der Unterschichtenkriminalität werden von den klassischen Theorien der Soziologie des abweichenden Verhaltens geliefert. Sie deuten die Unterschiede der offiziell registrierten Kriminalität als Ausdruck des schichtspezifischen Verhaltens und suchen die Ursachen in den verschiedenartigen Lebensumständen der Schichten. Im Zentrum ihrer Analysen stehen die Täter und die sozialen Ursachen ihres kriminellen Verhaltens; sie gehen also täterorientiert und ätiologisch vor, und sie sind soziologisch, weil sie die Frage nach möglichen biologischen Ursachen ausklammern und die psychischen Faktoren abweichenden Verhaltens nur berücksichtigen, soweit diese auf soziale Bedingungen zurückzuführen sind.

Aus der Vielzahl soziologischer Erklärungsansätze möchte ich drei herausgreifen, die über ein hohes Maß an Plausibilität und eine gewisse empirische Fundierung verfügen: die Anomie-Theorie *Mertons* (1979) mit einer Ergänzung von *Cloward* (1979), die Subkultur-Theorie von *Cohen* und *Short* (1979) sowie den sozialisationstheoretischen Ansatz, der die Sozialisationsbedingungen in der Familie in den Mittelpunkt rückt.

Ich habe bisher davon gesprochen, daß kriminelles Verhalten in den Unterschichten überdurchschnittlich häufig registriert wird. Man kann diesen Sachverhalt auch anders formulieren: die benachteiligten Schichten einer Gesellschaft neigen stärker zu Verstößen gegen die Strafrechtsnormen als die Privilegierten. Eine benachteiligte Soziallage übt offenbar einen gewissen Druck zum kriminellen Verhalten aus. Kriminalität läßt sich als Reaktion auf gesellschaftliche Versagungen deuten. An diesen Gedanken knüpfen sowohl die *Anomie-Theorie Mertons* als auch die *Subkultur-Theorie Cohens* an.

Merton möchte die gesamtgesellschaftlichen Mechanismen aufdecken, die Kriminalität bzw. Anomie – den Zusammenbruch des Normen- und Wertesystems durch normwidriges Verhalten – erzeugen. Die Ursachen für Kriminalität und Anomie sieht er in den Spannungen zwischen drei Bereichen: zwischen den gemeinsamen Werten und Zielen einer Gesellschaft, den legalen Wegen zum Erreichen dieser Ziele und den Chancen, auf legalem Wege die Ziele auch wirklich zu erreichen. Wirtschaftlicher Erfolg, Wohlstand, Ansehen und Macht sind für ihn die gemeinsamen Ziele der amerikanischen Gesellschaft, die erstrebenswerten Dinge, die sich Menschen aus allen Schichten wünschen. Arbeit und beruflicher Erfolg sind die legalen Wege, um sich Reichtum, Prestige und Einfluß zu verschaffen. Die Chancen, sich auf legalem Wege in den Besitz des Erstrebenswerten zu setzen, sind jedoch ungleich verteilt; in den unteren Schichten sind sie geringer als in den oberen Schichten. „Der Zugang zu legitimen Kanälen, um ‚zu Geld zu kommen', ist eingeengt durch eine

Schichtstruktur, die fähigen Menschen nicht auf jeder Stufe der Leiter die gleichen Chancen bietet. Trotz unserer herrschenden Ideologie von der ‚offenen Gesellschaft' erfolgt sozialer Aufstieg relativ selten und ist namentlich für solche Leute schwierig, die kaum eine formale Ausbildung und nur geringen finanziellen Rückhalt besitzen. So führt der herrschende Druck zur schrittweisen Aufgabe legitimer, aber im großen und ganzen unergiebiger Versuche, und zur zunehmenden Anwendung illegitimer, dafür aber mehr oder weniger wirksamer Mittel" (*Merton* 1979, 297).

Gegen die Anomie-Theorie werden häufig zwei Einwände ins Feld geführt. Erstens erkläre sie lediglich rationales kriminelles Verhalten wie z. B. Eigentumsdelikte oder Berufsverbrechertum, und zweitens gebe es die in allen Schichten ähnlichen Erfolgsziele nicht. Da beide Einwände m. E. nicht stichhaltig sind, gehe ich nicht näher darauf ein. Ein dritter Kritikpunkt – die Theorie sage nichts zu den Mechanismen aus, über die sich der soziale Druck in tatsächliche Kriminalität umsetzt – ist korrekt, ändert aber nichts daran, daß die sehr abstrakten Überlegungen *Mertons* plausibel sind.

Clowards Hinweis, daß nicht nur die Zugangschancen zu den legalen Wegen ungleich verteilt sind, sondern auch die Zugangschancen zu den illegitimen Mitteln, ist eine sinnvolle Ergänzung der Theorie *Mertons*. Zu den illegitimen Mitteln zählt *Cloward* so unterschiedliche Dinge wie erlernte kriminelle Fähigkeiten und Fertigkeiten, materielle Hilfsmittel wie Einbruchswerkzeuge oder Waffen sowie Chancen, in bestimmten Situationen oder Positionen bestimmte kriminelle Handlungen auszuführen. Clowards Theorie ist insbesondere geeignet, die schichtspezifischen Unterschiede bei verschiedenen Typen von Delikten zu erklären und die Häufung bestimmter krimineller Handlungen in bestimmten Gruppen auf schichttypische Gelegenheiten zur Kriminalität zurückzuführen. So sind z. B. die Chancen zur „White-collar-Kriminalität" in den Mittelschichten eher gegeben als in den Unterschichten. Wer eine Vertrauensposition innehat wie ein Prokurist, hat auch Gelegenheit zu Unterschlagungen. Wer in Geld- und Kreditgeschäfte verwickelt ist wie ein Geschäftsmann, hat auch die Chance zum Geld- und Kreditbetrug.

Die *Subkulturtheorie Cohens* setzt ganz ähnlich wie die Anomietheorie bei der benachteiligten Lage der Abweichler an. Sie bezieht sich auf delinquente Jugendliche und rückt vor allem deren Sozialisationsdefizite als Ursache der Jugendkriminalität in den Mittelpunkt. Alle Kinder und Jugendlichen verinnerlichen die Werte, Ziele und Standards der dominanten Mittelschichtkultur: verbale und geistige Fähigkeiten, Leistungsmotivation, Ehrgeiz, Schulerfolg, Selbständigkeit, Selbstkontrolle. Aufgrund ihrer schlechteren Sozialisationsbedingungen können jedoch die Kinder der Unterschicht diesen Standards weniger entsprechen als die Kinder der Mittelschicht (vgl. dazu Seite 131 bis 140 dieses Buches). Ihre Fähigkeiten, sich in den verschiedenen Rollen der Berufswelt und des Erwachsenendaseins erfolgreich zu bewähren, und auch ihre Fähigkeiten, emotionale Bedürfnisse zu befriedigen, sind vergleichsweise schlecht entwickelt. Sie weisen ein höheres Maß an „sozialer Unfähigkeit" (social disability) – wie *Cohen* und *Short* das Sozialisationsdefizit bezeichnen – auf. Die Folgen davon sind verhängnisvoll. Statusfrustration, Verhaltensunsicherheit und Probleme der Selbstachtung tauchen auf; Frustrationen ziehen wiederum Aggressionen nach sich. Die Ideologie der Chancengleichheit tut noch ein übriges, um die verhängnisvollen Konsequenzen zu verschärfen: sie lastet die Mißerfolge dem einzelnen an und lenkt von ihren gesellschaftlichen Ursachen ab. Eine mögliche Reaktion auf diese Situation ist der Zusammenschluß der Unterschichtjugendlichen zu abweichenden Subkulturen, zu Banden, die sich von den Mittelschichtnormen distanzieren und bewußt gegen sie verstoßen. Kriminelle Aktionen kompensieren die Unsicherheit und sind ein Ventil für aufgestaute Aggressivität. Die abweichenden Gruppennormen ermöglichen die Erfüllung von Statusansprüchen, die die Leistungsnormen der Mittelschichtgesellschaft versagen, und das Bestehen von Gefahrensituationen erzeugt Solidarität und bietet emotionale Befriedigung in der Gemeinschaft der Gruppe.

Gegen die Subkulturtheorie *Cohens* wird häufig der Einwand erhoben, sie beziehe sich lediglich auf einen sehr speziellen Fall von Kriminalität – auf die Bandendelinquenz von Jugendlichen und dann auch noch auf diese in ihrer US-amerikanischen Ausprägung, auf die Gangs in den verslumten Suburbs der amerikanischen Großstädte, die in der Bundesrepublik in dieser Form nicht existierten. Die deutschen empirischen Daten enthalten jedoch deutliche Hinweise darauf, daß der Grundgedanke von *Cohen*, Kriminalität sei eine Reaktion auf Leistungs- und Erfolgsstandards, die von Unterschichtangehörigen weniger gut erfüllt werden könnten als von anderen Schichten, tendenziell zutrifft. In den Lebensgeschichten von Straffälligen häufen sich Probleme während ihrer Schulzeit, bei der Berufsausbildung und im Arbeitsleben. Schulschwänzen und Sitzenbleiben, Besuch von Sonderschulen, vorzeitiger Abgang von der Volks- bzw. Hauptschule, Verzicht auf eine Berufsausbildung, Abbruch der Berufsausbildung, Fehlen am Ausbildungs- oder Arbeitsplatz, häufiger Arbeitsplatzwechsel und schließlich eine Erwerbstätigkeit in den niedrigsten Berufsgruppen sind unter Straffälligen weit überdurchschnittlich verbreitet.[8] Die schichtspezifische Benachteiligung im Bildungssystem (vgl. Seite 116ff.) hat also auch Auswirkungen auf die schichtspezifische Kriminalitätsrate.

Der dritte ätiologische Erklärungsansatz, den ich kurz vorstellen möchte, rückt die Sozialisationsmechanismen ins Blickfeld, oder genauer: die schichtspezifischen Unterschiede in der *familialen Sozialisation*. Ausgangspunkt dieses Ansatzes ist der Befund, daß Sozialisationsstörungen in der Familie zu den Ursachen für kriminelles Verhalten gehören. Vergleiche zwischen Straffälligen und Nichtstraffälligen, insbes. zwischen delinquenten und nichtdelinquenten Jugendlichen, weisen immer wieder auf Unterschiede im Milieu der Herkunftsfamilien hin. Straftäter stammen geringfügig häufiger als andere aus unvollständigen Familien – von unverheirateten Müttern, aus geschiedenen Ehen. Wichtiger noch als die Unvollständigkeit der Familie sind Störungen des Familienlebens in vollständigen Familien. Delinquente Jugendliche berichten überdurchschnittlich häufig von zerrütteten oder verwahrlosten Familienverhältnissen, von Streitigkeiten zwischen den Eltern, von Alkoholismus, Kriminalität oder Prostitution eines Elternteils, von überfüllten Wohnungen, von Unregelmäßigkeiten im Arbeitsverhalten des Vaters. Sie waren häufiger als andere inkonsequenten und widersprüchlichen Erziehungspraktiken ausgesetzt, wurden häufiger von ihren Eltern vernachlässigt, aber auch häufiger gezüchtigt und mißhandelt. Die Gefährdung durch das Familienmilieu steigt, wenn mehrere der genannten ungünstigen Sozialisationsbedingungen zusammentreffen, wenn die Störungen durch einen inkonsequenten gewalttätigen Vater nicht durch eine liebevolle Mutter ausgeglichen, sondern durch eine gleichgültige, vernachlässigende Mutter verstärkt werden. Die Kriminologie spricht in diesem Zusammenhang von „Multiproblem-Familien". In ihnen häufen sich die schädlichen Sozialisationseinflüsse; zerrüttete Beziehungen zwischen den Familienmitgliedern treffen zusammen mit sozialen Auffälligkeiten der Eltern. Befunde dieser Art stammen aus bekannten Studien der amerikanischen Kriminologie[9] und konnten auch für die Bundesrepublik bestätigt werden.[10]

Ich möchte mich im folgenden kurz mit vier wichtigen Einwänden gegen Untersuchungen dieser Art auseinandersetzen.

1. Die Ursache-Wirkungs-Problematik der statistischen Zusammenhänge ist nicht immer eindeutig zu lösen. Ein zerrüttetes Familienklima kann als Ursache dafür angesehen werden, daß Jugendliche kriminell werden. Aber umgekehrt ist es manchmal auch möglich,

daß das abweichende Verhalten der Jugendlichen zu Störungen des Klimas in der Familie führt. Ab und zu dürften auch Wechselwirkungen vorliegen, wobei sich Tendenzen zur Kriminalität und zu Störungen des Familienlebens gegenseitig verstärken.

2. Der Befund, daß jugendliche Straftäter überdurchschnittlich häufig aus gestörten Familien kommen, wird in der Regel als Sozialisationseffekt gedeutet. Es ist jedoch auch denkbar, daß es sich dabei um einen Kriminalisierungseffekt handelt: d. h. Straftaten von Jugendlichen aus gestörten Familien werden häufiger entdeckt und bestraft als Straftaten von Jugendlichen aus intakten Familien. So können *Frehsee* (1979, 288f.) und *Lamnek* (1982, 42ff.) nachweisen, daß die Herkunft aus einer unvollständigen Familie vor allem kriminalisierende Wirkung hat und daß gestörte Beziehungen zu den Eltern sowie ein strafender Erziehungsstil einen doppelten Effekt nach sich ziehen: sie verstärken die kriminelle Gefährdung und sie erhöhen darüber hinaus auch die Wahrscheinlichkeit, daß die Normverstöße bekannt und sanktioniert werden.

3. Den Studien mangelt es häufig an Theorie. Die Zusammenhänge von Kriminalität und einzelnen Faktoren des Familienmilieus werden isoliert betrachtet und nicht in umfassende Erklärungszusammenhänge eingebettet. Obwohl dieser Vorwurf weitgehend zutrifft, ist damit der Nachweis nicht erschüttert, daß Kriminalität u. a. durch Störungen in der familialen Sozialisation verursacht werden kann, wenn auch das Zusammenspiel der verschiedenen familialen Störfaktoren und ihre Zusammenhänge mit familienexternen Faktoren noch nicht befriedigend geklärt ist.

4. Der vierte Einwand warnt mit Recht vor der übertriebenen Vorstellung, daß die Ursachen für Kriminalität ausschließlich oder hauptsächlich in der Familie zu suchen sind. Störungen in der Familie können, aber sie müssen nicht kriminelles Verhalten zur Folge haben. Es kommt auch darauf an, welchen Einflüssen ein Jugendlicher aus zerrütteten Familienverhältnissen außerhalb der Familie ausgesetzt ist.

Schließlich muß beachtet werden, daß die Familien keine isolierten Inseln im Netz gesellschaftlicher Verflechtungen sind, sondern mit der umgreifenden Sozialstruktur in Verbindung stehen. Sie sind u. a. eingebettet in das System sozialer Schichtung. Erst wenn man diese Zusammenhänge in Rechnung stellt, kann der sozialisationstheoretische Ansatz eine Erklärung für schichtspezifische Kriminalität liefern.

Sozialisationsstörungen in der Familie treten in allen Schichten auf, kommen aber in den unteren Schichten häufiger vor als in oberen. In unteren Schichten liegen die Scheidungsraten höher, treten häufiger Spannungen zwischen den Ehepartnern oder zwischen Eltern und Kindern auf. Unterschichteneltern tendieren stärker zu einem inkonsequenten und widersprüchlichen oder autoritären Erziehungsverhalten. Strafauffälligkeit oder Prostitution eines Elternteils sind Ausnahmeerscheinungen, aber als Ausnahme kommen auch diese sozialen Auffälligkeiten in mittleren oder oberen Schichten seltener vor als in den unteren. Die Kritik an der schichtspezifischen Sozialisationsforschung warnt mit Recht davor, die Stärke derartiger Unterschiede in den Sozialisationsbedingungen der verschiedenen Schichten zu überschätzen und idealtypische Übersteigerungen schichtspezifischer Besonderheiten mit der Wirklichkeit zu verwechseln. In allen Schichten gibt es „zerrüttete" und „intakte" Familien. Die Störung der familialen Sozialisation ist von vielen Faktoren abhängig und nicht etwa vorwiegend auf die Merkmale sozialer Schichtung zurückzuführen. Dennoch ist es empirisch nachweisbar, daß einige Störfaktoren nicht in allen Schichten in gleicher Häufigkeit auftreten, so daß der sozialisationstheoretische Ansatz Hinweise für einen Ursachenkomplex der schichtspezifischen Kriminalitätsrate liefert.

3 Die moderne Deutung: schichtspezifische Kriminalisierung

Anomie-Theorie, Subkulturtheorie und Sozialisationstheorie gehören zu den täterorientierten Ansätzen zur Erklärung des abweichenden Verhaltens. Sie betrachten die Kriminalitätsstatistik als Ausdruck krimineller Verhaltensmuster und suchen die Ursachen für die höheren Kriminalitätsraten der Unterschicht in den besonderen Lebensumständen der Unterschichten-„Täter". Ganz anders dagegen ist die Perspektive der neueren interaktionistischen Kriminologie. Der sog. *Etikettierungsansatz* oder *Labeling Approach* betrachtet die kriminelle Handlung als ein Produkt, das aus der Interaktion von Handelnden („Tätern"), Normsetzern und Kontrollinstanzen entsteht. Im Mittelpunkt der Analyse stehen nicht die Täter, sondern die Normen und Sanktionen. Der Etikettierungsansatz richtet die Aufmerksamkeit auf die Entstehung und die Inhalte der Gesetze sowie auf die Überwachung der Gesetze durch die Instanzen der staatlichen Sozialkontrolle – durch Polizei, Staatsanwaltschaft und Gerichte.

Abb. 3 Filter (Stufen der Auslese) bei der Strafverfolgung* – alte Länder 1990

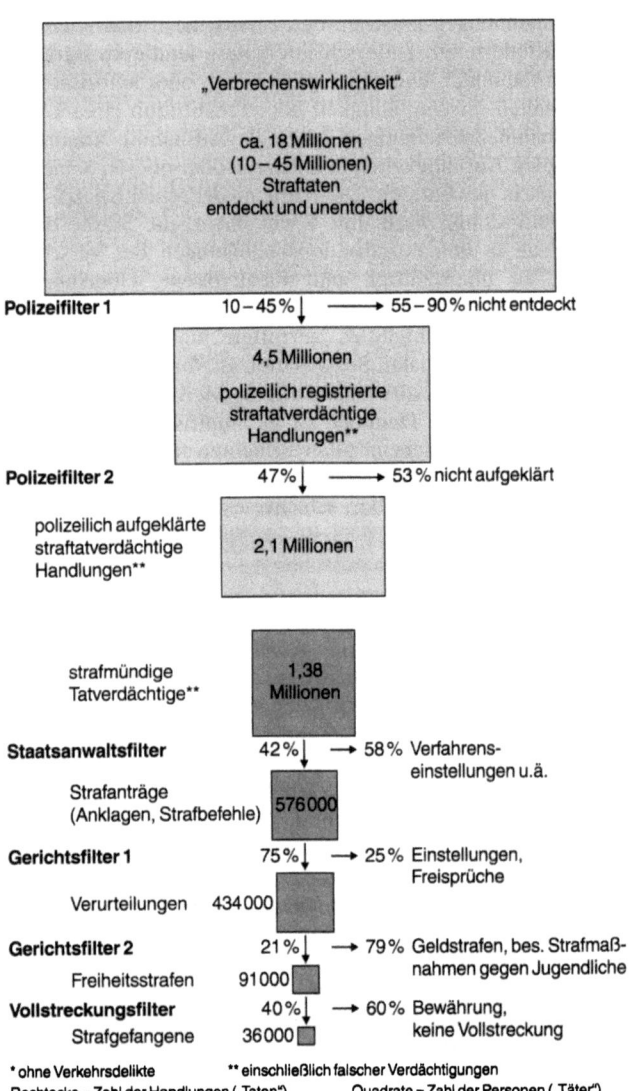

* ohne Verkehrsdelikte ** einschließlich falscher Verdächtigungen
Rechtecke = Zahl der Handlungen („Taten") Quadrate = Zahl der Personen („Täter")

Ein wesentlicher Gesichtspunkt bei dieser Deutung der Kriminalstatistik ist der *Ausleseprozeß bei der Strafverfolgung*: von einer Vielzahl von Verstößen gegen die Strafgesetze wird nur ein verschwindend kleiner Teil gerichtlich bestraft (vgl. Abb. 3). Die Mehrheit der Straftaten und Straftäter – die sog. Dunkelfeldkriminalität wird den Kontrollinstanzen gar nicht bekannt. Der Umfang des Dunkelfeldes läßt sich mit den bisherigen Methoden nicht genau ermitteln, und die Annahmen über seine Größe schwanken stark. Einige gehen davon aus, daß lediglich etwa 10% aller Straftaten bei der Polizei registriert werden (z. B. *Lamnek* 1985, 72), andere Schätzungen belaufen sich auf 45% (vgl. *Amelang* 1986, 62ff.). Die Umfragen der Dunkelfeldforschung (vgl. dazu S. 183ff.) liefern Anhaltspunkte dafür, daß die Dunkelfeldrate bei den verschiedenen Delikten stark variiert, bei einigen Strafrechtsverstößen – z. B. bei Kfz-Diebstählen – wird etwa die Hälfte aller Straftaten bekannt, bei der Mehrzahl der kleineren Delikte – z. B. bei einfachen Diebstählen oder Taschendiebstählen – gelangen nur 10% oder noch erheblich weniger den Strafverfolgungsbehörden zur Kenntnis (*Kaiser* 1989, 428; vgl. auch *Schwind* 1993, 39ff.). Man kann davon ausgehen, daß in den alten Bundesländern im Jahre 1990 bei ca. 4,5 Millionen polizeilich registrierten tatverdächtigen Handlungen (ohne Verkehrsdelikte, aber einschl. unzureichender oder falscher Verdächtigungen) insgesamt zwischen 10 und 45 Millionen Verstöße gegen das Strafrecht begangen wurden; im selben Jahr wurden jedoch lediglich 434000 Straftäter (ohne Verkehrsdelikte) rechtskräftig verurteilt. Die große Masse der Verstöße bleibt also ungeahndet. Zwischen die Straftat und ihrer Sanktionierung durch ein Gericht schieben sich viele Filter mit der Wirkung, daß die überwiegende Mehrheit der Straftäter einer Verur-

---

Anmerkung zu Abbildung 3
Nur die Prozentzahlen beim Polizeifilter 2 (Aufklärungsquote) beruhen auf genauen Berechnungen. Die Werte beim Polizeifilter 1 (Dunkelfeld) sind lediglich grobe Schätzungen (vgl. S 183ff). In der Grafik wird angenommen, daß die Zahl der polizeilich registrierten straftatverdächtigen Handlungen (hier 4,5 Mio) einem Anteil von 25 % der tatsächlich begangenen Straftaten entspricht. Die Werte der Filter bei Staatsanwaltschaft, Gericht und Vollstreckung enthalten Ungenauigkeiten, weil es keine Verlaufsstatistiken gibt, die den genauen Durchlauf der einzelnen Personen durch die Instanzen der Strafverfolgung erfassen. So zählen z. B. zu den Angeklagten und Verurteilten des Jahres 1990 auch einige Tatverdächtige aus dem Vorjahr, und nicht alle Verfahren gegen die Tatverdächtigen des Jahres 1990 werden auch in diesem Jahr zum Abschluß gebracht.
Quellen: Bundeskriminalamt 1991, 13, 43, 49; Statistisches Bundesamt 1992, 38ff. und 1992a, 8ff.

teilung entgeht und nur eine sehr kleine Minderheit ausgelesen wird, an der die Gesellschaft die gerichtlichen Sanktionen vollstreckt. Die Polizei kann nur knapp die Hälfte aller tatverdächtigen Handlungen aufklären. Von den Fällen, die bis zur Staatsanwaltschaft gelangen, endet wiederum die Mehrheit mit der Einstellung des Verfahrens; ein Teil wird mit Strafbefehlen geahndet, und nur eine kleine Minderheit der Verfahren mündet in eine Anklage vor Gericht; an den Jugendstaatsanwaltschaften Nordrhein-Westfalens waren es bei den drei Delikttypen Diebstahl, Sachbeschädigung und Körperverletzung gerade einmal 15% (*Ludwig-Mayerhofer/Rzepka* 1993, 116). Man kann davon ausgehen, daß höchstens 5% – vermutlich weniger – aller Straftäter rechtskräftig verurteilt werden, nach den Berechnungen und Schätzungen von *Popitz* (1968, 22f.) waren es – je nach Delikttyp – zwischen 0,09% und 14%. *Die Geltung einer strafrechtlichen Norm wird also nur an einer winzigen Gruppe aller Straffälligen exemplarisch verdeutlicht.*

Bei dieser Auslese spielen soziale Faktoren eine wichtige Rolle. Straftäter der unteren Schichten bleiben in den Filtern der Strafverfolgung eher hängen als Straftäter der oberen Schichten. Der interaktionistische Ansatz geht davon aus, daß die schichtspezifischen Kriminalitätsraten vor allem auf die sozial ungleiche Behandlung durch die Kontrollinstanzen zurückzuführen sind. Sie werden daher nicht als Ausdruck eines schichtspezifischen Täterverhaltens, sondern als Ausdruck schichtspezifischer Reaktionen der Sozialkontrolle gedeutet, oder – polemisch formuliert – als Ausdruck von „Klassenjustiz".[11] Danach begehen Unterschichtangehörige nicht häufiger kriminelle Handlungen als andere, sie werden lediglich häufiger ertappt und bestraft. Schichtspezifische Kriminalität ist in Wirklichkeit schichtspezifische Kriminalisierung. Die Maschen des Netzes der Kontrollinstanzen sind so geknüpft, daß sich darin Straftäter mit den Merkmalen der Unterschicht eher verfangen als solche mit den Merkmalen der oberen Schichten.

Ehe ich näher auf die Ungleichbehandlung durch Polizisten, Staatsanwälte und Richter eingehe, möchte ich noch kurz auf das Problem des „*Klassenrechts*" hinweisen, das ebenfalls ab und zu als eine Ursache für schichtspezifische Kriminalitätsraten angeführt wird.[12] Mit der These vom „Klassenrecht" setzten die Vertreter des Etikettierungsansatzes noch grundsätzlicher an als mit der These von der „Klassenjustiz". Der ungleichen Behandlung durch die Kontrollinstanzen geht noch eine ungleiche Strafgesetzgebung voraus. Die Vorstellung vom „Klassenrecht" besagt – stark verkürzt –, daß im Strafrecht die Interessen der oberen Schichten besser verankert sind als die der unteren Schichten. Sozialschädliches Verhalten, das typischerweise in den oberen Schichten auftaucht, sei nicht so konsequent unter Strafe gestellt wie sozialschädliches Verhalten, das eher für die unteren Schichten typisch ist. Für den Politikwissenschaftler klingt diese These zunächst plausibel. Warum sollten sich die Ungleichgewichte bei der Durchsetzung von Interessen im pluralistischen politischen System nicht auch im Strafrecht bemerkbar machen? Allerdings gilt für die Analyse des Strafrechts unter diesem Gesichtspunkt auch heute noch, was *Sack* dazu in den 70er Jahren feststellte: diese Problematik wurde „systematisch noch kaum in Angriff genommen" (*Sack* 1977, 265).[13]

Um die Erforschung der Auslesevorgänge bei den Kontrollinstanzen ist es dagegen besser bestellt. Ich werde im folgenden einige Ergebnisse zur schichtspezifischen Selektion bzw. Kriminalisierung durch Polizei, Staatsanwaltschaft und Gerichte darlegen. Die Daten stammen überwiegend aus den 70er Jahren, da sich die deutsche empirische Forschung im letzten Jahrzent kaum noch mit den Problemen der schichtspezifischen Kriminalisierung befaßt hat.[14]

Auf der ersten Stufe des Kriminalisierungsprozesses geht es um das Problem, welche der vielen Verstöße gegen die Strafgesetze aus dem Dunkelfeld anonymer Handlungen heraustreten und der Staatsanwaltschaft zur Kenntnis gelangen. Bei der Entdeckung von Verhaltensweisen, die evtl. mit dem Etikett „kriminell" versehen werden können,[15] ist zunächst das *Anzeigeverhalten* der Bevölkerung bedeutsam. Mehr als 90% aller strafverdächtigen Handlungen werden der Polizei aus der Gesellschaft gemeldet (*Kerner* 1976, 139). Daß bereits in dieser Phase eine schichtspezifische Auslese stattfindet, kann zumindest für minderjährige Straftäter belegt werden. *Spittler* (1968, 173) stellt in Interviews mit der Leitung großer Kaufhäuser und mit Schuldirektoren fest, daß die Neigung zum Einschalten der Polizei größer ist, wenn Kinder aus der Unterschicht ertappt oder verdächtigt worden sind. Bei Kindern aus gutem Hause vertraut man eher dem erzieherischen Einfluß der Eltern. Man ist eher geneigt, die Tat als eine „Dummheit" zu betrachten, oder man möchte Vätern, die in der Öffentlichkeit bekannt sind, nicht „schaden".

In der Entdeckungsphase spielen des weiteren die *Polizisten* als Hilfsbeamte der Staatsanwälte eine wichtige Rolle. Sie nehmen die Anzeigen aus der Bevölkerung entgegen, sie ermitteln und sie entdecken auch selbst durch Beobachtung und gezielte Fahndung mögliche Straftaten und Tatverdächtige; sie entscheiden vorläufig über die mögliche strafrechtliche Bedeutung der angezeigten und ermittelten Handlungen. Es gibt Hinweise dafür, daß sich bei der polizeilichen

Aktivität Routinen und Umgangsformen mit der Bevölkerung entwickelt haben, die sich zu Lasten der unteren Schichten auswirken. *Feest* (1971) hat durch teilnehmende Beobachtung das Vorgehen der Polizei bei Überwachung und Fahndung näher analysiert. In den Köpfen der Polizisten existieren typische Vorstellungen von „verdächtigen" und „anständigen" Personen. „Verdächtige" haben keinen festen Wohnsitz oder wohnen in einer übel beleumdeten Gegend, führen einen ungeregelten Lebenswandel und treiben sich zu ungewöhnlichen Zeiten auf der Straße herum. „Anständige" dagegen erkennt man an einem ordentlichen Äußeren; sie sind normal gekleidet, gehen einer geregelten Arbeit nach, haben einen festen Wohnsitz und halten sich zu legitimen Zwecken an legitimen Orten auf. Diese Bilder der verdächtigen Personen und Milieus, die durchaus auf Erfahrungswerten beruhen und mit der Kriminalstatistik übereinstimmen, führen dazu, daß sich die Polizeikontrolle auf bestimmte Einrichtungen und Gegenden, auf einen bestimmten Menschentyp und auf bestimmte Delikte konzentriert. „Verdächtige" werden besonders häufig überprüft; Bars, die ein Stelldichein von Prostituierten sind, Kneipen, in denen es häufig zu Schlägereien kommt, Obdachlosenviertel, arme „verwahrloste" Gegenden erfreuen sich bei der Polizei besonderer Aufmerksamkeit. Die Klein- und Straßenkriminalität der Unterschicht wird daher häufiger entdeckt, während die Schreibtisch- und Papiertäter der Mittelschicht und Personen, die sich in „gutbürgerlichen" Gegenden aufhalten und von ihren äußeren Merkmalen her dem gesetzestreuen „Anständigen" entsprechen, dem Zugriff der Polizei eher entzogen sind. Selbst unter Prostituierten, wo es eine ausgeprägte Schichtung von den Straßenprostituierten über die kasernierten Prostituierten zu den Callgirls gibt (*Kahmann/Lanzerath* 1981), laufen die benachteiligten Straßenprostituierten am ehesten Gefahr, der Polizei aufzufallen und kriminalisiert zu werden (*Feest/Blankenburg* 1972).

Polizisten verfügen über gewisse Ermessensspielräume bei der Entscheidung, ob sie einen Sachverhalt als Bagatelle betrachten und lediglich als Ordnungswidrigkeit ahnden oder ob sie ihn als Straftat definieren und Anzeige erstatten. Verdächtige laufen dabei eher Gefahr als Anständige, daß gegen sie der erste Schritt zur Strafverfolgung eingeleitet wird. Auch das moderne System der computergesteuerten Fahndung führt zu einer Konzentration der polizeilichen Aktivitäten auf bestimmte Gruppen: Täter werden im Kreise bereits bekannter Täter gesucht, in solchen Bevölkerungsgruppen, die traditionell als kriminell gelten (*Feest/Blankenburg* 1972).

Hinzu kommt, daß sich die Angehörigen der mittleren und oberen

Schichten in der Situation des Verdachts und bei Vernehmungen besser zur Wehr setzen können. Geschicktere Argumentation, bessere Rechtskenntnisse, die häufigere Einschaltung von Rechtsanwälten und die Verfügung über andere Einflußquellen wie z. B. das Disziplinarverfahren oder die Dienstaufsichtsbeschwerde verleihen ihnen eine höhere „Beschwerdemacht" und gewähren ihnen besseren Schutz vor ungerechtfertigter oder gerechtfertigter Strafverfolgung (*Feest* 1971; *Brusten/Malinowski* 1975).

Die Beobachtungen über die Kontrollroutinen der Polizei beeinflussen die Entdeckung von Kriminalität vor allem dann, wenn die Polizisten von sich aus aktiv werden. Dies ist jedoch – wie erwähnt – nur in einem kleinen Teil aller registrierten Vorgänge der Fall. Über das quantitative Gewicht schichtspezifischer Wirkungen lassen sich daher aus diesem Typ von Studien keine genauen Angaben machen. Dunkelfeldanalysen liefern einige Anhaltspunkte dafür, daß die unmittelbare Bedeutung sozialer Merkmale des Täters für die Entdeckung einer Straftat nur gering ist. Es wurde mehrfach belegt, daß jugendliche Straftäter der Polizei eher auffallen, wenn sie aus den unteren Schichten stammen (*Frehsee* 1979, 318; *Villmow* 1980, 59) bzw. wenn ihr Bildungsniveau niedrig ist (*Kreuzer* 1975, 238; *Kreuzer* 1980, 393; *Reuband* 1982, 139). Dies liegt jedoch nicht so sehr am Geschick von Gymnasiasten und Mittelschichtjugendlichen, ihre Straftaten zu verheimlichen oder an den Kontrollroutinen der Polizei, sondern es liegt vor allem an der Häufigkeit und Schwere der Delikte. Ob ein Jugendlicher mit den staatlichen Kontrollinstanzen in Berührung kommt, hängt in erster Linie davon ab, wie häufig und wie schwer seine Straftaten sind. Da die Delinquenzbelastung in den unteren Sozial- und Bildungsschichten etwas größer ist, fallen die Angehörigen dieser Gruppen auch häufiger der Polizei auf. Unabhängig von Häufigkeit und Schwere der Straftaten ist die Schichtzugehörigkeit dagegen kaum von Bedeutung (*Villmow* 1980, 59).[16]

Gute quantitative Belege liegen für die schichtspezifische Ermittlungstätigkeit der Polizei vor (Abb. 4). In der Regel – die Diebstahlsdelikte bilden hier eine Ausnahme – sind die Ermittlungen gegenüber der Unterschicht eher von Erfolg gekrönt. Die Aufklärungsquoten gegenüber Arbeitern und sozial Verachteten liegen bei Unterschlagungen um 22 Prozentpunkte, bei Betrug um 13 Prozentpunkte und bei Notzucht um 4 Prozentpunkte höher als gegenüber Angestellten, Beamten und Selbständigen. Diese Unterschiede rühren weniger von den Bemühungen der Polizei, als vom Verhalten der Straftäter her. Angehörige der Mittelschicht gehen offenbar raffinierter ans Werk, und sie bringen die Polizei nachweisbar häufiger in Be-

Abb. 4 Ermittlungserfolge der Polizei nach Schichtzugehörigkeit der Tatverdächtigen

Von der Polizei wurden eindeutig aufgeklärt	Tatverdächtige		
	Arbeiter, sozial Verachtete %	Angestellte, Beamte Selbständige %	N
Unterschlagung	75	53	226
Betrug	79	66	432
Notzucht	37	33	165
einfacher Diebstahl	76	77	186
schwerer Diebstahl	71	80	84

Quelle: Zusammengestellt nach *Blankenburg/Sessar/Steffen* 1978, 216.

weisnot, weil sie eher die Aussage verweigern und seltener ein Geständnis ablegen. Nach der Tat und vermutlich auch bei der Tat schützen sie sich geschickter gegen eine Entdeckung.

Auf der zweiten Stufe des Kriminalisierungsprozesses tritt die *Staatsanwaltschaft* in Aktion. In der Regel geht sie von den Ergebnissen der Polizeirecherchen aus; nur selten beteiligt sie sich noch selbst an den Ermittlungen. Die Staatsanwälte entscheiden darüber, ob ein Verfahren eingestellt wird – weil kein Täter bekannt ist, weil die Beweise für eine Anklage nicht ausreichen oder weil die Schuld des Tatverdächtigen als gering erachtet wird – oder ob das Sanktionsverfahren fortgesetzt wird, sei es in Form eines schriftlichen Strafbefehls durch den Staatsanwalt, sei es durch die Anklage vor Gericht.

Die schichtspezifische Auslese, die bei den Kontrollen und Ermittlungen durch die Polizei beobachtet werden konnte, taucht auch bei der aktenmäßigen Behandlung der Fälle durch die Staatsanwälte wieder auf. Angehörige der Mittelschicht können sich der weiteren Strafverfolgung eher entziehen als Angehörige der unteren Schichten. Wie Abbildung 5 zeigt, werden Tatverdächtige aus der Unterschicht bei den untersuchten Delikten häufiger bestraft als Tatverdächtige aus der Mittelschicht. Bei der Entscheidung darüber, ob ein weniger diskriminierender Strafbefehl ausgestellt oder ob Anklage erhoben wird, zeigen sich dagegen keine konsistenten Schichtunterschiede (*Blankenburg/Steffen* 1975, 258).

Zur Ehrenrettung der Staatsanwaltschaft muß hervorgehoben werden, daß sich hinter der sozialen Auslese keine bewußten oder unbewußten Vorurteile gegenüber den Angehörigen der Unterschicht verbergen. „Der Staatsanwalt schaut in der Akte nicht danach, welchen

Abb. 5 Strafverfolgung durch die Staatsanwaltschaft und Schichtzugehörigkeit

Verfahren gegenüber Tatverdächtigen aus der Unter- bzw. Mittelschicht werden von der Staatsanwaltschaft ...

eingestellt	einfacher Diebstahl		Betrug		Unterschlagung		Notzucht	
	US	MS	US	MS	US	MS	US	MS
wegen Beweisschwierigkeiten	26	29	34	53	40	59	56	75
wegen Geringfügigkeit	5	5	10	9	10	10	–	–
sanktioniert	69	66	56	38	50	31	44	25
Summe %	100	100	100	100	100	100	100	100
N	127	38	287	190	143	105	151	16

US = Unterschicht; MS = Mittelschicht.
Quelle: *Blankenburg/Sessar/Steffen* 1978, 217; zur Definition der Schichten vgl. Abb. 6.

Beruf ... der Verdächtige hat, sondern danach, ob er geständig, vorbelastet, Serientäter usw. ist" (*Blankenburg* u. a. 1978, 242). Er orientiert seine Entscheidung an der Beweislage. Dabei spielt das Geständnis eine überragende Rolle. Da Mittelschichtangehörige nicht so schnell zum Geständnis zu bewegen sind und da sie eher bereit und in der Lage sind, ihre Interessen durch einen Rechtsanwalt vertreten zu lassen, bringen sie den Staatsanwalt häufiger in Beweisschwierigkeiten. Der Unterschicht dagegen wird ihre größere Geständnisbereitschaft zum Verhängnis. Vermutlich ist auch das kriminelle Raffinement der Mittelschicht größer, so daß ihre Verstöße komplizierter und daher schwerer aufzuklären sind.

Bei problematischer Beweislage entsteht für den Staatsanwalt die Versuchung, das fehlende Material aus Merkmalen der Person zu „ergänzen". Die Vorauffälligkeit und das Vorstrafenregister sind daher weitere wichtige Faktoren für die Bestrafung. Auch diese wirken sich zu Lasten der häufiger vorbestraften Unterschichtangehörigen aus.

Nicht bestätigen ließ sich dagegen die ab und zu geäußerte Vermutung, daß die Mittelschicht auch von der Bagatellisierung der Straftaten profitiert (z. B. *Kerner* 1976, 148): Bei der Einstellung von Verfahren wegen Geringfügigkeit oder fehlendem öffentlichen Interesse lassen sich keine schichtspezifischen Unterschiede nachweisen (vgl. Abb. 5; ebenso *Kunz* 1979). Allerdings werden die Entscheidungen der Jugendstaatsanwälte, wie eine neue Studie belegt, teilweise auch von der sozialen Randständigkeit der Tatverdächtigen beeinflußt. Arbeitslose Jugendliche oder junge Menschen mit auffälligen Wohn- bzw. Aufenthaltsorten (ohne festen Wohnsitz, Erziehungsheime u. ä.) kommen seltener als andere in den Genuß von „Informalisierungen" des Verfahrens, wie die Verfahrenseinstellungen aus Zweckmäßigkeitsgründen – z. B. wegen geringer Schadenshöhe, geringen Verschuldens, fehlender Vorstrafen u. a. – neuerdings genannt werden. Dies trifft auf Diebstahlsdelikte und – im Hinblick auf Arbeitslosigkeit – auch auf Verfahren wegen Sachbeschädigung zu, nicht jedoch auf Körperverletzungsdelikte (*Ludwig-Mayerhofer/Rzepka* 1993).

Die dritte Stufe des Kriminalisierungsprozesses, das *Gerichtsverfahren*, erregte die Aufmerksamkeit der Soziologen früher als Polizei und Staatsanwaltschaft. Bereits 1961 hebt *Dahrendorf* hervor, daß fast alle Richter aus der Mittel- und Oberschicht stammen: „Die eine Hälfte der Gesellschaft" sitzt „über die ihr unbekannte andere Hälfte" zu Gericht (*Dahrendorf* 1963, 195). Juristen und Rechtswissenschaftler wenden gegen die Materialien über die soziale Herkunft der Richter ein, daß damit noch nichts über den Ablauf einer Gerichtsverhandlung gesagt sei und erst recht nichts über eine ungleiche Behandlung verschiedener Schichten durch die Justiz. Empirische Studien belegen jedoch, daß sich die soziale Auslese bei der Strafverfolgung gerade vor Gericht noch weiter verschärft: Angehörige der oberen und mittleren Schichten kommen sowohl in *Strafprozessen* als auch in Zivilprozessen besser davon, Unterschichtangehörige ziehen in beiden Fällen den kürzeren.

Wie Abbildung 6 zeigt, werden Unterschichtangehörige in der Hauptverhandlung zu Delikten wie Unterschlagung, Betrug, Einbruch und Ladendiebstahl häufiger verurteilt; Mittelschichtangehörige dagegen profitieren eher von Freisprüchen oder Einstellungen des Verfahrens. Eine Ausnahme von dieser Regel bilden lediglich die Prozesse wegen Unterschlagung gegenüber dem Arbeitgeber.

Auf die Höhe der Geldstrafen bei Diebstahl hat die Schichtzugehörigkeit der Angeklagten nach einer neueren Studie keinen direkten Einfluß, aber einen indirekten: wer vorbestraft ist, muß eine höhere Geldstrafe zahlen, und unter den Vorbestraften sind die unteren Schichten überproportional vertreten (*Oswald/Langer* 1989, 207 ff.).

Abb. 6 Entscheidungen des Gerichts (Hauptverhandlung) nach Schichtzugehörigkeit

	Laden-diebstahl		Einbruch		Geld- u. Kreditbetrug		Unterschlagung gegen Arbeitgeber		andere Unterschlagungen	
	US	MS	US	MS	US	MS	US	MS	US	MS
Einstellung	13	15	12	21	24	23	13	4	–	29
Freispruch	2	15	7	8	10	16	6	7	12	8
Verurteilung	85	70	81	71	66	61	81	89	88	63
Summe %	100	100	100	100	100	100	100	100	100	100
N	48	20	136	24	41	49	15	27	17	24

Unterschicht (US): Arbeiter, sozial Verachtete;
Mittelschicht (MS): Angestellte, Beamte, Selbständige.
Quelle: *Blankenburg/Steffen* 1975, 261.

Auch in *Zivilprozessen* können sich Angehörige der Mittelschicht gegen Klagen besser zur Wehr setzen als Unterschichtangehörige. Die Ergebnisse einer umfangreichen, annähernd repräsentativen Analyse von fast 8000 Amtsgerichtsakten sind in Abbildung 7 wiedergegeben. Mietprozesse, Kindschafts- und Unterhaltsprozesse und Prozesse um private Schulden gehen um so eher verloren, je niedriger der Sozialstatus des Beklagten ist. Die Ungleichheitsproblematik ist in der Zivilgerichtsbarkeit auch dadurch bedeutsam, daß Zivilprozesse vor allem von der Geschäftswelt zur Durchsetzung ihrer Forderungen genutzt werden (*Rottleuthner* nach *Bußmann* 1989, 281).

Wie kommt es, daß der Grundsatz der Gleichheit vor dem Gesetz nur eingeschränkt verwirklicht ist? Woran liegt es, daß bei der Rechtsfindung Kriterien der sozialen Lage zur Geltung kommen, und dies offenbar noch deutlicher als bei den Aktivitäten der Polizei und der Staatsanwaltschaft?

Ein Ursachenkomplex liegt im *Defizit* der Unterschicht *an Verteidigungsfähigkeit*. Es ist plausibel – wenn auch nicht in allen Einzelheiten empirisch belegt –, daß Angehörige der Unterschicht größere Schwierigkeiten haben, ein formalisiertes Verfahren zu durchschauen, sich in den komplizierten rechtlichen Zusammenhängen zurechtzufinden und zu wissen, worauf es ankommt. Die Sprache vor Gericht ist die Sprache der Mittelschicht. Die Unterschicht hat es da-

Abb. 7 Gerichtsentscheidungen in Zivilprozessen nach Schichtzugehörigkeit des Beklagten

Prozeß endet mit einem „vollen Mißerfolg" (d. h. der Beklagte muß mindestens 90 % der beantragten Summe zahlen) bei ...	MS %	OUS %	UUS %
allen Zivilprozessen	41	49	59
Prozesse um private Schulden	59	66	70
Kindschafts- und Unterhaltsprozesse	62	67	76
Mietprozesse	51	70	70
„gewöhnliche Zivilprozesse" (ohne Kindschafts-, Unterhalts- und Mietprozesse)	67	65	66

Mittelschicht (MS): Angestellte, mittlere und höhere Beamte, Selbständige;
Obere Unterschicht (OUS): einfache Beamte, gelernte Arbeiter, abhängige Handwerker, Kleinstgewerbetreibende;
Untere Unterschicht (UUS): An- und Ungelernte, Gastarbeiter, abhängige Beschäftigte in der Landwirtschaft.
Quelle: Zusammengestellt nach *Bender/Schumacher* 1980, 19, 25, 27, 29.

her schwer, dem Prozeß zu folgen, sich verständlich und genau auszudrücken und auf die Verständnisebene des Richters zu gelangen. Ihr Mangel an der Fähigkeit, Entlastendes zur Geltung zu bringen, wird noch dadurch verstärkt, daß sie weniger die Chancen nutzt, Rechtshilfen in Anspruch zu nehmen. In Zivilprozessen nehmen Angehörige der Unterschicht seltener einen Anwalt (*Bender/Schumacher* 1980, 40), und in Strafprozessen leisten sich nur 39% einen Wahlverteidiger – gegenüber 89% der Mittelschichtangehörigen –, der in den Hauptverhandlungen häufiger Freisprüche oder Einstellungen eines Verfahrens erreicht als ein Pflichtverteidiger (*Blankenburg* u. a. 1978, 214; vgl. *Barton* 1984). Die Gründe für diese Zurückhaltung liegen im finanziellen Bereich, bei der sog. „Kostenbarriere", aber auch bei einer allgemeinen psychisch-sozialen Distanz zum Rechtswesen. Von den Personen mit Abitur haben z. B. 72% einen Juristen im Kreise ihrer Verwandten oder Bekannten, von den Volksschülern ohne Lehre sind es nur 11% (*Kaupen* 1973, 40). Die Angeklagten aus verschiedenen Schichten bringen also unterschiedliche Voraussetzungen mit, ihre rechtlichen Interessen im Gerichtssaal wirksam wahrzunehmen. Daraus folgt: Gleichbehandlung vor Gericht würde sozial selektiv wirken, weil die Betroffenen nicht gleich sind.

Aber auch die Vorstellung, die Richter behandelten alle Angeklagten gleich, ist eine Fiktion, die einer Nachprüfung nicht standhält.

Ein zweites Ursachenbündel für die ungleichen Chancen vor Gericht liegt darin, daß bei der Würdigung des Sachverhalts und bei der Strafzumessung „außerrechtliche" Einflüsse eine Rolle spielen. Das Recht läßt dem Richter einen gewissen *Ermessensspielraum* bei der Würdigung der Beweise und beim Ausfüllen unbestimmter Rechtsbegriffe wie z. B. „Fahrlässigkeit" bei Verkehrsdelikten oder „Zueignungsabsicht" beim Diebstahl. Aus dem äußeren Ablauf der Handlung läßt sich z. B. nicht eindeutig herleiten, ob eine Person „eine fremde bewegliche Sache einem anderen in der Absicht wegnimmt, dieselbe sich rechtswidrig anzueignen" – so die Definition von Diebstahl im Juristendeutsch. Das Motiv des Täters, seine Zueignungsabsicht, muß der Richter aus den Umständen der Tat und aus der Person des Täters erschließen. Häufig muß er sich eine Gewißheit bilden, ohne daß alle wichtigen Einzelheiten des Geschehens zweifelsfrei aufgeklärt wurden. Bei der Anwendung des Rechts lassen sich Richter u. a. von sog. Alltagstheorien leiten, von Annahmen über die Gesellschaft, über Regelmäßigkeiten und Gründe menschlicher Handlungen. *Peters* konnte in einer empirischen Analyse zeigen, daß sich diese *richterlichen Theorien* bei Diebstahlsdelikten zu Lasten der Unterschicht auswirken. Bei der Rekonstruktion des Sachverhalts und bei der Strafzumessung spielt die *„geregelte Lebensführung"* der Angeklagten eine wichtige Rolle. Wer einen Beruf hat und ihn regelmäßig ausübt, wer seinen Arbeitsplatz nicht häufig wechselt, wer einen festen Wohnsitz hat und nicht in einer Notunterkunft wohnt, wer verheiratet ist und mit seiner Frau zusammenlebt, genießt Vorteile bei der Behandlung vor Gericht. Seine Tat wird eher als „ungeplant und ohne besonderen Unrechtsgehalt" eingestuft; die Prognose über sein zukünftiges Verhalten fällt günstiger aus; er wird eher als „Gelegenheitstäter" und nicht als „Gewohnheitstäter" angesehen, und beim Strafmaß kommt er glimpflicher davon. Ungeordnete Lebensführung ist zwar auch ab und zu bei Angeklagten aus den mittleren und oberen Schichten anzutreffen, aber weitaus häufiger bei der unteren Unterschicht und bei den sozial Verachteten. Daher werden die Angehörigen der untersten Schichten von der Strafjustiz am stärksten sanktioniert (*Peters* 1973, 40ff.; vgl. auch *Genser-Dittmann* 1975). Die schichtspezifisch ungleiche Behandlung durch die Richter ist also nicht etwa eine direkte Diskriminierung oder gar Rechtsbeugung, sondern eine indirekte Konsequenz von informellen Regeln, die bei der Rechtsanwendung befolgt werden.

Die Analyse der (zulässigen) *Absprachen* zwischen Verteidigern, Richtern und Staatsanwälten, die in vielen Strafprozessen stattfinden und häufig mildere Strafen zur Folge haben, liefert ebenfalls

Hinweise auf eine indirekte Begünstigung von statushohen Straftätern. Ein Vergleich derartiger Absprachen („Aushandlungsprozesse") in Wirtschaftsstrafverfahren, in die hauptsächlich Angehörige der höheren Schichten verwickelt sind, mit solchen in allgemeinen Strafverfahren ergibt folgendes: Bei Wirtschafts- und Steuerstraftaten kommt es häufiger zu einem „Deal" zwischen den Beteiligten; das Prozeßklima ist verständigungsorientierter und konsensualer; die Verteidiger schätzen ihre Verhandlungsmacht im Verfahren stärker ein (die Justiz fühlt sich dagegen schwächer), und sie sind mit dem Erfolg ihrer Absprachen zufriedener. *Lüdemann/Bußmann* (1989, 67) sprechen daher von zwei „unterschiedlichen Prozeßkulturen", die sich in Wirtschaftsstrafverfahren und allgemeinen Strafverfahren herausgebildet haben – mit Vorteilen für die statushohen Wirtschaftskriminellen.

Aber auch die *Einstellungen der Richter* sind ein Faktor im Ursachenkomplex der schichtspezifischen Effekte im Gerichtsverfahren. *Opp* und *Peuckert* konnten empirisch belegen, daß Angeklagte aus der Unterschicht für die gleiche Tat von konservativen Richtern härter bestraft wurden als von ihren liberalen Kollegen (*Brusten/Peters* 1969, 43f.).

Betrachtet man die verschiedenen Stufen der Sozialkontrolle im Zusammenhang, so läßt sich folgendes festhalten: Bei allen Instanzen – bei Polizei, Staatsanwaltschaft und Gerichten – lassen sich Mechanismen schichtspezifischer Kriminalisierung nachweisen. Die Angehörigen der unteren Schichten werden zwar auf jeder Stufe nur vergleichsweise geringfügig benachteiligt, aber die Nachteile summieren sich und werden von Instanz zu Instanz stärker. Bei der Auslese der kleinen Gruppe von Straftätern, an denen die Gesellschaft ihre Strafen exemplarisch vollstreckt, greifen die Sanktionsinstanzen bevorzugt auf Angehörige der unteren Schichten zurück. Es ist ein Mißverständnis, wenn die soziale Auslese als eine bewußte und geplante Strategie von Polizisten, Staatsanwälten und Richtern gedeutet wird; daher ist auch der Begriff der „Klassenjustiz" irreführend. Es handelt sich vielmehr überwiegend um ein unbeabsichtigtes Zusammenwirken verschiedener Faktoren, um „heimliche Konsequenzen des Verfahrens" (*Blankenburg* 1979, 226) auf den verschiedenen Stufen des Prozesses der Sozialkontrolle.

4 Die Schichten im Dunkelfeld: keine Gleichverteilung der Kriminalität

Radikale Verfechter des Etikettierungsansatzes tendieren dazu, die schichtspezifischen Unterschiede in der Kriminalstatistik ausschließlich als Ergebnis des schichtspezifischen Kriminalisierungsprozesses zu deuten. Die ätiologischen Theorien wären danach ungeeignet zur Erklärung schichtspezifischer Kriminalität. Die Analyse der schichtspezifischen Bedingungen kriminellen Verhaltens würde überflüssig. Wenn die Labeling-Theoretiker recht hätten, dann müßte die „Gesamtkriminalität" einer Gesellschaft – die entdeckte und die unentdeckte – gleichmäßig über die Bevölkerung verteilt sein. Ich möchte mich daher abschließend noch kurz mit den verwirrenden Ergebnissen der Dunkelfeldforschung befassen.

Daß die Kriminalstatistik kein Spiegelbild der Verbrechenswirklichkeit liefert, war bereits den Kriminologen des 19. Jahrhunderts aufgefallen. Viele Straftaten und Straftäter werden von der amtlichen Statistik nicht erfaßt, bleiben „im Dunkeln". Aber erst mit der Entwicklung der empirischen Methoden gelang es, etwas Licht in das Dunkelfeld der Kriminalität zu bringen. Allerdings sind die Unzulänglichkeiten der Dunkelfeldforschung noch erheblich, und das kriminelle Geschehen, das nicht ins Blickfeld der staatlichen Kontrollorgane gerät, wird nur in sehr verschwommenen Umrissen sichtbar. Wie sieht es nun mit dem Zusammenhang von sozialer Schichtung und Kriminalität im Dunkelfeld aus? Ehe ich versuche, diese Frage auf der Grundlage deutscher Studien zu beantworten, sind zunächst einige Bemerkungen zur Methode der Dunkelfeldanalysen und ihren Schwächen erforderlich. Aufschluß über unsere Problematik liefern sog. Täterbefragungen, auch Selbstmeldestudien genannt. Dabei werden Normalbürger gebeten, anonym auf einem Fragebogen anzukreuzen, welche Straftaten sie begangen haben. Neben den üblichen Problemen der Befragungsmethode tauchen bei dieser Art der Datenerhebung eine Reihe zusätzlicher Schwierigkeiten auf.

1. Die Bereitschaft der Befragten, ehrlich zu antworten und kriminelle Handlungen zuzugestehen, nimmt bei schweren Delikten ab. Das Dunkelfeld der massenhaft verbreiteten Bagatelldelinquenz ist daher besser ausgeleuchtet als das Dunkelfeld der Schwerkriminalität. Dieser Effekt wird noch dadurch verstärkt, daß das organisierte Verbrechen den Befragungen der Dunkelfeldforschung überhaupt nicht zugänglich ist und auch die sozial randständigen Gruppen weitgehend ausgespart bleiben.

2. Vergleiche der Selbstmeldestudien mit der Kriminalstatistik werden dadurch erschwert, daß häufig nicht zwischen kriminellem Verhalten im Sinne des Strafgesetzes und anderen Formen der Normabweichung – bei Jugendlichen z. B. Schulschwänzen, unerlaubter Alkoholkonsum, Frühsexualität u. ä. – unterschieden wird. Und fragt man nach Verstößen gegen Strafgesetze, so tauchen Formulierungsprobleme auf: Es ist schwierig, strafrechtliche Tatbestände wie Diebstahl, Unterschlagung, Körperverletzung u. ä. so in Worte zu fassen, daß sie juristischen Laien verständlich sind und gleichzeitig alle relevanten Tatbestandsmerkmale berücksichtigen.

Angesichts der methodischen Fallgruben ist es nicht weiter verwunderlich, daß die Ergebnisse der Dunkelfeldforschung verwirrend und kontrovers sind. Dies trifft sowohl für die Situation in den USA, den skandinavischen Ländern und einigen mitteleuropäischen Gesellschaften[17] als auch für die deutschen Untersuchungen zu. Unter den deutschen Kriminologen findet man ab und zu Anhänger der sogenannten „Ubiquitätstheorie" – auf deutsch: Gleichverteilungsthese. Diese behauptet, das kriminelle Verhalten sei gleichmäßig oder zumindest annähernd gleich über alle Bevölkerungsgruppen verteilt.[18] Die neueren Selbstmeldestudien, die in der Regel methodisch ausgereifter sind als frühere Arbeiten, machen jedoch eine Korrektur am Konzept der Gleichverteilung erforderlich. Sie zeigen zunächst, daß es so gut wie keine völlig weißen Schafe in einer Gesellschaft gibt. Fast jeder verstößt irgendwann zumindest einmal gegen ein Strafgesetz. Dabei handelt es sich z. T. um Bagatellen wie z. B. „Vogelzeigen" oder Schwarzfahren, aber durchaus auch um ernsthaftere Delikte. So hatten von Siegener Lehramtsstudenten der Jahre 1992/93 95% als Jugendliche oder Erwachsene mindestens eine der folgenden Straftaten begangen: Betrug, Zechprellerei, Diebstahl, Vandalismus, Sexualvergehen, Drogenhandel, Fahrerflucht oder Verkehrsunfall in alkoholisiertem Zustand. 86% von ihnen hatten mindestens drei dieser Delikte auf ihrem Strafkonto. Unter den Lehramtsstudentinnen lagen die Anteile etwas niedriger, aber immerhin auch noch bei 74% bzw. 44%.[19] Gleichverteilt ist also die Erscheinung, daß sich fast alle im Laufe ihres Lebens das eine oder andere mehr oder minder schwere Delikt zuschulden kommen lassen. In diesem Sinne ist Kriminalität „normal". Aber nicht jeder begeht schwere Diebstähle oder Einbrüche, nicht jeder ist ein notorischer Sittenstrolch, Schläger oder Automatenknacker. Ungleich verteilt sind Häufigkeit und Schwere der Delikte. Es ist vor allem die Gruppe mit hoher Delinquenzbelastung, die aus dem Dunkelfeld herausragt und in das Blickfeld der Kontrollinstanzen gerät. Zahlreiche deutsche Selbstmeldestudien liefern Anhaltspunkte dafür, daß die Unterschicht in dieser Gruppe etwas überrepräsentiert ist.

Ich weise bei der folgenden Darstellung der Ergebnisse aus drei neueren Untersuchungen nicht nur auf Unterschiede der sozialen Herkunft, sondern auch auf solche des Bildungsniveaus hin, weil der Schulbesuch ein relativ guter Indikator für die spätere Schichtzugehörigkeit der Jugendlichen bzw. jungen Erwachsenen ist.

- Bei den 14- bis 25jährigen männlichen Einwohnern einer badischen Mittelstadt (N = 845), die nach strafbaren Handlungen in den letzten 12 Monaten befragt wurden, zeigen sich schichtspezifische Unterschiede ab einem Alter von 16 Jahren. Mehrfach- und Vielfachtäter tauchen in unteren Sozialschichten nur geringfügig häufiger, aber unter jungen Menschen mit niedriger Schulbildung deutlich häufiger auf. Unter den 14- und 15jährigen streut die Klein- und Gelegenheitskriminalität relativ gleichmäßig über alle Schichten und Bildungsgruppen, im fortgeschritteneren Jugendalter sind dagegen junge Männer aus den unteren Schichten stärker mit Strafrechtsverstößen belastet, wenn man Häufigkeit und Schwere der Delikte berücksichtigt (*Villmow/Stephan* 1983, 126ff., 178ff.).
- Auch in einer Studie an 740 repräsentativ ausgewählten Jugendlichen aus Bremen wirkt sich der Bildungsstand der jungen Menschen stärker auf ihre Delinquenz aus als die soziale Herkunft. Junge Menschen aus der Unterschicht – die Einteilung erfolgte nach einem 2-Schichten-Modell nach *Moore/Kleining* – lassen sich häufiger schwerere Delikte wie Raub, Körperverletzung und Sachbeschädigung zuschulden kommen, Jugendliche mit niedriger Bildung auch verschiedene Diebstahlsdelikte und unerlaubtes Benutzen von fremden Fahrzeugen; einige Straftaten – Ladendiebstahl, Betrug, Drogengebrauch und Fahren ohne Führerschein – streuen gleichmäßig über alle Schichten, und das „Massenbagatelldelikt" Schwarzfahren bzw. „Leistungserschleichung" wird häufiger von Jugendlichen aus der Mittelschicht begangen (*Schumann* u. a. 1987, 64ff.).
- Eine neue, methodisch sehr differenziert angelegte Studie befragte 1480 13–17jährige Mädchen und Jungen aus Bielefeld und Münster nach strafrechtlich relevanten Vergehen (*Albrecht/Howe* 1992). Berufs- und Bildungsstatus der Eltern spielen nur bei schwereren Delikten eine Rolle: Jugendliche aus den unteren Schichten sind signifikant häufiger in Diebstähle und Körperverlet-

Abb. 8 Körperverletzung nach sozialer Herkunft und Bildungsniveau

Von 100 Befragten gaben die Straftat Körperverletzung an[1]

	Berufsprestige der Eltern[2]							
	Jungen				Mädchen*			
	1	2	3	4	1	2	3	4
mindestens eine Tat	35	34	30	27	23	20	15	11

	Bildungsniveau der Jugendlichen[3]							
	Jungen*				Mädchen*			
	1	2	3	4	1	2	3	4
1–3 Taten	30	27	27	17	25	14	11	13
mindestens 4 Taten	12	4	2	3	5	2	–	–

* = Zusammenhänge sehr signifikant ($p < 0{,}01$).
Repräsentative Stichprobe (N = 1480) der 13–17jährigen Deutschen aus Münster und Bielefeld, Befragung im Winter 1986/87.
[1] in ihrem bisherigen Leben.
[2] vierstufige internationale Berufsprestigeskala nach *Treimann*.
[3] 1 = Sonderschule, Hauptschule; 2 = Realschule, Gesamtschule; 3 = Gymnasium bis Klasse 10; 4 = Gymnasium Sekundarstufe II.
Quelle: Zusammengestellt nach *Albrecht/Howe* 1992, 717.

zungen verwickelt. Der eigene Bildungsstatus der Jugendlichen schlägt stärker durch: Je niedriger der Schulstatus, um so höher die Delinquenzbelastung – diese Regel gilt für die kriminelle Gesamtbelastung sowie bei nahezu allen Delikttypen. Abb. 8 zeigt diese Zusammenhänge am Beispiel der Körperverletzung.[20]

Alle Selbstmeldestudien wurden bei Jugendlichen oder jungen Erwachsenen durchgeführt. Die tatsächliche Kriminalität der erwachsenen Bevölkerung der Bundesrepublik Deutschland bleibt daher auch für den Sozialwissenschaftler weiter im Dunkeln. Nach den bisherigen Untersuchungen ist wiederholte schwere Delinquenz nicht gleichmäßig über alle Schichten verteilt. Unter den Menschen, die häufig schwere Straftaten begehen, sind die Angehörigen der Unterschicht etwas überrepräsentiert. Allerdings sind die schichtspezifischen Unterschiede im Dunkelfeld deutlich geringer als in der Kriminalstatistik. Die kriminelle Mehrbelastung der Unterschichten in den Selbstmeldeuntersuchungen rührt im wesentlichen von den Besonderheiten der sozialen Lage her; insofern bestätigen die Dunkelfeldanalysen die ätiologischen Erklärungsversuche. Sie liefern jedoch gleichzeitig auch eine Bestätigung des Etikettierungsansatzes: der Befund, daß die Unterschichten in der Kriminalstatistik erheblich häufiger auftauchen als in der Dunkelfeldkriminalität, ist auf die ungleiche Behandlung durch die Kontrollinstanzen zurückzuführen.

5 Fazit

Die Zusammenhänge von Schichtung und Kriminalität lassen eine doppelte Begünstigung der oberen Schichten und eine doppelte Benachteiligung der unteren Schichten sichtbar werden. Obere Schichten laufen wegen ihrer bevorzugten Lage sowie den damit zusammenhängenden günstigeren Sozialisationschancen weniger Gefahr, gegen die Strafgesetze zu verstoßen. Und wenn sie kriminelle Handlungen begehen, bleiben sie von den Sanktionen der Gesellschaft eher verschont. Die Situation der unteren Schichten ist genau entgegengesetzt. Nachteile im sozioökonomischen Bereich und damit zusammenhängende Mängel in der Sozialisation erhöhen ihre kriminelle Gefährdung. Versuchen sie ihre Defizite auf illegalem Wege auszugleichen, dann trifft sie die Sanktionsgewalt der Gesellschaft besonders hart. Untere Schichten werden nicht nur schlechter belohnt, sondern auch häufiger bestraft.

Anmerkungen

[1] Zur kontroversen Diskussion über die Zusammenhänge von Schicht und Kriminalität in den USA vgl. *Tittle/Villemez/Smith* 1978, *Elliot/Ageton* 1980, *Braithwaite* 1981, *Thornberry/Farnworth* 1982, *Tittle* 1983, *Tittle/Meier* 1990.
[2] Unter den Jugendlichen, die 1974 nach dem Jugendstrafrecht verurteilt wurden, waren Realschüler und Gymnasiasten noch stärker unterrepräsentiert: Sie stellten 30% aller Schüler, aber nur 11% der Verurteilten (*Villmow/Stephan* 1983, 172).
[3] *Quensel* 1971, 245f.; *Villmow* 1980, 53; *Göppinger* 1983, 30; *Estermann* 1984, 69 (für die Schweiz); *Bauer/Winkler von Mohrenfels* 1985, 50; *Hanak/Pilgram* 1991, 219, 225 (für Österreich); vgl. auch *Villmow/Stephan* 1983, 174.
[4] Von den in Baden-Württemberg inhaftierten Frauen hatten 73% bzw. 81% keine abgeschlossene Berufsausbildung, und keine von ihnen wies eine qualifizierte, über eine Lehre hinausgehende Ausbildung auf (*Fischer-Jehle* 1991, 75; vgl. auch 139). In der von *Funken* 1989 untersuchten Stichprobe

ist die Qualifikationsstruktur der weiblichen Strafgefangenen etwas besser (S. 135, 139).
[5] Weiter Daten für den überproportionalen Anteil unterer Schichten in der Kriminalstatistik bei *Feest/Blankenburg* 1972, 114; *Kaiser* 1978, 153 ff.; *Frehsee* 1979, 301, 306; *Wollenweber* 1980, 159; *Lamnek* 1981, 3 f.; *Frietsch* 1982, 99; *Meier* 1985, 343, 356.
[6] *Frehsee* (1991) illustriert verschiedene Varianten von Mittelschichtkriminalität mit einer Fülle von Beispielen. Seine These von der „sozialstrukturellen Gleichverteilung von Kriminalität" (S. 41) überzeugt jedoch nicht, da ein systematischer Vergleich mit der Kriminalitätsbelastung anderer Schichten fehlt.
[7] *Peters* 1971, 96 ff.; *Feest/Blankenburg* 1972, 114; *Steffen* 1978, 743; *Blankenburg/Sessar/Steffen* 1975, 37 ff; *Blankenburg/Sessar/Steffen* 1978, 211 ff.; *Wagner* 1979, 36 ff.; zur Mittelschichtkriminalität *Frehsee* 1991, 30 ff.
[8] *Quensel* 1971, 252; *Kreuzer* 1975, 238; *Frehsee* 1979, 301; *Göppinger* 1983, 279 ff.; *Wollenweber* 1980, 158 f.; *Frietsch* 1982, 97; *Lamnek* 1981, 3 ff.; *Lamnek* 1982, 66 ff.; *Bauer/Winkler von Mohrenfels* 1985, 31 ff., 61 ff.; *Szweczyk* 1988; *Wasserburger* 1989, 98 f.; *Fischer-Jehle* 1991, 168 ff., 262.
[9] Z. B. *Shaw/McKay* 1936; *McCord/McCord* 1959; *Glueck/Glueck* 1968; *Kramer* 1988, 272.
[10] *Haferkamp* 1975, 158, 165 ff.; *Dolde* 1978, *Frehsee* 1979, 291 ff.; *Wollenweber* 1980, 152 ff.; *Ludwig* 1982, 98; *Lamnek* 1982, 42 ff.; *Frietsch* 1982, 102 ff.; *Göppinger* 1983; *Bauer/Winkler von Mohrenfels* 1985, 9 ff., 54 ff.; *Szweczyk* 1988; *Blinkert* 1988, 404 f.; *Peters* 1989; *Wasserburger* 1989, 97 f.; *Fischer-Jehle* 1991, 140 ff., 154 ff.
[11] *Rottleuthner* (1969) löste die Diskussion um die „Klassenjustiz" in der Bundesrepublik aus, die bis heute andauert (vgl. *Gephart* 1990, *Haaß* 1990 sowie den Tagungsbericht von *Bußmann* 1989).
[12] Z. B. bei *Lautmann/Peters* 1973, *Kaupen* 1973, *Schumann* 1974, *Schünemann* 1976.
[13] Zum Einfluß von Macht- und Interessenstrukturen auf Neuerungen im Wirtschaftsstrafrecht vgl. *Savelsberg* 1987, 195 ff.; zu den Zusammenhängen von Macht, Interessen und Recht im allgemeinen vgl. *Landreville* 1989.
[14] So wurden z. B. 1988 auf einem Symposion zur „Ungleichheit der Strafzumessung" häufig regionale Unterschiede thematisiert, auf Schichtunterschiede gingen jedoch nur 2 der 24 Beiträge ein, am ausführlichsten noch der Amerikaner *John Hagan* (vgl. den Tagungsband von *Pfeiffer/Oswald* 1989).
[15] Zur Zuschreibung des Attributs „kriminell" durch Studierende vgl. *Schönborn/Fröhlich/Lilli* 1987.
[16] *Reuband* (1982) findet einen Zusammenhang von Bildung und Polizeiauffälligkeit auch unabhängig von der Deliktshäufigkeit. Deliktschwere wird bei ihm jedoch nicht als Variable kontrolliert.
[17] Vgl. dazu *Hanefeld* 1978, *Herz* 1983, 229 ff. und *Albrecht/Howe* 1992, 700 f.
[18] Z. B. *Sack* 1973, 139; *Schwind/Eger* 1973, 168; *Lamnek* 1985, 70 f.
[19] Ergebnisse einer Umfrage in zwei Seminaren an der Universität-Gesamthochschule Siegen (N = 110). Vgl. auch die Befragungen von Studieren-

den bei *Schwind/Eger* 1973 und *Kreuzer/Hürlimann/Krämer/Schneider* 1990.

[20] In folgenden älteren Studien wird empirisch belegt, daß Kinder und Jugendliche aus unteren Schichten und/oder mit niedrigerem Bildungsniveau etwas stärker durch selbstberichtete Delinquenz belastet sind (in einigen Studien nur bei spezifischen Delikten und in Altersgruppen ab 16 Jahren): *Opp* 1968, 126f.; *Lösel* 1974, 54f.; *Lösel* 1975, 199ff.; *Kreuzer* 1975, 239ff.; *Merschmann* u. a. 1976, 155; *Frehsee* 1979, 302, 324f.; *Kreuzer* 1980, 392ff.; *Reuband* 1983, 216ff. (etwas genauere Angaben zu einigen Studien bei *Geißler* 1987, 157f.). Auch die Ergebnisse von *Quensel/Quensel* (1970, 78, 85), *Quensel* (1971, 247f.) und *Brusten/Hurrelmann* (1973, 123, 125) lassen sich als Belege für schicht- bzw. bildungsspezifische Delinquenz deuten, wenn man die Deliktschwere berücksichtigt. Die widersprüchlichen Resultate bei *Schöch* (1976, 219f.) hängen eventuell mit den unzureichenden Stichproben zusammen. Lediglich *Kirchhoff* (1975, 309ff.) findet keine signifikanten Korrelationen zwischen Schicht und Delinquenz. Ursache dafür könnten ebenfalls die Stichproben sein, die sozial relativ homogen sind. Bildungsspezifische Unterschiede tauchen auch in der Studie von *Kirchhoff* auf.

Literatur

Albrecht, G. / C.-W. Howe: Soziale Schicht und Delinquenz. In: Kölner Zeitschrift für Soziologie und Sozialpsychologie 44 (1992), S. 697–730.
Amelang, M.: Sozial abweichendes Verhalten. Berlin u. a. 1986.
Barton, S.: Strafverteidigungs-Aktivitäten im Justizalltag. In: Strafverteidiger 1984, S. 394–401.
Bauer, G. / K. Winkler von Mohrenfels: Sozialisationsbedingungen jugendlicher Straftäter. Stuttgart 1985.
Bender, R. / R. Schumacher: Erfolgsbarrieren vor Gericht. Eine empirische Untersuchung zur Chancengleichheit im Zivilprozeß. Tübingen 1980.
Blankenburg, E.: Nochmals: Schichtzugehörigkeit und Kriminalisierungschance. In: Kriminologisches Journal 11 (1979), S. 221–227.
Blankenburg, E. / K. Sessar / W. Steffen: Die Schichtverteilung der (Eigentums- und Vermögens)Kriminalität. In: Kriminologisches Journal 7 (1975), S. 36–47.
Blankenburg, E. / K. Sessar / W. Steffen: Die Staatsanwaltschaft im Prozeß strafrechtlicher Kontrolle. Berlin 1978.
Blankenburg, E. / W. Steffen: Der Einfluß sozialer Merkmale von Täter und Opfer auf das Strafverfahren. In: *Blankenburg, E.* (Hrsg.): Empirische Rechtssoziologie. München 1975, S. 248–268.
Blinkert, B.: Kriminalität als Modernisierungsrisiko? In: Soziale Welt 39 (1988), S. 397–412.
Braithwaite, J.: The Myth of Social Class and Criminality Reconsidered. In: American Sociological Review 46 (1981), S. 36–57.

Brusten, M. / D. Peters: Ideologie und Fakten in der Rechtsprechung. In: Kriminologisches Journal 2 (1969), S. 36–52.
Brusten, M. / K. Hurrelmann: Abweichendes Verhalten in der Schule. München 1973.
Brusten, M. / P. Malinowski: Die Vernehmungsmethoden der Polizei und ihre Funktion für die gesellschaftliche Verteilung des Etiketts „kriminell". In: *Brusten, M. / J. Hohmeyer* (Hrsg.): Stigmatisierung 2. Zur Produktion gesellschaftlicher Randgruppen. Neuwied / Darmstadt 1975, S. 57–112.
Bundeskriminalamt (Hrsg.): Polizeiliche Kriminalstatistik 1990. Wiesbaden 1991.
Bundesminister für Bildung und Wissenschaft (Hrsg.): Grund- und Strukturdaten 1989/90. Bonn 1989.
Bußmann, K.-D.: Von der Klassenjustiz zur Kulturjustiz. In: Zeitschrift für Rechtssoziologie 10 (1989), S. 280–285.
Cloward, R. A.: Illegitime Mittel, Anomie und abweichendes Verhalten. In: *Sack, F. / R. König* (Hrsg.): Kriminalsoziologie. Wiesbaden 1979[3], S. 314–338.
Cohen, A. K. / J. F. Short: Zur Erforschung delinquenter Subkulturen: In: *Sack, F. / R. König* (Hrsg.): Kriminalsoziologie. Wiesbaden 1979[3], S. 372–394.
Dahrendorf, R.: Deutsche Richter. In: *Dahrendorf, R.:* Gesellschaft und Freiheit. München 1963, S. 176–196.
Dolde, G.: Sozialisation und kriminelle Karriere. Eine empirische Analyse der sozio-ökonomischen und familialen Sozialisationsbedingungen männlicher Strafgefangener im Vergleich zur „Normal"-Bevölkerung. München 1978.
Elliot, D. S. / S. A. Ageton: Reconciling Race and Class Differences in Self-Reported and Official Estimates. In: American Sociological Review 45 (1980), S. 95–110.
Estermann, J.: Strafgefangene. Selektive Sanktionierung, Definition abweichenden Verhaltens und Klassenjustiz. Frankfurt/M. u. a. 1984.
Feest, J.: Die Situation des Verdachts. In: *Feest, J. / R. Lautmann* (Hrsg.): Die Polizei. Köln 1971, S. 71–92.
Feest, J. / E. Blankenburg: Die Definitionsmacht der Polizei. Düsseldorf 1972.
Fischer-Jehle, P.: Frauen im Strafvollzug. Bonn 1991.
Frehsee, D.: Strukturbedingungen urbaner Kriminalität. Göttingen 1979.
Frehsee, D.: Zur Abweichung der Angepaßten. In: Kriminologisches Journal 23 (1991), S. 25–45.
Frietsch, R.: Verlaufsformen krimineller Karrieren unter besonderer Berücksichtigung der sozialen Intelligenz. Heidelberg 1982.
Funken, C.: Frau-Frauen-Kriminelle. Opladen 1989.
Geißler, R.: Soziale Schichtung und Kriminalität. In: *R. Geißler* (Hrsg.): Soziale Schichtung und Lebenschancen in der Bundesrepublik Deutschland. Stuttgart 1987, S. 138–161.
Geißler, R. / N. Marißen: Kriminalität und Kriminalisierung junger Ausländer. In: Kölner Zeitschrift für Soziologie und Sozialpsychologie 40 (1990), S. 506–526.

Genser-Dittmann, U.: Ungeregelte Lebensführung als Strafzumessungsgrund. In: Kriminologisches Journal 7 (1975), S. 28-36.
Gephart, W.: Kulturelle Aspekte des Rechts – Vom Klassen- zum Kulturparadigma? In: Zeitschrift für Rechtssoziologie 11 (1990), S. 177-187.
Glueck, S. / E. Glueck: Delinquents and nondelinquents in perspective. Cambridge / Mass. 1968.
Göppinger, H.: Der Täter in seinen sozialen Bezügen. Berlin u. a. 1983.
Haaß, B.: Justizkritik bei Karl Liebknecht. Der Begriff „Klassenjustiz". In: Zeitschrift für Rechtssoziologie 11 (1990), S. 120-136.
Haferkamp, H.: Kriminelle Karrieren. Reinbek bei Hamburg 1975.
Hanak, G. / A. Pilgram: Der andere Sicherheitsbericht. Ergänzungen zum Bericht der Bundesregierung. Kriminalsoziologische Bibliographie 15 (1991), Heft 70/71 Spezial.
Hanefeld, B.: Soziale Schichten und Kriminalität. In: Monatsschrift für Kriminologie und Strafrechtsreform 61 (1978), S. 159-179.
Herz, T. A.: Klassen, Schichten, Mobilität. Stuttgart 1983.
Huber, G. L. / H. Mandl: Kognitive Sozialisationsforschung. Weinheim / Basel 1980, S. 631-648.
Kahmann, J. / H. Lanzerath: Weibliche Prostitution in Hamburg. Heidelberg 1981.
Kaiser, G.: Jugendkriminalität. Weinheim / Basel 1978[2].
Kaiser, G.: Kriminologie. Heidelberg 1989[8].
Kaupen, W.: Klassenjustiz in der Bundesrepublik. In: Vorgänge 12 (1973), H. 1, S. 32-44.
Kerner, H.-J.: Verbrechenswirklichkeit und Strafverfolgung. Erwägungen zum Aussagewert der Kriminalstatistik. München 1973.
Kerner, H.: Normbruch und Auslese der Betroffenen. In: *Göppinger, H. / G. Kaiser* (Hrsg.): Kriminologie und Strafverfahren. Stuttgart 1976, S. 137-155.
Kirchhoff, G. F.: Selbstberichtete Delinquenz. Göttingen 1975.
Kramer, R. C.: Strukturierte Ungleichheit, Verbrechensopfer und Strategien sozialer Kontrolle. In: *Janssen, H. / R. Kaulitzky / R. Michalowski* (Hrsg.): Radikale Kriminologie. Bielefeld 1988, S. 260-283.
Kreuzer, A.: Schülerbefragungen zur Delinquenz. In: Recht der Jugend und des Bildungswesens 23 (1975), S. 229-244.
Kreuzer, A.: Weitere Beiträge aus Gießener Delinquenzbefragungen. In: Monatsschrift für Kriminologie und Strafrechtsreform 63 (1980), S. 385-396.
Kreuzer, A. / M. Hürlimann / K. Krämer / H. Schneider: Gießener Delinquenzbefragungen. Delinquenz bei jungen Frauen und Männern nach Befunden bei Studienanfängern im WS 1988/89. In: Spiegel der Forschung 7, 1990, S. 11-15.
Kunz, K.-L.: Das Absehen von der Strafverfolgung bei Bagatelldelinquenz. In: Kriminologisches Journal 11 (1979), S. 35-49.
Lamnek, S.: Soziale Randständigkeit und registrierte Jugendkriminalität. In: Monatsschrift für Kriminologie und Strafrechtsreform 64 (1981), S. 1-17.
Lamnek, S.: Sozialisation und kriminelle Karriere. In: *Schüler-Springorum, H.* (Hrsg.): Mehrfach auffällig. München 1982, S. 15-85.

Lamnek, S.: Sozialstruktur und Kriminalität. Gesellschaftliche Ebene selektiver Prozesse. In: *Hradil, S.* (Hrsg.): Sozialstruktur im Umbruch. Opladen 1985, S. 67–84.
Landreville, P.: Kriminalität und Machtmißbrauch. In: Monatsschrift für Kriminologie und Strafrechtsreform 72 (1989), S. 423–436.
Lautmann, R. / D. Peters: Ungleichheit vor dem Gesetz. In: Vorgänge 12 (1973), H. 1, S. 45–54.
Lösel, F.: Lehrerurteil, implizite Devianztheorie und selbstberichtete Delinquenz. In: Kriminologisches Journal 6 (1974), S. 47–60.
Lösel, F.: Handlungskontrolle und Jugenddelinquenz. Stuttgart 1975.
Ludwig, W.: Mehrfachtäter im Kontext gesellschaftlicher Produktion von Jugendkriminalität. In: *Schüler-Springorum, H.* (Hrsg.): Mehrfach auffällig. München 1982, S. 86–125.
Ludwig-Mayerhofer, W. / D. Rzepka: Zwischen Strafverfolgung und Sanktionierung – Empirische Analysen zur gewandelten Stellung der Staatsanwaltschaft im Prozeß strafrechtlicher Sozialkontrolle. In: Zeitschrift für Rechtssoziologie 14 (1993), S. 115–140.
Lüdemann, C. / K.-D. Bußmann: Diversionschancen der Mächtigen? Eine empirische Studie über Absprachen im Strafprozeß. In: Kriminologisches Journal 21 (1989), S. 54–72.
McCord, W. / J. McCord: Origins of Crime. New York / London 1959.
Meier, U.: Kriminalität in Neubausiedlungen. Frankfurt a. M. 1985.
Merschmann, W. / W. Reinhard / G. Höhner: Schicht- und Geschlechterverteilung im Dunkelfeld. In: *Nissen, G. / F. Specht* (Hrsg.): Psychische Gesundheit und Schule. Neuwied 1976, S. 145–159.
Merton, R. K.: Sozialstruktur und Anomie. In: *Sack, F. / R. König* (Hrsg.): Kriminalsoziologie. Wiesbaden 1979^3, S. 282–313.
Opp, K. D.: Zur Erklärung delinquenten Verhaltens von Kindern und Jugendlichen. München 1968.
Oswald, M. / W. Langer: Versuch eines integrierten Modells zur Strafzumessungsforschung: Richterliche Urteilsprozesse und ihre Kontextbedingungen. In: *Pfeiffer, C. / M. Oswald* (Hrsg): Strafzumessung. Stuttgart 1989, S. 197–228.
Peters, D.: Die soziale Herkunft der von der Polizei aufgegriffenen Täter. In: *Feest, J. / R. Lautmann* (Hrsg.): Die Polizei. Opladen 1971, S. 93–106.
Peters, D.: Richter im Dienst der Macht. Stuttgart 1973.
Peters, H.: Kriminalität und Familie. In: *Nave-Herz, R. / M. Markefka* (Hrsg.): Handbuch der Familien- und Jugendforschung. Bd. 1. Neuwied / Frankfurt am Main 1989, S. 577–593.
Pfeiffer, C. / M. Oswald (Hrsg.): Strafzumessung. Empirische Forschung und Strafrechtsdogmatik im Dialog. Stuttgart 1989.
Popitz, H.: Über die Präventivwirkung des Nichtwissens. Tübingen 1968.
Quensel, St.: Delinquenzbelastung und soziale Schicht bei nicht bestraften männlichen Jugendlichen. In: Monatsschrift für Kriminologie und Strafrechtsreform 54 (1971), S. 236–262.
Quensel, St. / E. Quensel: Delinquenzbelastungsskalen für männliche Jugend-

liche. In: Kölner Zeitschrift für Soziologie und Sozialpsychologie 22 (1970), S. 75–97.
Reuband, K.-H.: Delinquenz und Polizeiauffälligkeit. In: *Albrecht, G. / M. Brusten* (Hrsg.): Soziale Probleme und soziale Kontrolle. Opladen 1982, S. 125–154.
Reuband, K.-H.: Dunkelfeld, Deliktstruktur und Täterbild. In: *H.-J. Kerner / H. Kury / K. Sessar* (Hrsg.): Deutsche Forschungen zur Kriminalitätskontrolle. Köln u. a. 1983, S. 199–234.
Rottleuthner, H.: Klassenjustiz? In: Kritische Justiz 2, 1969, S. 1–26.
Sack, F.: Abweichendes Verhalten aus soziologischer Sicht – Folgerungen für die Sozialarbeit. In: *Otto, H.-U. / S. Schneider* (Hrsg.): Gesellschaftliche Perspektiven der Sozialarbeit. Neuwied / Berlin 1973, S. 129–149.
Sack, R.: Interessen im Strafrecht. In: Kriminologisches Journal 9 (1977), S. 248–278.
Savelsberg, J. J.: Von der Genese zur Implementation von Wirtschaftsstrafrecht. Klassen-, schicht- und sektorspezifische Aushandlungsprozesse? In: Kriminologisches Journal 19 (1987), S. 193–211.
Schöch, H.: Ist Kriminalität normal? In: *Göppinger, H. / G. Kaiser* (Hrsg.): Kriminologie und Strafverfahren. Stuttgart 1976, S. 211–251.
Schönborn, C. / G. Fröhlich / W. Lilli: Der Prozeß der Kategorisierung einer Person als Krimineller – eine experimentelle Untersuchung. In: Kriminologisches Journal 19 (1987), S. 229–238.
Schumann, K.-F.: Ungleichheiten in der Strafverfolgung. In: Recht und Politik 10 (1974), S. 119–129.
Schumann, K. F. / C. Berlitz / H.-W. Guth / R. Kaulitzki: Jugendkriminalität und die Grenzen der Generalprävention, Neuwied / Darmstadt 1987.
Schwind, H.-D.: Kriminologie. Heidelberg 1993[5].
Schwind, H.-D. / H.-J. Eger: Untersuchungen zur Dunkelziffer. In: Monatsschrift für Kriminologie und Strafrechtsreform 56 (1973), S. 151–170.
Shaw, C. R. / H. D. McKay: Juvenile delinquency and urban areas. Chicago 1936.
Spittler, E.: Die Kriminalität Strafunmündiger. Jur. Diss. Gießen 1968.
Statistisches Bundesamt (Hrsg.): Rechtspflege. Fachserie 10. Reihe 3 Strafverfolgung. 1990. Wiesbaden 1992.
Statistisches Bundesamt (Hrsg.): Rechtspflege. Fachserie 10. Reihe 4 Strafvollzug. 1990. Wiesbaden 1992a.
Steffen, W.: Sozialer Status, Tatverdacht und Strategien der Sozialkontrolle. In: *Bolte, K.-M.* (Hrsg.): Materialien aus der soziologischen Forschung. München 1978, S. 736–749.
Stentzel, M.: Berufserziehung straffälliger Jugendlicher und Heranwachsender. Frankfurt am Main u. a. 1990.
Szweczyk, H.: 4000 Jugendliche Rechtsbrecher im Vergleich zu Nichtstraffälligen. In: *Schuh, J.* (Hrsg.): Jugend und Delinquenz. Grüsch 1988, S. 205–222.
Thornberry, T. P. / M. Farnworth: Social Correlates of Criminal Involvement. In: American Sociological Review 47 (1982), S. 505–518.

Tittle, Ch. R.: Social Class and Criminal Behavior: A Critique of the Theoretical Foundations. In: Social Forces 62 (1983), S. 334–358.
Tittle, Ch. R. / R. F. Meier: Specifying the SES/Delinquency Relationship. In: Criminology 28 (1990), S. 271–299.
Tittle, Ch. R. / W. J. Villemez / D. A. Smith: The Myth of Social Class and Criminality: An Empirical Evidence. In: American Sociological Review 43 (1978), S. 643–656.
Villmow, B.: Umfang und Struktur der Jugendkriminalität. In: *Wollenweber, H.* (Hrsg.): Kinderdelinquenz und Jugendkriminalität. Paderborn u. a. 1980, S. 49–73.
Villmow, B. / E. Stephan: Jugendkriminalität in einer Gemeinde. Freiburg/Br. 1983.
Wagner, J.: Ladendiebstahl – Wohlstands- oder Notstandskriminalität? Heidelberg 1979.
Wasserburger, I.: Gewalttäter in ihren sozialen Bezügen. In: *Jehle, J.-M.* u. a. (Hrsg.): Strafrechtspraxis und Kriminologie. Bonn 1989, S. 93–112.
Wollenweber, H.: Kinderdelinquenz und Jugendkriminalität als pädagogisches/sozialpädagogisches Problem. In: *Wollenweber, H.* (Hrsg.): Kinderdelinquenz und Jugendkriminalität. Paderborn u. a. 1980, S. 151–170.

Soziale Schichtung und Gesundheit

Ingbert Weber

1 Fragestellung

Der Beitrag einer medizinsoziologischen Betrachtung von Gesundheit besteht nicht zuletzt darin, das Bestehen von Zusammenhängen zwischen sozialökonomischer Lage und Krankheitsindikatoren nachzuweisen und die gesellschaftlichen Prozesse aufzudecken, die die Entstehung von Krankheiten begünstigen und so zur ungleichen Teilhabe einzelner Bevölkerungsgruppen an gesundheitlichen Lebenschancen beitragen. Unter der Prämisse, daß Personen gleicher Schichtzugehörigkeit relevante Aspekte ihrer Lebensweise teilen, können wir erwarten, daß Lebensqualität auch im Bereich von Gesundheit zwischen den Sozialschichten ungleich verteilt ist. Wir wollen diese Vermutung zunächst theoretisch erörtern und sodann anhand der für die Bundesrepublik vorliegenden Daten überprüfen.

Dabei beziehen wir uns, trotz vielfach angemerkter überzeugender Kritik an diesem Konstrukt (vgl. *Hradil* 1987 und *Steinkamp* 1993), auf das herkömmliche leistungs- und berufszentrierte Schichtmodell sozialer Ungleichheit, und zwar nicht zuletzt deshalb, weil dieses Schichtmodell in der sozialepidemiologischen Forschung, deren Ergebnisse es hier darzustellen gilt, immer noch Verwendung findet. Wenn auch die Vorstellung deutlich hierarchisch geordneter Sozialschichten immer weniger der Wirklichkeit entsprechen mag, so ist doch Geißlers Einschätzung zuzustimmen, daß die schichtspezifischen Chancenunterschiede bis heute noch nicht verschwunden, sondern daß sie lediglich schwerer nachweisbar geworden sind (*Geißler* 1990, S. 98). Der Schichtbegriff ist nach wie vor eine „nützliche Krücke der Erkenntnis" (a.a.O., S. 99).

2 Gesundheit als Ergebnis sozialer Prozesse

Ein gesundes und langes Leben zu führen, gehört zu den menschlichen Bedürfnissen von hoher Priorität. Die Lebensmöglichkeiten jedes einzelnen hängen einerseits nicht unwesentlich von seinem gesundheitlichen Zustand ab. Gesundheit eröffnet aber nicht nur soziale Lebenschancen, sondern ist auch Ergebnis sozialer Prozesse:

Gesundheit wird beständig durch Lebensstil und Umwelteinflüsse produziert oder beeinträchtigt. Im alltäglichen Verhalten gehen Personen bewußt oder unbewußt vielfältige Risiken im Hinblick auf ihre Gesundheit ein, oder aber sie gehen solchen Risiken aus dem Weg. Wir unterscheiden verschiedene Kategorien gesundheitsbezogener Verhaltensweisen:

– das Krankheitsverhalten,
– das Gesundheitsverhalten,
– das Bewältigungsverhalten angesichts von Belastungen und
– sonstige gesundheitsschädigende Verhaltensweisen.

In Anlehnung an *Siegrist* (1988, S. 185) verstehen wir unter *Gesundheitsverhalten* alle Wahrnehmungen und Entscheidungen, welche dem Ziel dienen, Gesundheit zu fördern und zu erhalten. Unter *Krankheitsverhalten* verstehen wir alle Wahrnehmungen und Entscheidungen, die dem Ziel dienen, Krankheitsanzeichen frühzeitig

Abb. 1 Vereinfachtes Modell zum Zusammenhang von sozialer Lage und Gesundheitszustand

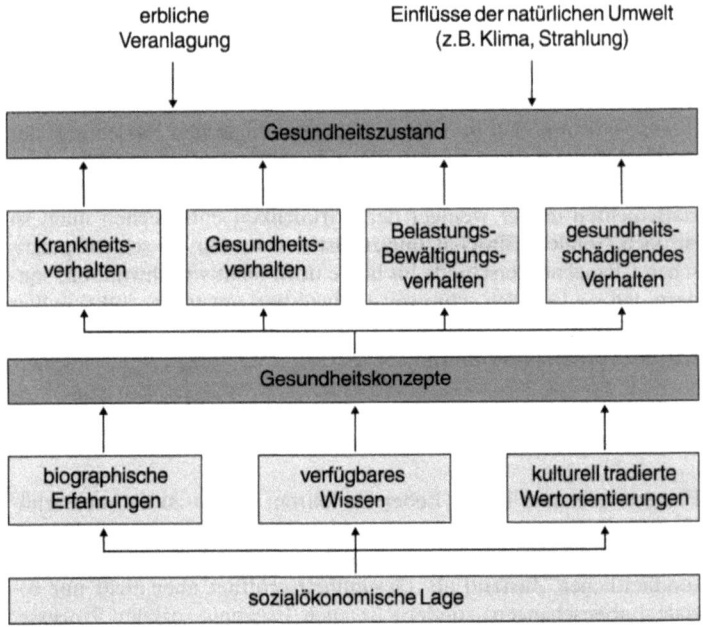

zu erkennen und in angemessener Weise selbst zu behandeln oder behandeln zu lassen.

Allgemein gilt: Je schmerzhafter, je sichtbarer und je auffälliger ein Symptom, je größer die subjektive Bedrohlichkeit der vermuteten Krankheit und je länger das Symptom anhält bzw. je häufiger es wiederkehrt, um so eher werden in der Regel Verhaltensweisen aktiviert, mit denen versucht wird, Rat und Hilfe zu finden. Krankheitsverhalten kann angesichts bestimmter Symptome mehr oder weniger angemessen, mehr oder weniger hilfreich sein. Fehlendes Hilfesuchen bei gebotenem Anlaß oder ein zu langes Hinauszögern der Inanspruchnahme professioneller Angebote stellen defiziente Formen des Krankheitsverhaltens dar. Daß sie sich in unteren sozioökonomischen Schichten der Bevölkerung häufiger finden, läßt sich nicht nur empirisch, sondern auch theoretisch begründen: Symptomaufmerksamkeit und präventive Einstellung sind Korrelate eines Orientierungsmusters, das sich als „individuelle Zukunftsorientierung" beschreiben läßt. Eine solche Einstellung, für die etwa ein langfristiges Planen der eigenen Lebensführung zentral ist, resultiert aber hauptsächlich aus mittelschichtspezifischen Erziehungspraktiken. Angehörige unterer Sozialschichten legen demgegenüber mehr Wert auf gegenwartsnahe Techniken der Situationsbewältigung. Sie klassifizieren auch häufiger als Angehörige anderer Sozialschichten Krankheiten als „Schicksalsschläge".

Während Verhaltensweisen der Kategorien Gesundheits- und Krankheitsverhalten bewußt auf Gesundheit gerichtet sind, fehlt bei der Kategorie „gesundheitsschädigendes Verhalten" dieser intentionale Bezug. Ob man Zigaretten oder Alkohol konsumiert, ist häufig gewohnheitsmäßig gesteuert und wird selten noch eigens im Hinblick auf mögliche Folgen reflektiert. Ob man in seiner individuellen Zeitplanung Entspannungs- und Regenerationsmöglichkeiten vorsieht, beruht selten auf einem rationalen Kalkül unter Abwägung körperlicher Langzeitfolgen. Auch Ernährungsfragen werden von nur wenigen Menschen unter gesundheitlichen Gesichtspunkten immer wieder neu entschieden. Ähnlich festgefahren sind in der Regel Verhaltensweisen wie körperliche Aktivität, Verhalten im Straßenverkehr und andere. Verhalten dieser Kategorie ist jedenfalls auch immer entweder gesundheitsförderlich oder selbstdestruktiv, zumindest auf lange Sicht.

Insofern sich soziale Schichten durch für sie jeweils typische Wertorientierungen charakterisieren lassen, liegt die Vermutung nahe, daß sich auch entsprechende gesundheitsrelevante Verhaltensweisen schichtspezifisch in der Bevölkerung vorfinden. Diese Hypothese ist für die Verhältnisse in Deutschland empirisch noch kaum erforscht. Ansätze zu einer Typologie des Lebensstils und darauf bezogener Gesundheitskonzepte finden sich bei *Giegel* (1988).

Verhalten zur Bewältigung von Belastungen ist ein zentrales Element der psychologischen Streßtheorie (vgl. *Lazarus* und *Folkman* 1984), in deren Bezugsrahmen sich die Ätiologie wichtiger chronischer Erkrankungen entfaltet (vgl. unten 3.4). Insofern ist diese Verhaltenskategorie für die hier erörterten Zusammenhänge von eigenständiger Bedeutung. In entsprechenden Erklärungsansätzen werden soziale Umwelt, psychisches Befinden und körperliche Zustände der Person in einer Art kybernetischem Systemmodell als Einheit gesehen. Zentrale theoretische Annahme einer solchen Modellvorstellung ist die einer Homöostase von Systembedingungen. Als allgemeiner Sollzustand „lebender Systeme" wird Gleichgewicht postuliert. Wird das latente Person-Umwelt-Gleichgewicht durch externe Einflüsse gestört, so werden bei der Person Anpassungsreaktionen ausgelöst, die darauf abzielen, den Gleichgewichtszustand wieder herzustellen.

Wird infolge solcher Prozesse, und insbesondere bei erfolglosen bzw. ineffizienten Bewältigungsversuchen, die Anpassungskapazität der Person chronisch überfordert, so ist, langfristig betrachtet, psychische oder körperliche Krankheit die Folge. Dabei ist zu betonen, daß die krankmachende Wirkung sozialer Belastungen wesentlich davon abhängt, wie der einzelne auf sie reagiert und inwieweit er imstande ist, sie letztlich für sich zu bewältigen. Selbst wenn man annimmt, daß belastende Ereignisse und Situationen überwiegend „schicksalhaft" auftreten und sich auf die verschiedenen sozialen Gruppen relativ gleichmäßig verteilen, so gibt es große Evidenz dafür, daß Unterschichtangehörige auf belastende Herausforderungen stärker mit emotionalem Streß reagieren als Angehörige höherer Schichten (*Kessler* und *Cleary* 1980). Denn die Wirksamkeit von Versuchen, Belastungen zu bewältigen, hängt sowohl vom Verhaltensrepertoire wie von den verfügbaren externen Ressourcen wie Geld, Macht, sozialen Kontakten ab. Bezüglich beider Bestimmungsfaktoren sind Unterschichtangehörige relativ benachteiligt, und die Erfolgsaussichten ihres Bewältigungsverhaltens sind als geringer einzuschätzen.

3 Ergebnisse empirischer Studien

3.1 Schichtspezifische Sterberisiken

Für die gesundheitlichen Lebenschancen des einzelnen ist nicht so sehr entscheidend, an welcher Krankheit er stirbt, sondern in welchem Alter. Für unsere Fragestellung sind daher die Lebenserwartung sowie die Sterblichkeit an allen Todesursachen (Gesamtsterblichkeit) besonders bedeutsame Indikatoren. Leider lassen sich für die Bundesrepublik Deutschland Aussagen zu einer Variation der Sterblichkeit nach sozialen Merkmalen nicht treffen, zumindest nicht auf der Grundlage umfassender Daten, denn hierzulande wird, im Gegensatz etwa zu Großbritannien oder Frankreich, der Beruf auf Totenscheinen nicht verzeichnet.

3.1.1 Lebenserwartung

Zur Lebenserwartung einzelner Berufsgruppen stehen uns in Deutschland lediglich nicht repräsentative Daten von Lebensversicherungen zur Verfügung. Wie in anderen Ländern auf breiterer Datenbasis zeigen sich auch hier erhebliche berufsspezifische Differenzen des Sterbealters. Es ist aber zu bedenken, daß Lebensversicherungen nur einen kleinen Teil der Bevölkerung erfassen, und daß diese Teilgesamtheit eher die Besserverdienenden umfaßt. Zudem leben die Versicherten im allgemeinen länger als der Durchschnitt aller Gleichaltrigen, da durch Gesundheitsprüfung bei Eintritt eine positive Risikoauslese erfolgt.

Anhand neuerer französischer Daten läßt sich zeigen, daß der sozioökonomische Faktor als Determinante für die Lebenserwartung auch einer Gesamtbevölkerung von Bedeutung ist (*Desplanques*, zit. in *Schwartz* 1983). Auf der Basis der Sterbefälle 1975–1980 nach dem Beruf zum Zeitpunkt der Volkszählung 1975 wurde für die in Frankreich geborenen Personen die fernere Lebenserwartung im Alter von 35 Jahren berechnet. Die ersten drei Ränge belegten die Berufsgruppen der Professoren, der Ingenieure und der freien Berufe. Auf den letzten Rang wurden die ungelernten Arbeiter plaziert. Nach dieser Statistik lebt in unserem Nachbarland ein heute 35jähriger Professor fast 9 Jahre länger als ein ungelernter Arbeiter. Es gibt keinen Grund anzunehmen, daß bei den Verhältnissen hierzulande gänzlich anderslautende Werte ermittelt würden.

Eine erste empirische Studie zum Zusammenhang von Lebenserwartung und Sozialschicht wurde neuerdings auch auf der Grundlage deutscher Daten durchgeführt (*Klein* 1993). Die kohortenbezogene Analyse mit den Daten des sozioökonomischen Panels, d. h. mit für Deutschland-West repräsentativen Sample-Daten, kommt zu dem Ergebnis, daß beträchtliche Schichtunterschiede der Lebenserwartung bestehen und liefert Hinweise, daß sowohl die wohlstandsabhängigen Lebensbedingungen wie auch die Arbeitsbedingungen dafür von Bedeutung sind.

3.1.2 Gesamtsterblichkeit

Studien zu Sterblichkeitsrisiken der allgemeinen Bevölkerung unter Berücksichtigung sozioökonomischer Merkmale wurden für die Bewohner der Städte Hannover, Stuttgart und Berlin durchgeführt.

In Hannover wurde der Zusammenhang von Mortalität und Schulbildung untersucht (*Keil* und *Backsmann* 1975). Dieser Studie zufolge beträgt die Sterblichkeit in Stadtbezirken mit überwiegend höheren Bildungsabschlüssen nur zwei Drittel der Rate, die die Bevöl-

Abb. 2 Gesamtsterblichkeit (Stuttgart 1976) für deutsche Männer, 30–64 Jahre, nach beruflichen Leistungsgruppen

Leistungs-gruppe	Alter von ... bis unter ... Jahre je 100 000					
	30–40	40–45	45–50	50–55	55–60	60–65
I	152	1 060	817	1 341	1 615	2 358
II	295	284	598	827	1 235	1 981
III	126	157	335	552	732	1 663
IV, V, VII	78	44	349	383	931	1 148
VI	70	509	346	483	980	1 903
IX	346	454	790	1 437	294	2 551
Sa.	208	328	542	781	1 055	1 900

Leistungsgruppe I: an- und ungelernte Arbeiter, einfache Angestellte und Beamte;
Leistungsgruppe II: Facharbeiter, Handwerker, mittlere Angestellte und Beamte;
Leistungsgruppe III: gehobene Angestellte und Beamte, Handwerksmeister;
Leistungsgruppe IV, V, VII: höhere Angestellte und Beamte, leitende Angestellte und Beamte, freiberufliche Akademiker;
Leistungsgruppe VI: selbständige Gewerbetreibende;
Leistungsgruppe IX: ohne nähere Angabe (überwiegend Frührentner).
Quelle: *Neumann* und *Liedermann* 1981, S. 175.

kerung in Bezirken mit überwiegend geringerer Schulbildung aufweist.

Ebenfalls auf der Basis ökologischer Daten wurde die Sterblichkeit in Berlin-West untersucht mit dem Ergebnis, daß die Gesamtmortalität der 40- bis 65jährigen Männer in Kreuzberg, dem Wohnbezirk mit dem niedrigsten sozioökonomischen Rangplatz, um mehr als 50% höher lag als in Zehlendorf, dem Bezirk auf Rangplatz 1 (*Hoffmeister* 1981).

Von besonderer Bedeutung für unsere Fragestellung ist eine Untersuchung von *Neumann* und *Liedermann* (1981), weil sie vergleichsweise aussagekräftige Daten verwendet. Die Autoren waren in der Lage, Sterblichkeitsdaten und Berufsstrukturdaten der Bewohner von Stuttgart für das Jahr 1976 zusammenzubringen und einheitlich zu analysieren. Es wurden ausschließlich Männer im Alter von 30 bis 64 Jahren berücksichtigt. Für die vorzeitige Mortalität an allen Krankheitsursachen zeigen sich deutliche Unterschiede zuungunsten der untersten der beruflichen Leistungsgruppen (= I), die beim dortigen Amt für Statistik auf der Grundlage von Berufsstellung, Gehaltsgruppe und Berufsschlüssel nachgewiesen waren:

Die un- und angelernten Arbeiter, die einfachen Angestellten und einfachen Beamten der Leistungsgruppe I weisen demnach in den Altersgruppen der 30- bis 64jährigen die höchste Gesamtmortalität auf. Die Unterschiede zwischen den Leistungsgruppen I und II sowie auch zwischen den Leistungsgruppen II und IV, V, VII sind signifikant.

3.1.3 Kindersterblichkeit

Die Chancen, in der Bundesrepublik Deutschland gesund zur Welt zu kommen, sind je nach Schichtzugehörigkeit der Eltern ungleich verteilt. Die perinatale Mortalität, also die Kindersterblichkeit in einer definierten Zeitspanne kurz vor, während oder nach der Geburt, zeigt bei voll berufstätigen Frauen einen Zusammenhang mit der Stellung im Beruf (*Wilken* 1983, S. 89).

Nicht allein Frauen, die als Arbeiterinnen tätig waren, sondern auch solche, die als Selbständige tätig waren, unterlagen einem erhöhten Risiko, daß ihre Kinder früh versterben.

Für nicht berufstätige Frauen zeigt sich in der gleichen Studie, daß eine schlechte Schulbildung das perinatale Mortalitätsrisiko deutlich erhöht. Zudem ist offenbar die Anzahl von Risikofaktoren, die im ärztlichen Gespräch mit der Schwangeren ermittelt werden, bei Zu-

Abb. 3 Berufliche Stellung und perinatale Mortalität bei ganztags beschäftigten Frauen*

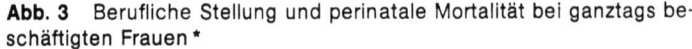

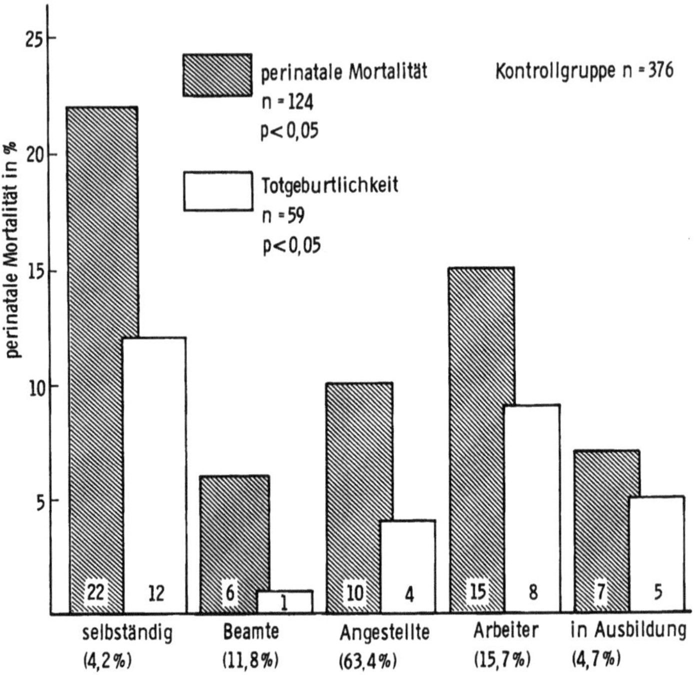

* Die dargestellten Raten beruhen auf der Umrechnung von den Daten aus der Fall-Kontroll-Studie auf die zugrunde gelegte Grundgesamtheit. Die Signifikanztests beruhen auf den beobachteten Daten der Fall-Kontroll-Studie.
** Häufigkeit dieser Kategorie in bezug auf alle Geburten (Repräsentativstichprobe).
Quelle: *Wilken* 1983, S. 89.

gehörigkeit zu einer niedrigen sozialen Schicht erhöht. Eine hohe Anzahl solcher Risikofaktoren steht in deutlicher Beziehung zur perinatalen Sterblichkeit. Diese Zusammenhänge erwiesen sich statistisch als hochsignifikant.

Auch eine neuere Studie, die zum Vergleich von Schwangerschaftsergebnissen bei erwerbstätigen und nicht erwerbstätigen Frauen anhand von Daten der Bewohner West-Berlins durchgeführt wurde (*Elkeles* u. a. 1989), konnte u. a. bestätigen, daß sozialstrukturelle Faktoren einen Einfluß auf Parameter wie niedriges Geburtsgewicht oder Säuglingssterblichkeit haben.

3.2 Schichtspezifische Variation des Krankenstandes

Die Beantwortung der Frage, wieviele Personen in einer Bevölkerung insgesamt krank sind, ist abhängig davon, ob der Gesundheitszustand einer Person von ihr selbst, von einem Arzt oder von sonstigen Personen beurteilt wird.

Was den Krankenstand von Erwerbstätigen betrifft, so wird die Bereitschaft, die Krankenrolle zu übernehmen und der Arbeit fernzubleiben, von der Arbeitsmarktsituation mitbestimmt. Für die BRD zeigen Zeitreihen eindeutig: Je höher die Arbeitslosenquote und je schlechter die konjunkturelle Lage, desto niedriger der durchschnittliche Krankenstand.

3.2.1 Subjektive gesundheitliche Beeinträchtigung

In der Umfrageforschung wird das Ausmaß gesundheitlicher Beeinträchtigungen in der Bevölkerung häufig mit Hilfe der Frage erfaßt, ob man sich zur Zeit krank fühlt, oder ob man in den vergangenen vier Wochen aus gesundheitlichen Gründen seiner gewohnten Tätigkeit im Beruf oder Haushalt nicht nachkommen konnte. Die Mikrozensusdaten des Statistischen Bundesamtes weisen einen ziemlich konstanten Krankenstand von 15% in der Bevölkerung der Bundesrepublik Deutschland aus, zuzüglich 1% unfallverletzter Personen. Nach einer Sonderauswertung des Mikrozensus 1976 (*Behnken* u. a. 1984) war der Anteil von Kranken nach subjektiver Einschätzung bei Erwerbslosen und bei Selbständigen am höchsten, sofern man die Verhältnisse bei Männern betrachtet. Bei Frauen, für die insgesamt und in fast allen Gruppen ein höherer Krankenstand ausgewiesen ist als bei Männern, liegt der Anteil erkrankter Personen bei Arbeiterinnen und Erwerbslosen am höchsten.

Wichtige Erkenntnisse auf der Basis von Umfragedaten vermittelt der sogenannte Wohlfahrts-Survey – eine bevölkerungsrepräsentative Befragung mit Schwerpunkt auf der Erhebung subjektiver Indikatoren. Danach steht das Ausmaß gesundheitlicher Beeinträchtigungen in keinem Zusammenhang mit dem Einkommensniveau der Haushalte (*Lang* u. a. 1984, S. 145). Allerdings fiel in dieser Untersuchung beim Vergleich von Angehörigen verschiedener Berufsgruppen auf, daß in den jüngeren Jahrgängen die Arbeiter im Vergleich zu Angestellten weniger beeinträchtigt sind, daß dieses Verhältnis sich aber in den älteren Altersgruppen umkehrt. Bei Arbeitern zeigt sich eine gesundheitliche Verschlechterung mit zunehmendem Alter viel deutlicher als bei Angestellten.

Abb. 4 Einschätzung des eigenen Gesundheitszustandes nach sozialer Schicht (Angaben aus dem Nationalen Gesundheitssurvey 1984–1986)

	Frage: Wie würden Sie Ihren gegenwärtigen Gesundheitszustand beschreiben?			
	Sehr gut/ gut (in %)	zufrieden- stellend (in %)	weniger gut/ schlecht (in %)	Total (in %)
Männer				
Oberschicht	55	36	11	100
obere Mittelschicht	51	37	12	100
Mittelschicht	45	42	13	100
untere Mittelschicht	40	47	14	100
Unterschicht	31	46	23	100
Frauen				
Oberschicht	56	34	10	100
Obere Mittelschicht	44	42	14	100
Mittelschicht	41	42	17	100
untere Mittelschicht	35	42	23	100
Unterschicht	27	49	23	100

Quelle: Enquête-Kommission 1988, S. 7.

Auch im Rahmen der Deutschen Herz-Kreislauf-Präventionsstudie wurden Angaben zum subjektiven Gesundheitszustand nach sozialer Schichtzugehörigkeit ausgewertet (Enquete-Kommission 1988). Für die Eingruppierung in Schichten wurde das von Scheuch entwickelte Punkt-Gruppen-Verfahren benutzt, bei dem die Variablen Haushaltsnettoeinkommen, berufliche Stellung des Hauptverdieners und Schulabschluß des Befragten berücksichtigt werden. Diese Eingruppierung erbringt für Frauen weniger valide Ergebnisse als für Männer. Die Gesamtverteilung der Punktsummen wurde derart aufgeteilt, daß annähernd fünf quantitativ gleich große soziale Schichten entstanden: Oberschicht (OS), obere Mittelschicht (OMS), Mittelschicht (MS), untere Mittelschicht (UMS), Unterschicht (US).

3.2.2 *Krankheitsbedingte Arbeitsunfähigkeit*

Während der Krankheitsbegriff, der bei Umfragen angewandt wird, relativ weit gefaßt ist und letztlich auf den Selbsteinschätzungen der

Betroffenen beruht, ist der Sachverhalt „Krankheit", der in Arbeitsunfähigkeitsbescheinigungen dokumentiert wird, enger ausgelegt. Wenn ein Arzt einen Patienten arbeitsunfähig krankschreibt, berücksichtigt er idealerweise drei Gesichtspunkte: die Beschwerden des Arbeitnehmers, den mutmaßlichen Krankheitswert der Beschwerden und der Befunde seiner Untersuchung sowie die Anforderungen, die der Arbeitsplatz an das Leistungsvermögen des Arbeitnehmers stellt. Es handelt sich daher hier eher um Beschwerden bzw. Behinderungen jenseits eines gewissen Schweregrads. Die relativen Fallzahlen von Arbeitsunfähigkeit weisen erstaunlich große Unterschiede zwischen Berufsgruppen auf (*Kollmeier* u. a. 1980). Eine Rangreihe der Fallhäufigkeiten weist in den Spitzenpositionen durchgängig Arbeiterberufe auf, während am Ende der Reihe sich die Angestelltenberufe konzentrieren (a.a.O., S. 114ff.). Zudem variieren die Arbeitsunfähigkeitsquoten wie auch die Arbeitsunfähigkeitsdauer recht deutlich nach Einkommen sowie nach Stellung im Beruf. In einer Studie bei ca. 250000 Mitgliedern von Betriebskrankenkassen der Bundesrepublik Deutschland (*Georg* u. a. 1982) zeigte sich, daß Arbeitsunfähigkeitsfälle bei ungelernten Arbeitern mit Abstand am häufigsten vorkommen und bei Facharbeitern deutlich häufiger als bei Angestellten.

Thiele (1981, S. 157) konnte zeigen, daß die Anzahl der Tage, die ein Beschäftigter im Jahr arbeitsunfähig abwesend ist, mit steigendem Einkommen sinkt. Eine neuere Studie anhand von Daten eines deutschen Großunternehmens (*Stephan* 1991) hat diesen Befund wieder bestätigt.

Abb. 5 Krankheitsbedingte Fehltage pro Jahr bei Beschäftigten eines deutschen Großunternehmens

	unteres Drittel	mittleres Drittel	oberes Drittel
– nach Lohn/Gehalt	21,5	16,6	7,5
	gering	mittel	hoch
– nach Arbeitsbelastung	12,9	22,1	18,5
	bis 34 Jahre	35 bis 49 Jahre	50 und mehr Jahre
– nach dem Alter	18,2	16,6	19,6

Quelle: *Stephan* 1991

3.3 Schichtspezifische Verteilung psychischer Krankheiten

Informationen zur Verteilung psychischer Krankheiten stammen überwiegend aus Kliniken, in denen diese Erkrankungen behandelt werden. Da aber die Behandlungshäufigkeit von der regionalen Verfügbarkeit entsprechender Einrichtungen wie auch von deren „Image" abhängt, geben die Raten Behandelter keinen sicheren Aufschluß über die Häufigkeit und Verteilung der tatsächlich in einer Bevölkerung existierenden Störungen. Daten, die anhand behandelter Kollektive gewonnen werden, können daher irreführend sein. Um so größere Bedeutung kommt daher einer Feldstudie zu, mit der der wahre Umfang psychischer Störungen in der Allgemeinbevölkerung geschätzt wurde (*Dilling* u. a. 1984). Die Erhebung im ersten Querschnitt wurde 1975-1977, im zweiten Querschnitt 1980-1982 (*Fichter* 1990) in einem ländlich-kleinstädtischen Gebiet Bayerns von psychiatrisch ausgebildeten Ärzten durchgeführt, und zwar bei einer repräsentativen Stichprobe von ca. 1500 erwachsenen Bewohnern. Psychische Störungen wurden dort sowohl nach dem Merkmal der sozialen Schichtzugehörigkeit, ausgehend vom Berufsprestige der Untersuchten, wie auch nach dem Merkmal ihrer Berufsstellung ausgewertet.

3.3.1 Psychiatrische Morbidität insgesamt

Während der Anteil behandlungsbedürftiger psychischer Erkrankungen in der Gesamtbevölkerung 18,6% beträgt, stellen sich die Morbiditätsraten in den verschiedenen Sozialgruppen recht unterschiedlich dar:

Die Raten sind um so höher, je niedriger die soziale Schicht ist, und sie variieren zwischen ca. 10% (obere/mittlere Mittelschicht) und 40% (untere Unterschicht). Überprüft man als Indikator für den sozialen Status die berufliche Stellung, so zeigt sich, daß die Prävalenzrate schwerer Erkrankungen um so höher ist, je niedriger die berufliche Stellung der jeweiligen Gruppen von Selbständigen, Beamten, Angestellten und Arbeitern (a.a.O., S. 64):

3.3.2 Neurotische und psychosomatische Störungen

Von allen diagnostizierten psychischen Erkrankungen sind die neurotischen und psychosomatischen Störungen mit Abstand am weite-

Abb. 6 Häufigkeit psychischer Störungen nach beruflicher Stellung (Bayern 1975/77)

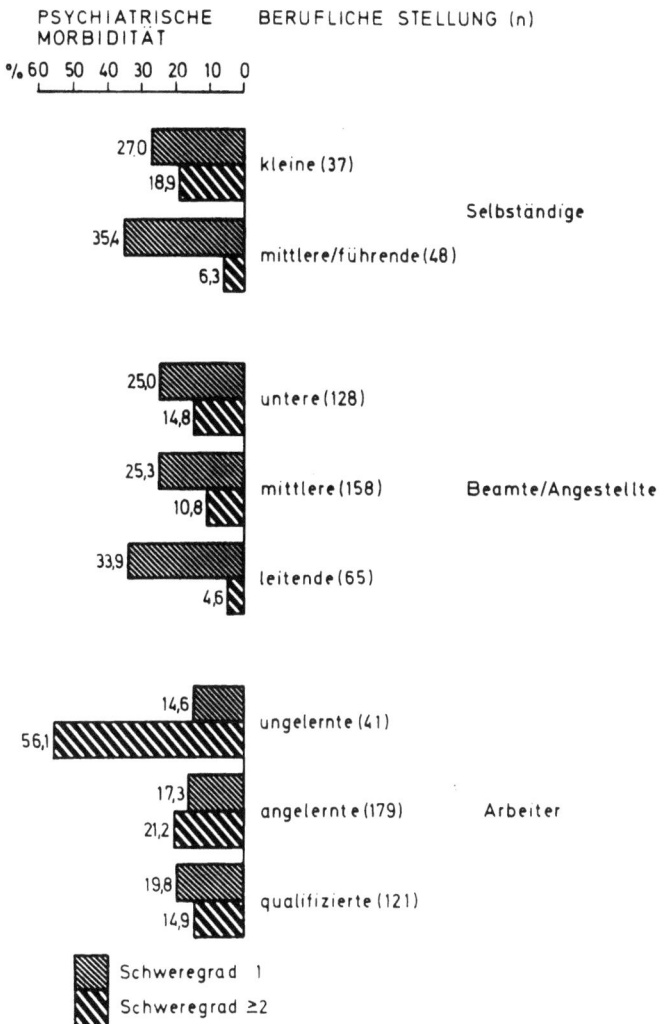

Quelle: *Dilling* u. a. 1984, S. 64.

sten verbreitet. In der Studie von Dilling u. a. beträgt ihr relativer Anteil an allen als behandlungsbedürftig klassifizierten Störungen 61%. Frauen sind doppelt so häufig betroffen wie Männer. Bezogen auf Einzeldiagnosen wurden bei Männern häufiger hypochondrische Neurosen, zwanghafte Persönlichkeitsstörungen, psychosomatische Erkrankungen des Magen-Darm-Trakts und des Herz-Kreislauf-Systems festgestellt; dagegen waren von depressiven Neurosen, Angstneurosen und hysterischen Neurosen, von nervösen Erschöpfungen und psychogenen Kopfschmerzen häufiger Frauen betroffen. Neben der auffälligen Geschlechtsverteilung war bei dieser Diagnosegruppe auch die Verteilung nach Sozialschichten bemerkenswert: Psychosomatisch Erkrankte mit dem Schweregrad von mindestens 2 waren aus den höheren sozialen Schichten überrepräsentiert. Umgekehrt waren die nicht psychosomatisch Erkrankten mit dem erwähnten Schweregrad aus den drei unteren Sozialschichten überrepräsentiert. Beide Befunde waren auf dem .01-Niveau signifikant. Die psychisch Gesunden entstammten übrigens überzufällig häufig den beiden oberen Sozialschichten, statistisch signifikant auf dem .05-Niveau (*Fichter* 1990).

3.3.3 Psychosen

Schizophrenien, affektive und andere nichtorganische Psychosen kommen relativ selten in der Bevölkerung vor; in der Studie von *Dilling* u. a. beträgt ihr Anteil an allen dort als behandlungsbedürftig klassifizierten Störungen 9%.

Der soziale Schichtgradient unterscheidet sich nicht wesentlich von dem, der für die bisher referierten Ergebnisse gefunden wurde. Allerdings kann in diesem Bereich Schichtung als ätiologisch relevanter Faktor mit großer Wahrscheinlichkeit ausgeschlossen werden. *Huber* u. a. (1979) sind der Frage der kausalen Richtung des statistischen Zusammenhangs nachgegangen und haben versucht, sie anhand von Nachuntersuchungen ehemals hospitalisierter schizophrener Personen zu beantworten. Während sich im Krankenkollektiv, gemessen am Herkunfts- und am prämorbiden Eigenstatus, keine Verteilungsauffälligkeiten erkennen ließen, erwies sich die Rate der sozialen Absteiger innerhalb der eigenen Generation als auffällig hoch,'verglichen mit der Durchschnittsbevölkerung. Demnach muß das gehäufte Auftreten schizophrener Erkrankungen in unteren Sozialschichten als Folge eines sozialen bzw. ökonomischen Ausgliederungsprozesses während des Krankheitsverlaufs verstanden werden.

3.3.4 Suchtkrankheiten

In der Studie von Dilling u. a. wurden 10% aller behandlungsbedürftigen Fälle in der Hauptdiagnose als Abhängigkeits- bzw. Suchtproblematiken klassifiziert. Die wahre Verbreitung dürfte höher liegen. Unter den Suchtkrankheiten stellt die Alkoholabhängigkeit das mit Abstand häufigste und gesundheitspolitisch wichtigste Problem dar. Verschiedene Studien belegen eine gegenüber der Durchschnittsbevölkerung deutlich verminderte Lebenserwartung von Alkoholikern. Diese Übersterblichkeit ist vor allem auf die Todesursachen Leberzirrhose, Krebserkrankungen des Magens und der Verdauungswege, Schlaganfall und Suizid zurückzuführen. Über die Verbreitung der Alkoholabhängigkeit lassen sich mangels zuverlässiger Daten und hoher Dunkelziffern keine sicheren Angaben machen. Nach Ergebnissen aus zwei bundesrepräsentativen Studien (*Feuerlein* und *Küfner* 1977, BZgA 1988) scheint sich die Alkoholkrankheit nach sozialen Schichtkriterien kurvilinear in der Bevölkerung zu verteilen. Zwei Berufs- bzw. Statusgruppen, die an jeweils einem der Enden des Schichtkontinuums anzusiedeln sind, nämlich Unternehmer, Selbständige und Freiberufler einerseits sowie an- und ungelernte Arbeiter andererseits, weisen die höchsten Anteil an Alkoholgefährdeten auf.

3.4 Schichtspezifische Verteilung körperlicher Krankheiten

Im Krankheitenspektrum der westlichen Industrieländer sind heute die chronisch-degenerativen Erkrankungen von herausragender Bedeutung, sowohl was ihre Zahl, wie auch was ihre Folgen für die Lebenserwartung betrifft. Auch für die Bundesrepublik Deutschland zeichnet sich die Tendenz deutlich ab, daß das Sterbegeschehen sich auf immer weniger Krankheiten als Todesursachen konzentriert, nämlich auf chronische Krankheiten, die zu einem wesentlichen Anteil aus dem persönlichen Lebensstil sowie aus Arbeits- und Umweltbelastungen resultieren. Paradoxerweise liegen nur zu einigen dieser Krankheiten aussagekräftige Befunde vor. Schon aus diesem Grund müßte eine Darstellung „schichtspezifische Verteilung körperlicher Krankheiten" bruchstückhaft ausfallen und würde zudem den Rahmen dieser Darstellung sprengen. Wir werden daher exemplarisch nur den am besten erforschten Bereich der Herz-Kreislauf-Krankheiten darstellen:

Herz-Kreislauf-Krankheiten und insbesondere koronare Herz-

Abb. 7 Fälle mit Herzkrankheiten nach Schichtungsindikatoren (Subjektive Angaben aus dem Nationalen Gesundheitssurvey 1984–1986)

Fälle mit Herzkrankheiten	Gesamt	Männer	Frauen
Fallzahl	400	168	232
Schulbildung			
– Volksschule, kein Abschluß	81,7 %	81,0 %	82,3 %
– Realschule, mittlere Reife	11,5 %	10,7 %	12,1 %
– Fachhochschule, Abitur	6,8 %	8,3 %	5,6 %
Fallzahl	333	156	177
Berufliche Stellung			
– Arbeiter	53,2 %	56,4 %	50,3 %
– Angestellte	36,6 %	30,8 %	41,8 %
– Beamte	6,0 %	7,0 %	5,1 %
– Selbständige	4,2 %	5,8 %	2,8 %
Fallzahl	376	162	214
Haushaltseinkommen/Monat			
– > 2000 DM	44,4 %	35,8 %	50,5 %
– 2000 bis < 4000 DM	47,9 %	50,0 %	46,7 %
– ≥ 4000 DM	7,7 %	14,2 %	2,8 %

Quelle: *Hoffmeister* u. a. 1992, S. 76.

krankheiten (Herzinfarkt, plötzlicher Herztod) sind in entwickelten Industriegesellschaften in höheren sozioökonomischen Schichten seltener anzutreffen als in unteren. Für die Verhältnisse in der Bundesrepublik Deutschland konnte *Bolm* (1981) diesen Unterschied belegen, indem er die Berufsverteilung von Herzinfarktpatienten, die ein Anschlußheilverfahren durchliefen (Rentenversicherungsdaten), mit der allgemeinen Berufsstatistik verglich.

Das Risiko, eine Herz-Kreislauf-Krankheit zu erleiden, hängt insbesondere davon ab, wieviele der bekannten spezifischen Risikofaktoren eine Person in welcher Ausprägung aufzuweisen hat. Wie stellt sich der Zusammenhang zwischen Risikofaktoren für koronare Herzkrankheiten und Sozialschicht dar? Nach den Ergebnissen der Deutschen Herz-Kreislauf-Präventionsstudie (*Hoffmeister* u. a. 1992) ergibt sich – ohne Kontrolle von weiteren Merkmalen – bei Männern für das Rauchen, das Übergewicht und die sportliche Inaktivität ein sehr enger Zusammenhang, und zwar derart, daß mit abnehmender sozialer Schicht die Risikofaktorenprävalenz deutlich zunimmt. Etwas anders stellt sich der Zusammenhang bei Frauen dar. Für das

Rauchen zeigt sich kein signifikanter Zusammenhang mit der sozialen Schicht. Die Ausprägung der übrigen Faktoren (vgl. unten) nimmt aber mit abnehmender sozialer Schicht signifikant zu. Die Prävalenz dieser Risikofaktoren liegt in der Unterschicht im Vergleich zur Oberschicht zwei- bis dreimal höher.

Analysiert man die Unterschiede nach dem odds-ratio-Verfahren näher, definiert Oberschicht als Referenzkategorie und kontrolliert für die Merkmale Lebensalter, Gemeindegröße und Großregion in der Bundesrepublik, so zeigt sich, daß die nicht unmittelbar verhaltensgebundenen Risikofaktoren, nämlich Bluthochdruck (inklusive Hypertonie) und Hypercholesterinämie, keinen eindeutigen sozialen Gradienten aufweisen. Demgegenüber ergeben sich für die mehr verhaltensgebundenen Risikofaktoren Rauchen, Übergewicht, sportliche Inaktivität durchweg signifikante Zusammenhänge mit der Schichtzugehörigkeit. Beim Rauchen ist dieser Zusammenhang besonders stark bei Männern. Das Rauchverhalten von Frauen scheint neben der Schichtzugehörigkeit noch stärker von ihrem Wohnort abzuhängen. Die Raucherprävalenz von Frauen liegt in Großstädten um nahezu das Dreifache höher als in ländlich strukturierten Gebieten mit Gemeinden bis zu 5000 Einwohnern. Für das Übergewicht ergibt sich bei Männern und Frauen ein eindeutiger sozialer Gradient. Die Prävalenz des Übergewichts ist für Frauen in der Unterschicht nahezu dreimal so hoch wie in der Oberschicht. Von allen Risikofaktoren am stärksten schichtabhängig erweist sich der Faktor sportliche Inaktivität. So lag der Anteil der inaktiven Männer und Frauen in der Unterschicht um mehr als das Dreifache höher als in der Oberschicht.

Die oben festgestellte negative Beziehung zwischen koronaren Herzkrankheiten und sozialer Schichtzugehörigkeit läßt sich aber nur zum Teil auf eine schichtspezifische Verteilung der wichtigsten körperlichen Risikofaktoren zurückführen. Für berufstätige Männer, die von diesen Krankheiten besonders zahlreich betroffen werden, konnte gezeigt werden (*Weber* 1984, *Siegrist* 1987), daß sie spezifische Belastungserfahrungen mit negativen emotionalen und auch Herz-Kreislauf-relevanten Auswirkungen häufiger machen, wenn sie den unteren Sozialschichten zuzuordnen sind. Nicht nur treten bei Angehörigen dieser sozialen Gruppen chronische Belastungserfahrungen im beruflichen Kontext mit einer erhöhten Wahrscheinlichkeit auf, sondern es können auch kompensierende Verhaltensstrategien im außerberuflichen Bereich in geringerem Ausmaß wahrgenommen werden. Dies macht Beschäftigte in unteren Statuslagen „anfälliger" für den Herzinfarkt als etwa leitende Angestellte.

Der Herzinfarkt ist ein in der Regel außerordentlich belastendes Ereignis mit erheblicher Langzeitwirkung, nicht nur auf den körperlichen Zustand, sondern auch auf das psychische Befinden und die Lebensqualität. Daß solche Langzeitwirkungen in erheblichem Maße nicht allein vom erlittenen körperlichen Schaden abhängen, sondern auch von den sozialen Lebensbedingungen der Betroffenen, konnte die Studie von *Badura* u. a. (1987) zeigen. Arbeiter, die einen Herzinfarkt überlebt haben, bewältigen dieses einschneidende Ereignis im Durchschsnitt schlechter als ebenso betroffene Angestellte, Beamte oder Selbständige. Sie sind nach Abschluß ärztlicher Maßnahmen erst später und auch seltener im Stande, ihre Berufsarbeit wieder aufzunehmen. Dieser Unterschied besteht unabhängig vom körperlichen Zustand der Herzinfarktpatienten. In der gleichen Studie wurde auch festgestellt, daß es den Wiedererwerbstätigen in allen geprüften Indikatoren des physischen und psychischen Befindens besser geht als den Frühverrenteten und Langzeitkrankgeschriebenen.

3.5 Schichtspezifische Inanspruchnahme medizinischer Versorgungsangebote

Die Inanspruchnahme medizinischer Angebote stellt einen wichtigen Aspekt des Krankheitsverhaltens dar. Allgemein scheint zu gelten: Das Hilfesuchen angesichts von Beschwerden erfolgt in höheren sozialen Schichten gezielter bei gleichzeitig bewußter Ausschöpfung der Möglichkeiten von Selbsthilfe. Aus anderen Gesundheitsversorgungssystemen wird über eine kurvilineare Beziehung zwischen sozialer Schichtzugehörigkeit und Bereitschaft zur Selbstmedikation berichtet (*Siegrist* 1988, S. 186). Dort kompensiert vermutlich die Selbsthilfe bzw. das Verbleiben im Laiensystem der unteren Sozialschichten die soziale Distanz zum Arzt.

Die bereits aus den 60er Jahren stammenden US-amerikanischen Befunde, die zeigten, daß niedriger Bildungsgrad, ungünstige soziostrukturelle Lage und soziale Marginalität mit längeren Phasen der Selbstmedikation und einer längeren Dauer des Hilfesuchens innerhalb des Laiensystems korrelieren, dürften für die Verhältnisse in Deutschland wohl kaum Gültigkeit haben, wo 99,7% der Bevölkerung im Krankheitsfall versichert sind und finanzielle und räumliche Barrieren für die Inanspruchnahme von Leistungen so gut wie nicht bestehen.

3.5.1 Vorsorgeleistungen

Mutterschaftsvorsorge-Untersuchungen werden von Frauen ohne Volks- bzw. Hauptschulabschluß etwa achtmal seltener, von Frauen mit Abitur etwa zehnmal häufiger wahrgenommen als vom Durchschnitt der Berechtigten. Die Inanspruchnahme erwies sich als unabhängig vom Alter (*Tietze* u. a. 1982).

Anhand der Daten aus dem Nationalen Gesundheitssurvey wurden die sozialen Unterschiede in der Inanspruchnahme von Maßnahmen zur Krebsfrüherkennung analysiert (*Bormann* 1993). Danach nimmt die Inanspruchnahme der Krebsfrüherkennungsuntersuchungen bei Frauen mit geringerer Schulbildung und geringerem beruflichen Status erheblich ab.

In der Analyse wurde ausgeschlossen, daß die Unterschiede bei der Inanspruchnahme durch Differenzen in der Alterszusammensetzung bedingt sind. Bei Männern sind dagegen beide bei Frauen wirksamen Einflußfaktoren nicht nachweisbar. Dabei wäre gerade die sehr geringe Inanspruchnahmequote der Männer – etwa ein Drittel

Abb. 8 Inanspruchnahme von Krebsfrüherkennungsmaßnahmen nach Schulbildung und Geschlecht (Angaben aus dem Nationalen Gesundheitssurvey 1984–1986; N = 15 736).

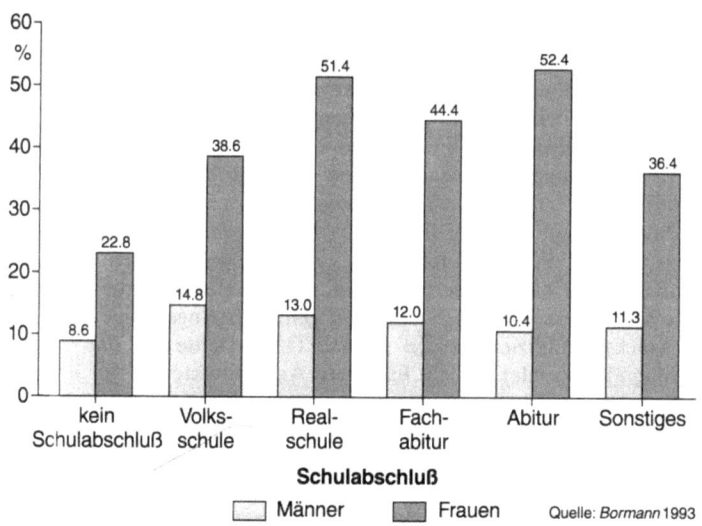

Quelle: *Bormann* 1993.

der Quote bei Frauen – erklärungsbedürftig. Hinweise auf mögliche Ursachen der geringen Vorsorgebereitschaft von Männern gibt *Kirchner* (1985), der unter Bezug auf die fraglichen Untersuchungen zeigen konnte, daß Männer im Vergleich zu Frauen jeweils häufiger von sich sagen, daß sie nicht gefährdet seien, daß sie nicht gern zum Arzt gehen, daß sie vom Nutzen dieser Untersuchungen nicht überzeugt sind und daß sie Angst vor der Untersuchung haben.

3.5.2 Ambulante Behandlung

Dank des Sachleistungsprinzips in der gesetzlichen Krankenversicherung gibt es in Deutschland (noch) keine finanziellen Barrieren für die Inanspruchnahme von Ärzten. Barrieren anderer Art mögen aber für Patienten mit psychischen Krankheiten beim Zugang zur Psychotherapie von Bedeutung sein wie etwa Sprachbarrieren oder Informationsdefizite, die möglichen Behandlungsalternativen betreffend. Nur 30% der Psychotherapie-Patienten, die in der ambulanten Versorgung behandelt werden, sind in Primärkassen versichert, obwohl der Anteil dieser Patienten an der Gesamtbevölkerung mit 59,7% doppelt so groß ist und obwohl psychische Krankheiten in den unteren Sozialschichten eher häufiger vorkommen. Dagegen machen privat versicherte Patienten und Selbstzahler, also Angehörige der oberen Sozialschichten, 30% der Patienten in Psychotherapie-Praxen aus, obwohl nur 10% der Bevölkerung privat versichert sind (*Meyer* u. a. 1991). Dieser Zusammenhang erklärt sicher nicht allein den überproportional hohen Psychopharmaka-Konsum durch Angehörige der unteren Sozialschichten (*Brenner* und *Kerek-Bodden* 1993), steht aber wohl damit in Beziehung.

Aussagen zur Häufigkeit von Arztkontakten sollten immer nach dem Geschlecht der Versicherten unterschieden werden. Danach muß auch der häufig zitierte Befund, wonach Unterschicht-Angehörige häufiger „regelmäßig" zum Arzt gehen als Angehörige der Mittelschicht, modifiziert werden. *Infratest* (1981) stellte fest, daß mit abnehmender sozialer Schicht häufigere Arztkontakte nur für Frauen nachweisbar sind. Zudem scheint es sinnvoll, nach kontaktierten ärztlichen Fachgruppen zu unterscheiden. Der Anteil von Personen mit mindestens einem Besuch pro Jahr bei einem Allgemeinarzt ist zwar bei Angehörigen der Unterschicht signifikant höher als bei Personen mit höherem Status. Bezogen auf Besuche bei Fachärzten zeigen sich aber genau umgekehrte Zusammenhänge (*Infratest* 1981).

4 Zusammenfassung und Wertung der Ergebnisse

Die von uns erwarteten Zusammenhänge, nämlich daß in den unteren Sozialschichten Gesundheitsprobleme häufiger anzutreffen sind als in den oberen, überwiegen eindeutig. Solche inversen Beziehungen („je höher der Sozialstatus, desto niedriger die Häufigkeit bzw. desto geringer der Schweregrad") weisen folgende Indikatoren auf:

- Sterblichkeit/Lebenserwartung bei Erwachsenen
- Kindersterblichkeit
- Schwangerschaftsergebnis
- Risikofaktoren für den Schwangerschaftsverlauf
- Prävalenz von Herzkrankheiten
- Rehabilitationserfolg nach Herzinfarkt
- Krankheitsbedingte Arbeitsunfähigkeitstage
- Beeinträchtigung durch den Gesundheitszustand
- Psychiatrische Morbidität (ausgenommen psychosomatische Störungen)
- Neurotische Störungen
- Zigarettenrauchen
- Körperlicher Bewegungsmangel
- Übergewicht.

Erwartete Häufigkeitsverteilungen haben empirische Studien aber nicht für alle insgesamt untersuchten Indikatoren von Gesundheit erbracht. Folgende „Ausnahmen" fallen auf:

- Alkoholkonsum: Es besteht eine kurvilineare Verteilung nach Sozialschicht.
- Psychosomatische Störungen: Erkrankte mit solchen Störungen sind häufiger den oberen Sozialschichten zuzuordnen.
- Unzureichendes Vorsorgeverhalten (Krebsfrüherkennung): Bei Männern ist solches Verhalten um so häufiger, je höher der Schulabschluß.
- Bluthochdruck: Die Unterschiede nach Sozialschicht sind nicht signifikant.
- Hypercholesterinämie: Die Unterschiede nach Sozialschicht sind nicht signifikant.

Nicht alle empirischen Befunde sprechen für sich, manche Ergebnisse bedürfen weiterer Interpretation. So werden die Daten zum Krankenstand wohl kaum die Aussage zulassen, daß gute Verdiener gesünder sind. Einkommen steht hier wohl eher für eine nicht erhobene Kovariate, etwa Arbeitszufriedenheit und Motivation.

Am Beispiel der Herzkrankheiten konnte gezeigt werden, daß nicht nur das Auftreten von Störungen, sondern auch ihr Verlauf bzw. die Bewältigung ihrer Folgen nach Sozialschicht variiert. Bei Kenntnis aller Nebenbefunde können wir bei den koronaren Herzkrankheiten von einer weitgehenden sozialen Verursachung sprechen.

Daß soziale Verursachung nicht immer unterstellt werden kann, zeigen die Befunde zum Verlauf schizophrener Erkrankungen. Hier haben wir es mit Selektions-, und nicht mit Verursachungsprozessen zu tun.

Gesundheitspolitisch bedeutsam sind die Befunde zum Inanspruchnahmeverhalten: Obwohl die deutsche gesetzliche Krankenversicherung eine Pflichtversicherung ist und gleiche Leistungen für alle unabhängig von der wirtschaftlichen Leistungsfähigkeit des einzelnen gewährt, gibt es einzelne Bereiche, in denen diese Chancengleichheit nicht realisiert werden kann. Die Daten zur Anzahl von Psychotherapie-Patienten und zur Teilnahme an Krebsfrüherkennungsuntersuchungen weisen in diese Richtung.

Unter methodischen Gesichtspunkten muß darauf hingewiesen werden, daß die dargelegten Ergebnisse zur Schichtabhängigkeit gelegentlich an Bedeutung verlieren, sofern man die Perspektive erweitert und sie mit Ergebnissen zu weiteren Kovariaten vergleicht.

Insgesamt konnte gezeigt werden, daß sich Angehörige der oberen Sozialschichten gesundheitsförderlicher verhalten als solche aus den unteren. Im Ergebnis ist nicht nur die Lebenserwartung der oberen Schichten höher, sondern auch die Lebensqualität der damit gewonnenen Jahre. Als Bestimmungsfaktoren für die unterschiedlichen Gesundheitsniveaus in Gruppen unserer Bevölkerung kommt dem Gesundheits- und Krankheitsverhalten sowie dem Lebensstil höchste Bedeutung zu. Daß Verhaltensfaktoren von materiellen Lebensbedingungen im weitesten Sinn geprägt werden, muß an dieser Stelle nicht eigens begründet werden. Diese Zusammenhänge lassen erwarten, daß aufklärerischen bzw. gesundheitserzieherischen Maßnahmen nur ein begrenzter Erfolg beschieden sein wird, solange die Lebensbedingungen der jeweiligen Zielgruppen in gesundheitsplanerische Überlegungen nicht einbezogen werden.

Literatur

Badura, B., Kaufhold, G., Lehmann, H., Pfaff, H., Schott, T., Waltz, M.: Leben mit dem Herzinfarkt. Berlin – Heidelberg 1987.
Behnken, R., Deimer, K., Netzler, A., Pfaff, M.: Ausgewogene Absicherung von Gesundheitsrisiken. In: WIdO a.a.O., 13–176.
Bolm, U.: Koronare Risikoberufe. Ergebnisse einer bundesweiten Fall-Kontroll-Studie auf der Basis von Sozialversicherungsdaten. Marburg (Diss.) 1981.
Bormann, C.: Soziale Unterschiede in der Inanspruchnahme von Maßnahmen zur Krebsfrüherkennung in der Bundesrepublik Deutschland (alte Bundesländer). Zeitschrift für Gesundheitswissenschaften, 1 (1993) 4, 353–363.
Brenner, G., Kerek-Bodden, H. E.: Die schichtenspezifische Inanspruchnahme von Medikamenten. In: Ortwein, I. (Hg.): Mensch und Medikament. München 1993, S. 94–130.
Bundesminister für Arbeit und Sozialordnung (Hg.): Schichtenspezifische Versorgungsprobleme im Gesundheitswesen. Forschungsbericht Reihe Gesundheitsforschung Nr. 55, Bonn 1981.
Bundeszentrale für gesundheitliche Aufklärung (Hg.): Aktionsgrundlagen 1987. Ergebnisse einer Repräsentativbefragung der Bevölkerung in der BRD. Köln (Selbstverlag) 1988.
Dilling, H.; Weyerer, S., Castell, R.: Psychische Erkrankungen in der Bevölkerung. Stuttgart 1984.
Elkeles, Th., Frank, M., Korporal, J.: Erwerbstätigkeit und Nichterwerbstätigkeit von Frauen und Schwangerschaftsergebnisse. Öff. Gesundh.-Wes. 51 (1989), 269–277.
Enquete-Kommission: Strukturreform der gesetzlichen Krankenversicherung (Zwischenbericht). Bundestags-Drucksache 11/3267. Bonn 1988.
Feuerlein, W., Küfner, H.: Alkoholkonsum. Alkoholmißbrauch und subjektives Befinden. Ergebnisse einer Repräsentativerhebung. Arch. Psychiat. Nervenkr. 224 (1977), 89–95.
Fichter, M. M.: Verlauf psychischer Erkrankungen in der Bevölkerung. Berlin – Heidelberg – New York 1990.
Geißler, R.: Schichten in der postindustriellen Gesellschaft. In: *Berger, S. A., Hradil, S.* (Hg.): Soziale Welt, Sonderband 7: Lebenslagen, Lebensläufe, Lebensstile. Göttingen 1990.
Georg, A., Stuppardt, R., Zoike, E.: Krankheit und arbeitsbedingte Belastung. Hrsg. vom Bundesverband der Betriebskrankenkassen. Essen 1982.
Giegel, H., Frank, G., Billerbeck, U.: Industriearbeit und Selbstbehauptung. Opladen 1988.
Häfner, H. (Hg.): Psychiatrische Epidemiologie. Geschichte, Einführung und ausgewählte Forschungsergebnisse. Berlin – Heidelberg – New York 1978.
Hoffmeister, H., Hüttner, H., Stolzenberg, H., Lopez, H. Winkler, J.: Sozialer Status und Gesundheit. Bga-Schriften: 92,2. München 1992.

Hoffmeister, H.: Möglichkeiten und Grenzen epidemiologischer Forschung zur Analyse von Unterschieden in der gesundheitlichen Versorgung. In: Bundesminister für Arbeit und Sozialordnung a.a.O., 245–259.

Hradil, S.: Sozialstrukturanalyse in einer fortgeschrittenen Gesellschaft. Opladen 1987, S. 127–137 und S. 169–171.

Huber, G.; Gross, G., Schüttler, R.: Schizophrenie. Verlaufs- und sozialpsychiatrische Langzeituntersuchungen an den 1945 bis 1959 in Bonn hospitalisierten schizophrenen Kranken. Monographien aus der Psychiatrie Bd. 21. Berlin – Heidelberg – New York 1979.

Infratest (Hg.): Der Einfluß von Sozialfaktoren auf das Gesundheitsverhalten der Bevölkerung. München 1981.

Keil, U., Backsmann, E.: Soziale Faktoren und Mortalität in einer Großstadt der Bundesrepublik Deutschland. Arbeitsmedizin 10 (1975), 4–9.

Kessler, R. C., Cleary, P. D.: Social class and psychological distress. American Sociological Review 45 (1980), 463–478.

Kirchner, W.: Krebsfrüherkennungsuntersuchungen in der Bundesrepublik Deutschland. Gründe der Nichtinanspruchnahme und Möglichkeiten zur Erhöhung der Beteiligung. Köln 1985, S. 131.

Klein, T.: Soziale Position und Lebenserwartung. Zeitschrift für Gerontologie 26 (1993), 313–320.

Kollmeier, H. u. a.: Gibt es einen berufsspezifischen Krankenstand? Zbl. Arbeitsmed. (1980), 114–119.

Lang, S., Müller-Andretzky, M.: Gesundheit und soziale Integration. In: *Glatzer, W., Zapf, W.* (Hg.): Lebensqualität in der Bundesrepublik. Objektive Lebensbedingungen und subjektives Wohlbefinden. Frankfurt 1984.

Lazarus, R. S., Folkman, S.: Stress, Appraisal, and Coping. New York 1984.

Meyer, A.-E., Richter, R., Grawe, K., Graf v. d. Schulenburg, J.-M., Schulte, B.: Forschungsgutachten zu Fragen eines Psychotherapeutengesetzes. Universitäts-Krankenhaus Hamburg-Eppendorf 1991.

Moschel, G., Häberle, H.: Selbstmord und seine sozialräumlichen Bedingungen in Mannheim. In: Häfner a.a.O., 59–80.

Neumann, G., Liedermann, A.: Mortalität und Sozialschicht. Bundesgesundheitsblatt 24/11 (1981), 173–181.

Perinatalstudie Niedersachsen und Bremen: Soziale Lage, medizinische Versorgung, Schwangerschaftsverlauf und perinatale Mortalität, hrsg. von *J. J. Rohde,* München – Wien – Baltimore 1983.

Schwartz, F. W.: Medizinische Versorgung versus Ernährung – Erklärungskonzepte für die historische Zunahme der Lebenserwartung. Medizin, Mensch, Gesellschaft 9 (1984), 160–169.

Siegrist, J.: Berufliche Belastungen und Herz-Kreislauf-Risiko. Neue Erkenntnisse und ihre praktische Bedeutung. Gewerkschaftliche Monatshefte 11 (1987), 658–668.

Siegrist, J.: Medizinische Soziologie. 4. Auflage. München – Wien – Baltimore 1988.

Steinkamp, G.: Soziale Ungleichheit, Erkrankungsrisiko und Lebenserwartung: Kritik der sozialepidemiologischen Ungleichheitsforschung. Soz. Präventivmed. 38 (1993), 111–122.

Stephan, G.: Fehlzeiten: Eine theoretische und empirische Untersuchung mit Individualdaten. Mitt. aus der Arbeitsmarkt- und Berufsforschung 3 (1991), 583 ff.
Thiele, W.: Schichtenspezifische Inanspruchnahme medizinischer Leistungen in der Bundesrepublik Deutschland. Ein Literaturüberblick. In: Bundesminister für Arbeit und Sozialordnung a.a.O., 133–171.
Tietze, K. W., Bartholomeyczik, E., Bartholomeyczik, S., Jaedicke, P., Jaensch, U., Troll, H.: Epidemiologische und sozialmedizinische Aspekte der Schwangerschaft. Eine Untersuchung zu den sozialen und regionalen Bedingungen von Schwangerenvorsorge. Der Bundesminister für Arbeit und Sozialordnung. Gesundheitsforschung Bd. 70. Bonn 1982.
Weber, I.: Berufstätigkeit, Belastungserfahrung und koronares Risiko. Ein Beitrag zum Krankheitsverständnis aus medizinsoziologischer Sicht. München 1984.
Wilken, M.: Soziale Situation vor und während der Schwangerschaft. In: Perinatalstudie... a.a.O., 70–92.
Wissenschaftliches Institut der Ortskrankenkassen (WIdO) (Hg.): Ausgewogene Absicherung von Gesundheitsrisiken. Schriftenreihe des WIdO Band 7. Bonn 1984

Soziale Schichtung im Alter

Irene Woll-Schumacher

Die Beziehungen von sozialer Schichtung und Alter sind komplex. Zum einen begründet die gesellschaftliche Strukturierung des individuellen Alternsprozesses eine Altersschichtung, durch die erstrebenswerte soziale Güter auf einzelne Altersgruppen ungleich verteilt werden. In diesem Sinne partizipieren ältere Menschen verglichen mit Erwachsenen im mittleren Alter in geringerem Maß an den ökonomischen und kulturellen Ressourcen ihrer Gesellschaft. Zum anderen überlagert die soziale Schichtung – insbesondere die zentralen Schichtdeterminanten Beruf und Bildung – diese Altersschichtung. Hierdurch wird der Alternsprozeß tiefgreifend beeinflußt. Vor allem variieren die materiellen und immateriellen Möglichkeiten, auftretenden Altersproblemen zu begegnen, entsprechend der sozialen Schichtzugehörigkeit. So kann dieselbe Position in der Altersschichtung recht heterogene Lebenslagen anzeigen. Altern – in vieler Hinsicht zwar biologisches Schicksal – wird deshalb mit gleichem Recht auch als soziales Schicksal bezeichnet.

Im folgenden soll das Alter in seiner wechselseitigen Beziehung zu diesen Dimensionen sozialer Schichtung behandelt werden. Gefragt wird

– wie das Alter den Sozialstatus beeinflußt, d. h. in welcher Weise die gesellschaftliche Altersschichtung die Lebenslage alter Menschen verändert,
– wie der Sozialstatus das Alter beeinflußt, d. h. in welchem Ausmaß die soziale Schichtzugehörigkeit die Situation im Alter prägt.

Im Schwerpunkt gilt die Darstellung der zweiten Frage, inwieweit sich alte Menschen aufgrund ihres sozio-ökonomischen Status in ihren Lebensweisen und Lebenschancen voneinander unterscheiden. Zu diesem Zweck werden verschiedene Teilaspekte der sozialen Schichtung als interdependente Schichtungsdimensionen analytisch getrennt behandelt

– Beruf, Einkommen und Vermögen
– Bildung und Ausbildung
– Soziale Kontakte und Lebensqualität
– Sozialer Einfluß und Prestige

1 Beeinflußt das Alter den Sozialstatus?

Die Altersschichtung ist eine wesentliche Grundlage für die soziale Integration von Individuen (*Riley* et al. 1972; *Kohli* und *Meyer* 1986; *Riley* 1987, *Kertzer* 1989). Die Individuen bewegen sich durch eine Folge von Altersphasen, die den Rahmen für zentrale gesellschaftliche Rollenerwartungen abgeben. Bei seiner Mobilität durch die Altersschichtung wird der einzelne mit diesen Rollen konfrontiert und gedrängt, sein Leben entsprechend den gesellschaftlichen Erwartungen zu organisieren (*Woll-Schumacher* 1980). Die allgemeinste Untergliederung der Altersschichtung ist die Dreiteilung in die Vorbereitungsphase der Kinder und Jugendlichen, die Aktivitätsphase der Erwachsenen und die Ruhephase der Alten. Da letztere ihre eindeutige soziale Überformung erst mit der Verbreitung außerhäuslicher Erwerbsarbeit erlangte (*Kohli* 1985, 1986), darf behauptet werden, daß in modernen Gesellschaften das Alter vor allem durch „Ruhe" bei erwerbsbezogenen Rollen konstituiert wird. Das Erwerbssystem wiederum stellt die wichtigsten Indikatoren für die soziale Schichteinteilung. Mit ihm hängen die zentralen Schichtkriterien beruflicher Status, Ausbildung, soziale Beziehungen, Einfluß und Sozialprestige zusammen. Es gilt deshalb zu prüfen, ob sich Alterseinflüsse auf diese sozialen Schichtvariablen aufzeigen lassen (*Streib* 1985, *Kohli* 1990).

Untersucht man beruflichen Status und finanzielle Lage als schichtungsrelevante Größen, so läßt sich feststellen, daß der Ruhestand und die damit zusammenhängende Einkommensminderung die Schichtzugehörigkeit alter Menschen nicht grundsätzlich beeinflußt. Rentner und Pensionäre behalten ihr Berufsprestige bei, auch wenn sie ihre Tätigkeit nicht länger ausüben. Es findet eine allgemeine Überlagerung der ehemaligen Berufstätigkeit ins Alter statt, so daß die soziale Schichtzugehörigkeit eine gewisse Stabilität über die Lebensphasen hinweg behält. Allerdings läßt sich dieser Überlagerungseffekt ungebrochen nur bei Angehörigen gehobener Statusgruppen, speziell den Akademikern, aufzeigen. Je eher Arbeitnehmer die mittlere Klassenposition mit entsprechendem Einkommen erreichten, weil sie sich im Lauf ihres Berufslebens hohen physischen oder psychischen Belastungen unterwarfen, um so eher müssen sie im Alter gewisse Status- und Einkommeneinbußen hinnehmen. Zählen sie sogar zur Gruppe der älteren Arbeitnehmer mit besonderen Beschäftigungsschwierigkeiten, weil bei ihnen am Arbeitsplatz irreversible Verschleißerscheinungen oder am Arbeitsmarkt langdauernde Vermittlungsprobleme auftreten, führt dies unweigerlich zu beruflicher Degradierung, was dann im Ruhestand seinen zugespitzten Ausdruck in einem sozialen Abstieg findet.

Ähnlich verhält es sich mit der Schul- und Berufsausbildung als Schichtvariablen. Bildung, Ausbildung und die davon abhängigen Attribute können einem Menschen auch im Alter nicht genommen werden. Doch erhielten die heute alten Menschen in der Regel eine weitaus schlechtere Schul- und Berufsausbildung als sie junge Leute gegenwärtig erfahren. Solche Kohorten- oder Generationseffekte führen dazu, daß eine sehr große Gruppe alter Menschen im Vergleich zu jüngeren bemerkenswerte Bildungsdefizite aufweist.

Zudem haben sich viele Ältere ein Wissen angeeignet, das im Lauf ihres Lebens in einer sich wandelnden Gesellschaft unbrauchbar wurde. Insbesondere im Beruf laufen sie Gefahr, daß ihre Qualifikationen veraltet und dadurch entwertet sind, weil ihr Ausbildungsstand den sich verändernden technologischen Bedingungen nicht mehr genügt. Da man zudem in den Betrieben unter dem Gesichtspunkt einer längeren beruflichen Wirkungsdauer eher jüngere Mitarbeiter zu Weiterbildungsmaßnahmen heranzieht (*Wolf* und *Kohli* 1988, 196), werden diese Qualifikationsdefizite noch verstärkt. Am Ende kann deshalb die mangelhafte oder überholte Berufsausbildung alter Menschen zu beruflicher Diskriminierung führen und einen sozialen Abstieg einleiten, der durch das in den 70er Jahren geschaffene sozial- und arbeitsmarktpolitische Instrument der Frühverrentung in West- und Ostdeutschland nur teilweise überdeckt wird

Tabelle 1 Allgemeinbildung und Berufsausbildung ausgewählter Geburtsjahrgänge

Geburts-jahrgang	Männer			Frauen		
	10 Jahre Schule	Abitur	betriebliche Ausbildung	10 Jahre Schule	Abitur	betriebliche Ausbildung
1910	13	8	64	17	5	32
1920	15	8	67	15	3	32
1930	11	6	69	13	3	28
1940	14	8	74	16	6	50
1950	19	18	71	18	15	52
1960	22	18	59	29	22	49
1970*	24	24	57	35	24	60

* = teilweise geschätzt
Quelle: *Mayer* 1992, 530.

(*Bäcker* und *Naegele* 1993a, *Dallinger* und *Naegele* 1993, *Michel* et al. 1993).

Mit der Pensionierung und dem Auszug der Kinder aus dem elterlichen Haushalt sinkt in der Regel das soziale Kontaktniveau alter Menschen. Dieser Vorgang besitzt freilich nur dann eine schichtrelevante Dimension, wenn er die Lebensweise der Betroffenen überproportional einengt. Meistens zeigt diese jedoch eine bemerkenswerte Kontinuität und Dauerhaftigkeit, insbesondere wenn der alte Mensch seine Wohngegend nicht wechselt, auch die alten Freunde oder Hobbies beibehält. Dem Grund nach gehen selbst Mitgliedschaften nicht verloren, die der alte Mensch mangels Gesundheit, Interesse oder finanzieller Möglichkeiten nur noch eingeschränkt wahrnehmen kann. Sobald jedoch die quantitative Minderung des Kontaktniveaus in eine qualitative umschlägt, verlorene Beziehungen und Zugehörigkeiten nicht durch neue auszugleichen sind, wird die sozio-psychische Grundlage des Alltagslebens merklich beeinträchtigt. Isolation und Einsamkeit, zumindest aber eine schwerwiegende Reduktion an Lebensqualität ist für solche älteren Menschen die Folge, so daß in dieser Hinsicht das Alter auch die Schichtdimension der allgemeinen Lebensgestaltung negativ beeinflussen kann.

Schließlich tangiert das Alter die Schichtvariable des sozialen Einflusses, engt diesen schon wegen der weitgehenden Ausgrenzung älterer Menschen aus Beziehungsnetzen ein, die mit gesellschaftlich relevanten Machtpositionen ausgestattet sind. Zumeist charakterisiert deshalb eine gewisse Einflußlosigkeit die Situation im Alter. Im theoretischen Diskurs werden zwar bei der älteren Bevölkerung nicht genutzte Potentiale sozialer und politischer Macht vermutet, empirisch läßt sich jedoch nur eine mangelhafte Vertretung der Interessen Älterer durch etablierte politische Einrichtungen wie Parteien, Gewerkschaften, Kammern und Verbände konstatieren (*Tews* 1987, 161f.; *Amann* 1993, 111f.). Selbst das soziale Ansehen unterliegt merklichen, wenn auch wenig eindeutigen Einbußen. Berücksichtigt man, daß in modernen Gesellschaften Arbeitsproduktivität zu den wichtigsten Bewertungskriterien eines Menschen zählt und Abhängigkeit von Sozialtransfers zu einer grundsätzlich negativen Einstufung führt, so ergibt sich schon daraus ein Prestigeverlust. Daran ändert auch die Tatsache nichts, daß das materielle Lebensniveau der Älteren in den letzten 20 Jahren stetig angestiegen ist und alte Menschen als Erblasser vermehrt ins Blickfeld der deutschen Öffentlichkeit geraten. Die Zahl von fast 2 Billionen Mark, die sie in Form von Geld, Grundvermögen und Lebensversicherungen in den nächsten 10 Jahren schätzungsweise hinterlassen werden, ist zu abstrakt, als daß sie die Wertschätzung alter Menschen in ihrer Gesamtheit beeinflussen könnte.

Zudem assoziiert man fortschreitendes Alter – erst recht Hochaltrigkeit – eher mit negativen Attributen. Zwar lassen sich mit einer wachsenden Minderheit von finanziell gut abgesicherten und relativ gesunden „jungen" oder „neuen" Alten (*Karl* und *Tokarski* 1989) Hoffnungen von später Freiheit und Erlebnismöglichkeit (*Rosenmayr* 1983, 1988) oder innovativen Lebensentwürfen (*Schachtner* 1988) verbinden. Solche positive Alterskennzeichnung wird jedoch nicht auf die wachsende Zahl der über 75jährigen angewendet. Bei diesen treten die eher negativen Attribute des Alters wie Isolation, schwindende Attraktivität, physische und psychische Defizite, Abhängigkeit von materieller und immaterieller Hilfe in den Vordergrund der gesellschaftlichen Wahrnehmung. Vor allem werden diese – nach verbreiteter Auffassung „wirklich" Alten – mit der Tatsache in Verbindung gebracht, daß sich das Leben selbst zu Ende neigt. In einem grundlegenden Sinn ist das auch der zentrale Grund, warum alte Menschen an Prestige verlieren, obgleich sie individuell viele positive schichtrelevante Eigenschaften und Merkmale besitzen mögen. Die unausweichliche Tatsache des Todes bewirkt, daß alle anderen Aspekte der sozialen Schichtklassifikation geringer gewichtet werden. Sobald mit dem Ende des Lebens zu rechnen ist, scheint der soziale Wert eines Menschen zu schwinden.

2 Beeinflußt die soziale Schichtzugehörigkeit das Alter?

Das Element sozialer Ungleichheit, das durch die gesellschaftliche Altersschichtung bedingt ist, betrifft tendenziell die Lebenslage der gesamten älteren Generation. Der Prozeß des Alterns nimmt jedoch qualitativ unterschiedliche Formen an, je nach der schichttypischen Berufs-, Einkommens- und Vermögenssituation, der schulischen und beruflichen Qualifikation, der schichtspezifischen Kontakte und Zugehörigkeiten und schließlich des davon abhängigen sozialen Einflusses und Prestiges. Aus diesem Grund bestehen in der Altenbevölkerung erhebliche Unterschiede in den typischen Anforderungen und Problemlagen, die mit der Altersschichtung strukturell verbunden sind. Vor allem die allgemeine Lebensqualität variiert in ihren materiellen wie immateriellen Aspekten, wobei insbesondere die häufig diskutierte defizitäre Lebenslage im Alter schichtspezifische Züge aufweist (*Dieck* 1987; *Dieck* und *Naegele* 1989; *Kortmann* 1992).

Beruf, Einkommen und Vermögen

Altersprobleme im Beruf sind schichtspezifische Probleme. Lange Zeit waren es die Arbeiter, in zunehmendem Maß sind es auch wenig qualifizierte Angestellte des Dienstleistungssektors, die mit fortschreitendem Alter von beruflicher Diskriminierung und Statusreduktion betroffen werden. Bei älteren Arbeitern wurzeln Gründe hierfür vor allem in der Diskrepanz zwischen abnehmender Leistungsfähigkeit und Arbeitsanforderungen, die häufig am Qualifikationsniveau und Leistungsvermögen jüngerer Arbeitnehmer ausgerichtet sind. Dadurch laufen sie Gefahr – gegenüber jüngeren Arbeitern nicht genügend konkurrenzfähig – auf weniger qualifizierte und schlechter bezahlte Arbeitsplätze umgesetzt zu werden. Da Arbeiter vielfach auch Tätigkeiten in gesundheitsgefährdender Arbeitsumgebung ausüben, weisen sie im Alter nicht selten merkliche Beeinträchtigungen in ihrer physischen und psychischen Konstitution auf. Bei den wenig qualifizierten Angestellten wiederum wirkt sich vor allem eine geringe Einsatzfähigkeit, auch eine schichttypisch mangelnde Bereitschaft zu Umstellung und Anpassung an neue Arbeitsanforderungen negativ aus. Sie sind innerbetrieblich wie arbeitsmarktpolitisch immobil, so daß es ihnen unter Bedingungen eines schnellen technischen und organisatorischen Wandels selten gelingt, ihre bestehenden Arbeitsplätze ohne Statusverluste zu behalten oder als ältere Arbeitsuchende einen neuen eignungsgerechten Arbeitsplatz zu bekommen (*Bäcker* 1990; *Bäcker* und *Naegele* 1993a, b; *Naegele* 1992).

Für beide Arbeitnehmergruppen existieren zudem kaum Arbeitsplätze, die abnehmendem Leistungsvermögen im Alter durch geringere Belastung und geringere Qualifikationsanforderung Rechnung tragen. Veränderte Arbeitsplatzgestaltung im Sinne einer Humanisierung der Arbeitswelt scheitert vielfach an Qualifikationsproblemen dieser Arbeitnehmer, worunter auch extrafunktionale Anforderungen wie Eigeninitiative und Flexibilität zu verstehen sind. Die Folge ist, daß Arbeiter und gering qualifizierte Angestellte bei altersbedingten Umsetzungen in der Regel merklich Status- und – sofern keine Bestandsschutzregelungen greifen – auch Einkommenseinbußen hinnehmen müssen. Sie bilden die Personengruppe, die gezielt zum Zwecke der Arbeitsmarktentlastung frühverrentet oder als arbeitslos aus dem Erwerbsleben gedrängt wird (*Naegele* 1988). 1989 erfolgte jeder 4. Rentenzugang aufgrund gesundheitlicher Verschleißerscheinung und der Anteil der über 50jährigen an allen Arbeitslosen lag im gleichen Jahr bei knapp 25% (*Statistisches Bundesamt* 1991, 73, 93).

Altersgerechte Tätigkeiten hingegen, die keiner Status- und Einkommensminderung unterliegen, wie unterweisen, anlernen und unterrichten, kontrollieren, planen, beraten und disponieren, erfordern in der Regel höhere Qualifikation und gehören dehalb meist zum Aufgabenspektrum von Mittelschichtangehörigen. Bei diesen ist es auch seltener, daß sie als ältere Arbeitnehmer beruflichen Dequalifikationsprozessen mit entsprechenden Einkommensverlusten ausgesetzt sind. Im Gegenteil, ältere Männer, die über das 60., insbesondere über das 65. Lebensjahr hinaus einen Beruf ausüben, sind zu einem bedeutenden Teil als Selbständige – seltener als Angestellte – in den höheren und höchsten Einkommensklassen zu finden (*Statistisches Bundesamt* 1991, 103). Lediglich Beamte machen hier eine Ausnahme. Sie scheiden fast wie die Arbeiter – wenn auch aus anderen Gründen – besonders frühzeitig aus dem Erwerbsleben aus (*Statistisches Bundesamt* 1991, 90f.). In der ehemaligen DDR wiederum war Rentnererwerbstätigkeit in beachtlichem Ausmaß verbreitet. Das Einkommen aus Erwerbstätigkeit konnte dort höher als die Rente sein, ohne daß diese in Abhängigkeit vom Erwerbseinkommen gekürzt wurde. Durch das Mißverhältnis zwischen Arbeitsplatzangebot und -nachfrage nach der Wende verschwanden die Möglichkeiten, auch im Alter durch berufliche Arbeitsleistungen Einkommen zu erzielen. Die älteren Belegschaften wurden im Osten zur Bewältigung des ökonomischen Strukturwandels gezielt abgebaut und auch an der Weiterbeschäftigung qualifizierter „Leistungsträger" der ehemaligen Staatsbetriebe haben die nun privatisierten Firmen kein Interesse.

Ein gutes bis ausreichendes Einkommen während der aktiven Erwerbstätigkeit ist in Deutschland ausschlaggebend für eine zufriedenstellende Einkommenssituation im Ruhestand. Circa 90% der Bevölkerung sind in der alten Bundesrepublik durch das Leistungssystem der gesetzlichen Rentenversicherung abgesichert (*Hauser* und *Wagner* 1992, 588). Das allgemeine Ziel dieses Versicherungstyps ist es, im Alter einen am durchschnittlichen Lebenseinkommen orientierten Rentenstandard zu erreichen (Böhm 1992, 156ff.). Dadurch werden schichtspezifische Einkommensdifferenzen ins Alter fortgeschrieben. Das Rentenniveau ist freilich auch von der Zahl der Versicherungsjahre abhängig, wobei man bei der Berechnung von Erwerbstätigen ausgeht, die ein stetiges Einkommen während 45 Versicherungsjahren bezogen haben. Dies ist jedoch im Westen bei vielen Arbeitnehmern – insbesondere bei Frauen mit diskontinuierlichen oder vergleichsweise kurzen Erwerbsverläufen – nicht der Fall. Im Osten wiederum benachteiligt das mit der Sozialunion auch auf die ehemalige DDR übertragene Prinzip der linearen Beziehung zwischen der Höhe des lebenslangen Aktiveinkommens und der Zahl der Versicherungsjahre alle die Rentner, die an steigenden Löhnen nicht mehr teilnehmen können, also insbesondere die Altrentner und frühverenteten Arbeitslosen. Zwar ist durch die im Einigungsvertrag festgelegte Rentenanpassung das Ruhestandseinkommen für die Mehrheit der älteren Menschen in den neuen Bundesländern nominal deutlich gestiegen. Doch da auch die Subventionen für Waren und Dienstleistungen weggefallen sind, fällt die Steigerung real wesentlich geringer aus. Im Ergebnis entspricht das gegenwärtige Durchschnittseinkommen der ostdeutschen Rentenhaushalte in etwa dem der entsprechenden westdeutschen Haushalte im Jahr 1974 (*Dieck* 1992; *Schwitzer* 1992; 1993; *Michel* et al. 1993; *Dallinger* und *Naegele* 1993).

Zu den gesetzlich festgesetzten Rentenansprüchen können noch zusätzliche Einkommen, insbesondere aus Sicherungssystemen der Betriebe, kommen. Betriebsrenten sind freilich nur für das Renteneinkommen von Arbeitnehmern bedeutsam, die lange Zeit in großen Firmen gearbeitet haben oder die bei Firmenwechsel eine starke Verhandlungsposition innehatten, so daß der neue Betrieb früher erworbene Pensions- oder Rentenzahlungen übernahm. Ungefähr 15% der Männer und 4% der Frauen kamen in den achziger Jahren in den Genuß einer solchen betrieblichen Altersversorgung (*Stadié* 1987, 67). Aus historisch unterschiedlichen Zielsetzungen wiederum ist die Einkommenssicherung für Beamte im Ruhestand traditionell besser als die der Mitglieder der gesetzlichen Rentenversicherung. Beamte erhielten bis einschließlich 1991 eine Pension in Höhe von 75% ihres letzten Bruttoeinommens nach nur 35 Versicherungsjahren. Ab Januar 1992 erreichen sie zwar – durch Übergangsregelungen abgefedert – dieses Pensionsniveau erst nach 40 Versicherungsjahren, müssen von diesen Pensionen auch weiterhin Steuern zahlen und Beiträge zur Krankenversicherung leisten. Gleichwohl liegt das Haushaltseinkommen von pensionierten Beamten durchschnittlich um fast ein Viertel höher als das von Rentnern (*Statistisches Bundesamt* 1991, 98). Dieses Sicherungsziel ist im Lauf der Zeit Vorbild für die Arbeitnehmer des öffentlichen Diensts geworden. Neben den Renten aus der gesetzlichen Rentenversicherung erhalten sie deshalb eine Zusatzversorgung der öffentlichen Hand, die ihnen eine Gesamtsicherung im Alter gewährt, die in etwa das (Netto-)Niveau der Beamtenversorgung erreicht (*Böhm* 1992).

Da alle Renten- oder Pensionssysteme in Deutschland die ökonomischen Ungleichheiten aus der Phase der Aktiveinkommenserzielung in den Ruhestand fortsetzen, sind – insbesondere im Westen – zufriedenstellend oder bedarfsadäquat die Mehrheit der „größeren" Selbständigen, die Beamten, die meisten Angehörigen des öffentlichen Diensts, große Teile der Angestellten sowie – auf einem geringeren Niveau – die meisten Arbeiter im Alter versorgt. Zu der Gruppe der schlecht Ausgestatteten oder Unterversorgten gehören dagegen die Mehrzahl der ehemals „kleineren" selbständig Gewerbetreibenden sowie relevante Teile der gering qualifizierten Angestellten und Arbeiter (*Bäcker* et al. 1989). Allerdings muß betont werden, daß die Ursachen für materielle Schwierigkeiten im Alter nicht allein in einem lebensgeschichtlich niedrigen Einkommen, sondern auch in einer unvollständigen Einkommenskarriere liegen. Von Armut im Alter sind deshalb typischerweise nicht die alten Lohnarbeiter betroffen, die Zeit ihres Lebens Versicherungsansprüche aufbauten, sondern die Menschen, die kaum die Möglichkeit hatten, Leistungen im Sinne der Rentengesetzgebung zu erbringen. Behinderte, langfristig Arbeitslose, mithelfende Familienangehörige oder überwiegend in ungeschützten Arbeitsverhältnissen Erwerbstätige, können in der Regel nur geringe anrechnungsfähige Versicherungszeiten aufweisen.

Vor allem sind die Versichertenrenten alter Frauen im Durchschnitt bemerkenswert gering. Sie belaufen sich im alten Bundesgebiet auf etwa 40% der entsprechenden Renten von Männern (*Statistisches Bundesamt* 1991, 114f.). Dies ist eine Folge der speziellen Erwerbsverläufe von Frauen und des niedrigen Lohnniveaus, das weibliche Arbeitnehmer aufgrund ihrer mangelhaften Berufsqualifikation und vielfach herabgesetzten individuellen Bemessungsgrundlagen bisher erreichten. Erst wenn die besser ausgebildeten, qualifizierter und meist länger erwerbstätigen Kohorten der Nachkriegszeit ins Rentenalter kommen, dürfte sich dieser Sachverhalt ändern. Im Westen waren die heute alten Frauen eher unregelmäßig und oft nur vor der Ehe berufstätig. Leistungen aber, die nicht auf dem Arbeitsmarkt erbracht wurden, wie Engagement in der Familie, der Kinderbetreuung, Altenpflege führen zu keinen oder sehr geringen Versorgungsansprüchen (*Rolf* und *Wagner* 1992). Im Osten sind wegen der weitaus längeren Frauenerwerbstätigkeit die Rentenvoraussetzungen relativ günstiger, doch auch hier belaufen sich die Altersrenten von Frauen auf nur knapp 70% der Altersrenten von Männern (*Statistisches Bundesamt* 1991, 117).

Die tatsächliche finanzielle Situation alter Frauen im Westen wird häufig durch die Witwenrente, eine sogenannte abgeleitete Rente, bestimmt. Obwohl die Witwenrente sich nur auf 60% der Rente des verstorbenen Ehemanns beläuft, ist sie bei der Mehrzahl der betroffenen Frauen im Durchschnitt höher, als die durch eigene Berufstätigkeit erworbene Renten (*Allmendinger* et al. 1991a, 445ff.; *Statistisches Bundesamt* 1991, 115). Nominell erzielen alte Frauen bei Verwitwung ein höheres persönliches Einkommen (*Motel* und *Wagner* 1993, 445 f.). Gleichwohl kann eine verwitwete Frau, die auf Witwenrente alleine angewiesen ist, ihren gewohnten Lebensstandard kaum aufrecht erhalten, da die Einsparungen durch den Tod des Ehemanns – auch bei großzügiger Schätzung – höchstens 30% der Lebenshaltungskosten betragen. In der ehemaligen DDR wiederum waren Witwenrenten unbedeutend. Durch die Anwendung des westdeutschen Hinterbliebenenrechts bekommen nun etwa 25% der Ostrentnerinnen eine höhere Rente als vor der Vereinigung. Da aber die abgeleiteten Renten wegen des geringeren Lohnniveaus der Männer ebenfalls gering ausfallen, bedeutet Witwenrente nicht unbedingt einen deutlich verbesserten materiellen Lebensstandard der betroffenen Frauen. Hinzu kommt, daß in der Bundesrepublik seit 1986 Anwartschaften aus eigener Erwerbstätigkeit in die Berechnung einer Witwenrente einbezogen und die Witwenrente gegebenenfalls gekürzt wird. Eine mögliche „Doppelung" von abgeleiteten und selbst erworbenen Rentenanwartschaften ist deshalb auch für die Frauen im Osten nicht zu erreichen.

Sicherlich geben Berufspositionen und daran geknüpfte Renten- oder Pensionseinkommen die finanzielle Lage älterer Menschen nicht umfassend wieder. Weitere Mittel, wie Unterstützung durch Kinder oder teilweise Selbstversorgung durch Landwirtschaft können hinzukommen. Ebenso sind Zuwendungen im Rahmen der Sozialhilfe möglich, wodurch die Einkommenssituation älterer Menschen aus den unteren Sozialschichten – insbesondere der Frauen und zunehmend auch der ostdeutschen Rentner – angehoben wird. Schließlich können alte Menschen im Laufe ihres Lebens ein Barvermögen gebildet haben, das ihnen als zusätzliche Einkommensquelle dient (*Stadié* 1987, 67 ff.; *Statistisches Bundesamt* 1991, 128 ff.; *Hauser* und *Wagner* 1992, 594 ff.). Dies trifft jedoch eher auf Rentner und Pensionärshaushalte in Westdeutschland zu, denn im Osten konnte Vermögen kaum gebildet werden. Aktien oder hochverzinsliche Geldanlagen waren in der DDR unbekannt. Sparguthaben bei Geld- und Kreditinstituten wurden mit der Währungsunion pro Einwohner um etwa 20%, die Guthaben an sparwirksamen Personenversicherungen um 50% reduziert (*Schwitzer* 1992). Allerdings scheint Alterssicherung durch Vermögen auch im Westen nur ein Kennzeichen der Rentner- und Pensionärshaushalte mit höherem sozio-ökonomi-

Tabelle 2 Subjektive Bewertung der eigenen Alterssicherung durch Vermögen (60jährige und ältere nichterwerbstätige Personen im Jahr 1988)

Ehemalige soziale Stellung	Zahl der Fälle	Alterssicherung durch		
		nur Rente in %	Vermögen in %	weiß nicht in %
Selbständige	145	54,5	41,4	4,1
Beamte	96	60,4	37,5	2,1
Angestellte	478	59,8	37,9	2,3
Arbeiter	575	74,3	21,6	4,2

Quelle: *Hauser* und *Wagner* 1992, 596.

schen Status zu sein, da Arbeitnehmer mit gutem Aktiveinkommen eher von ihren Einkünften Teile abzuzweigen und für eine zusätzliche Alterssicherung sparen können.

Es liegt auf der Hand, daß die Einkommens- und Vermögenssituation eine zentrale Bestimmungsgröße für Konsumbedürfnisse und Konsumverhalten älterer Menschen ist. Es gibt freilich auch zwei – einander widersprechende, gleichwohl empirisch fundierte – Thesen, die das Konsumniveau im Alter eher von der Position in der gesellschaftlichen Altersschichtung ableiten. Die eine These geht von einem expansiven Bedürfnisniveau als Kompensation des erzwungenen Verlusts gesellschaftlich relevanter Funktionen aus. Die andere nimmt dagegen ein restriktives Bedürfnisniveau an, das endogen durch eine natürliche Verlagerung der Interessen und exogen durch einschränkende Konsumnormen für das Alter bestimmt ist. Beide Thesen können jedoch nicht gänzlich von Schichtzugehörigkeit und Einkommensverhältnissen älterer Menschen absehen. Dazu kommt, daß Konsumbedürfnis und Konsumverhalten auch von dem Niveau abhängen, das ältere Menschen früher entwickelt haben. Da die Vermögenssituation im Alter weitgehend die Verteilungsverhältnisse während des Erwerbslebens reproduziert, ist eine gewisse Kontinuität in den Konsumausgaben wahrscheinlich. Diese Kontinuität dürfte erst bei fortgeschrittenem Alter beendet sein, wenn der Bedarf an Gütern, die dem Erhalt relativer Gesundheit dienen, überproportional steigt, während sich die Einkommensbestandteile, die von körperlicher Leistungsfähigkeit und Eigenleistung im weitesten Sinne abhängen, demgegenüber reduzieren (*Fachinger* 1992, 150).

Die materielle Absicherung und das mögliche Konsumniveau bestimmen weitgehend die Erwartungen und Selbstverständlichkeiten, mit denen alte Menschen heute ins Alter eintreten (*Stötzenbach* 1992). Finanziell privilegierte Gruppen wollen den Ruhestand vermehrt nach dem Motto „Lebensgenuß in Maßen" gestalten. Sie repräsentieren das „Neue Alter", den „Freizeitlebensstil" (*Infratest Sozialforschung* et al. 1991, 86), der durch Hobbys, Reisen, vielfältige Kontakte und kulturelle Aktivitäten gekennzeichnet ist. Sie besitzen meist Wohneigentum und Garten, Auto und Führerschein, langlebige Gebrauchsgüter und Maschinen, die eine individualistische Ausfächerung der Lebensgestaltung – trotz etwaiger körperlicher Defizite bei fortschreitendem Alter – ermöglicht. Je geringer jedoch das verfügbare Einkommen ausfällt, je mehr deshalb die Kaufkraft für die lebensnotwendigen Güter des Grundbedarfs – Ernährung, Wohnung, Kleidung – gebunden ist, desto geringer ist der Dispositionsspielraum für Konsumausgaben des sogenannten Wahlbedarfs im Freizeit-, Erholungs-, Bildungs- und Unterhaltungsbereich. Darunter leidet nicht nur eine abwechslungsreiche Lebensgestaltung, sondern auch die fürs Alter häufig propagierte „Eröffnung individueller Handlungsspielräume". Wenn der Besuch eines Lokals oder eine Einladung nach Hause erschwert ist, weil das Geld für solche „außergewöhnlichen Ausgaben" fehlt, mangelt es schon an der Befriedigung einfachster sozialer Bedürfnisse und die Betroffenen laufen Gefahr, sozial ausgeschlossen und einsam zu werden. Sicherlich müssen die über 65jährigen aus unterschiedlichen Gründen als „einsamkeitsbezogene Risikogruppe" par excellence gelten – und zwar in West- wie Ostdeutschland –, doch ist zumindest in der stärker geschichteten westdeutschen Gesellschaft der Zusammenhang zwischen Einkommen und Einsamkeitserleben signifikant (*Döring, Bortz* 1993, 522 ff.). Es läßt sich deshalb schlußfolgern, daß der jeweilige Lebensstil im Alter in zentralem Ausmaß durch die schichtspezifisch differenzierte Einkommens- und Vermögenssituation bestimmt wird und nicht durch die gegenwärtig diskutierte sozio-kulturelle Pluralisierung von subjektiven Präferenzen und Werten (*Berger* und *Hradil* 1990, *Hradil* 1990).

Schulische und berufliche Bildung

Älteren Menschen mit guter Schul- und Berufsausbildung gelingt es meist besser, Schwierigkeiten des Alters zu bewältigen. Sie sind flexibler und zeichnen sich durch vielfältigere Verhaltensmöglichkeiten aus. Schon die bereits aufgezeigten Probleme in der Berufs- und Einkommenssituation von älteren Arbeitnehmern fallen mit einem niedrigeren Ausbildungsniveau zusammen. Darüber hinaus passen sich Personen, deren Arbeit eher fremdbestimmt war und die es daher nicht gelernt haben, eigenverantwortlich und selbständig mit neuen Situationen umzugehen, an den Ruhestand weniger erfolgreich an als solche, die aufgrund einer besseren Qualifikation ihre Arbeit im Berufsleben weitgehend selbst bestimmen konnten. Es mutet deshalb ein wenig paradox an, daß die grundsätzliche Einstellung zum Ruhestand bei gering qualifizierten Arbeitnehmern positiver ist als bei solchen mit besserer Schul- und Berufsbildung. Nach dem Eintritt in den Ruhestand kann sich diese Bewertung freilich umkehren. Dies liegt zum größeren Teil an der eingeschränkten finanziellen Situation (*Stadié* 1987, 38, 79), zum kleineren Teil aber auch daran, daß es älteren Menschen mit gutem Bildungsniveau leichter fällt, ihren Alltag neu zu strukturieren und Verhaltensgewohnheiten zu ändern, wenn sich mit dem Ende der Berufstätigkeit ihr Leben weitgehend auf Familie und Freizeit reduziert.

Allerdings sind nach übereinstimmenden Untersuchungsbefunden aus den alten Bundesländern etwa zwei Drittel der Rentner mit ihrer Situation durchaus zufrieden (*Bäcker* und *Naegele* 1993b). Diese positive Bewertung beruht sicherlich zum geringsten Teil auf erfüllten Erwartungen oder einem abwechslungsreichen Leben im Ruhestand. Sie resultiert vielmehr aus dem Vergleich mit der negativ empfundenen Arbeits- und Beschäftigungssituation. Gesundheitliche Belastungen – vor allem bei Arbeitern –, Unzufriedenheit und Enttäuschung mit den Arbeitsbedingungen in der Spätphase des Erwerbslebens, auch Resignation und Angst vor neuen Technologien oder betrieblichen Rationalisierungen können als wesentliche Gründe für die verbreitet positive Bewertung des Ruhestands gelten. Sicherlich geht der Wunsch nach Ruhe und einem Ende der Anstrengungen, nach mehr Zeit für – gewohnte – Freizeitbeschäftigungen, manchmal auch nach einem bescheidenen Erleben für viele Rentner durchaus in Erfüllung. Doch erst mit steigendem Bildungsniveau und Einkommen werden die Pläne und Chancen realisiert, die in Form von Reise-, Kultur- und Sozialaktivitäten das sogenannte „produktive Alter" ausmachen (*Knopf* et al. 1989).

Da im Alter Lebensweisen und Handlungsressourcen nicht neu entstehen, sondern von den Gewohnheiten bestimmt werden, die sich eingeschliffen haben, ist noch nicht abzusehen, wie die Arbeitnehmer im Osten ihren – häufig vorgezogenen – Ruhestand gestalten. Die allgemein sehr enge Bindung an den früheren Betrieb, verbunden mit dem Zusammenfallen von Arbeits- und Lebenssinn, könnte eine totale Entwertung der Werte für die unerwartet und massenhaft freigesetzten Arbeitnehmer bedeuten. Einige Forscher erwarten deshalb, daß viele ältere Menschen in der ehemaligen DDR mit Sinnverlust und Identitätskrisen im Ruhestand zu kämpfen haben (*Zierke* 1991; *Kuhlmey* und *Bansemir* 1992). Zumindest erfordert die Verrentung nach westlichem Muster, die alle lebenszeitlichen Planungen und Erwartungen über den Haufen wirft, ein hohes Ausmaß an Verhaltensflexibilität, was selten unabhängig von Bildungsressourcen gegeben ist. Hinzu kommt, daß die Unterschiede zwischen den Möglichkeiten des Alters in der ehemaligen DDR und der alten Bundesrepublik erheblich sind. Das zentralistische und vernetzte Versorgungs- und Betreuungssystem der ehemaligen DDR gründete auf der Idee einer komplexen Betreuung der Bürger im höheren Lebensalter (*Schwitzer* 1993). Im Westen dagegen wird eher das Ziele verfolgt, älteren Menschen zu helfen, ihr Leben selbstgewählt und eigenverantwortlich zu gestalten. Dem entspricht die dezentralisierte und pluralistische Ausrichtung der „Altenbetreuung" in den alten Bundesländern, bei der die Betroffenen über Wohlfahrtsverbände, Kommunen, Seniorenorganisationen, Kultur- und Bildungsträger von den vielfältigen Möglichkeiten selbstbestimmter und selbstverwalteter Dienste, künstlerischer und kultureller Angebote und Formen der demokratischen Mitbestimmung oder politischen Interessenvertretung erfahren können.

Die Fähigkeit, sich schnelle Information über diese zahlreichen Möglichkeiten und Bedingungen zur Verbesserung der Lebenslage im Alter zu beschaffen oder die differenzierten Angebote gemäß individuellen Bedürnissen auszuwählen, dürfte auch im Osten vom Bildungs- und Ausbildungsniveau der Menschen abhängen. Im Westen jedenfalls suchen und nutzen traditionell eher die Menschen mit besserer Schul- und Berufsbildung Informationen über Ruhestand und Alter (*Tschentscher* 1989). Sie entwickeln in der Regel früher Pläne, wie sie die gewonnene Zeit nach der Pensionierung gestalten wollen und warten weniger passiv ab, wie sich ihr Schicksal im Alter entwickelt. Sicherlich gehört das Zeitunglesen und Fernsehen für die älteren Angehörigen aller Schichten zur beliebtesten Freizeitgestaltung (*Horn* 1990, 56), gefolgt von Familien- oder Nachbarschaftstreffen und der Beschäftigung mit Hobbies. Für das Gelingen eines altersadäquaten Tagesablaufs ist es jedoch von größter Bedeutung, daß darüber hinaus ein breit gestreutes Interessenspektrum und vielfältige Verhaltensmöglichkeiten vorhanden sind. Es liegt deshalb nahe, daß Ältere mit besserem Bildungsniveau eher zu einer aktiven Freizeitgestaltung tendieren als solche mit geringerer Bildung (*Stadié* 1987, 100ff.).

Bildungsgewohnte Ältere nutzen auch häufiger die zahlreichen Angebote der Bildungs-, Kultur- und Freizeitindustrie. Da sie seltener Widerstände aufgebaut haben, im Alter noch etwas zu lernen, nehmen sie zudem eher an den institutionalisierten Veranstaltungen der Erwachsenenbildung teil. Der Anteil der Älteren ist dort zwar – gemessen an ihrem Anteil an der erwachsenen Bevölkerung – unterrepräsentiert (*Mayer* 1992, 535; *Tews* 1993, 244). Gleichwohl stellen die besser Gebildeten die ältere Klientel der Volkshochschulen oder Universitäten. Sie wählen – neben den beliebten künstlerischen, medizinischen und sprachlichen Kursangeboten – auch Themen zur Förderung der Persönlichkeitsentwicklung, des gesellschaftlichen Engagements, des intergenerativen Verständnisses und der Veränderung von Ehe-Partner- und Familienbeziehungen (*Veelken* 1993, 256f.). Darüber hinaus nehmen sie – gutes Einkommen und Gesundheit vorausgesetzt – vermehrt nicht institutionalisierte, zufällige Gelegenheiten wahr, sich weiterzubilden und den Alltag ihres Ruhestandes mit „Neuem" auszufüllen, insbesondere wenn dies mit Reisen verbunden ist. Aus den genannten Gründen ist die Freizeit- und Altersgestaltung der Mittel- und Oberschicht in der Regel relativ abwechslungsreicher, eher auch den postmodernen Werten der Persönlichkeitsentwicklung, Emanzipation und Individualisierung gewidmet, als die der Unterschicht (*Stadié* 1987; *Kruse* 1988; *Nittel* 1989; *Veelken* 1993; *Tews* 1993).

Weiterbildung im Alter dient sicherlich nicht nur der Förderung der Persönlichkeit, der Selbstverwirklichung und Identitätsfindung. Eine Auseinandersetzung mit der eigenen Situation und bewußte Lebensplanung ist darüber hinaus vorteilhaft für die Verbesserung der jeweiligen Lebenslage. Es ist bekannt, daß Kenntnis und Inanspruchnahme sozialer Dienstleistungen und Altersvergünstigungen invers mit der Sozialschicht korrelieren. Benachteiligte soziale Gruppen nutzen kaum oder zu spät Hilfen, die ihre Situation erleichtern könnten. Sie schöpfen auch in geringerem Maße die speziellen, hoch subventionierten Leistungen für alte Menschen ab, wie Seniorenpaß, Busreisen oder diverse Eintrittskarten. Dies tun eher die „Rosinenpicker" des Alters (*Karl* 1993, 265), die aufgrund lebenslanger Übung bestens informiert und mobil sind, auch kaum Hemmschwellen überwinden müssen, um gegebenenfalls in entsprechenden Einrichtungen interessante Angebote einzuholen. Sie sind deshalb in vielen Szenen der Seniorenkultur weitaus durchsetzungsfähiger als die bildungs- und einkommensmäßig benachteiligten Älteren.

Bis zu einem gewissen Grad hängt selbst der Gesundheitszustand – und damit eine der zentralen Grundlagen für psycho-physisches Wohlbefinden im Alter – vom Bildungsniveau älterer Menschen ab. Zum einen lassen sich viele akute wie chronische Krankheiten von den Arbeits- und Einkommensbedingungen, die wiederum bildungsmäßig vermittelt sind, ableiten. So sind Arbeiter von Krankheit durchschnittlich schwerer und häufiger als Angestellte betroffen (*Statistisches Bundesamt* 1989, 402). Zum anderen bedingt umfassendere Bildung bessere Kenntnisse über ambulante Angebote, technische Hilfsmittel (*Kruse* 1992), ärztliche Versorgungseinrichtungen oder über Möglichkeiten, präventive und rehabilitative Maßnahmen gegenüber Kostenträgern durchzusetzen (*Hummel* 1991). Vor allem fördert Bildung die Bereitschaft, rechtzeitig und bewußt Gesundheitsprophylaxe zu betreiben. Es hängt weitgehend vom Bildungsstatus ab, ob im Alter Ernährungs- oder Rauchergewohnheiten überprüft und auf ausreichende Bewegung oder gar sportliche Betätigung geachtet wird. In diesem Sinne können empirische Studien nicht nur einen positiven Zusammenhang zwischen schichtspezifischen Lebens- und Arbeitsbedingungen und der allgemeinen Sterblichkeit (*Klein* 1993) sondern auch zwischen höherer Schulbildung und Langlebigkeit belegen (*Olbermann* und *Reichert* 1993).

Die ehemalige Schul- und spätere Berufsausbildung beeinflußt nicht zuletzt Haltungen und Einstellungen zum Leben und zur eigenen Existenz. Sie färbt das Selbstverständnis und prägt die Vorstellungen von den individuellen Möglichkeiten und dem persönlichen Wert. Nicht nur die objektive Lebenssituation, sondern wesentlich auch die Art der jeweiligen Wahrnehmung sind dabei ausschlaggebend. Mangelnde Schulbildung und niedriges Einkommen treten bei den Älteren gehäuft auf, die Einschränkungen auch dort wahrnehmen, wo andere keine bemerken. Im Schnitt erleben sie Belastungen intensiver, sind mit ihren sozialen Kontakten unzufriedener und beurteilen die Zukunft als aussichtsloser (*Fisseni* 1987). Hinzu kommt, daß die Bereitschaft zu ständigem Training der geistigen Funktionen für die sozio-psychische Kompetenz älterer Menschen von wesentlicher Bedeutung ist (*Kaltschmid* 1988; *Kruse* 1990). Die Fähigkeit, sich auch im Alter erfolgreich mit Aufgaben und Belastungen des Alltags auseinanderzusetzen, wird durch eine im Laufe der Biographie geübte intellektuelle Flexibilität und geistige Offenheit nachhaltig bestimmt. Beide gehören zu den wesentlichsten Voraussetzungen für die Entwicklung neuer Handlungsstrategien, die zur Bewältigung veränderter Anforderungen im Alter nötig sind. Das gilt sowohl für zunehmende Einschränkungen im senso-motorischen

Bereich oder chronischer Krankheiten, als auch für Verluste nahestehender Personen oder die Auseinandersetzung mit dem herannahenden Lebensende.

Selbst der Abbau geistiger Fähigkeiten im Alter läßt sich aufhalten, wenn frühestmöglich entsprechende Aktivität gefordert oder stimuliert wird. Psychologische Befunde zeigen, daß es schon auf überindividueller Ebene – als Folge des verbesserten Bildungssystems, des vermehrten Reisens und der Anregungen durch die Medien – zu einem Anstieg der durchschnittlichen Intelligenzleistungen bei den jüngeren Kohorten älterer Menschen gekommen ist (*Olbrich* 1989). Erst recht gehört es zu den wichtigsten Erkenntnissen der individualistisch ausgerichteten psychologischen Intelligenz- und Lernforschung, daß geistige Fähigkeiten im Alter nicht reduziert sein müssen (*Baltes* 1984; *Rudinger* 1987a, b; *Lehr* 1991), weil eine richtig dosierte Leistungserwartung nicht nur auf körperlichem, sondern auch auf geistigem Gebiet die Leistungsfähigkeit und damit die Leistungsbereitschaft stärkt. Auch im Bereich sozialer Intelligenzfunktionen ist deshalb Übung wesentlich und Bequemlichkeit oder Passivität gefährlich, denn ein Mangel an psychischer und intellektueller Beweglichkeit kann ältere Menschen leicht in eine vermeidbare und demütigende Abhängigkeit von ihrer mitmenschlichen Umwelt bringen.

Kontakt und Zufriedenheit

Die neue Lebenssituation, mit der der ältere Mensch konfrontiert wird, zeigt vielfach einschneidende Veränderungen im Bereich der sozialen Kontakte. Insbesondere der Kreis von Kollegen, mit denen der alte Mensch täglich am Arbeitsplatz zusammen war, reduziert sich oder verschwindet ganz. In der gerontologischen Forschung gelten soziale Kontakte jedoch in quantitativer Hinsicht als ein wesentlicher Indikator für „Lebensqualität" im Alter, da sich ältere Leute mit vielfältigeren Beziehungen aktiver, nützlicher, aufgeschlossener, zufriedener und glücklicher fühlen als Kontaktarme (*BMJFFG* 1986, 22). Sicherlich ist – neben den sozialen Kontakten – auch der Gesundheitszustand und die finanzielle Situation für das Zufriedenheitsniveau im Alter wesentlich. Doch wenn die stimulierende Wirkung fehlt, die von einer aktiven Lebensführung und einem abwechslungsreichen Beziehungsnetz ausgeht, machen diese Faktoren nicht von alleine und automatisch zufrieden. Nach verschiedenen internationalen Studien sind alte Menschen aus diesen Gründen auch sehr bemüht, verlorene Kontakte durch neue zu ersetzen und alte Beziehungen im Familien- oder Freundeskreis zu intensivieren.

Unzufriedenheit mit dem Leben im Alter und ein starker Wunsch nach Erweiterung sozialer Kontakte kennzeichnet vor allem alte Menschen, deren Partnerbeziehungen gestört oder durch den Tod getrennt sind (*BMJFFG* 1986, 82f.; *Allmendinger* et al. 1991b, 472). Eine harmonische Ehe und ein großes Ausmaß an Gemeinsamkeit läßt das Bedürfnis nach anderweitiger Kommunikation zurücktreten. Das Witwenschicksal ist freilich für die Mehrzahl der alten Frauen unausweichlich. Gegenwärtig sind in der Altersgruppe über 65 Jahre gut zwei Drittel der Männer, aber nur ein Drittel der Frauen verheiratet, bzw. 19% der Männer, aber 58% der Frauen verwitwet (*Heilig, Prinz* 1990). Im Kern resultiert dieses Ergebnis aus dem durchschnittlich um 3 Jahre jüngeren Alter der Frauen bei der Eheschließung, ihrer momentan knapp 7 Jahre höheren Lebenserwartung und ihrer geringeren Neigung – teilweise auch geringeren Chance –, sich im Alter wiederzuverheiraten (*Statistisches Bundesamt* 1991, 35ff.). Die soziale Integration vieler älterer Frauen wurzelt jedoch primär in der Partnerbeziehung vor allem, wenn die außerfamilialen Kontakte weitgehend über den Mann liefen. Insbesondere in den unteren sozialen Schichten fehlen Witwen – und Geschiedenen – die bildungsmäßigen und finanziellen Möglichkeiten, um anderweitige Interessen zu entfalten oder neue Kontakte zu knüpfen. Da diese Frauen oft in extremem Maß von der Existenz des Mannes abhingen, beschäftigen sie sich nach dessen Verlust verstärkt mit der Vergangenheit, was ihre Kräfte für eine erfolgreiche Altersbewältigung bindet. Zudem scheint im traditionellen Rollenbild dieser Frauen nur wenig Raum für Eigenständigkeit vorhanden zu sein, so daß sie sich nicht selten in Passivität oder gar Krankheit flüchten. Angst vor ungewohnten Aufgaben und Hilflosigkeit gegenüber Pflichten, die vormals der Mann erledigte – etwa Organisationsaufgaben oder Behördengänge – treten gehäuft auf. Lebenszufriedenheit im Ruhestand wurzelt aber bei Frauen wie Männern in der Fähigkeit, Schwierigkeiten in den Lebensumständen nicht ausweichen zu müssen, sondern sie auf der Basis persönlicher Autonomie und Kompetenz auch im Alter kontrollieren zu können (*Fooken* 1987, 255).

Neben der Partnerbeziehung besitzen verwandtschaftliche Primärgruppenbeziehungen für alte Menschen eine große Bedeutung. In der Regel bleibt das familiäre Kontaktnetz zwischen alten Eltern und ihren erwachsenen Kindern erhalten. Zwar ergibt sich eine gewisse Veränderung, wenn die Kinder aus dem Haus ziehen und einen eigenen Haushalt gründen. Doch bestehen die emotionalen Bindungen meist weiter und nur die sachbezogenen Beziehungen zwischen den beiden Kernfamilien werden weniger. Man hat festgestellt, daß solche „innere Nähe trotz räumlicher Distanz" die Qualität der Kontakte keineswegs ungünstig beeinflußt. Auch entspricht diese Form der erweiterten Familie den Wünschen beider Generationen, da sie im täglichen Umgang genügend Abstand zuläßt, bei Bedarf oder Schwierigkeiten aber emotionale Unterstützung und schnelle Hilfe ermöglicht. Freilich scheint die ältere Generation im Vergleich zu den erwachsenen Kindern Familien- oder Verwandtschaftsbeziehungen höher zu bewerten. Es sind deshalb eher die Älteren, die häufiger Kontakte zu den Kindern suchen, Familientreffen anregen oder Zusammenkünfte zu den kirchlichen Feiertagen wünschen. Das Bemühen, Verbundenheit und Zusammengehörigkeit zu bekräftigen sowie Langeweile zu überbrücken, spielt dabei die ausschlaggebende Rolle (*Kossen-Knirim* 1989, 253).

In diesem Sinne verwundert es nicht, daß – unabhängig von der Schichtzugehörigkeit – Verstehen und emotionale Sicherheit, wie sie aus den engen zwischenmenschlichen Bindungen in der Kernfamilie, aber auch in der erweiterten Familie erwachsen können, zu den vitalsten Lebensansprüchen von drei Viertel der Älteren zwischen 55–70 Jahren gehören (*Infratest Sozialforschung* et al 1991, 28ff.). Hinsichtlich der Dichte des Kontakts zu Mitgliedern der erweiterten Familie oder auch zu nahen Verwandten sind freilich die älteren Angehörigen der Unterschichten gegenüber solchen der Mittelschichten im Vorteil. Hierbei handelt es sich um den – auch im internationalen Vergleich (*Taylor* und *Ford* 1983; *de Wit* et al. 1988) – einzigen Vorzug, den ältere Personen mit geringem gegenüber solchen mit höherem Sozialstatus aufweisen. In den Unterschichten ist es häufig, daß mehrere erwachsene Kinder oder andere nahe Verwandte, insbesondere die Familien von Schwestern und Brüdern leicht erreichbar sind. Solche Zugänglichkeiten zu zahlreichen Primärgruppen ist die unmittelbare Folge der ehemals größeren Kinderzahl und der geographischen Immobilität in den sozio-ökonomisch schwächeren Schichten (*Strohmeier* 1989, 462ff.).

Auch wenn Familienbeziehungen für Wohlbefinden und Zufriedenheit der älteren Menschen eine bedeutende Rolle spielen, sind enge Beziehungen zu Verwandten oder zu Familien von Kindern nicht gänzlich problemlos. Aus Angst vor sozialer Isolation kann die ältere Generation versuchen, bestehende Abhängigkeiten auszunutzen, insbesondere den Jungfamilien enge Kontakte aufzunötigen. Durch eine „Tyrannei der Ohnmacht und Gebrechlichkeit" verstärken sie dann innere Unsicherheiten und Schuldgefühle ihrer Kinder erpresserisch, um dadurch den gefürchteten Verlust an Familienbeziehungen zu verhindern (*Attias-Donfut* 1991, 370; *Hörl* 1992, 90f.).

Umgekehrt bedeuten enge Kontakte zur erweiterten Familie für alte Menschen auch nur dann ein Stück Lebensqualität, wenn die Bindungen selbst gewählt und nicht aus materieller Not erzwungen sind. Die Mehrzahl der Älteren möchte den Lebensabend nach eigenen Bedürfnissen ausrichten, Arbeit und Freizeit möglichst selbstbestimmt gestalten. Müssen alte Menschen ihren Haushalt – etwa wegen Pflegebedürftigkeit oder aus finanziellen Gründen – aufgeben und in eine Familie ihrer Kinder ziehen, hat dies eher negative Konsequenzen für ihr Wohlgefühl. Zu sehr wird das Annehmen von Hilfe mit dem Verlust der eigenen Unabhängigkeit assoziiert. „Selbständig zu bleiben, nicht auf andere angewiesen sein", gehört für 65% der Älteren zu den wesentlichsten Lebensgütern (*Infratest Sozialforschung* et al. 1991, 30). Hilfe von den eigenen Kindern – ohne die Möglichkeit der Gegenleistung – wird deshalb von den alten Menschen durchaus abgelehnt oder scheint nur dann akzeptabel zu sein, wenn diese Hilfe in eine tiefe und gegenseitige Beziehungen emotionaler Verbundenheit eingebettet ist (*Kossen-Knirim* 1989, 255).

In diesem Zusammenhang erhebt sich die grundsätzliche Frage, ob die schichtspezifische unterschiedliche Inanspruchnahme der Primärgruppen nicht auch auf eine ungleiche Verteilung anderer adäquater Interaktionsmöglichkeiten zurückzuführen ist. Viele Indizien sprechen dafür, daß Intensivierung und Initiierung von Familienbeziehungen im Alter als Ersatzlösung angesehen werden muß (*Lehr* und *Minnemann* 1987). Sofern ältere Menschen der niederen sozio-ökonomischen Schichten nämlich kinderlos sind und sonstige Primärgruppen nicht bestehen, geraten sie schnell in eine unfreiwillige soziale Isolation. Es scheint ihnen schwer zu fallen, außerfamiliäre Kontakte zu knüpfen und Beziehungsmängel zu kompensieren. Je höher dagegen der sozio-ökonomische Status, je besser deshalb die einkommens-, bildungs-und gesundheitsmäßigen Voraussetzungen sind, um so mehr treten Kontakte mit Freunden, Bekannten und sonstigen Interessenpartnern neben die zu Familienangehörigen. Die Älteren der Mittel- und Oberschichten scheinen mehr Mittel und Fähigkeiten zu besitzen, der Gefahr des Alleinseins im Alter zu entgehen. Bei ihnen sind Beziehungen zu nicht verwandten Personen sowohl quantitativ häufiger, als auch qualitativ – inbesondere im Hinblick auf emotionale Unterstützung – enger (*Diewald* 1993, 747ff.). Dementsprechend zeigen sich bei ihnen weit weniger Symptome von Apathie und Resignation, Pessimismus und Traurigkeit als bei (kinderlosen) Älteren der Unterschichten (*Infratest Sozialforschung* 1991, 89; *Allmendinger* et al. 1991b, 463).

Schichtspezifische Unterschiede in der Fähigkeit, soziale Netze zu knüpfen oder zu nutzen, lassen sich auch im Falle von physischer oder psychischer Hilfsbedürftigkeit bei den älteren Menschen erkennen. Es ist bekannt, daß sich im Zusammenhang mit der – sozialstaatlich abgesicherten – Unabhängigkeit von Eltern und Kindern und der Verbreitung des sogenannten postmodernen Wertespektrums, die intergenerationellen Familien- und Verwandtschaftsbeziehungen gewandelt haben. Die Ansprüche an Exklusivität und Intimität von Partnerschaft und Familienleben sind gestiegen, wie es auch für immer mehr Menschen selbstverständlich wird, individuelle Entfaltungschancen in der modernen Berufs-, Freizeit-, Konsum- und Bildungswelt zu ergreifen. Das bedeutet, daß auch die Frauen, die traditionell die alltagspraktischen, kommunikativen und emotionalen Beziehungen zu den alten Verwandten aufrechterhalten, individualistische Lebens- und Glücksansprüche reklamieren, insbesondere aber auf den materiellen und immateriellen Vorzügen einer eigenen Berufstätigkeit beharren. Eine Einbindung alter Menschen in die Familie der Kinder oder gar die pflegerische Versorgung durch Töchter und Schwiegertöchter ist unter diesen Umständen utopisch. Mehrere internationale Studien zeigen dann auch, daß das Bemühen, Betreuungs- und Pflegeprobleme allein innerhalb der Familie „autark" zu lösen, regelmäßig einen beruflichen Rückzug der Frauen erzwingt und – bei bleibender individualistisch-privater Wertekultur – zur physischen und psychischen Überforderung aller Familienmitglieder führt (*Brody* 1987; *Bracker* et al. 1988; *Christen* 1989, *Hareven, Adams* 1991).

Aus diesem Grunde verneint bereits die Hälfte der alten Menschen eine Verantwortung der Nachkommenschaftsfamilie bei Haushaltsführung und Krankenpflege für alte Eltern. Selbst beim Lösen anstehender Probleme vermag ein Drittel der alten Menschen keine Zuständigkeit ihrer erwachsenen Kinder zu sehen (*Hörl* 1992, 85). Gleichzeitig bleiben aber traditionelle und sozial kontrollierte Verantwortlichkeiten – auch früh erworbene Tiefenbindungen zwischen erwachsenen Kindern und alten Eltern – selbst unter den Bedingungen einer modernen Familien- und Lebensführung erhalten (*Attias-Donfut* 1991, 369; *Schütze* und *Wagner* 1991 304ff.; *Bengtson* und *Schütze* 1992, 513f.; *Diewald* 1993, 742 ff.). Eine Lösung der möglichen Konflikte wird zunehmend darin gesehen, Solidaritätsaufgaben an externe Dienstleistungsorganisationen zu delegieren. Dazu ist es nötig, sich über die Möglichkeiten ambulanter Dienste – Essen auf Rädern, Reinigungsdienste, mobile Schwestern, Besuchsdienste – zu informieren, eventuell bei der Sozialbürokratie oder Lokalpolitikern zu intervenieren und einige Auseinandersetzungen in Kauf zu nehmen. Dies setzt aber Kenntnisse und Sozialtechniken voraus, insbesondere im Umgang mit Behörden und medizinischen Institutionen, die in den schwächeren Sozialschichten weniger vorhanden sind. Es ist deshalb kein Zufall, daß unter den Angehörigen von Klienten ambulanter Altendienste der Anteil an Personen mit höherer Bildung weit über dem in der Allgemeinbevölkerung liegt (*Hörl* 1992, 68).

Eine weitere schichtspezifisch differierende Möglichkeit, emotional-kommunikative Kontakte und subtile Loyalitätsbeziehungen zu alten Menschen aufrecht zu erhalten, ohne daß sich die alten Menschen in eine resignierte Abhängigkeit zu den Familien ihrer Kinder begeben müssen, besteht darin, privat organisierte Dienstleistungen in Anspruch zu nehmen. Allerdings können sich nur relativ wohlhabende Ältere die kommerzialisierten Angebote der privaten Gesundheitsdienste und Rekreationszentren oder die privatunternehmerisch aufgezogenen Alarm- und Sicherheitssysteme oder gar die altengerechten Appartementsanlagen und Luxuswohnheime leisten. In diesem Zusammenhang ist schon manche Überlegung angestellt und manches makabere Szenarium entworfen worden. So fragt *Beck-Gernsheim* (1993, 167f.): „Welche Alternativen, welche personellen Ressourcen jenseits der traditionellen Familie sind denkbar, sind sozial durchsetzbar und sind auch ökonomisch machbar? Lassen sich vielleicht neue soziale Netzwerke und Beziehungsformen aufbauen, z. B. als Wohngemeinschaften im Alter? ... Inwieweit wird der Staat, wird die Gesellschaft bereit sein, ein breit gefächertes Angebot mobiler Pflege- und Sozialdienste zu schaffen? Oder werden sich am Ende die Reichen gute Betreuung privat und teuer, auf dem Markt von ‚Senioren-Service-Leistungen' aller Art erkaufen, während die weniger Reichen, weil sie nicht zahlen können, auch keine Hilfe bekommen? Wird die soziale Ungleichheit im Alter, schon heute an vielen Punkten drastisch erfahrbar, in Zukunft dann noch offener, noch brutaler hervortreten?"

Endgültige Antworten auf solche Fragen sind gegenwärtig kaum zu geben, die Entwicklung ist zu sehr im Fluß. Sicher ist, daß im Westen der Bundesrepublik privatwirtschaftlich orientierte Hilfs- und Freizeitangebote für Ältere – neben den Leistungen der Wohlfahrtsverbände – stetig wachsen. Sie haben zu einer Angebotsdifferenzierung und -erweiterung geführt, die in ihrer Vielfalt kaum mehr hinter den Angeboten für junge Menschen zurückbleibt, zumal die ökonomischen und sozialplanerischen Interessen einen demographisch gesicherten Altenmarkt vorfinden (*Behrend* et al. 1987). Im Osten allerdings werden die privatwirtschaftlichen Offerten an Hilfeleistungen, Freizeitaktivitäten und Kontaktchancen – ebenso wie die dezentralisierten Dienste der verschiedenen Wohlfahrtsverbände und Sozialstationen – nur zögernd aufgegriffen. Außerfamiliale Unterstützungen und Kontaktmöglichkeiten wurden im Osten vor der Wende entweder zentral über den Staat im Sinne der Volkssolidarität gesteuert oder durch die ehemaligen Betriebe und Genossenschaften gewährt (*Dieck* 1992, 654f.). So war etwa medizinische Betreuung, Renovierung der Wohnung, Teilnahme an Betriebsessen oder Versorgung mit Kuren für ehemalige ältere Mitarbeiter sichergestellt. Da es für diese Formen der Altersversorgung nach dem Zusammenbruch und der Abwicklung vieler Betriebe keine Entsprechung gibt, sehen sich die älteren Menschen im Osten ganz auf ihre Familien- und Verwandtschaftsbeziehungen verwiesen. Zumindest derzeit hegen die Älteren gegenüber ihren Familien eine große Erwartungshaltung, was Hilfeleistung und Unterstützung angeht. Sofern sie in materielle Not gerieten, würden sich etwa 80% der Älteren an ihre Kinder wenden, an zweiter Stelle folgen andere Verwandte. Erst dann käme man auf das Sozialamt zu, kaum auf kirchliche Sozialdienste, auf freie Wohlfahrtverbände oder Selbsthilfegruppen (*Schwitzer* 1992, 50).

Neben Lebenspartner und Familie sind Nachbarn für die Mehrheit der älteren Menschen wichtige soziale Kontaktpersonen, wobei mit steigendem Alter die Beziehungen zu den Nachbarn intensiver zu werden scheinen (*Infratest Sozialforschung* et al. 1991, 74f.). Schichtspezifische Unterschiede in den Nachbarschaftsverhalten älterer Menschen sind allerdings nicht vom jeweils schichtspezifischen Wohnumfeld zu trennen. Traditionelle nachbarschaftliche Beziehungen mit umfassender Kommunikation lassen sich am ehesten in ländlichen Wohngegenden mit ihrem spezifischen Anteil an Arbeiterschaft und Kleinbürgertum finden. In der Großstadt leisten und empfangen die Älteren zwar nachbarschaftliche Hilfe, so daß unterstützende Kontakte zu den im gleichen Haus oder der gleichen Straße lebenden Menschen durchaus vorhanden sind. Doch wird im ländlichen Raum solche Nachbarschaftshilfe durch gesellige Kontakte ergänzt, wodurch private Einladungen oder Straßenfeste im Alltag auch der Älteren nichts ungewöhnliches sind. Freilich tun sich die Paare leichter, Beziehungen zu Nachbarn auf Dauer aufrechtzuerhalten. Für die Kontaktärmsten der Älteren, für Verwitwete, Geschiedene und alleine Lebende, dürften deshalb Nachbarschaftsbeziehungen kein wirksames Mittel abgeben, der Isolation und Einsamkeit mit ihren negativen psychischen Begleiterscheinungen zu entgehen. Hier tun sich die älteren Singles in den Städten leichter, da sie durch ein größeres, altengerechtes Freizeitangebot sowie verkehrstechnisch leichter zu erreichende „Gleichgesinnte in ähnlicher Lage" auf Nachbarschaftskontakte weniger angewiesen sind.

Die verschiedenen Formen der gruppengebundenen Geselligkeit tragen insbesondere bei den jüngeren Alten zu einer positiven Lebenseinstellung und allgemein zufriedenen Grundstimmung bei. Im Osten waren Sportvereine, Chöre oder Kulturgruppen allerdings an die Betriebe gekoppelt – mitunter dominierten Großbetriebe das gesamte kommunale Leben einer Region –, so daß sich mit der Umstellung auf westliche Produktionsbedingungen für viele Menschen ein geselliges Vakuum auftut. Im Westen wiederum differiert die gruppenbezogene Geselligkeit schichtspezifisch. Bei kleineren bis mittleren Einkommen in Form von Sozialrenten spielen die traditionellen Formen des Vereinslebens, etwa die Kegel-, Kleingärtner-, Schützen- oder Gesangsvereine, der Stammtisch sowie gemeinsame Unternehmungen mit Freunden und Nachbarn die bedeutendste Rolle. Bei den höheren Haushaltseinkommen der meist akademisch gebildeten Angestellten, Beamten oder Selbständigen dominieren eher Clubmitgliedschaften, von denen vielfältige Kommunikationsmöglichkeiten, soziale Kontakte, Reisen oder kultureller Angebote ausgehen. Allerdings wird das Vereins- wie Clubleben von den Männern dominiert (*Stadié* 1987, 103). Frauen sind hier häufiger Begleitpersonen. Das hängt wohl damit zusammen, daß Frauen selbst – unabhängig von ihrer Generations- und Schichtzugehörigkeit – selten in Gruppen organisiert sind. Dementsprechend suchen ältere Frauen, insbesondere die der mittleren und gehobenen Schichten, außerfamiliale Kontakte kaum in festen Verbänden sondern im kommunikativen Angebot der an Einzelpersonen orientierten Reise- und Bildungsveranstaltungen.

Nicht zuletzt ist für viele ältere Menschen das Telefon ein Kommunikationsmedium, das mit fortschreitendem Alter als Brücke zur Außenwelt intensiv genutzt wird. Allerdings ist das Telefon in der Bundesrepublik ein teures Kommunikationsmittel, so daß sich ein deutlicher Zusammenhang zwischen dem vorhandenen Haushaltsbudget und der Intensität der Nutzung des Telefons feststellen läßt. In einer repräsentativen Befragung von älteren Menschen zwischen 55–70 Jahren gaben nur 17% der Rentnerinnen bzw. Rentner an, mehrmals täglich zu telefonieren, während dies für 40% der Pensionäre selbstverständlich war (*Infratest Sozialforschung* et al. 1991, 74). Allerdings sind auch die in bescheideneren Verhältnissen lebenden Älteren nicht gänzlich von telefonischen Möglichkeiten abgeschnitten. Manche benutzen das Telefon von Nachbarn, andere erwarten zu festen Terminen Anrufe von Kindern und Freunden, wieder andere machen Telefonzeichen aus – lassen es etwa zu bestimmten Zeiten dreimal klingen, heben aber nicht ab – und sparen so Gebühren. In jedem Fall wird in allen Schichten mit Hilfe des Telefons Kontakt zu Familie, Freunden und Bekannten gehalten, wodurch im Alter geminderte oder fehlende direkte Beziehungen bis zu einem gewissen Grad kompensiert werden und relativ zufriedenstellende Kommunikationsnetze entstehen können (*Schneider* 1987, 213).

Ansehen und Einfluß

Nicht zuletzt im Bereich des sozialen Ansehens und der sozialen Einflußnahme ist die Altenpopulation mit bereits niederem sozialen Status weiter benachteiligt. Zwar bedeutet Alter – wie oben aufgezeigt – unabhängig von der Schichtzugehörigkeit des einzelnen die Gefahr eines gewissen Prestigeverlusts. Da soziales Ansehen und Einfluß in unserer Gesellschaft primär von der Wirtschafts- und Erwerbstätigkeit und dem damit verbundenen sozialen Beziehungsnetz abhängen, sind jedoch die Älteren am ehesten betroffen, die ihre Arbeitstätigkeit früh beendet haben und die sich – damit zusammenhängend – auf die weniger prestigeträchtigen Primärgruppenbeziehungen verwiesen sehen. Zu diesen Personen gehören in der Mehrzahl die Angehörigen der Unterschichten. Dagegen ist für Ältere mit höchstem Status – etwa Wirtschaftsmanager, Spitzenpolitiker, geistige Würdenträger – eine nur allmähliche Reduktion der Verpflichtungen und Kontakte, die soziales Ansehen vermitteln, die Regel. Auch jene Berufsgruppen, die aufgrund langer Karrierewege in Positionen mit Rekrutierungsengpässen aufstiegen, sind in der Lage, ihren Rückzug aus dem Berufsleben und den dazugehörigen Prestigeverlust zu verzögern. Zu ihnen rechnen vor allem Angehörige akademischer und freier Berufe – Anwälte, Ärzte, Wissenschaftler, Künstler – aber auch selbständige Unternehmer und Eigentümer. Neu und wahrscheinlich auf die Zeiten des Übergangs beschränkt ist die große Nachfrage nach pensionierten Personen, die zum Aufbau in den neuen Bundesländern engagiert werden, etwa Verwaltungsbeamte, Richter, Parteifunktionäre, Hochschullehrer und Manager. Grundsätzlich kann die späte berufliche Desintegration als Zeichen eines noch bemerkenswerten sozialen Einflusses dieser Älteren der gehobenen sozio-ökonomischen Schichten gewertet werden. Schließlich verschaffen sie einem Senioritäts- und Ancienitätsprinzip Gültigkeit, das die üblichen sozialen Ablösungsmechanismen terminlich fixer Verrentung und Pensionierung außer Kraft setzt. Zumindest ist bei ihnen die Macht, in ihrer sozialen Umwelt organisatorische Regeln durchsetzen zu können, noch nicht gebrochen.

Zwar wird – wie oben erwähnt – berufliche Entpflichtung zumindest in den alten Bundesländern von breiter Akzeptanz getragen, doch erfahren die Älteren ihr frühes Ausscheiden aus dem arbeitsabhängigen Aktivitäts- und Kommunikationsfeld faktisch als Abdrängung und der damit zusammenhängende Status- und Einflußverlust wird durchaus wahrgenommen. Fast die Hälfte der älteren Menschen haben das Gefühl, zum alten Eisen geworfen und von der Gesellschaft nur noch als Belastung angesehen zu werden. Auch wissen sie, daß ihr Rat und ihre Lebenserfahrung nicht mehr gefragt sind (*Infratest Sozialforschung* 1991, 64ff.). Auf die Lebenszufriedenheit wirkt sich dieses Wissen jedoch nur begrenzt aus. Man beklagt sicherlich die allgemeine Diskriminierung des Alters und die Verherrlichung jugendlicher Attraktivität und Leistungsfähigkeit. Da jedoch berufliche Entpflichtung meist ausdrücklich gewünscht wurde, äußern sich – nach auch international gleichlautenden Befunden (*Braithwaite* and *Gibson* 1987) –, nur etwa ein Drittel der Älteren unzufrieden über Berufsaufgabe, Statusreduktion und schwindenden sozialen Einfluß. Man vermutet freilich, daß die Älteren in den neuen Bundesländern den Verlust der Arbeit und die Abhängigkeit von staatlichen Sozialleistungen weit mehr als ein negatives Stigma des „nicht mehr gebraucht Werdens" auffassen. Da die Lebensentwürfe im Osten nicht auf einen Austritt aus der Arbeitswelt vor Erreichen des Rentenalters gerichtet waren, sondern im Gegenteil in ihrer gesamten Konzeption auf die Zugehörigkeit zu einem Betrieb hin orientiert wurden, dürfte die (Früh-)Verrentung für die Vorruheständler in Ostdeutschland eher als in Westdeutschland den Verlust von Einfluß und Sozialprestige signalisieren (*Michel* et al. 1993, 797f.).

Anders als im beruflichen Bereich lassen sich im Feld politischer Betätigung für ältere Menschen – im Osten wie im Westen – gute Möglichkeiten erkennen, Interessen geltend zu machen und Einfluß auszuüben. Immerhin stellen die Jahrgänge über 60 in der Bundesrepublik ein gutes Viertel des Wählerpotentials. Ihr Votum bestimmt deshalb in hohem Maße, welche Parteien mit welchen Programmen zur Macht gelangen. Ältere Menschen – auch die Angehörigen der unteren und mittleren Schichten – nehmen im allgemeinen die Wahlen auch sehr ernst und schätzen ihre bürgerlichen Pflichten nicht gering (*Stadié* 1986, 25f.; *Wilbers* 1991, 247; *Statistisches Bundesamt* 1991, 149). Wird freilich bei Befragungen das allgemeine Interesse an Politik erkundet, scheiden sich die Unterschichten von den Mittel- und Oberschichten. Im Schnitt äußert die überwältigende Mehrheit der älteren Menschen aus den sozio-ökonomisch und bildungsmäßig bevorzugten Schichten, aber nur die Hälfte der benachteiligten Schichten ausgeprägtes Interesse an den politischen Vorgängen in der Bundesrepublik. Interessenbekundung darf freilich nicht mit der Bereitschaft verwechselt werden, sich in dieser Richtung zu aktivieren. In einer repräsentativen Stichprobe von 40 bis 59jährigen dachten nur knapp die Hälfte der Befragten mit höheren Bildungsabschlüssen daran, sich im Ruhestand auch politisch zu engagieren. Gut 70% der Männer und gut 80% der Frauen mit Volks- und Hauptschulabschluß signalisierten gleich ein ausgesprochenes Desinteresse (*Stötzbach* 1992, 308f.). Inwieweit diese geäußerte Bereitschaft dann auch zu tatsächlicher Aktivität führt – etwa in Bürgerinitiativen, Parteien, Gewerkschaften oder Seniorenbeiräten auf kommunaler Ebene–, hängt vom Grad der Konventionalität des jeweiligen politischen Engagements ab. Für Demonstrationen, Streiks, Blockaden oder gar Hausbesetzungen sind die Älteren aller Schichten nicht zu gewinnen. Dagegen entspricht der Umfang ihrer Mitgliedschaften in politischen Organisationen – etwas reduziert – dem der Gesamtbevölkerung. Politische Partizipation durch Übernahme eines Amtes wiederum überschreitet ein 1%-Niveau so gut wie nie, wodurch das vielfach geäußerte politische Interesse der Bildungsgewohnten – gewollt oder ungewollt – kaum in tatsächliche politische Einflußnahme mündet (*Stadié* 1986, 25ff.; *Mackroth* und *Ristau* 1993, 295ff.; *Künemund* und *Wolf* 1993, 318).

Interesse für politische Angelegenheiten deutet auf unterschiedliche Einstellungen und Haltungen hin, die nicht nur bei den Wahlen von Nutzen sind, weil sie größere Informiertheit anzeigen. Sie fördern auch eine Organisations- und Kooperationsbereitschaft, durch die bis zu einem gewissen Grad der sozialen Entmachtung von Älteren begegnet werden kann. In diesem Sinne läßt sich sozialer Einfluß nicht nur durch Bewegungen der „Old Power" oder „Grauen Panther" gewinnen, sondern auch durch Teilnahme an weniger politischen Veranstaltungen, die jedoch dem Verlangen nach sozialer Sicherheit, Vorbereitung auf das Alter und Aufklärung über Altersprobleme Rechnung tragen. Doch auch hier sind die Interessen und Aktivitäten in höheren Schichten ausgeprägter und abwechslungsreicher als in unteren Schichten (*Stötzbach* 1992, 308). Das gleiche gilt für die Akzeptanz von Angeboten der Gemeinden, Wohlfahrtsverbänden, mit Einschränkungen auch der Kirchen, die letzten Endes alle den älteren Menschen darin unterstützen wollen, die verbreitete

Macht- und Meinungslosigkeit zu reduzieren und das Recht auf Selbstbestimmung und Selbstentfaltung auch im Alter zu realisieren.

Eine weitere Form sozialer Einflußnahme eröffnen die zahlreichen Altenselbsthilfegruppen, die zwischen dem Wunsch nach Geselligkeit, neuen Altersrollen und politischer Partizipation anzusiedeln sind. Da soziale Handlungsfähigkeit im weitesten Sinne eine wesentliche Voraussetzung für die Altenselbsthilfebewegung ist, entstammen Teilnehmer oder Mitglieder vor allem aus den Mittelschichten, während Ältere, die von materieller Not und gesundheitlichen Beeinträchtigungen betroffen sind, solchen Initiativen fern bleiben. Im Unterschied zu letzteren verstehen sich die in der Selbsthilfebewegung engagierten Alten auch mehr als Produzenten von sozialen Leistungen und Angeboten, nicht aber als deren Adressaten und Konsumenten. Soziale Teilhabe und sozialer Einfluß ist ein wesentliches Ziel ihrer Bewegung, selbst wenn Zusammenkunft und gemeinsames Unternehmen im Vordergrund stehen. Propagiert wird eine Kultur des Helfens (*Fink* 1990), sowie die Organisation von privaten Netzwerken zur gegenseitigen Unterstützung und zur Durchsetzung gemeinsamer Interessen. Man trifft sich deshalb mit anderen Gruppen, organisiert Besuche in Heimen, betreut hilfsbedürftige Gleichaltrige, übernimmt Aufgaben im Bereich des Umweltschutzes oder vermittelt Arbeitseinsätze für ältere Menschen. Solche gemeinwesenorientierte Modelle bleiben aber den meisten Älteren fremd. Teilnehmer sind in der Regel Personen mit vergleichsweise hohem sozio-ökonomischem Status und hohem Bildungsgrad. Der soziale Einfluß und das Prestige, die aus solchem Engagement erwachsen, kommen deshalb nur einer kleinen Schicht von ohnehin aktiven und gut integrierten Älteren zugute.

Am Ende des sozialen Einflußspektrums schließlich, wo der alte Mensch weitgehend fremdbestimmt und verwaltet wird, sind wiederum Schichtvariablen, insbesondere die der schulischen und beruflichen Bildung, von Bedeutung. Schon im Bereich sozialpolitischer Rechtsansprüche läßt sich ein schichtspezifisches Defizit im Umgang mit Behörden, Verwaltungsvorschriften, Antragsverfahren und gegebenenfalls auch Rechtsstreitigkeiten feststellen. Je geringer der soziale Status, um so mehr fehlen notwendige praktische oder intellektuelle Fähigkeiten, auch Aktivität und Initiative, um Hilfen oder Serviceleistungen – etwa durch das Bundessozialhilfegesetz oder durch öffentliche Infrastrukturmaßnahmen – wahrzunehmen. Mit Ausnahme von Altentagesstätten, die meist von sozial schwächeren Gruppen genutzt werden, nehmen alte Menschen der mittleren und höheren Schichten weitaus kompetenter die vielfältigen Möglichkeiten wahr, ihre soziale Lage positiv zu beeinflussen. Konzentriert man sich auf das Kriterium der Schichtzugehörigkeit und vernachlässigt das Autonomiestreben vieler älterer Menschen, das darauf abzielt, sich nicht helfen zu lassen und möglichst unabhängig von externen Hilfsinstitutionen leben zu wollen, so lassen sich als Gründe für dieses Phänomen wieder all die schichtspezifischen Hemmfaktoren nennen, die oben bereits aufgezeigt wurden.

3 Kumulative Auswirkungen sozialer Ungleichheit im Alter

Eine Untersuchung der Beziehungen zwischen sozialer Schichtung und Alter bringt wegen der Vielzahl der beteiligten Dimensionen sozialer Ungleichheit differentielle Ergebnisse. Unbestreitbar ist, daß der soziale Status älterer Menschen durch die gesellschaftliche Reglementierung des Lebenslaufs, wie sie durch die Altersschichtung erfolgt, tendenziell gefährdet wird. Trotzdem lassen sich je nach der sozialen Schichtzugehörigkeit bemerkenswerte Unterschiede im Einfluß des Alters auf Lebensstil und -chancen der Betroffenen beobachten. Entscheidend negativ wirkt sich der soziale Alternsprozeß nur auf die Angehörigen der sozio-okonomisch niederen Schichten aus. Bei den Angehörigen der höheren Schichten dagegen entwickelt sich mit fortschreitendem Alter lediglich eine gewisse Statusinkonsistenz. Während das höhere Alter ihren Sozialstatus tendenziell drückt, bietet insbesondere die ehemals qualifizierte Berufs- und Bildungssituation diesem Druck Widerstand. Die Altersschichtung beeinflußt die vertikale Differenzierung von Individuen in unserer Gesellschaft offenbar nur als intervenierende, nicht aber als unabhängige Variable. Alter überlagert lediglich eine mit der Schichtzugehörigkeit verwurzelte lebenslängliche soziale Ungleichheit, indem es deren negative Konsequenzen verstärkt, die positiven dagegen bremst.

Als hervorstehendste Ursachen für unterschiedliche Lebenschancen im Alter lassen sich die lebensgeschichtliche Stellung im Produktionsprozeß und die Schul- oder Berufsbildung nennen. Das Bildungsniveau begründet dabei die eher immateriellen Voraussetzungen, sich in der Altersrealität problemlos zurechtzufinden und gesellschaftlich integriert zu bleiben. Ältere Menschen mit besserer Bildung sind aktiver, flexibler, zukunftsorientierter, kommunikations- und kooperationsfähiger. Sie entwickeln eher Ziele, erkennen und bewerten Funktionszusammenhänge besser, sind motivierter, auch kontrollierter und dadurch kompetenter, ihr Alter mit Inhalten zu füllen und in relativer Zufriedenheit zu durchleben. Der Beruf wiederum und die damit verbundene Einkommensituation liefert vor allem die materiellen Grundlagen für eine erfolgreiche Altersbewältigung. Wenn vorhandene Freizeitangebote, von der Kaffeefahrt bis zu Flugreisen, oder altersadäquate Wohn- und Haushaltsbedingungen, von sanitären Einrichtungen bis zu arbeitserleichternden Maschinen, den finanziellen Rahmen des älteren Menschen übersteigen oder wenn eine dezentrale, weil billigere Wohnlage, den älteren Menschen von wichtigen Einkaufsstätten oder Infrastrukturmaßnahmen trennt, dann können eventuell subjektiv gute Voraussetzungen für ein altersgerechtes Leben solche Mängel nur wenig kompensieren.

Mit der sozialen Schichtzugehörigkeit werden deshalb Verursachungsfaktoren für Möglichkeiten oder Schwierigkeiten im Alter aufgedeckt, die nicht erst in der letzten Lebensphase, sondern bereits als unterschiedliche Ausgangsbedingungen in den früheren und mittleren Lebensjahren eines Menschen wirksam sind. Dies wird besonders deutlich im Vergleich von Männern und Frauen, bei denen eine weitere Dimension sozialer Ungleichheit in Erscheinung tritt. Die Zugehörigkeit zum weiblichen Geschlecht bedeutet eine erhöhte Gefährdung im Alter, da bei Frauen bestimmte Risikofaktoren wie relativ geringe berufliche Qualifikation oder niedrigeres Bildungsniveau und – durch die Festschreibung auf die typische Frauen- und Mutterrolle – auch weniger Möglichkeit zur Entfaltung von Flexibilität oder Eigenständigkeit kumulieren. Hinzu kann eine materielle, vielfach auch immaterielle Abhängigkeit vom Ehemann kommen, wodurch nicht nur die eigene sozio-ökonomische Lage, sondern in besonderer Weise auch die des Partners bedeutsam wird. Gerade bei der heutigen Generation älterer Frauen ist der eigene durch Beruf, Einkommen und Bildung erworbene Status durch den des Mannes weitgehend überlagert. Bei den Witwen und Geschiedenen zeigt sich deshalb deutlich, wie der besondere Lebenslauf von Frauen für die soziale und psychische Lebensbewältigung im Alter Nachteile bringt. Eine geschlechtsspezifische, nach Schichtzugehörigkeit unterschiedlich ausgeprägte Unterprivilegierung erfährt hier durch die hinzukommende altersspezifische Ungleichheit eine Verstärkung, so daß bei vielen Frauen eine qualitativ und quantitativ besonders ausgeprägte Altersproblematik festzustellen ist (*Gather* et al. 1992; *Sørensen* 1992; *Backes* 1993; *Müller-Daehn* und *Fooken* 1993).

Literatur

Allmendinger et al. 1991a: *Allmendinger, J., Brückner, H.* und *Brückner, E.*: Arbeitsleben und Lebensarbeitsentlohnung: Zur Entstehung von finanzieller Ungleichheit im Alter, in: *Mayer, K. U., Allmendinger, J.* und *Huinink, J.* (Hrsg.): Vom Regen in die Traufe: Frauen zwischen Beruf und Familie, Frankfurt a. M., New York, 423–459.

Allmendinger et al. 1991b: *Allmendinger, J., Brückner, H.* und *Sandell, A.*: Zufriedenheit im Ruhestand, in: *Mayer, K. U., Allmendinger, J.* und *Huinink, J.* (Hrsg.): Vom Regen in die Traufe: Frauen zwischen Beruf und Familie, Frankfurt a. M., New York, 460–481.

Amann, A. 1988: Pensionierung: Hoffnung auf ein paar schöne Jahre?, in: *Rosenmayr, L.* und *Kolland, F.* (Hrsg.): Arbeit – Freizeit – Lebenszeit. Neue Übergänge im Lebenszyklus, Opladen, 111–130.

Amann, A. 1993: Soziale Ungleichheit im Gewande des Alters, in: *Naegele, G.* und *Tews, H. P.* (Hrsg.): Lebenslagen im Strukturwandel des Alters. Alternde Gesellschaft – Folgen für die Politik, Opladen, 100–115.

Attias-Donfut, C. 1991: Die Abhängigkeit alter Menschen: Familiale und gesellschaftliche Versorgung, in: Zeitschrift für Sozialisationsforschung und Erziehungssoziologie, 11, 355–373.

Bäcker, G. 1990: Arbeitsleben und Altersleben – Arbeitsbedingungen, Altersgrenzen und Ruhestandsperspektiven älterer ArbeitnehmerInnen, in: Arbeit und Sozialpolitik, 4, 136–141.

Bäcker, G. und *Naegele, G.* 1993a: Alternde Gesellschaft und Erwerbsarbeit im Alter, in: *Klose, H.-U.* (Hrsg.): Alter der Gesellschaft – Antworten auf den demographischen Wandel, Köln, 95–120.

Bäcker, G. und *Naegele, G.* 1993b: Geht die Entberuflichung des Alters zu Ende? Perspektiven einer Neuorganisation der Alterserwerbsarbeit, in: *Naegele, G.* und *Tews, H. P.* (Hrsg.): Lebenslagen im Strukturwandel des Alters. Alternde Gesellschaft – Folgen für die Politik, Opladen, 135–157.

Bäcker, G. et al. 1989: *Bäcker, G., Bispinck, R., Hofemann, K.* und *Naegele, G.*: Sozialpolitik und soziale Lage in der Bundesrepublik Deutschland, Köln.

Backes, G. 1993: Frauen zwischen ‚alten' und ‚neuen' Alter(n)s-risiken, in: *Naegele, G.* und *Tews, H. P.* (Hrsg.): Lebenslagen im Strukturwandel des Alters. Alternde Gesellschaft – Folgen für die Politik, Opladen, 170–187.

Baltes P. B. 1984: Intelligenz im Alter, in: Spektrum der Wissenschaft, 5, 46–60.

Beck-Gernsheim, E. 1993: Familie und Alter: Neue Heausforderungen, Chancen, Konflikte, in: *Naegele, G.* und *Tews, H. P.* (Hrsg.): Lebenslagen im Strukturwandel des Alters. Alternde Gesellschaft – Folgen für die Politik, Opladen, 158–169.

Behrend et al. 1987: *Behrend, C., Dieck, M., v. Kondratowitz, H.-J., Schmidt, R.*: Graue Gesellschaft – rosa Zeiten? Zur Zukunft der Altenhilfe, in: *Deutsches Zentrum für Altersfragen* (Hrsg.): Die ergraute Gesellschaft, Berlin, 263–284.

Bengtson, V. L. und *Schütze, Y.* 1992: Altern und Generationsbeziehungen: Aussichten für das kommende Jahrhundert, in: *Baltes, P. B.* und *Mittelstraß, J.* (Hrsg.): Zukunft des Alterns und gesellschaftliche Entwicklung, Berlin, New York, 492-517.

Berger, P. A. und *Hradil, S.* 1990: Die Modernisierung sozialer Ungleichheit – und die neuen Konturen ihrer Erforschung, in: *Berger, P. A.* und *Hradil, S.* (Hrsg.): Lebenslagen, Lebensläufe, Lebensstile. Soziale Welt, Sonderband 7, Göttingen, 3-24.

BMJFFG 1986: *Bundesminister für Jugend, Familie, Frauen und Gesundheit* (Hrsg.): 4. Familienbericht, Die Situation der älteren Menschen in der Familie, BT-Drucksache 10/6145, Bonn.

Böhm, S. 1992: Zur monetären Absicherung im Alter. Verteilungspolitische Zielvorstellungen und einkommensmäßige Wirkungen von Alterssicherungssystemen in: Zeitschrift für Gerontologie, 25, 155-165.

Bracker et al. 1988: *Bracker, M., Dallinger, U., Karden, G., Tegethoff, U.:* Die Pflegebereitschaft der Töchter, Wiesbaden.

Braythwaite, V. A. and *Gibson, D. M.* 1987: Adjustment to retirement: What we know and what we need to know, Ageing and Society, 7.

Brody, E. M. 1985: Parent care as a normative familiy stress, in: The Gerontologist, 25, 19-29.

Christen, C. 1989: Wenn alte Eltern pflegebedürftig werden, Bern.

Dallinger, U. und *Naegele, G.* 1993: Sozialpolitik und Lebenslage älterer Menschen in den neuen Ländern – Wandel im System sozialer Sicherung und Versorgung, in: *Naegele, G.* und *Tews, H. P.* (Hrsg.): Lebenslagen im Strukturwandel des Alters. Alternde Gesellschaft – Folgen für die Politik, Opladen, 301-313.

De Wit et al. 1988: *De Wit, D. J., Wister, A. V.* and *Burch, T. K.:* Physical Distance and Social Contact Between Elders and Their Adult Children, in: Research on Aging 10, 56-80.

Dieck, M. 1987: Unterschiedliche Lebenssituationen im Alter und deren Bedingungen und Ausprägungen, in: Sozialer Fortschritt, 6, 121-123.

Dieck, M. 1992: Besondere Perspektiven des Alterns und des Alters im vereinten Deutschland, in: *Baltes, P. B.* und *Mittelstraß, J.* (Hrsg.): Zukunft des Alterns und gesellschaftliche Entwicklung, Berlin, New York, 640-667.

Dieck, M., und *Naegele, G.* 1989: Die „neuen Alten" – Soziale Ungleichheiten vertiefen sich, in: *Karl, F., Tokarski, W.* (Hrsg.): Die „neuen" Alten. Beiträge der XVII. Jahrestagung der Deutschen Gesellschaft für Gerontologie, Kassel, 22.-24. 9. 1988, Kassel, 167-181.

Diewald, M. 1993: Hilfsbeziehungen und soziale Differenzierung im Alter, in: Kölner Zeitschrift für Soziologie und Sozialpsychologie, 45, 731-754.

Döring, N. und *Bortz, J.* 1993: Einsamkeit in Ost- und Westdeutschland, in: Kölner Zeitschrift für Soziologie und Sozialpsychologie, 45, 507-527.

Fachinger, U. 1992: Bedarfsentwicklung und Einkommenssicherung im Alter. Einige allgemeine Anmerkungen, in: Zeitschrift für Gerontologie, 25, 1992, 145-154.

Fink, U. 1990: Die neue Kultur des Helfens. Nicht Abbau, sondern Umbau des Sozialstaats, München, Zürich.

Fisseni, H.-J. 1987: Erlebte Endgültigkeit der eigenen Existenz im Rahmen biographischer Korrelate, in: *Lehr, U.* und *Thomae, H.* (Hrsg.): Formen seelischen Alterns. Ergebnisse der Bonner Gerontologischen Längsschnittstudie (BOLSA); Stuttgart, 134–152.

Fooken, I. 1987: Geschlechtsrollenspezifität und ausgeprägte Langlebigkeit als Klassifikationskriterien zur Identifizierung von Alternsstilen – Ergebnisse aus der Bonner Gerontologischen Längsschnittstudie, in: *Lehr, U.* und *Thomae, H.* (Hrsg.): Formen seelischen Alterns. Ergebnisse der Bonner Gerontologischen Längsschnittstudie (BOLSA); Stuttgart, 250–255.

Gather et al. 1992: *Gather, C., Gerhard, U., Prinz, K., Veil, M.*: Frauen-Alterssicherung, Lebensläufe von Frauen und ihre Benachteiligung im Alter, Berlin.

Haenselt, R. 1988: Probleme der Inanspruchnahme familientherapeutischer Hilfe durch die Betroffenen, in: Zeman (Hrsg.): Hilfebedürftigkeit und Autonomie – Zur Flankierung von Alterspoblemen durch kooperationsorientierte Hilfen, Berlin, 37–42.

Hareven, T. K. und *Adams K.* 1991: Die mittlere Generation. Ein Kohortenvergleich der Unterstützung alternder Eltern in einer amerikanischen Gemeinde, in: Zeitschrift für Sozialisationsforschung und Erziehungssoziologie, 11, 314–331.

Hauser, R. und *Wagner, G.*: Altern und soziale Sicherung, in: Baltes, P.B. und Mittelstraß, J. (Hrsg.): Zukunft des Alterns und gesellschaftliche Entwicklung, Berlin, New York, 581–613.

Heilig, G. K. und *Prinz, C.* 1990: Modellrechnungen zur Gliederung der Bevölkerung in der Bundesrepublik Deutschland nach dem Familienstand: 1970–2030, in: Acta Demographica, 1, 85–106.

Hörl, J. 1992: Lebensführung im Alter. Zwischen Familie und sozialen Dienstleistungen, Heidelberg, Wiesbaden.

Horn, I. 1990: Ältere Menschen und die Massenmedien, in: *Straka, G., Fabian, T.* und *Will, J.* (Hrsg.): Aktive Mediennutzung im Alter. Modelle und Erfahrungen aus der Medienarbeit mit älteren Menschen, Heidelberg, 55–64.

Hradil, S. 1990: Individualisierung, Pluralisierung Polarisierung: Was ist von den Schichten und Klassen geblieben?, in: *Hettlage, R.* (Hrsg.): Die Bundesrepublik, 111–138.

Hummel, K. 1991: Freiheit statt Fürsorge, Vernetzung als Instrument zur Reform kommunaler Altenhilfe, Hannover 1991.

Infratest Sozialforschung et al. 1991: Infratest Sozialforschung, Sinus, Horst Becker: Die Älteren. Zur Lebenssituation der 55–70jährigen, Bonn.

Kaltschmid, J. 1988: Bildung und lebenslanges Lernen, in Zeitschrift für Gerontologie, 21, 184–192.

Karl, F. 1993: Strukturwandel des Alters und Handlungspotentiale, in: *Naegele, G.* und *Tews, H. P.* (Hrsg.): Lebenslagen im Strukturwandel des Alters. Alternde Gesellschaft – Folgen für die Politik, Opladen 1993, 259–270.

Kertzer, D. I. 1989: Age structuring in comparative and historical perspec-

tive, in: *Kertzer, D. I.* and *Schaie, K. W.* (Eds.): Age structuring in a comparative perspective, Hillsdale, NJ, 3–20.
Klein, T. 1993: Soziale Determinanten der Lebenserwartung, in: Kölner Zeitschrift für Soziologie und Sozialpsychologie, 45, 712–730.
Knopf, D. et al. 1989: *Knopf, D., Schäffter, O.* und *Schmidt, R.* (Hrsg.): Produktivität des Alters, Berlin.
Kohli, M. 1985: Die Institutionalisierung des Lebenslaufs. Historische Befunde und theoretische Argumente, in: Kölner Zeitschrift für Soziologie und Sozialpsychologie, 37, 1–29.
Kohli, M. 1986: Gesellschaftszeit und Lebenszeit. Der Lebenslauf im Strukturwandel der Moderne, in: *Berger J.* (Hrsg.): Die Moderne – Kontinuität und Zäsuren, Soziale Welt, Sonderband 4, Göttingen, 183–208.
Kohli, M. 1990: Das Alter als Herausforderung für die Theorie sozialer Ungleichheit, in: *Berger, P., Hradil, S.* (Hrsg.): Lebenslagen – Lebensläufe – Lebensstile, Soziale Welt, Sonderband 7, Göttingen, 387–406.
Kohli, M. und *Meyer, J. W.* 1986: Social structure and social construction of life stages, in: Human Development, 29, 145–180.
Kortmann, K. 1992: Kleinrenten, Niedrigeinkommen und Sozialhilfebedarf im Alter, in: Infratest Sozialforschung: Alterssicherung in Deutschland. Datenlage und Datenanalyse, Konferenzbericht des wissenschaftlichen Symposiums, Bonn, 7./8. Oktober 1991, München.
Kossen-Knirim, C. 1989: Kontakte und emotionale Beziehungen zwischen verheirateten Kindern und ihren Eltern, in: Zeitschrift für Gerontologie, 22, 251–257.
Kruse, A. 1988: Bildung im Alter, in: Zeitschrift für Gerontologie, 21, 179–183.
Kruse, A. 1990: Potentiale im Alter, in: Zeitschrift für Gerontologie, 23, 235–245.
Kruse, A. 1992: Altersfreundliche Umwelten: Der Beitrag der Technik, in: *Baltes, P. B.* und *Mittelstraß, J.* (Hrsg.): Zukunft des Alterns und gesellschaftliche Entwicklung, Berlin, New York, 668–694.
Kuhlmey, A. und *Bansemir, G.* 1992: „Sei froh, daß Du Dich abgesetzt hast" – Probleme des Vorruhestands im Osten Deutschlands, in: *Kurz-Scherf, E., Mezger, E.* und *Winkler, G.* (Hrsg.): Sozialunion in Deutschland, Bilanz und Ausblick, Hans-Böckler-Stiftung Graue Reihe, 38, Düsseldorf, 131–136.
Künemund, H. und *Wolf, J.* 1993: „Politische Pensionierung" oder „Altenlobby". Rentner und Pensionäre in den deutschen Gewerkschaften, in: *Klose, H.-U.* (Hrsg.): Alter der Gesellschaft – Antworten auf den demographischen Wandel, Köln, 308–336.
Lehr, U. [7]1991: Psychologie des Alterns, Heidelberg.
Lehr, U. und *Minnemann, E.* 1987: Veränderung von Quantität und Qualität sozialer Kontakte vom 7. bis 9. Lebensjahrzehnt, in: *Lehr, U.* und *Thomae, H.* (Hrsg.): Formen seelischen Alterns. Ergebnisse der Bonner Gerontologischen Längsschnittstudie (BOLSA); Stuttgart, 80–92.
Mackroth, P. und *Ristau, M.* 1993: Die Älteren als dynamischer Faktor. Hand-

lungspotentiale und gesellschaftliche Interessen, in: *Klose, H.-U.* (Hrsg.): Alter der Gesellschaft – Antworten auf den demographischen Wandel, Köln, 280–308.
Mayer, K. U. 1992: Bildung und Arbeit in einer alternden Bevölkerung, in: *Baltes, P. B.* und *Mittelstraß, J.* (Hrsg.): Zukunft des Alterns und gesellschaftliche Entwicklung, Berlin, New York, 518–543.
Michel, M. et al. 1993: *Michel, M., Ernst, J., Riedel, S.:* Strukturwandel in Ostdeutschland – eine Herausforderung für die Altenpolitik, in: *Naegele, G.* und *Tews, H. P.* (Hrsg.): Lebenslagen im Strukturwandel des Alters. Alternde Gesellschaft – Folgen für die Politik, Opladen, 135–157.
Motel, A. und *Wagner, M.* 1993: Armut im Alter? Ergebnisse der Berliner Altersstudie zur Einkommenslage alter und sehr alter Menschen, in: Zeitschrift für Soziologie, 22, 433–448.
Müller-Daehn, S. und *Fooken, I.:* Besondere Belange der Situation von Frauen im Alter, in: *Deutsches Zentrum für Altersfragen* (Hrsg.): Expertisen zum ersten Altenbericht der Bundesregierung III. Aspekte der Lebensbedingungen ausgewählter Bevölkerungsgruppen, Berlin 1993, 281–395.
Naegele, G. 1988: Frühverrentung in der BRD, in: *Rosenmayr, L.* und *Kolland, F.* (Hrsg.): Arbeit – Freizeit – Lebenszeit. Neue Übergänge im Lebenszyklus, Opladen, 207–232.
Naegele, G. 1992: Zwischen Arbeit und Rente. Gesellschaftliche Chancen und Risiken älterer Arbeitnehmer, Augsburg.
Nittel, D. 1989: Report: Alternsforschung. Pädagogische Arbeitsstelle Deutscher Volkshochschulverband (Hrsg.): Frankfurt am Main.
Olbermann, E. und *Reichert, M.* 1993: Hochaltrigkeit und Strukturen gesundheitlicher und pflegerischer Versorgung, in: *Naegele, G.* und *Tews, H. P.* (Hrsg.): Lebenslagen im Strukturwandel des Alters. Alternde Gesellschaft – Folgen für die Politik, Opladen 1993, 200–214.
Olbrich, E. 1989: Die „neuen" Alten: Psychologische Perspektiven, in: *Karl, F.* und *Tokarski, W.* (Hrsg.): Die „neuen" Alten. Beiträge der XVII. Jahrestagung der Deutschen Gesellschaft für Gerontologie, Kassel, 22.-24. 9. 1988, Kassel, 144–158.
Riley, M. W. 1987: On the Significance of Age in Sociology, in: American Sociological Review 52, 1–14.
Riley, M. W. et al 1972: *Riley, M. W., Johnson, M., Foner, A.:* Aging and Society, Vol. 3, A Sociology of Age Stratification, New York.
Rolf, G. und *Wagner, G.* 1992: Erwerbstätigkeit von Frauen und Alterssicherung, in: *Schwarz, K.* (Hrsg.): Frauenerwerbstätigkeit. Demographische, soziologische, ökonomische und familienpolitische Aspekte, Materialien zur Bevölkerungswissenschaft, 77, Wiesbaden, 133–150.
Rosenmayr, L. 1983: Die späte Freiheit. Das Alter – ein Stück bewußt gelebten Lebens, Berlin.
Rosenmayr, L. 1988: Älterwerden als Erlebnis. Herausforderung und Erfüllung. Wien.
Rudinger, G. 1987a: Intelligenzentwicklung unter unterschiedlichen sozialen Bedingungen, in: *Lehr, U.* und *Thomae, H.* (Hrsg.): Formen seelischen Al-

terns. Ergebnisse der Bonner Gerontologischen Längsschnittstudie (BOLSA); Stuttgart, 57–65
Rudinger, G. 1987b: Zur Stabilität der Intelligenz im höheren Alter, in: *Lehr, U.* und *Thomae, H.* (Hrsg.): Formen seelischen Alterns. Ergebnisse der Bonner Gerontologischen Längsschnittstudie (BOLSA); Stuttgart, 66–73.
Schachtner, C. 1988: Störfall Alter. Für ein Recht auf Eigen-Sinn, Frankfurt am Main.
Schneider, W. F. 1987: Die psychische und soziale Situation von Hochbetagten, in: *Lehr, U.* und *Thomae, H.* (Hrsg.): Formen seelischen Alterns. Ergebnisse der Bonner Gerontologischen Längsschnittstudie (BOLSA); Stuttgart, 196–227.
Schütze, Y. und *Wagner, M.* 1991: Sozialstrukturelle, normative und emotionale Determinanten der Beziehungen zwischen erwachsenen Kindern und ihren alten Eltern, in: Zeitschrift für Sozialisationsforschung und Erziehungssoziologie, 11, 295–313.
Schwitzer, K.-P. 1992: Ältere Menschen in den neuen Bundesländern, in: Aus Politik und Zeitgeschichte, Beilage zur Wochenzeitschrift: Das Parlament, 29–30, 44–54.
Schwitzer, K.-P. 1993: Theorie und Praxis des Alters und Alterns in Ostdeutschland, in: *Naegele, G.* und *Tews, H. P.* (Hrsg.): Lebenslagen im Strukturwandel des Alters. Alternde Gesellschaft – Folgen für die Politik, Opladen 273–285.
Sørensen, A. 1992: Zur geschlechtsspezifischen Struktur von Armut, in: *Leibfried, S., Voges, W.* (Hrsg.): Armut im modernen Wohlfahrtsstaat, Kölner Zeitschrift für Soziologie und Sozialpsychologie, Sonderheft 32, 345–366.
Stadié, R. 1986: Grunddaten zum politischen Verhalten älterer Menschen, in: Aus Politik und Zeitgeschichte, 24, 21–34.
Stadié, R. 1987: Altsein zwischen Integration und Isolation: Empirische Ergebnisse zur Lebenssituation und Befindlichkeit alter Menschen, Forschungsbericht der Konrad-Adenauer-Stiftung, 60 Melle.
Statistisches Bundesamt (Hrsg.) 1989: Datenreport 1989. Zahlen und Fakten über die Bundesrepublik Deutschland, Bonn.
Statistisches Bundesamt (Hrsg.) 1991: Im Blickpunkt: Ältere Menschen, Wiesbaden.
Streib, G. ^{2}1985: Social stratification and aging, in: *Binstock, R., Shanas* (eds.): Handbook of aging in the social sciences, New York, 339–368.
Stötzbach, B. 1992: Übergang in eine neue Lebensphase – Erwartungen für das Leben im Alter, in: Zeitschrift für Bevölkerungswissenschaft, 18. 291–312.
Strohmeier, K. P. 1989: Familie und Gemeinde, in: *Nave-Herz, R.* und *Markefka, M.* (Hrsg.): Handbuch der Familien- und Jugendforschung, Band 1: Familienforschung, Neuwied und Frankfurt am Main, 453–473.
Taylor, R., Ford, G. 1983: Inequalities in Old Age: An Examination of Age, Sex and Class Differences in a Sample of Comminity Elderly, in: Aging and Society, 3, 183–208.
Tews, H. P. 1987: Die Alten und die Politik, in: *Deutsches Zentrum für Altersfragen* (Hrsg.): Die ergraute Gesellschaft, Berlin, 141–188.

Tews, H. P. 1993: Bildung im Strukturwandel des Alters, in: *Naegele, G.* und *Tews, H. P.* (Hrsg.): Lebenslagen im Strukturwandel des Alters, Alternde Gesellschaft – Folgen für die Politik, Opladen, 273–285.
Tschentscher, G. 1989: Vorbereitung auf den Ruhestand. Aspekte einer erwachsenenpädagogischen Didaktik, in: Zeitschrift für Gerontologie, 22, 151–155.
Veelken, L. 1993: Aspekte der Strukturveränderung des Alterns und der Sozialpolitik im Hinblick auf die Weiterbildung im Alter, in: *Naegele, G.* und *Tews, H. P.* (Hrsg.): Lebenslagen im Strukturwandel des Alters, Alternde Gesellschaft – Folgen für die Politik, Opladen, 248–258.
Wilbers, J. 1991: Das Wahlverhalten älterer Menschen bei der Bundestagswahl am 2. Dezember 1990, in: Zeitschrift für Gerontologie, 24, 246–250.
Wolf, J. und *Kohli, M.* 1988: Neue Altersgrenzen des Arbeitslebens. Betriebliche Interessen und biographische Perspektiven, in: *Rosenmayr, L.* und *Kolland, F.* (Hrsg.): Arbeit – Freizeit – Lebenszeit. Neue Übergänge im Lebenszyklus, 183–206.
Woll-Schumacher, I.: Desozialisation im Alter, Stuttgart 1980.
Zierke, I. 1991: Neue Erfahrung Arbeitslosigkeit: Wer sind die Wendeverlierer?, in: Zeitschrift für Sozialreform, 11/12, 746–758.

Sachregister

Abweichendes Verhalten, Theorie 164ff., 169ff.
Akademikerarbeitslosigkeit 114, 123
Aktivbürger 75, 91, 102f.
–, Idealtypus 100
Aktivbürgerschaft s. Aktivbürger
Alter 13, 18ff., 21, 24, 28, 31, 44ff., 201, 213, 220ff.
–, Arbeitszufriedenheit 50ff.
Alter Mittelstand 9f.
Altersschichtung 220f., 224, 230, 247, 248f.
Anomie, Theorie 164f.
Arbeiter, Arbeitsbelastungen 27, 38f.
Arbeiterschaft 10, 20ff., 42ff., 56ff., 75, 93f., 97, 242
Arbeitsbedingungen 13, 21, 28, 37ff., 200, 235, 243, 232
Arbeitsbelastung(-en) 38, 40, 51ff., 63, 225
Arbeitslosigkeit 27f., 39f., 41f., 59, 62, 64, 114, 203
Arbeitssituation s. Arbeitsbedingungen
Arbeitsunfähigkeit 204f., 215
Arbeitszeit(-en) 27, 39f., 45ff., 63f.
–, Verkürzungen 24, 45f., 58
Arbeitszufriedenheit 41, 58ff., 215
Armut, Alter 45
Armutsgrenze 27, 45
Arzneimittel, Nutzung 214
Arztkontakte 214
Ausbildungsförderung 124
Ausbildungsniveau s. Bildungsniveau
Ausländer 13, 54, 65, 121
Auslese, soziale 2, 6f., 9f., 13ff., 37f., 63, 66, 128ff., 160, 170ff., 187, 195, 241, 248
Auslese bei der Strafverfolgung 170ff.

Beamte, Öffentlicher Dienst 10, 27, 42, 46, 54, 63f., 226f.
–, Partizipation 79, 81, 87, 91, 94f., 102
Begünstigte, Bildung 117ff., 125ff.
Benachteiligte, Bildung 27f., 119ff., 126ff.
Berufskrankheiten 56f., 189ff.
Berufsposition 8f., 19, 22f., 31, 37, 50, 54, 57, 64, 113f., 225
Beschäftigungsrisiko s. Arbeitslosigkeit
Bildung 1, 8, 11, 16f., 20, 31, 42, 111ff., 117ff., 200ff.
Bildungsabschlüsse 114ff., 135, 131ff.
Bildungsansprüche, Eltern 131f., 141ff., 146
Bildungschance(n) 20f., 27, 97, 116ff., 123f., 128ff., 131ff., 146f., 149f.
Bildungsdefizite, Alter 222
Bildungsexpansion, 14, 115f., 124
Bildungsinflation 115
Bildungsniveau 9, 19, 22ff., 79, 86, 88f., 91, 97, 111, 113f., 115, 117ff., 131ff., 148, 185f., 222, 231ff., 241, 247, 248
Bildungspolitik 116, 128, 148
Bildungsstatistik 113, 114, 117ff., 126, 128f., 132, 141, 145f.
Bildungssystem 19, 29, 100, 115f., 128, 130f., 147f., 148f.
–, Auslese 119ff., 128, 130f., 133ff., 144ff., 148
Bürgerinitiativen 76, 85ff., 102
Bürgerliches Bildungsprivileg 123f., 138ff., 116, 125, 143f.
Bürgertum 75

CDU, soziale Zusammensetzung 80ff., 93ff.
Chancengleichheit 112, 148ff., 166

CSU, soziale Zusammensetzung 80ff., 93ff.

DBD 81
DDR 24, 80f., 101, 128ff.
DDR, Grundschicht 28f.
Delikte, Typen 162f.
Delinquenzbelastung 175, 184ff.
Demokratie(n) 74
Deutsche Vereinigung 101
Die Grünen 80ff.
Dienstleistungsgesellschaft, komplex 24
industriell 31
Dunkelfeldforschung 171, 183ff.
Dunkelfeldkriminalität 171, 185f.
Dynamik s. Mobilität

Einkommen 1, 8f., 11, 37, 54, 64, 113, 203, 205, 215, 221
Einkommenssituation (alter Menschen) 249, 226ff.
Einsamkeit 223, 231
Einstellungen 8, 13, 18, 20, 24, 26, 195ff., 203ff.
–, Eltern aus dem Bildungsbereich 131f., 141ff., 146
Elite(n) 25
Eltern, Einfluß auf Identitätsbildung 136ff.
Entschichtung 6, 16
Erwerbsunfähigkeit 50, 54
Erziehungsziel(e), Eltern 139f., 197
Etikettierungsansatz s. Labeling approach

Fahrstuhl-Effekt 149
Familie(n) 21, 45, 59, 100, 134ff.
–, Probleme 59, 167ff.
FDP, soziale Zusammensetzung 80ff. 93ff.
Frauen, Benachteiligung 17f., 20ff., 44, 46ff., 75, 121, 203ff., 237, 243, 249

Gastarbeiter s. Ausländer
Gesamtschule 147f.

Gericht, Entscheidungen 178ff.
Gesundheit 19, 21, 28f., 31, 37ff., 45, 47, 51, 53, 56, 63, 195ff., 232, 235
Gewerkschaften 45, 77, 84f.

Herrschaft 19, 31, 74, 76
Herz-Kreislauf-Krankheiten 56, 58, 204, 208ff.
Hochschule(n), Besuch 121f., 132f.
Horizontale Merkmale, Ungleichheiten 7ff., 30f., 66

Inanspruchnahme (medizinischer Leistungen) 212f.
Individualisierung 13f., 15ff., 26, 30f.
Industrialisierung, Folgen 38f., 51
Intelligenz 138, 236
Interaktionskompetenz 10, 18
Isolation, soziale 223, 238f.

Jugendkriminalität 165f., 167f., 185f.

Kapitalismuskritik 77
Kaste(n) 9, 24, 26, 95
Kindersterblichkeit 28, 201f.
Klasse, Begriff 9ff., 23
Klassenanalyse 12, 23, 29
Klassenjustiz 172
Klassenlage 6, 23
Klassenrecht 172f.
Kontakte 45, 198
Konventionelle Teilnahme (an Herrschaft) 76ff.
Krankheitsverhalten 57, 195ff., 212, 216
Krebserkrankungen 209, 213, 215
Kriminalität 160ff.
Kriminalisierung 168, 172ff.
Kriminalstatistik 161ff., 170, 176f., 179f., 185f.
Kumulation, Vor- und Nachteile 133ff., 187, 248f.

Labeling-approach 169ff.
LDPD 81

Lebensbedingungen 1f., 13f., 15f., 26, 30, 37, 200, 212, 216
Lebenschancen 1ff., 6ff. 12f., 16ff., 27, 30f., 66, 74f., 111f., 148, 195, 199, 248
Lebenslage(n) 6ff., 9, 15f., 26
Lebensqualität 88, 115, 212, 216, 223, 236, 239
Lebensstil 6, 13f., 15ff., 24, 30f., 195f., 198, 209, 216, 231, 240, 248
Lebensweise s. Lebensstil
Lebenswelt 13, 23f., 74
Lebensziele 4, 164
Lehrer, Ausleseverhalten 20, 132, 144ff.
Leistungsbereitschaft 132, 138f., 141f,
Leistungsvermögen 131ff., 146

Macht 1, 37, 65, 198, 223, 245
Milieu s. Soziales Milieu
Mobilität 13, 15ff., 30
Modernisierung, moderne Gesellschaften 4, 16f., 25f., 30f., 240
Mortalität s. Sterblichkeit Mutter, Einfluß auf Sozialisation 140

Nacht-/Schichtarbeit(-er) 45ff., 56, 63
NDPD 81
Neue Grundschicht 27ff.
Neue Länder 21, 59f., 62, 65, 81, 128ff.
Neue Mittelschicht 29, 197
Neue soziale Bewegungen 88f., 102
Neue Ungleichheiten 8, 14
Neuer Mittelstand s. Neue Mittelschicht

Öffentlicher Dienst s. Beamte, Öffentlicher Dienst
Ökonomisches System 24
Organisationsgrad 84f.
Orientierungsmuster s. Einstellungen
Ostdeutschland s. DDR oder Neue Länder

Paradox der Bildungsexpansion 115f., 116ff.
Parlamentarier 94f.
Parlamente 94
Partei(-en) 80, 86
–, Mitgliedschaft 80ff., 102
–, Führung 92ff.
Partizipation 27f., 45, 74ff., 98ff., 246
–, Begriff 76
PDS 81, 84
Perinatale Mortalität s. Kindersterblichkeit
Pluralisierung 13f., 15ff., 26, 30f.
Politikferne der Unterschichten 27, 98ff.
Politische Auslese, s. Auslese, politische
Politische Sozialisation s. Sozialisation, politische
Politische Teilnahme s. Partizipation
Polizei, Verhalten 20, 173ff.
Prestige 1, 10, 37, 54, 64ff., 206, 223, 244f., 247
–, Verlust 223, 244
Prestigemodelle 11
Problemgruppen s. Randgruppen
Psychische Erkrankungen 28, 57ff., 60, 206ff., 214f.

Randgruppen 18, 25, 27f., 178
Rauchgewohnheiten 210f., 215
Ressourcen (für Lebenschancen) 8, 16, 22f., 29f., 198
Richter, Verhalten 20, 178, 181
Ruhestand 232

Schicht(-en) 1f., 6ff., 12, 197
–, Begriff 7f., 9, 17, 19, 21, 23, 25
–, Determinanten 7, 9f., 18, 22, 31, 66
–, Grenzen 8, 10, 18
–, Konzepte s. Schichtmodelle
–, Kriterien 7, 22, 54, 111, 199ff., 220
–, Mentalität(-en) 9f., 20, 24, 29, 92, 100

–, Modelle 7ff., 14, 19, 26ff., 37ff., 66, 195, 199ff.
–, Struktur 9, 17, 22, 25, 28f., 30, 45, 64, 199ff.
–, Zugehörigkeit 13, 20, 27, 43, 50, 57, 60, 64, 79, 195, 201, 204ff., 221, 247f.
Schichtung (soziale) 6f., 18, 37f., 41f., 54, 195, 208, 220
–, Dimensionen s. Schichtkriterien
–, dominante 10
–, Forschung 11ff.
Schulbesuchsquoten 117ff.
Schulbildung s. Bildung
Schulleistung(-en) 131, 146f.
SED 80f.
Selbstmeldestudien s. Dunkelfeldforschung
Selbstverwirklichung 75, 124, 247
Sektorverschiebungen, ökonomische 42
Soziale Auslese s. Auslese, soziale
Soziale Gerechtigkeit 2
Soziale Schließung 119ff.
Soziale Selektivität s. Auslese, soziale
Soziale Ungleichheit s. Auslese, soziale
–, Dimensionen 17f., 21f., 37f., 160, 248f.
Soziale Vielfalt 14, 16, 30
Sozialer Einfluß s. Macht
Sozialer Wandel 12, 14, 31
Soziales Kontaktniveau s. Kontakte
Soziales Milieu 13f., 15f., 25, 167
Sozialisation 29, 37
–, Defizite 139f., 165ff.
Sozialisation
–, politische 75, 100, 102f.
Sozialisationsforschung 98, 163ff.
Sozialistische Intelligenz 128, 130
Soziallage(n) 7ff., 14f., 18, 20, 24, 26, 28, 60, 186f., 196
Sozialstatus 10f., 40, 46, 60, 112ff., 221f., 225, 244, 247f.
Sozialstruktur 12f., 16f., 24, 30f., 66

Sozialstrukturanalyse 6ff., 12, 24ff., 28f., 30
SPD, Entwicklung 80ff., 92ff.
Sprache 136ff.
Staatsanwaltschaft, Verhalten 20, 176ff.
Stand 9, 24, 26
Sterblichkeit 28, 199ff., 209, 215
Strafverfolgung 19, 21, 28, 170ff.
Streßforschung 63, 198
Strukturwandel 13ff.
Studienförderung s. Ausbildungsförderung
Subkulturtheorie 15f., 26, 165f.
Suchtkrankheiten 209, 215

Technologische Entwicklung, Auswirkungen 28, 40, 43, 51, 67

Ungleichheitsforschung 7, 11ff., 14f., 23, 30, 37ff.
Unterschicht(-en) 27, 37f., 41, 45, 56, 64, 75ff., 88, 91f., 94ff., 160ff., 172ff., 197f., 211, 214f., 244, 248
Unterschichtenferne der Politik 98, 100f.
Unterschichtung 54, 65
Upgrading-Prozeß 115

Verbände 84f.
Verhaltensstörungen 139
Verhaltensweisen s. Einstellungen
Vermögen 1, 11, 37, 229f.
Verteidigungsfähigkeit (vor Gericht) 175f., 179ff.
Vertikale Hierarchie (Ordnung, Struktur, Schema, Dimension der sozialen Ungleichheit) 7f., 12f., 14, 16ff., 20ff., 30f., 42, 66
Volkspartei 81

Wahlbeteiligung 27, 76f.
Wertewandel 39f., 62, 233
Witwenschicksal 228f., 237
Wohlfahrtsstaat 14
–, Instanzen 39
–, Maßnahmen 51, 67

Bei Fragen zur Produktsicherheit wenden Sie sich bitte an:
If you have any questions regarding product safety,
please contact:

Walter de Gruyter GmbH
Genthiner Straße 13
10785 Berlin
productsafety@degruyterbrill.com